美濃
若狭
近江国高都合各郡色分目録
犬上郡
愛知郡
神崎郡
蒲生郡
甲賀郡
野洲郡
栗太郡
高島郡
伊香郡
浅井郡
坂田郡

▼穴太《あのう》遺跡(大津市，縄文後期)　当時の原生林の樹痕がそのまま残る。方形・円形の竪穴住居が一部重なっており，石皿《いしざら》・磨石《すりいし》などがみえる。谷川にはドングリ・トチなどを詰めた貯蔵穴があり，岸辺には配石《はいせき》遺構もある。

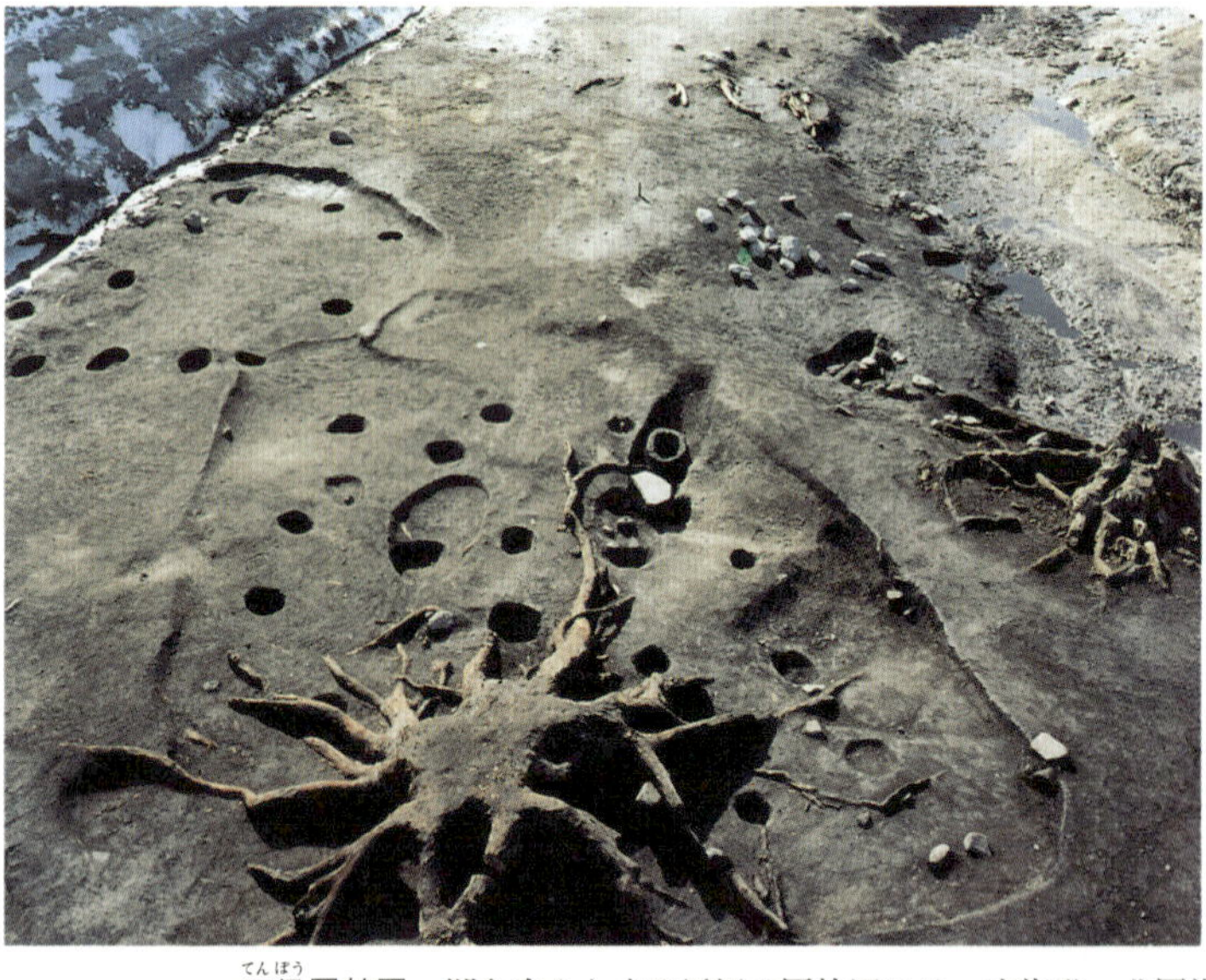

►天保《てんぽう》国絵図　湖を中心とする近江の国絵図には，東海道・北国海道・中山道・北国街道などの主要街道がはしり，琵琶湖へ流入する多くの川や，今日，姿を消した多くの内湖が描かれていることがわかる。

▶粟津湖底遺跡《あわづこてい》第３貝塚（大津市，縄文中期初頭） 湖中の一画を鋼矢板《こうやいた》で仕切り，陸化して調査された。白くみえるのはセタシジミを主体とした貝層，黒くみえるのはトチ・ドングリなどの堅果《けんか》類を主体とした植物遺体層。

▲北仰西海道《きとげにしかいどう》遺跡（高島市，縄文晩期） 土器棺墓約96基，土壙墓《どこうぼ》100基前後が混在する墓地。この一画では土壙墓（中央）1基と土器棺墓4基があり，土器棺はそれぞれ直立・斜位・横位に置くものが認められる。

▼針江浜《はりえはま》遺跡第３遺構面（高島市，弥生前期） 鋼矢板で仕切り，陸化して調査された。現在の湖面より約2.9m下位の面で竪穴住居や掘立柱建物，大量の遺物，炭化米などが検出された。弥生中期の地震で沈没したとみられる。

▲雪野山古墳の竪穴式石室《たてあなしきせきしつ》(東近江市, 古墳前期)　未盗掘であったため, 埋葬当時の状況がよく残る。舟形木棺《ふながたもっかん》は腐朽していたが, その下の粘土床上に副葬品がそのままの位置で遺存していた。手前の鏡の向こうが遺体の位置。

►甲山《かぶとやま》古墳の石室と盛土《もりつち》状況(野洲市, 古墳後期)　全国でも十指にはいる大型石室をもち, 玄室《げんしつ》には九州産の石材による巨大な石棺が置かれる。版築状《はんちくじょう》に土を盛ったようすが縞《しま》文様となり, 古墳構築状況をみごとに示している。

▲勢多《せた》橋の橋脚台遺構(大津市，７世紀後半)　大津京造営時につくられ，壬申《じんしん》の乱の最後の決戦場となった勢多橋の遺構。多くの樫《かし》の丸太材，檜《ひのき》の巨大な角材を六角形状に組み合わせた橋脚台，これらを固定した石材などがみられる。

▼宮町《みやまち》遺跡(紫香楽宮跡推定地，甲賀市，８世紀前半)　紫香楽宮は長らく黄瀬《きのせ》の小丘上の礎石建物遺構と考えられていたが，近年その1.5km北の宮町での発掘調査で多くの掘立柱建物や木簡《もっかん》などが検出され，ここが宮跡と判断されるにいたった。

►菅浦《すがうら》与《と》大浦下庄《おおうらしものしょう》堺《さかい》絵《え》図《ず》　菅浦と大浦の相論にさいして，菅浦側がみずからの境界を有利に描いた堺絵図。裏書の「乾元々年」は存在しない年号で，暦応3(1340)年の訴訟に証拠書類として作成されたものと考えられる。

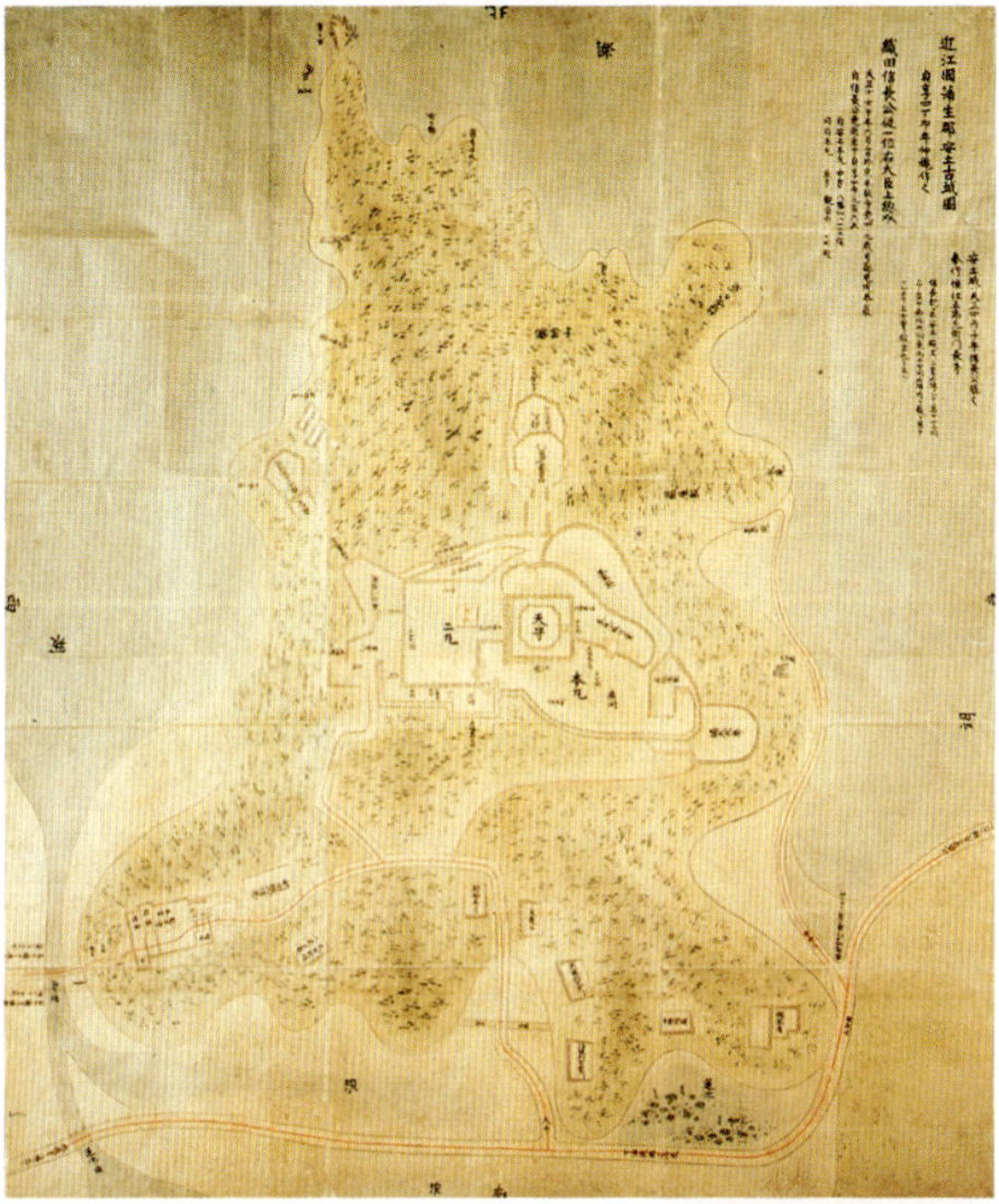

▲近江国蒲生《がもう》郡安土《あづち》古城図　貞享4(1687)年に作成された，現在安土城に関するもっとも古い絵図である。信長の百年遠忌《えんき》を記念して作成されたものと考えられる。大手道など現在の安土城とは異なる部分も多い。

►葛川明王院《かつらがわみょうおういん》領境界図　伊香《いか》立荘との相論にさいして作成された絵図である。左端には本堂の周囲に立て並べられた参籠《さんろう》札が林立している。

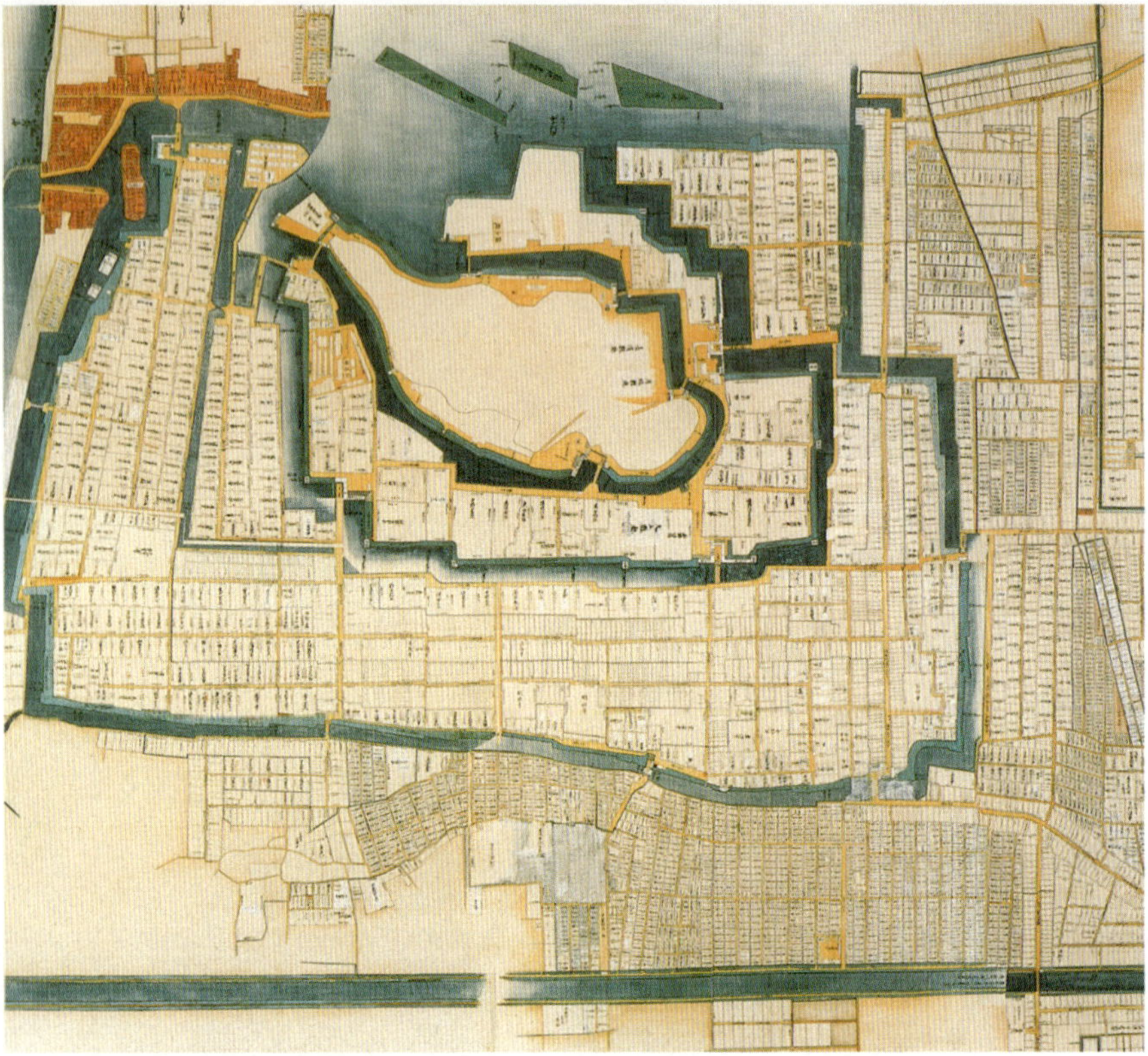

▲彦根御城下惣絵図　天保7(1836)年，彦根藩普請《ふしん》方により作成された藩の公的絵図で，江戸時代後期の城下の状況を正確に伝えたものである。城下全体が三重の堀に囲まれたようすがよくわかる。

◄近江名所図屏風(舟遊び)　湖国の風景を描いた名所図のなかで著名なサントリー美術館本『近江名所図屏風』である。初夏の咲きほこる蓮《はす》を愛《め》でる舟遊びの人びと。中世以来，蓮の名所として知られる栗太《くりた》郡志那《しな》の浜と思われる。

▲彦根屛風(国宝)　江戸時代初期の遊里の室内で遊び楽しむ男女を精緻《せいち》な筆致で描いたもので，異相《いそう》の「かぶき者」を描いたものとして貴重な風俗資料として知られている。彦根藩井伊家に伝来したため彦根屛風と称している。

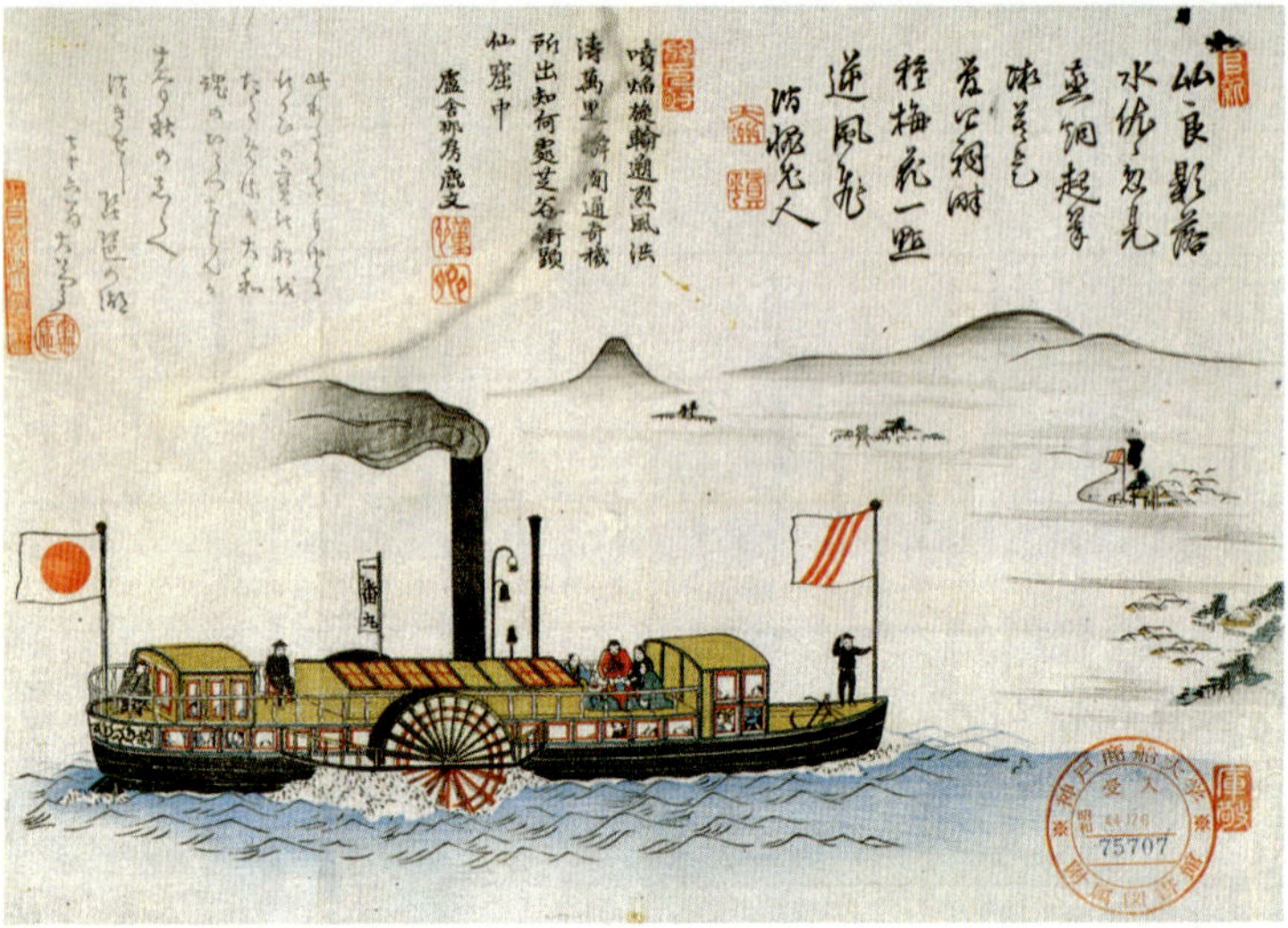

▲日本最初の湖上汽船一番丸　わずか5トンの小船だったが，その速度と馬力は琵琶湖沿岸の人びとに新時代の到来を感じさせた。ただ，エンジントラブルが多く，稼働率はあまりよくなかった。

▼琵琶湖流域下水道湖西浄化センター　琵琶湖の水質を保全しようとする施策や運動が，昭和50年代以降本格的に開始されるようになった。流域下水道浄化センターは現在3カ所あり，家庭や工場の排水を処理している。

地方史研究協議会名誉会長
学習院大学名誉教授
児玉幸多　監修

企画委員　熱田公—川添昭二—西垣晴次—渡辺信夫

滋賀県の歴史　目次

畑中誠治—井戸庄三—林博通—中井均—藤田恒春—池田宏

付録

索引／年表／沿革表／祭礼・行事／参考文献

滋賀県の歴史

風土と人間――湖《みずうみ》の国、道《みち》の国、仏《ほとけ》の国

交通の要衝●

近江《おうみ》一国からなる滋賀《しが》県は、本州のほぼ中央、若狭《わかさ》湾と伊勢《いせ》湾が湾入する地峡《ちきょう》部に位置している。県の周囲は、北東を伊吹《いぶき》山地、東を鈴鹿《すずか》山脈、北西を野坂《のさか》山地、西を比良《ひら》山地と比叡《ひえい》山地、南を信楽《しがらき》山地で取り囲まれ、県域は近江盆地とその集水域にほぼ整合し、中央に県の面積の約六分の一を占める琵琶《びわ》湖がある。南北に長い楕円形《だえんけい》で、地形的にまとまりがよく、A判・B判サイズを問わず地図にうまくおさまるが、気候は南北で明瞭なコントラストを示している。湖南が瀬戸内《せとうち》型であるのに対し、湖北は北陸型で、晩秋は時雨《しぐれ》がめだち、冬の積雪量が多い。この二つの気候型は湖西の白鬚《しらひげ》神社に近い明神崎《みょうじんざき》（高島市）と湖東の愛知《えち》川河口、百済寺《ひゃくさいじ》（東近江市）を結ぶ線で区分され、これより北は民家の雪止め瓦がめだつようになり、瓦もシチニ（一坪に七二枚ふける瓦）から分厚くて大きなゴンロク（一坪に五六枚ふける瓦）にかわる。伊吹山南麓の地峡部には、東海道新幹線、名神《めいしん》高速道路、国道二一号などの幹線が通じているが、冬季は「関ヶ原《せきがはら》の吹き出し」現象で大雪に見舞われ、交通に支障をきたすことが少なくない。湖西では、比良山地から颪《おろし》が吹きおろす。三月下旬の颪を「比良八荒《はっこう》（講）」とよび、これが荒れじまうと、湖国に本格的な春が訪れる。

滋賀県は「通過県」といわれる。畿内《きない》と東国《とうごく》、西日本と東日本の接点に位置する近江は、古来、交通の

要衝《ようしょう》であった。古代には東海道、東山道《とうさんどう》、北陸道の三本の駅路が国内を通過し、それぞれの国境付近に鈴鹿・不破《ふわ》・愛発《あらち》の三関《さんげん》が設けられた。近世には、東海道・中山道《なかせんどう》のほか、湖西に西近江路《にしおうみじ》、湖北には北国《ほっこく》街道が通じていた。

ミクロにみると、勢多《せた》（瀬田）橋（大津市）から草津《くさつ》市、栗東市《りっとうし》にかけての地域が交通の結節点として重要な役割をになってきたことが指摘できる。琵琶湖の流出口にあたる瀬田川のわずか三キロほどのあいだに、東海道新幹線、国道一号、京滋バイパスなど六本の橋がかけられている。「近江を制するものは天下を制する」といわれるが、壬申《じんしん》の乱（六七二年）、藤原仲麻呂《ふじわらのなかまろ》の乱（七六四年）以降、なんどもこの勢多橋をめぐる争奪戦が繰りかえされてきたことが思いおこされる。草津・栗東の一帯には、近世は東海道と中山道が合流する草津宿が活況を呈し、現在は国道一号・八号の分岐点、名神高速道路の栗東インターチェン

琵琶湖から瀬田川が流下するあたり

ジがあり、JR草津駅が琵琶湖線と草津線の乗換え駅としてにぎわっている。

近江(淡海)・琵琶湖・滋賀●

柿本人麻呂《かきのもとのひとまろ》の「淡海《おうみ》の海《うみ》、夕浪千鳥《ゆうなみちどり》、汝《な》が鳴けば、情《こころ》もしのに、古《いにしえ》思ほゆ」(『万葉集』巻三)にみられるように、琵琶湖は、古くは淡海の海、淡海《おうみ》、鳰《にお》の海《うみ》などと記されていた。ちなみに鳰は琵琶湖の水面に浮かぶ「かいつぶり」の古名で、県の鳥に指定(昭和四十〈一九六五〉年七月)されている。

国名の近江は、浜名湖のある「遠《とお》つ淡海」(遠江《とおとうみ》)に対して、畿内の都に近い淡水の湖という意味の「近《ちか》つ淡海」から転訛《てんか》したものである。なお琵琶湖の名称は、その形状が和楽器の琵琶に似ていることによるが、ネーミングの歴史は比較的新しく、江戸時代の中ごろに定着したと思われる。

さて江戸時代の近江は、「諸藩ノ封地各所ニ犬牙《けんが》シ、三十有余藩ノ多キニ至リ、其他旧藩府麾下《きか》ノ采邑《さいゆう》幾千百十ナルヲ知ラス」(『滋賀県治概略』明治十四年)の状況で、たとえば『琵琶湖周航の歌』の一節「今日は今津《いまづ》か長浜か」の今津村(高島市今津町)は加賀(石川県)の金沢藩領であった。このほか湖東・湖南には、大和《やまと》(奈良県)の郡山《こおりやま》藩領、山城《やましろ》(京都府)の淀《よど》藩領、河内(大阪府)の狭山《さやま》藩領、遠くは武蔵《むさし》(埼玉県)の川越《かわごえ》藩領などが複雑に錯綜《さくそう》していた。

明治元(一八六八)年閏四月、幕府直轄領・旗本領や寺社領などが統廃合されて大津県が成立し、同四年六月、大溝《おおみぞ》藩が廃藩されて大津県に編入された。明治四年七月の廃藩置県《はいはんちけん》で、それまでの大津県に加えて膳所《ぜぜ》、水口《みなくち》・西大路《にしおおじ》・山上・彦根・宮川・朝日山の七藩が県となり、つづいて同年十一月、湖南が大津県、湖北が長浜県に統合された。翌五年一月に大津県が滋賀県、二月に長浜県が犬上《いぬかみ》県とそれぞれ改称され、同年九月、両県が統合されて近江一国からなる滋賀県が成立した。その後明治九年八月、敦賀《つるが》県の三《み》方《かた》・遠敷《おにゅう》・大飯《おおい》・敦賀の四郡（福井県嶺南《れいなん》地方）が滋賀県に編入され、明治十四年二月に分離されるまで、ごく短期間ではあるが、滋賀県は日本海に面する臨海県であった。

県名は、明治五年一月、「幕府代官所タル大津ノ名号ヲ因襲罷在候テハ名実相反スルノミナラズ……開化ノ進歩ニ障碍不少」（『太政類典』二―九五、三〇）ということで、県庁所在地の郡名をとって滋賀県と改称された。滋賀は、古くは志我・志賀・斯我などと記されている。郡名としての初見は『続日本紀《しょくにほんぎ》』養老元（七一七）年九月癸亥条であるが、柿本人麻呂・高市黒人《たけちのくろひと》らが歌に詠んでいることから、地名としての滋賀は七世紀の中ごろまでさかのぼることができよう。

三方よし

比較的おだやかな地形、風土にはぐくまれてきた滋賀県人の県民性はどうだろうか。二〇年余り前の調査であるが、東京・名古屋・京都・大阪・神戸の五都市の住民からみた滋賀県人の長所は「粘り強い」「素朴《そぼく》である」「勤勉である」、これに対し短所は「保守的」「損得にこだわる」「閉鎖的」であった（〈株〉日本情報システム研究所編『東京・名古屋・京阪神からみた滋賀』滋賀県広報課・企画調整課、昭和五十八年）。この長所からすぐ頭に浮かぶのが湖北の和楽器糸と湖西の扇骨《せんこつ》である。

天女の羽衣伝説で知られる余呉《よご》湖の南方に大音《おおと》・西山《にしやま》（長浜市木之本《きのもと》町）の二つの集落がある。ここは琴や三味線の糸づくりの里で、六月から七月にかけて繭《まゆ》から糸をとる作業が行われる。最盛期の大正時代には、若狭から一〇〇人近い娘たちが手伝いにきたという。

湖西の安曇川《あどがわ》下流の南岸に位置する上小川《かみおがわ》（高島市安曇川町）は「近江聖人《せいじん》」中江藤樹《なかえとうじゅ》（一六〇八～四八）の出生地として知られているが、その西北に西万木《にしゆるぎ》（同）の集落がある。この付近の農家は、江戸時代の中ごろから、副業として安曇川の堤防の竹藪で採取した竹を加工し扇骨《せんこつ》（扇子の骨）をつくってきた。この扇骨はほとんどが京都の扇子《せんす》問屋へ運ばれ、合わせ、上絵、箔押《はくお》しなどの工程を経て華麗な京扇子に仕上げられる。大音・西山の和楽器糸も、京都をはじめ全国に送りだされ、琴や三味線の弦《げん》となってみごとな音色を奏《かな》でる。扇骨・和楽器糸はいずれも半製品で、デザインとかファッションと直接の関係がない。大都市のはなやかな芸術・文化・流行などとは無縁の片田舎《かたいなか》で、「素朴」で「勤勉」な農家の人たちが地味にコツコツと「粘り強く」働いてつくる、いかにも滋賀県らしい伝統産業である。

短所の「損得にこだわる」という滋賀県人に対するイメージは、近江商人に対する誤解と偏見に起因しているのではなかろうか。「近江泥棒、伊勢……」は、『広辞苑』（第四版）によれば「近江・伊勢の商人が江戸に入って、勤倹産をなし、各方面の商権を握ったのに対し、江戸っ子がやっかみ半分にののしって言ったことば」である。「三方《さんぼう》よし」は近江商人の家訓の一つである。「売《うり》

扇骨の白干し風景（高島市安曇川町）

手《て》よし」「買手《かいて》よし」は双方の利害が一致しなければ商取引は成立しないのだから当然として、「世間《せけん》(に)よし」がこれと同格に位置づけられているのがいかにも近江商人らしい。たとえば、冷夏でX地方では農作物Aが凶作だという情報と、Y地方は好天にめぐまれAが大豊作という情報をほぼ同時に入手したとする。近江商人は、豊作貧乏を覚悟していたY地方の農民からAを例年どおりの価格で大量に買い取り、X地方へ運び、値上がりを心配していた住民にほぼこれまでどおりの値段で売る。

中村治兵衛家(東近江市五個荘石馬寺《ごかしょういしばじ》)の、宝暦四(一七五四)年に作成された家訓に「他国へ行商《ぎょうしょう》するも総《すべ》て我事のみと思はず、其の国一切《いっさい》の人を大切にして、私利を貪《むさぼ》ること勿《なか》れ」の条《くだり》がある。近江商人はどさくさ紛れの暴利をむさぼらないので信用されたのである。オイルショックとかバブル経済を振り返るとき、改めて「世間(に)よし」のもつ意味を考えさせられる。

豊かな文化財●

滋賀県は「一パーセント(百分の一)県」である。県の面積(四〇一七・三六平方キロ)・人口(一三八万〇三六一人、平成十七年国勢調査)がともに全国のほぼ一%に相当するからである。重要文化財数(国宝を含む)は八〇六件(平成二十二〈二〇一〇〉年)、その対全国比は六・一九%で、東京都、京都府、奈良県についで第四位であり、国指定の史跡・名勝・天然記念物数も全国の二・六四%(同年)を占めている。

どこにそのような文化財や史跡があるのか。『滋賀県文化財地図』(滋賀県教育委員会文化財保護課、平成四年)をひろげてみよう。比叡山延暦寺《えんりゃくじ》・園城寺《おんじょうじ》(三井寺《みいでら》)・石山寺《いしやまでら》(大津市)などは例外として、文化財や史跡は、特定の都市や地域に偏《かたよ》ることなく、県内各地に満遍《まんべん》なく分布しているのがよくわかる。

滋賀県の農山村は、寺院の甍《いらか》がそびえる塊村《かいそん》の景観が一つの特色となっている。人口一〇万人当りの仏教寺院数は二三九寺院（平成十二年）で全国第一位であり、大字《おおあざ》・小字《こあざ》を問わず末尾に「寺」のつく地名が濃密に分布している。そしてなんの変哲もない普通の田舎に、寺院の本堂や仏像・絵画・工芸品などの文化財が住民の厚い信仰によってまもられてきた。

二、三の例をあげよう。鈴鹿山脈の西麓に、北から南に西明寺《さいみょうじ》（犬上郡甲良《こうら》町）・金剛輪寺《こんごうりんじ》（愛知《えち》郡愛《あい》荘《しょう》町）・百済寺の「湖東三山《ことうさんざん》」が並ぶ。一千有余年の歴史を誇る天台の古刹《こさつ》で、西明寺の本堂・三重塔、金剛輪寺の本堂はいずれも国宝に指定されている。湖北の小谷山《おだにやま》西麓の水田地域に渡岸寺《どうがんじ》（長浜市高月《たかつき》町）の集落がある。ここの向源寺《こうげんじ》（真宗大谷派）に、戦国時代は村人が土のなかに埋めて戦火からまもったと伝えられている木造十一面観音立像（平安時代、国宝、九三頁写真参照）が安置されている。面長でふくよかな曲線を描き気品溢《あふ》れる観音像は、拝観するたびに魅力が増すから不思議である。

滋賀県は「祭の宝庫」ともいわれるが、古い歴史と豊富な文化財、そしてめぐまれた自然環境にはぐくまれて、多彩な民俗文化や民俗芸能、民俗行事が伝えられてきた。長浜曳山《ひきやま》祭の曳山行事（四月十五日が本日《ほんび》）は国の重要無形民俗文化財に指定されている。浜縮緬《はまちりめん》、ビロードなどでたくわえた町衆の財力と浜仏壇の製造技術の粋《すい》を凝縮《ぎょうしゅく》して建造された曳山の舞台で、男の子が演じる長浜曳山狂言（国選択の無形民俗文化財）に惹《ひ》きつけられる。秋の大津祭（十月九・十日）の曳山は、精巧な人形《にんぎょう》からくりがすばらしいし、見送り幕も豪華で、琵琶湖水運の中継港として、また東海道の宿場町として繁栄していた大津の町衆のエネルギーが感じられる。このほか、水口・日野《ひの》・米原《まいばら》・大溝（高島市）などにも曳山祭が伝えられている。

近江盆地の農民は、灌漑《かんがい》用水で苦労してきた。今はバルブをひねると水田を潤《うるお》せるが、昔は旱魃《かんばつ》の夏は降雨を祈るしか術《すべ》がなかった。雨乞《あまご》いと豊作を祈願する太鼓《たいこ》踊りが各地にみられ、油日《あぶらひ》の太鼓踊り（甲賀《こうか》市）、北落《きたおち》のおはな踊り（犬上郡甲良町）、朝日《あさひ》豊年太鼓踊り（米原市）はいずれも国の無形民俗文化財に選択されている。秋の米の収穫を占うのが、近江中山《なかやま》の芋競《いもくら》べ祭り（九月一日、蒲生《がもう》郡日野町、国指定の重要無形民俗文化財）である。中山の東西両集落が孟宗竹《もうそうちく》にくくりつけたトウノイモ（里芋の一種）の長さを競い、昔から西が勝てば豊作、東が勝てば不作といわれている。

近江歴史回廊

滋賀県の歴史文化資源は県内各地に点在していて、一見バラバラのようである。これをどうつないでいくのか、アクセスをどうするのか、さらにどうルート化するのかが課題であった。ルート化といえば、近畿二府六県にまたがる「歴史街道」があるが、伊勢・飛鳥《あすか》・奈良・京都・大阪・神戸がメーンルートで結ばれていて、滋賀県は八つのテーマルートの一本「近江戦国ルート」という支線が湖南から湖東、湖北に引かれているだけである。

平成四（一九九二）年度に滋賀県は、近江歴史回廊懇談会を設置し、『近江歴史回廊構想の策定・推進に向けて（提言）』（滋賀県企画調整課、平成五年）を取りまとめた。この提言では、「街道」とは多少観点をかえて「回廊」の意味を重視し、「近江歴史回廊」は、琵琶湖を取り囲むかたちで、湖中（うみなか）の道、湖辺（うみのべ）の道、山辺（やまのべ）の道という三本の琵琶湖環状ルートに、滋賀県の特色ある歴史性を多彩なテーマで表現する探訪ルートを織り込むかたちで構成されることになった。これをうけて、平成六年一月、近江歴史回廊構想が策定され、「みずうみ」の国、「みち」の国、「ほとけ」の国という近江の歴史の重層性を背景にテーマ性とストーリー性を配慮し、近江戦国の道、近江商人の道、近江万葉の道、比叡山と回峰《かいほう》の道など一〇の探訪ルートが提示された。これらの探訪ルートと主要探訪地を地図に描き入れると、これまでバラバラに点在していた歴史文化資源が、テーマごと、時代ごと、そして地域ごとに連結され、全体として琵琶湖を取り囲むみごとな「回廊」になっていることが実感できる。

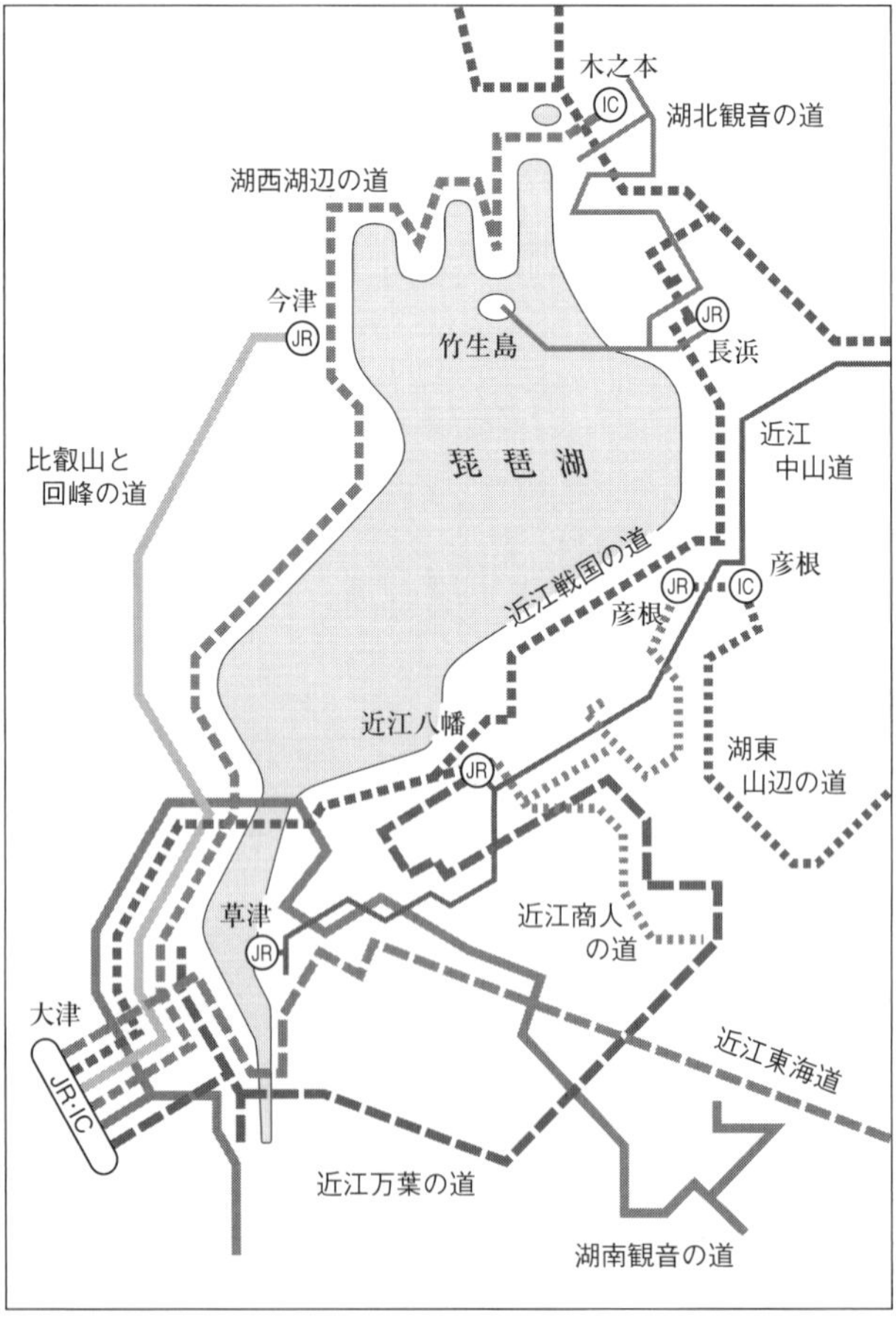

近江歴史回廊探訪ルート10（近江歴史回廊推進協議会の資料より作成）

1章

原始・古代の近江

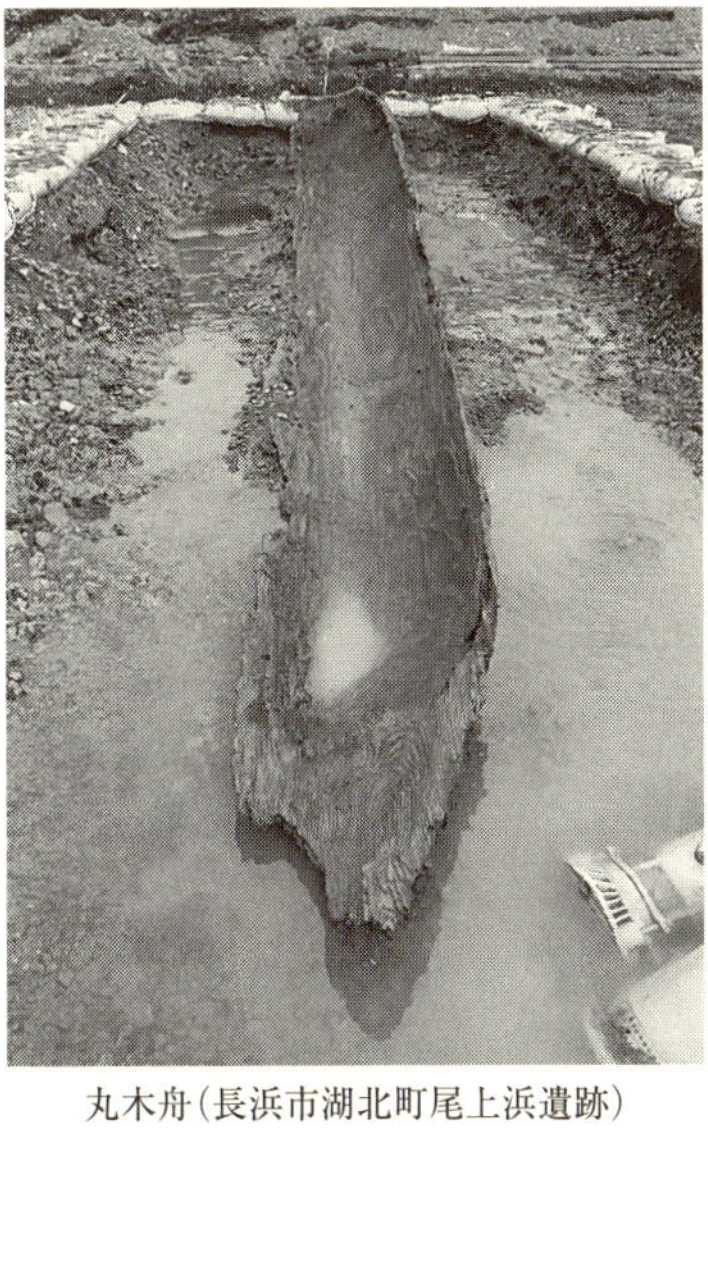

丸木舟(長浜市湖北町尾上浜遺跡)

1　琵琶湖と狩人たち

湖畔・湖底の貝塚●

近江の歴史は琵琶湖を抜きにしては語れない。国なかに広漠と横たう琵琶湖はいつの時代にも人びとにさまざまな「恵み」と「規制」をあたえ続けてきた。太古の琵琶湖（古琵琶湖）は各地を移動していたが、ほぼ現在に近い位置に定着したのは三〇万〜四〇万年前、今の姿にほぼ定まったのはおよそ一万〜一万五〇〇〇年前といわれる。

湖西の滋賀丘陵では三〇万〜七〇万年前のトウヨウゾウやシガゾウの、湖東の芹《せり》川中流域では一万〜二〇万年前の多くのナウマンゾウの化石が発見されており、また、滋賀丘陵ではセタシジミの化石も出土している。各地で旧石器人の格好の獲物となる大型動物・魚介類の棲息《せいそく》は確認できるが、人の活動の痕跡《こんせき》としては県下ではこれまでに後期旧石器時代の終末期（一万数千年前ころ）に使用されたサヌカイト製やチャート製のナイフ形石器・搔器《そうき》・削器《さくき》・尖頭器《せんとうき》など数十点が各所で散発的に発見されている程度で、まとまった石器群や遺構の検出はまだない。旧石器時代に関しては今後精力的な取り組みによって一括した石器群の発見や遺構の検出に期待したい。

県下の縄文時代の遺構・遺物は近年の各地での開発に伴う数多くの調査によって著しく増加し、各時期ともに現在の琵琶湖の湖底や湖岸、平野部、丘陵部とさまざまな立地で広範に生活していたことが判明している。縄文早期の遺跡としては、石山貝塚（大津市）が著名であるが、近年の調査で縄文早期から中期にかけての遺跡に粟津湖底遺跡《あわづこてい》（大津市、口絵参照）が明らかにされた。ＪＲ琵琶湖線の鉄橋の北約二〇〇メートルの琵琶湖の真ん中の湖底にある遺跡で、東西約四六〇メートル・南北約九五〇メートルの広がりがあり、その北西部に第一・第二貝塚が、北東部に第三貝塚がある。第三貝塚とその周辺については東西約七二メートル・南北約一二四メートルの範囲を鋼矢板《こうやいた》で仕切って内部の水を抜き、陸化して調査された。その結果、調査区の中央やや南寄りで早期の自然流路が、中央やや北西部で早期〜前期の落ち込みと前期の哺乳《ほにゅう》動物の足跡が、北東部で中期の貝塚および植物遺体層（第三貝塚）が検出された。

早期の自然流路からは多くの土器とともに籠状編み物《かごじょうあみもの》や人為的に捨てられたとみられる大量のクリの果皮・炭化子葉・刺《とげ》、ヒョウタンの種子・果皮、人為的に割られたとみられるオニグルミの核、「緑豆」類に同定される炭化した種子一個などが出土し、当時の植物性食物や生業を知る好資料である。

第三貝塚は中期初頭のもので、平面形は東にふくらみをもつ三日月形を呈し、南北約三五メートル、最大幅約一五メートルを測り、もっとも厚い部分で約五〇センチの堆積がある。セタシジミを主体とした貝層とトチ・ドングリ・クルミなどの堅果類を主体とする植物遺体層が貝層と互層となって遺存していたことが特徴で、縄文人の動物食と植物食の実態を一括資料で把握できる例のない資料といえる。

この貝塚は一般の日常生活に伴ったものではなく、貝層と植物遺体層が順次サイクル的に堆積する状況は、短期間のうちに内容の異なる大量の廃棄物が繰り返し投棄されたことを示し、秋には木の実を大量に採集してあく抜きや保存処理を行い、春から初夏にかけてはセタシジミを主とする貝類などをこれも大量に採取して保存処理などを行う、集落全体の共同作業場における廃棄場であったと推定されている。この遺跡は現在の琵琶湖の基準水位八四・三七一メートルから二・五〜三・四メートルの湖底にあるが、現在

栗津第三貝塚のおもな貝・動物・植物遺体

貝　類	動物遺体	植物遺体
セタシジミ	コイ	オニグルミ
オトコタテボシガイ	フナ	クリ
タテボシガイ	スッポン	イチイガシ
マツカサガイ	キジないしヤマドリ	トチノキ
ササノハガイ	イノシシ	エゴノキ
マルドブガイ	ニホンジカ	ミツワガシ
カゴメカワニナ	ニホンザル	アサザ
ナガタニシ	ツキノワグマ	ジュンサイ
オオタニシ	オオカミ	イバラモ
	イヌ	キリ

なぜ湖底にあるのかはまだわかっていない。

縄文時代の食糧は植物食が主、動物食が副であったようだ。その調理法はススや炭化物の付着した土器や炉跡などから、土器を用いた煮沸、炉での焼灼《しょうしゃく》・蒸し焼き、あるいは燻製《くんせい》や乾燥により保存ののちに煮たり焼いたりあぶったりしたことが考えられる。最近の科学的研究法に残存脂肪《しぼう》分析法があるが、この方法による縄文前期の山形県押出《おんだし》遺跡出土のクッキー状炭化物の分析結果は、クリ・クルミ・シカ・イノシシ・野鳥（キジ・マガモなど一一種）の肉、イノシシの血、野鳥の卵、野生の酵母《こうぼ》などを塩で調味し、二〇〇～二五〇度で焼いたものと推定されている（佐々木洋治「押出クッキー」『新版古代の日本』I）。他遺跡出土の同様の炭化物の分析によると、木の実を九〇％前後使ったものや肉を五〇％前後用いたものも知られ、縄文人は想像以上に豊かな食生活を楽しんでいたようだ。

イノシシの捕獲方法の一つに落とし穴があるが、縄文時代の早い段階から各地で出土している。県下では日置前《ひおきまえ》遺跡（高島市）で晩期ころとみられる落とし穴が群集して設けられており、狐塚遺跡（栗東《りっとう》市）でも当時の沼沢地に晩期の落とし穴が検出されている。魚類の捕獲には網漁《あみりょう》が多用されていたようで、各地の遺跡からその重りとして用いた石錘《せきすい》が多く出土している。入江内湖《いりえないこ》遺跡（米原市《まいばらし》）では縄文時代のものとみられる骨製銛《もり》が、晩期の滋賀里遺跡では骨角製釣針《つりばり》や銛、ヤスも出土している。

また、早期の注目すべき遺跡として守山市の赤野井湾の湖底にある赤野井湾遺跡がある。湾中央部付近のA地点は五〇メートル四方を鋼矢板で仕切って、陸化して調査された。この最下層の第三遺構面（標高八〇・八一〜八一・〇メートル）が早期の面でその上をおおう遺物包含層の直上には鹿児島県鬼界《きかい》カルデラのアカホヤ火山灰層が堆積している。焼けた拳大《こぶしだい》の石がぎっしりと詰まった集石炉三基や土器を多く含む土坑約二七基などが検出されている（平井美典「守山市赤野井湾遺跡出土の縄文時代耳飾り」『滋賀考古学論叢』第四集）。この遺跡も湖底遺跡であるが、石山貝塚で生活をいとなんでいたころ、赤野井湾は陸地で、琵琶湖をバックグラウンドとして広範な活動をしていたことがうかがわれる。が、やがて火

赤野井湾遺跡のA地点第3構面（縄文早期，守山市）

山灰が降り積もり、居住区をほかに求めて移動したものとみられ、縄文中期になるとまたこの地で生活したことが第二遺構面の状況から知ることができる。現在のように湖底に没したのは第一遺構面の時期、奈良・平安時代以降のことであろう。

照葉樹林のムラ●

愛知《えち》川左岸の微高地上にある正楽寺《しょうらくじ》遺跡（東近江市）は縄文後期前葉を中心とする遺跡で、約二二〇〇平方メートルの発掘区で多くの遺構・遺物が検出されている。幅約一五メートルの南北に流れる河川の西側に円形の竪穴住居五棟が検出されたが、住居はさらに西側の調査域外に広がっている。住居のある一帯には多くの柱穴があり、掘立柱建物の存在も推定できる。この柱穴群の東側には河川に沿う方向で、約一〇〇基の土坑が蛇行しながら南北に連なっている。この土坑は直径一～一・五メートルのほぼ円形を呈するもので、多くのものに石がはいっており、石皿《いしざら》・磨石《すりいし》・石鎌《いしがま》などが認められるものもある。この土坑《どこう》群の北側には、周囲に多くのサヌカイト原石やチップ、石鏃《せきぞく》などの散乱が

環状木柱列（東近江市正楽寺遺跡）

みられるいくつかの掘り込みがあり、石器製作工房とみられている。

これらの遺構群と河川とのあいだは幅二〇メートルほどの無遺構地帯が南北にのび、一種の祭祀の広場と考えられている。その中央付近には直径約六メートルの環状木柱列《かんじょうもくちゅうれつ》あるいは巨大木柱遺構とよばれる柱穴列が存在する。これは直径一・三メートル、深さ一〇センチほどの大型炉を中心に六つの大型柱穴が円形に並ぶもので、柱穴は直径〇・八〜一メートル、柱は直径三〇センチ前後の円柱とみられる。闇のなか、巨大な柱列に囲まれた中央にあかあかともえさかる炎、霊的なシャーマンの取り仕切る儀礼的祭り、それをみいる縄文人たちの姿などの想像が可能だ。土面の出土から、面をつけた一種の踊りもあったかもしれない。この遺構の類似例は北陸の石川県金沢市のチカモリ遺跡や群馬県利根《とね》郡みなかみ町の矢瀬遺跡など、おもに晩期前半を中心に八例ほどが確認されている。

穴太《あのう》遺跡（大津市、口絵参照）も比叡山《ひえいざん》東麓にいとなまれた縄文後期の集落跡である。地表下四〜五メートルの深さで一一〇×三五メートルの範囲が明らかにされた。当時の地形も現地形にほぼ沿う形に南西から北東になだらかに傾斜しており、この傾斜に沿って幅約六メートルの谷川が流れ、この主流には幅約三メートルの支流が流れ込んでいる。谷川の周囲には針葉樹のカヤや落葉樹のカエデもまじってはいるものの、照葉樹であるイチイガシが大半を占め、ツバキ・サカキもまじる樹痕がそのままの状態で残っていた。いずれも大木で、根が一〇〜一七メートルも張り出しているイチイガシもあった。当時、照葉樹林は東海地方から西に広がり、落葉広葉樹林は中部・関東から北海道南部に広がっていた。

竪穴住居は主流と支流の合流点のすぐ横に四基が検出された。直径五メートル前後の円形のもの二基、一辺五メートル前後の隅丸方形のもの二基があって、重複関係からみて、円形住居から方形住居に変化しているようである。住居からは石棒や石皿・磨石・くぼみ石などが出土している。また、周辺からは多くの土器類のほかに打製石斧・石錘《せきすい》なども出土している。打製石斧はヤマイモなどの根茎類《こんけいるい》を掘る道具とみられ、石錘は川や琵琶湖での網漁に用いられたものである。

住居のすぐ横の谷川のなかには、下から小型のドングリ（イチイガシ）・大型のドングリ（ナラの類）・オニグルミ・トチの順に詰め、その上を木の葉でおおった直径約八〇センチ・深さ約五〇センチの貯蔵穴一基と、トチばかり詰めた直径約三〇センチ・深さ約二〇センチの貯蔵穴一基が検出された。常時水に浸かっていたのは野ネズミや虫の被害を防ぐための工夫と思われる。貯蔵穴のすぐ横の水中の土坑からは一対の男女の生殖器を象徴化した木製品も出土している。豊饒《ほうじょう》を祈る祭祀に用いられたものだろう。近くの大木の下には祭祀的性格をもつ何カ所かの配石《はいせき》遺構や小石を積み上げた集石《しゅうせき》遺構もみつかっている。

集団墓地●

集団墓地とまではいえないが、石山貝塚（大津市）では埋葬された縄文早期の人骨も検出されている。人骨は成人男子二体・成人女子二体・小児一体の合計五体あり、いずれも貝層に遺体のはいるだけの穴を掘り、屈葬《くっそう》の形で葬ったあと、土を薄くかける程度の墓で、小児骨は鹹水《かんすい》産のヤカドツノガイを切断してつくった貝小玉を首飾りとしていた。ほかに動物の骨や牙、貝などでつくった装身具も出土している。

また、縄文早期後半の高山寺《こうざんじ》式土器を伴う磯山城《いそやまじょう》遺跡（米原市）では、二体の人骨が出土している。うち、遺存状況の良好な二号人骨をみると、縄文時代に通有《つうゆう》にみられる屈葬という形態ではあるが、仰向《あおむ》きに寝かせ、足を伸ばしたまま腰から折り曲げるという特異な葬法をとっていた。推定身長は一六五〜一七〇センチの成人男性で、当時の平均より五〜一〇センチ高い立派な体躯の持ち主であった。

人の平均寿命の伸びは乳幼児死亡率の変化と深く結びつく。現代の私たちの平均寿命が高いのは、乳幼児死亡率の低下や病気に対する予防など医学の進歩によるところが大きいが、縄文人は乳幼児の死亡率が高かった。また、リウマチや関節炎の認められる病変痕、手足の骨折痕のある成人骨が多く認められる。最近の研究では、縄文人の寿命は、一〇〇人の乳幼児が二〇歳過ぎるころには約半数に減る計算になるという（鈴木公雄「縄文人の寿命」『古代史復元』2）。

湖西北部の北仰西海道《きとげにしかいどう》遺跡（高島市、口絵参照）は縄文晩期の墓地として県下屈指の遺跡である。東西約五〇メートル・南北約一〇〇メートルの範囲に、土器棺墓約九六基・土壙《どこうぼ》墓一〇〇基前後が密集して存在する。具体的内容の把握できる土器棺墓七〇基のうち、掘形内《ほりかたない》に土器棺を正立の状態におさめるもの五基、斜位におさめるもの二四基、横位におくもの四一基となっており、また、このうち単棺のもの一七基、別個体の大割りした土器片を蓋《ふた》にした合蓋棺《あわせぶたかん》三一基、二つの深鉢をあわせた合口棺《あわせぐちかん》二二基という割合になっていて、ある一定の規則性のあったことがうかがえる。一三号土器棺墓からは新潟県糸魚川《いといがわ》周辺の姫《ひめ》川《かわ》産ヒスイの管玉《くだたま》一点や、周辺の包含層から同種の管玉一点などが出土している。土壙墓には内部に枕石とみられる一石の存在するもの、拳大から人頭大の集積のみられるもの、抱石葬《だきいしそう》的性格を想定させるものなどがある。

松原内湖《まつばらないこ》遺跡（彦根市）からは縄文後期～晩期の多くの漆《うるし》製品が出土しているが、この遺跡で特異な遺物にヘラ状木製品と丸木舟がある。

ヘラ状木製品は全長四三・七センチ、最大幅六・七センチのもので、広端部に二突起、狭端部に四つの整列した透孔があり、山形文や格子文を刻み、赤色顔料で飾るものである（細川修平「滋賀県松原内湖遺跡出土の箆状木製品」『考古学雑誌』第七二巻第四号）。こうした文様の位置や形状などをもとに音階理論で割りだして縄文時代の四弦琴とする解釈があり、もう一点の全長一六・七センチの竜尾《りゅうび》に二突起、竜頭《りゅうず》に一透孔のものも琴とみられている（山口庄司「松原内湖出土の琴箏の復元」『滋賀文化財だより』No.128・No.129）。

この遺跡からの丸木舟は破片も含めて一〇隻が確認されている。完形のものは、全長五・〇メートルと五・四八メートルのものがあり、大半がスギ材でできているが、未製品の一点は直径六〇～七二センチのヤマザクラ材である。琵琶湖周辺での縄文期の丸木舟はほかに水茎《すいけい》遺跡で七隻、長命寺湖底遺跡（ともに近江八幡市）で三隻、尾上浜《おのえはま》遺跡（長浜市）で一隻（一一頁写真参照）などが知られ、丸木舟で琵琶湖沿岸

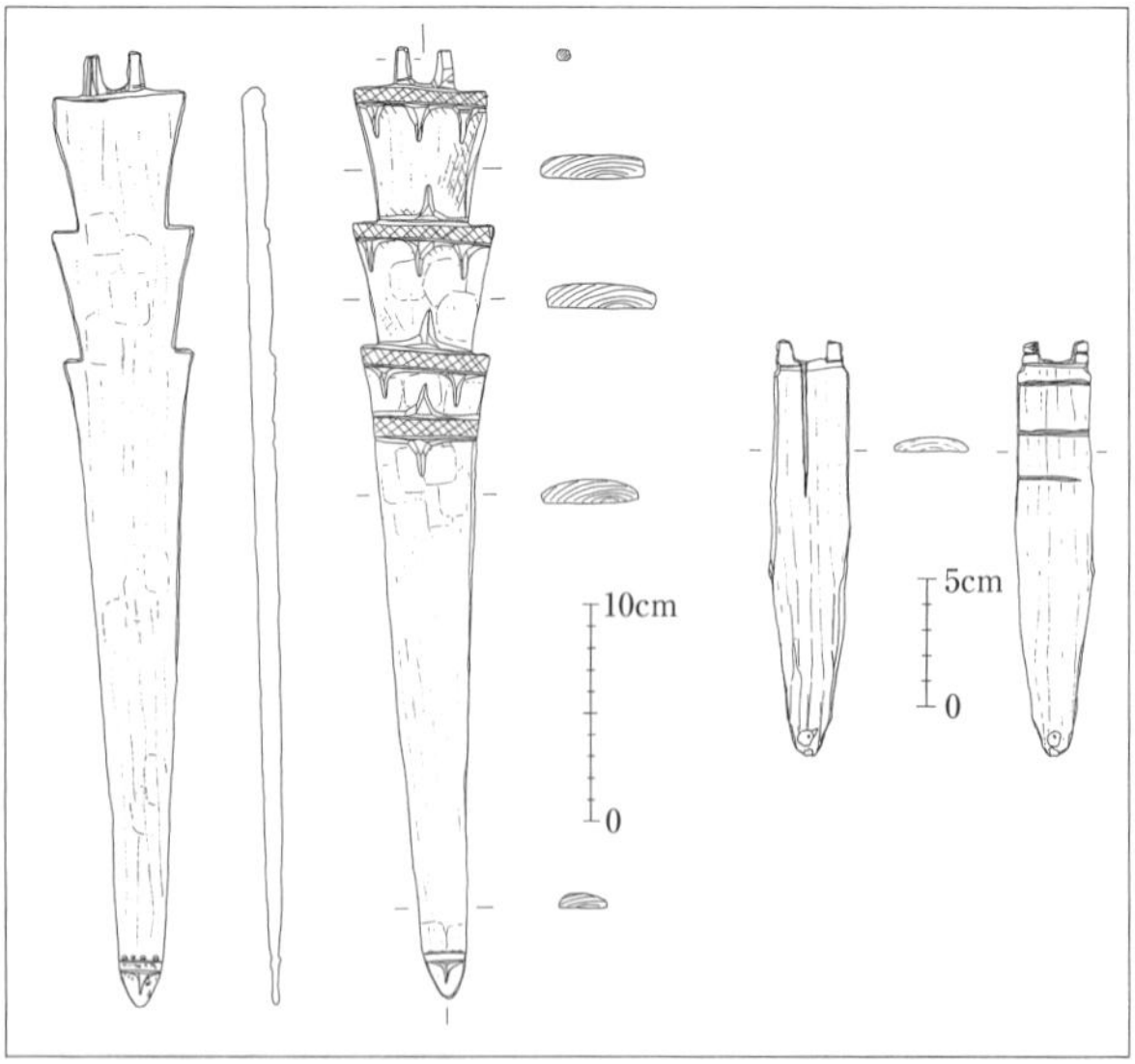

ヘラ状木製品（縄文時代の琴か。彦根市松原内湖遺跡）『考古学雑誌』第72巻第４号，1987による。

部に沿って、漁や他地域との交流が行われていたものとみられる。県下の各縄文遺跡から出土する遺物類には、近畿はもとより西日本・東海・北陸・中部・関東、場合によっては東北地方など、各地にその分布の中心をもつものが各時代ともに認められる。これは近江という列島中央部に位置する地理的要因にも関係するが、縄文人たちは汎《はん》日本的なダイナミックな動きをすでに展開していたのである。

2　湖畔の初期農耕

低地の水田●

稲作の起源については古くから多くの研究があるが、近年では中国の長江下流域起源説が有力になってきており、最近では江蘇省《こうそしょう》草鞋山《そうあいざん》遺跡で、約六〇〇〇年前の稲作遺構が発掘されている。

東南アジア研究に造詣の深い滋賀県立大学の高谷好一名誉教授によると、アジアの稲作には(1)乾燥大陸の畑作型稲作、(2)照葉樹林の谷底の移植稲作、(3)熱帯山地の焼畑稲作があり、日本に伝わったのは(2)で、移植するのは雑草との競合に勝つためである、とされる。そして、稲作の伝播《でんぱ》のあり方には二通りあって、福岡市の板付遺跡や大阪湾岸の弥生遺跡などは本格的な稲作を行い得る立地をもつが、伊豆《いず》諸島の新島《にいじま》の田原《たはら》遺跡などは本格的稲作りを行ったとは考えられず、東南アジアでみられる海民のように、広域にいろいろなことをやりながら移動する人たちが本職以外に、間に合わせ的・副次的に簡易にコメ作りをした可能性を説いている。

近江のコメ作りはどのように展開していったのだろう。

地震におそわれたムラ

琵琶湖の湖岸周辺あるいは湖底《こてい》には「湖底遺跡」とよばれる、遺構面（生活面）が現在の琵琶湖の基準水位である標高八四・三七一メートルより低い遺跡が一〇〇前後知られている。先述の粟津湖底遺跡・赤野井湾遺跡・松原内湖遺跡・小津浜遺跡などはいずれもそれに該当する。大半は現湖面から数メートル以内の浅湖底にあるが、奥琵琶湖の葛籠尾崎《つづらおざき》湖底遺跡（二九頁参照）だけは特異である。当時は陸上であった遺跡がなぜ湖底にあるのだろうか。

琵琶湖の水位は瀬田《せた》川からの湖水の流出量の多少に左右されるが、水位と陸地との相対的高低関係は局地的ではあるが地震による地盤変動にも左右される。平成七（一九九五）年一月におきた兵庫県南部地震はマグニチュード七・二で、それによる液状化現象により、大きいところで二メートルもの地盤沈下があった。琵琶湖周辺には記録に残るだけでも古代からマグニチュード七前後の多くの地震がおきていて、寛文二（一六六二）年、湖の周辺一帯に大被害をあたえたマグニチュード七・五前後と推定される大地震など、数えあげればきりがない（林博道ほか『地震で沈んだ湖底の村―琵琶湖湖底遺跡を科学する―』サンライズ出版）。

そして、実際に地震により湖底に沈んだと思われるムラの跡が発掘されている。湖西北部、高島市新旭町針江《はりえ》の湖岸から沖合にかけて広がる針江浜遺跡がそれで、現湖岸から沖合一四〇〜二〇〇メートルの地点で噴砂跡が検出された。もっとも上位の第一遺構面は標高八二・三メートル前後の高さ、もっとも下位の第四遺構面は、八一・〇メートルの高さである。

❖コラム

噴砂跡がみつかったのは第二遺構面で、沖側には多くのヤナギがはえた浜堤が、陸側では掘立柱建物一棟と灌漑《かんがい》用とみられる大溝などが検出され、大溝には堰《せき》もきずかれていた。遺構に伴い弥生中期前葉の土器や大足《おおあし》などの木製品が出土している。この遺構面には大規模な液状化現象による噴砂跡がみいだされ、吹きあげた砂が第二遺構面に広がった状態で認められた。このため、弥生中期前葉のこの時期にマグニチュード六以上の大地震がおきたことがわかる。その下の第三遺構面は弥生前期の円形竪穴住居二棟、掘立柱建物二〜三棟、柵、土坑、溝などが大量の土器や木器・石器などとともに検出され、多量の炭化物や炭化米も出土している。

この遺跡は第二遺構面の弥生中期前葉の時点でかなりの地盤沈下をおこしたものと思われるがその後、あらたな浜堤の形成など、微地形の変化により古墳時代ころにはまた人が住むことになる。そして、その後の地震でまた水面下に没した可能性が考えられる。

噴砂跡(高島市新旭町針江浜遺跡)　矢印は噴砂の動き。

赤野井湾の湾奥部の湖岸から湖底にかけて広がる小津浜《おづはま》遺跡は出土遺物からみれば、縄文晩期から室町時代にかけての複合遺跡であるが、弥生時代の遺構も大きく広がっている。弥生前期中段階〜中期の竪穴住居ないし掘立柱建物の柱穴とみられる多数の柱穴群、炭化米をはじめとする多くの炭化物が出土する土坑などが検出され、当時の居住区であることが明らかにされた。そして、この居住区を囲むように弥生前期の幅一・八メートルの溝と中期の幅約三・〇メートルの溝も確認され、近くには中期の方形周溝墓《ほうけいしゅうこうぼ》も検出されている。この居住区から湖岸寄りに約一〇〇メートル離れた地点では前期を主体とする大量の遺物を含む幅二・一メートルの溝が発見されている。この溝の覆土《ふくど》や包含層からは縄文晩期の長原《ながはら》式土器や東海系の樫王《かしおう》式土器、弥生中期の土器なども出土しているが、弥生前期中段階の遺物がもっとも多い。その時期のものとしては、鍬《くわ》・鋤《すき》・田下駄《たげた》・斧柄・弓・高杯《たかつき》などの木製品、太型蛤刃石斧《はまぐりばせきふ》・石包丁・磨製石剣・磨製石斧などの石器類、赤彩文土器・木ノ葉状文土器など多数の土器類がある。この遺跡では水田跡こそ未発見であるが、炭化米をはじめ、農耕を示す木製品や石器が確認でき、近江におけるもっとも初期の農耕集落と位置づけることができる。また、前期（中段階〜新段階）の川崎遺跡（長浜市）でも集落をめぐる環濠から炭化米の塊が五つほどと籾圧痕のある土器片五〇点近くが出土していて、稲作の行われたことが証明できる。

弥生前期の水田跡が確認された著名な服部《はっとり》遺跡は野洲《やす》川河口に近い低地にある。弥生前期の水田は微高地から低湿地に移行する緩斜面にいとなまれ、幅〇・八〜一・五メートルの大畦畔や幅〇・三〜〇・六メートルの小畦畔に仕切られた水田面二六〇面、面積にして約一万八七〇〇平方メートルが確認されている。一区画は比較的小さく、二五〜一八〇平方メートルで、平均すれば一区画は七二平方メートルである。

このように、近江のコメ作りは水田化しやすい湖岸の低湿地を利用することからはじまったようである。

戦いのムラ●

近年の各地での弥生時代遺跡の調査では、石鏃《せきぞく》や銅鏃《どうぞく》あるいは石剣が体に刺さった状態を示す「兵士」の埋葬人骨や周りに大きな濠《ほり》や柵をめぐらし、物見櫓《ものみやぐら》を設けた防御的施設を伴った吉野ケ里《よしのがり》遺跡（佐賀県）のようなムラが各地で多くみつかってきていて、かなり緊張した社会であったことを示している。

中期後半の下之郷《しものごう》遺跡（守山市）では幅六～七メートルの濠が五～六メートルの間隔で三重にめぐる「環濠集落《かんごうしゅうらく》」で、その規模は直径四〇〇メートル程度とみられている。その入り口として、外側の濠に木橋を、内側の濠には埋めたてた土橋を設け、柵や物見櫓状の建物遺構が発見されている。また、濠からは中細形銅剣や石剣・石鏃、木製の弓や楯などの武器も出土している。この下之郷遺跡のムラから分村してできたとみられるムラが中期末の二ノ畦《にのあぜ》・横枕《よこまくら》遺跡で、これも幅約三メートルの濠が二重あるいはそれ以上にめぐり、南北約五五〇メートル・東西約四〇〇メートルの規模をもつ。濠で囲まれた内部にはこれまでに四〇棟を超す竪穴住居が検出されている。

弥生後期の守山市南域にある伊勢遺跡（次頁図参照）は南北約四〇〇メートル・東西約七〇〇メートルの「環濠集落」で、この内部には特異な一画が存在する。方形にめぐる塀（柵）に囲まれて弥生時代としてはきわめて大型の掘立柱建物一棟と独立棟持柱《どくりつむなもちばしら》建物三棟が並んでいる。大型掘立柱建物（SB1）は東西棟の建物で、四間×二間の総柱の建物で、柱穴は長円形で、大きな柱をたてやすくするためか、傾斜をもたせて掘り込まれている。柱の直径は四〇～五〇センチもあり、床面積は八八平方メートルを測る。高殿風の豪壮な建物と想定される。

この建物の西側、南北にのびる塀に沿うように南北棟の独立棟持柱建物三棟が南北に並んでいる（ＳＢ２～ＳＢ４）。規模はＳＢ１よりかなり小規模であるが、妻中央の外側にそれぞれ独立する形に棟持柱を設けるもので、現在伊勢神宮などにみることができる。これらは「環濠集落」のなかに方形の塀で仕切った空間をつくりだし、厳威な建物を配した特別な意味をもつもので、「王の居館」的性格が想定される。

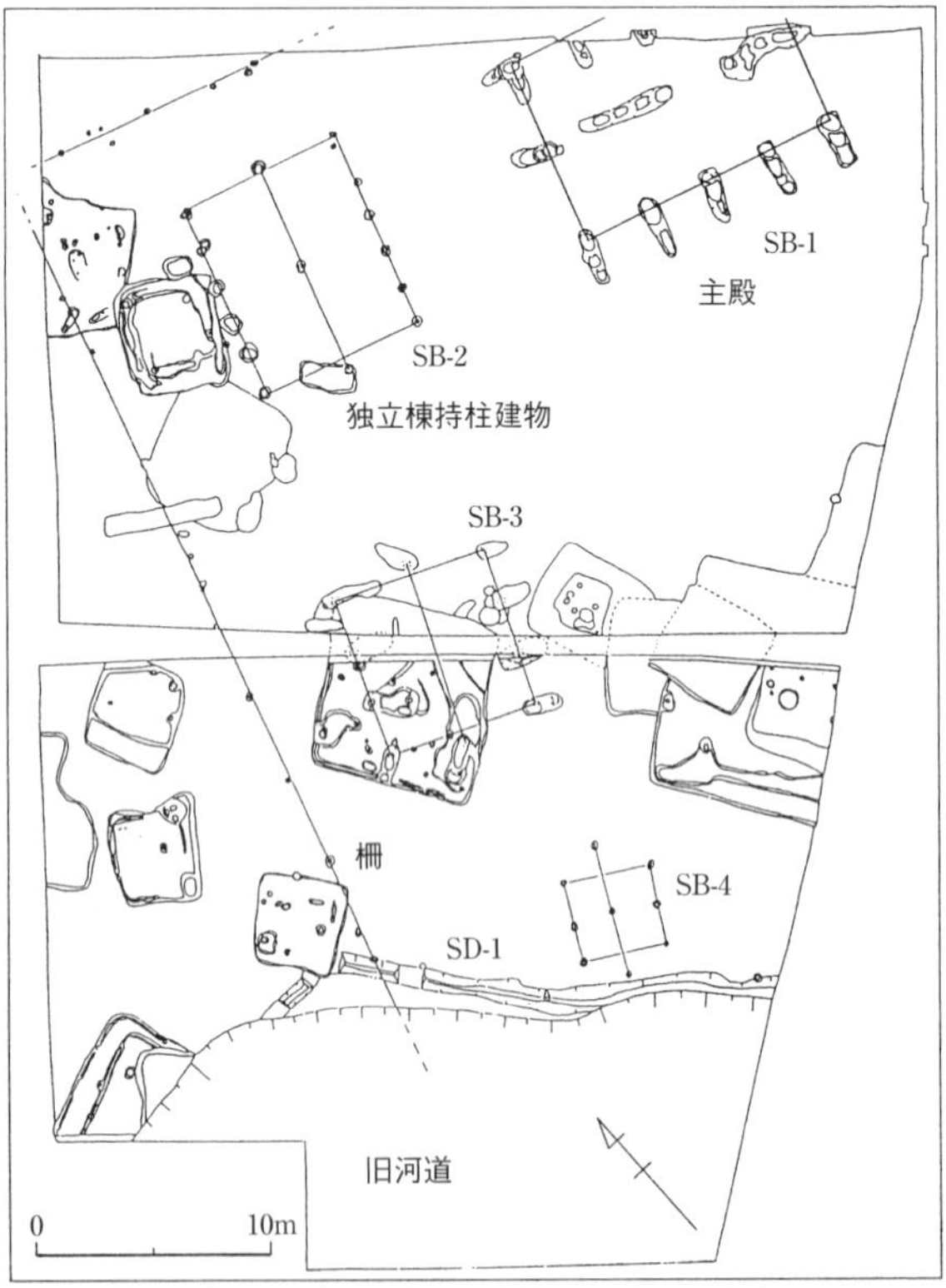

王の居館跡（守山市伊勢遺跡）『近江の古代を掘る』大津市歴史博物館，1995による。

ほかの建物としては、三〇棟を超す竪穴住居がこれらの西方や西北方に広がっているが、この遺跡の全体の状況はまだ明らかでない。

この遺跡の一・四キロ南西にある後期後葉の下鈎《しもまがり》遺跡（栗東市）でも独立棟持柱建物や鳥居状遺構が検出されていて、祭式儀礼を執り行う集落のもっとも中心的な一画とみられている。同時期の湖西北部の針江川北遺跡（高島市新旭町、左図参照）も集落内の一画に特殊な空間を設け、独立棟持柱建物が建てられている。

このように、弥生集落の近年の調査ではこうした首長クラスの居住空間ないし首長の取り仕切る祭場の一画とみられる遺構が明確になりつつあるが、そうした空間や建物構造にバラエティがみられるのはその

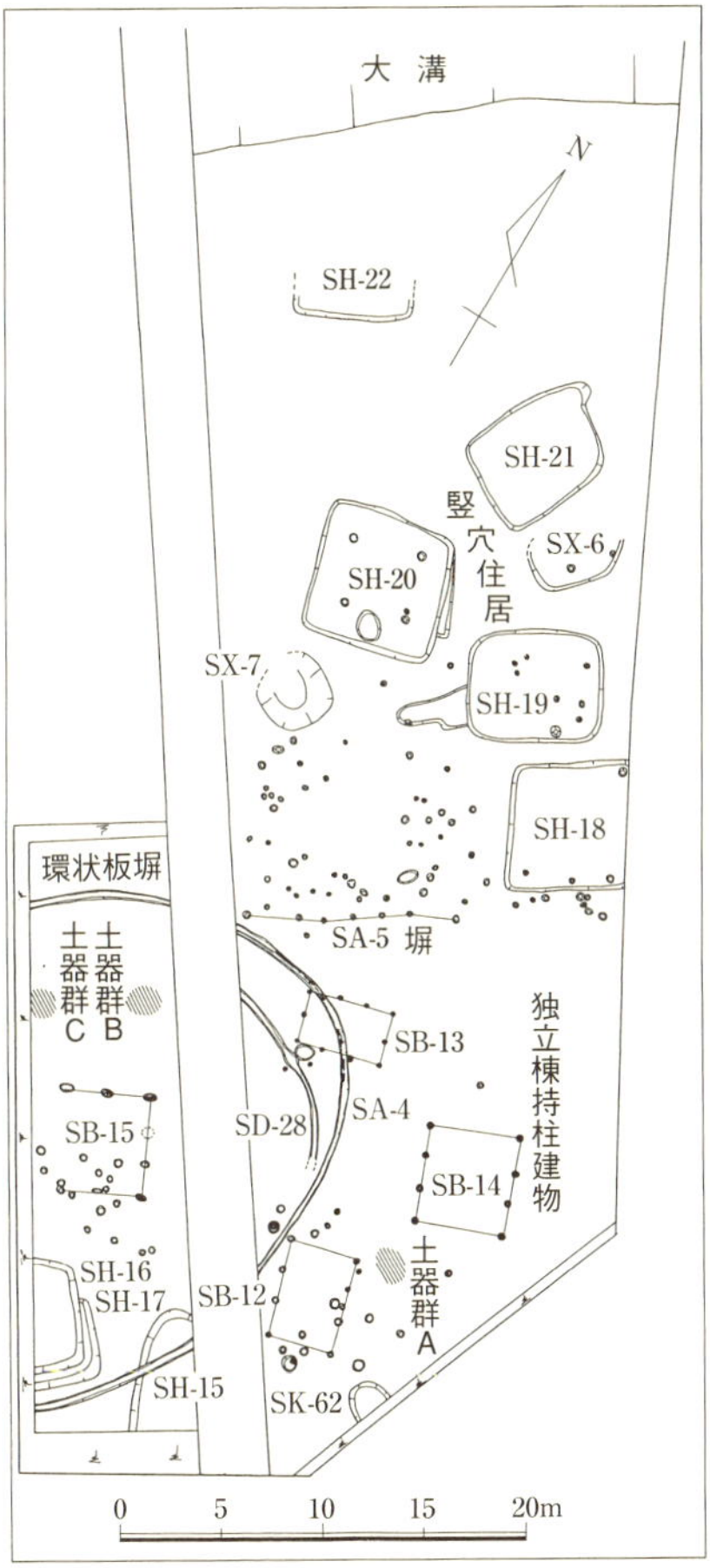

針江川北遺跡の主要部　『針江北・針江川北遺跡（Ｉ）』滋賀県教育委員会，1992による。

集団のもつ地域性や政治性などによる祭式儀礼のあり方の相違によるものかもしれない。

　基本的に稲作農耕を生産の主体として生活していた弥生時代に、それに反するような平野からすこぶる離れた山丘上に竪穴住居や土器・石器類のみいだされる遺跡がある。高地性集落とよばれるこうした遺跡は概して三方ないし四方が見渡せ、大型石鏃のごとき武器類や狼煙《のろし》と考えられる灰や炭の詰まった焼土坑などが検出される。このため、弥生時代の争乱にさいしての砦《とりで》の意味合いをもつ遺跡と考えられる。こうした遺跡は近畿周辺部では中期（Ⅲ～Ⅳ期）と後期（Ⅴ期）の二時期に多くみられ、後者を『魏志』倭人伝にいう「倭国乱る」や『後漢書』の「倭国大いに乱る」の表現に符合する西暦一七〇～一八〇年ころの事象と考えられている。

　近江にも高地性集落はいくつか知られている。新池北遺跡は滋賀丘陵の一つの頂部、標高一五二・六メートルの地点にあり、南・東・北方面が一望できる。竪穴住居二棟や土器溜り、性格不明の土坑などが確認されている。住居を中心に弥生時代終末期ころの大量の土器や太型蛤刃石斧などが出土している。琵琶湖西岸の丘陵上には、他に京ヶ山・惣山遺跡、春日山遺跡などが知られ、中期後半と終末期の二時期がある。近江でもすでに各地で騒乱が繰り返されていたのだろう。

地域首長の台頭●

弥生時代の近畿地方の墓制は方形周溝墓がその主流である。近江もその例外ではなく、各地で多くの方形周溝墓が発掘されている。方形に溝をめぐらせ、その内部にさほど高くない盛土を施し、一～数体の遺体を組合式木棺におさめて埋葬するのが一般的である。それらは集団墓地として、おそらく血縁関係を基本としてまとまって配置されているようで、被葬者の優劣により規模の大小があり、その属する集団の力関

❖コラム

葛籠尾崎湖底遺跡の謎

竹生島《ちくぶ》にむかって奥琵琶湖の中央部からひときわ長く突き出た岬が葛籠尾崎《つづらおざき》で、その斜面は各所に崩落の痕跡を残す急斜面となっている。この東側は水深六〇～八〇メートルの湖底谷となっていて、ここを中心に東側から南側にかけての南北一六〇〇メートル・東西二〇〇〇メートルの範囲が葛籠尾崎湖底遺跡で、縄文早期～晩期の土器、弥生前期～後期の土器や石器、古墳前期～平安時代の土器など一四〇点以上が引きあげられている。しかも、完形ないし完形に近い状態のものが比較的多い点が特徴的で、湖成鉄の付着から、それらが湖底で泥に埋もれながらも、一部は水中に顔をだした状態で存在していたことを示していて、二次的に堆積したものと判断される。

縄文早期から平安時代までの長い期間の遺物がどうしてこの深湖底に存在するのか、その成因についてのおもな説として、(1)奉賽ないし遺棄説、(2)自然営力による二次堆積説などがある。(1)については古代からの信仰の霊場竹生島との関連から湖神への供儀としての土器類の投下、あるいは湖といえども突発的に高波の発生する奥琵琶湖を航行中の船が、岬の湖岸に一時避難して生活した土器類を遺棄したなどとみるものであるが、いくつかの祭祀的遺物もあるし、生活用品もあり、石器もあって、さらなる証明が必要である。(2)については、岬の東岸や南岸にかつて遺跡が広がっていて、再三の水位の上昇や荒波により侵食されて、遺跡が徐々に解体されて遺物が湖底に沈んだとするものであるが、現在の岬の急峻な状態からはそこに長期間の遺跡が立地していたとは考えにくい。

この遺跡の解明にはまだまだ多くの科学のメスを必要とする。

係によっても規模に差があるようだ。たとえば、服部《はっとり》遺跡（守山市）の弥生中期の方形周溝墓群は約三六〇基が密集する希有な例であるが、規模には大型・中型・普遍型・小型があって、大型は一六基、中型は約八〇基、普遍型は約二〇〇基、小型は六〇数基となっており、基本的には大型ないし中型を基点として普遍型・小型がそれに連なるように分布し、三〜八基からなる小ブロックが四〜六群集まって大ブロックを形成し、全体で一二の大ブロックからなるものと解釈されている。このムラは大きく一二の集団から成り立っていたと考えられるのである。

ところが、弥生も後期後半になると大小の差はあるにしても一律の方形周溝墓からなっていた集団墓地のあり方に変化が生じてくる。後期後半ころの五村《ごむら》遺跡（長浜市、次頁図参照）では溝によって二地区に区分された二群の方形周溝墓群とこれらとさらに溝で区画されて長方形の張り出し部をもつ円形周溝墓が発掘されている。この円形周溝墓は直径約二三メートル・溝幅五メートル前後の規模で、方形周溝墓の一辺五〜一一メートルの規模と比較すると数倍の大きさをもち、

方形周溝墓群（守山市服部遺跡）

墳丘の裾には大型の壺が並べられ、周溝からは鳥形や鋤《すき》・鍬《くわ》ほかの木製品が多数出土していて、方形周溝墓群を凌駕《りょうが》した姿がうかがわれる。類似の前方後方型周溝墓の例としては、益須寺《やすでら》一号墓（守山市、全長約一八メートル）、法勝寺遺跡（米原市、二〇・四メートル）、円形周溝墓では鴨田《かもた》遺跡（長浜市、一九メートル）などがあり、のちの前方後方墳や前方後円墳などの首長墓に通ずる墓の形態が集落の共同墓地のなかから芽生えてくるようすを示している。

こうした現象は先にみた「環濠集落」のなかに特定の区画や建物を設けた首長クラスの住居ないしは彼らがとりしきる祭式儀礼の場の出現と軌を一にするもので、集落のなかに一段と力をそなえた「首長」が台頭してきて、彼らを葬る墓制としてこうした墓がつくられはじめたものとみられる。

銅鐸の終焉●

銅鐸《どうたく》は最初は打ち鳴らすカネの用途をそなえてい

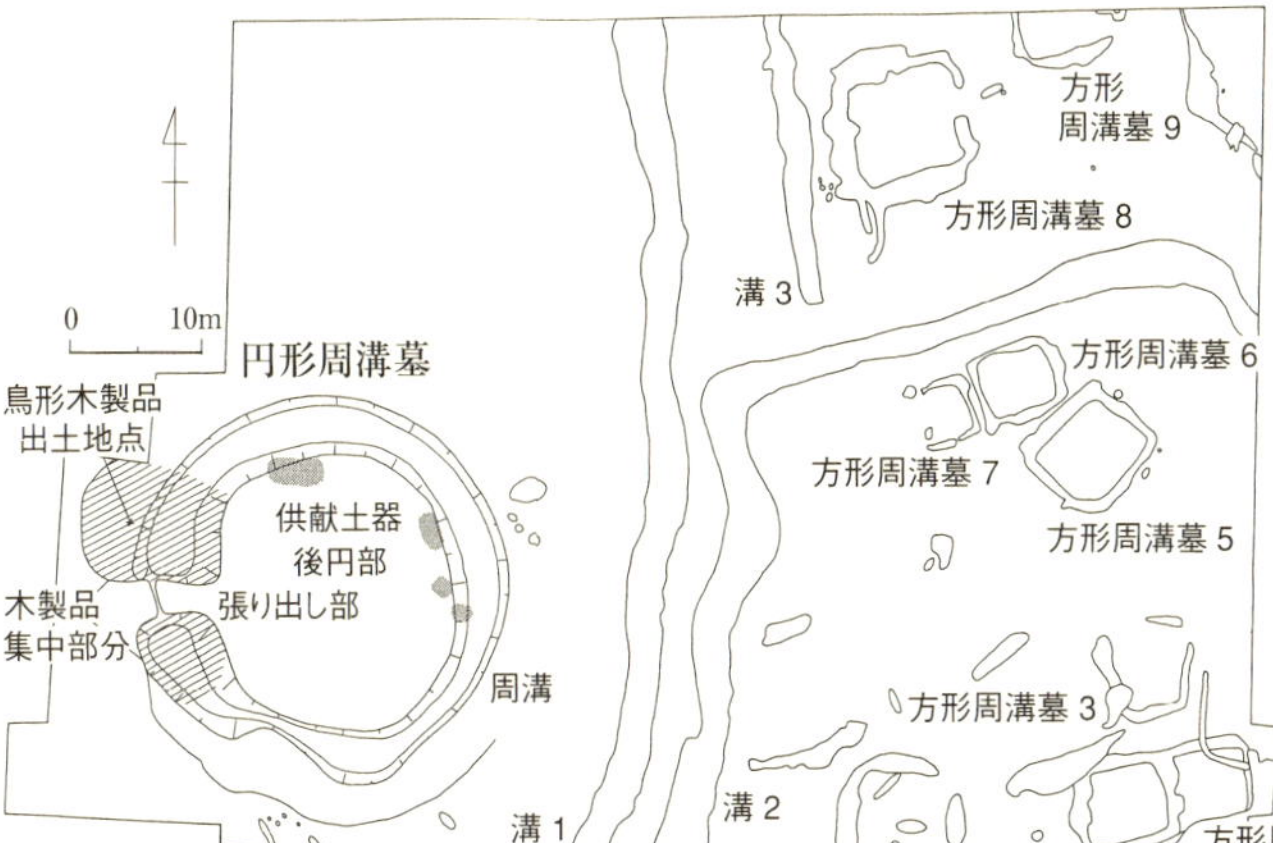

周溝墓群（長浜市五村遺跡，現地説明会資料による）

たが、しだいに鳴らす機能は失われていく。銅鐸は一つの集落、あるいはいくつかの集落の共有の祭器とみられる。徳島市名東《みょうどう》遺跡例や奈良県大福遺跡例のように集落の墓地の一画にていねいに埋納される例もあるが、多くは人里はなれた山間や山丘の斜面にめだった施設も設けずに埋めてあり、加茂岩倉遺跡（島根県雲南市）では三九個、桜ケ丘（神戸市）では一四個、滋賀県野洲市小篠原の大岩山の山丘には三地点に一四個・九個・一個の計二四個が埋納されていた。

　大岩山出土の二四個の銅鐸は、昭和三十七（一九六二）年発見の流水文銅鐸がもっとも高い尾根上に埋められ、それより五〇メートルほど下がった斜面に同年発見の九個が、さらに西北方約四〇メートル下がった別の谷筋の斜面に明治十四（一八八一）年発見銅鐸が埋納されていたと想定されている。行方不明の一鐸をのぞく二三個の銅鐸はすべて新段階の突線紐式《とっせんちゅうしき》で、二世紀後半〜三世

銅鐸（野洲市小篠原大岩山遺跡，昭和37年発見）

❖コラム

大岩山銅鐸の発見

大岩山はすでにJR新幹線建設のための土取り工事によって消失し平地となっているが、現在、その一画に野洲市歴史民俗博物館が建てられている。明治十四（一八八一）年八月、地元の少年がこの山に遊びにいって小さな穴のなかから偶然入れ子になった三個の銅鐸を掘りだし、翌日さらに一一個をみつけだした。村では大騒ぎとなり、この「正体不明の物体」は小篠原戸長から警察署へ、さらに滋賀県令から内務卿に提出された。そして明治十六年、これらのうち二個は東京帝室博物館（現、東京国立博物館）におさめられたが、ほかは地元に払い下げられた。この一二個の銅鐸はいつのまにか散逸してしまった。その後、その行方が追跡され、国内に七個、アメリカに三個、ドイツに一個あることが判明したが、一個のみがいまだ行方不明となっている。

また、昭和三十七（一九六二）年、大岩山の先の地点より少し離れた地点から、新幹線建設用の土砂をブルドーザーで採掘中、一〇個の銅鐸が発見された。うち一個は流水文銅鐸で別地点で単独で発見され、九個は三個ずつが鰭《ひれ》を上下にした入れ子になった状態で、一括出土している。この銅鐸も数奇な運命をたどっている。発見された銅鐸はただちに土木作業員によって古物商に売られて店頭に並べられたが、これが偶然にも警邏《けいら》中の警察官の目に止まり、彼が子どもの教科書にのっていた銅鐸ではないかと直感したことによって、あやうく売却の難をのがれたのである。そして文化財として保護されて、出土地や出土状態が具体的に確認され、重要な学術資料となったのである。現在、滋賀県立安土城考古博物館に保管され、重要文化財に指定されている。

紀前半のものである。

銅鐸の具体的用途についてはまだ明らかでないが、日ごろは銅鐸を土中に埋めて地の霊・穀物の霊を宿らせ、農耕の祭りのさいに土中から掘りだしてその霊を地上に迎え、豊饒を願うとする「地霊・穀霊の依代《よりしろ》」と考える三品彰英《みしなあきひで》氏の説が今のところもっとも支持されているようである（三品彰英「銅鐸少考」『朝鮮学報』四九号）。そして、氏はこの地霊に代わって天の霊が重視される時代の変化とともに銅鐸は必要でなくなったと考える。小林行雄氏は神戸市桜ヶ丘やこの大岩山の事例から、地域社会の統合にさいして銅鐸が集められたと解釈した。こうした見方をすると、大岩山の銅鐸群は大岩山の前面の平野部に盤踞《ばんきょ》した首長が、周辺のムラムラを統合し、統合された首長のもつ銅鐸を二度ないし三度にわたり集積してムラムラを見渡せる大岩山に埋納したものと理解され、弥生社会から古墳社会への変容の姿が浮かびあがってくる。

3　古墳の時代

近江の王墓●

三世紀後半から四世紀初めにかけては、前方後円墳や前方後方墳が出現しはじめ、弥生社会からあらたな秩序による古墳社会の形成にむけて動きだした時代である。前方後方型周溝墓（前方後方型墳丘墓）や前方後円型周溝墓（前方後円型墳丘墓）の出現以降、その形式の優劣が競われたとみられるが、三世紀後半には前方後円型優位の形で、奈良盆地東南部に最古期の前方後円墳である箸墓《はしはか》古墳（全長約二八〇メートル）や中山大塚古墳（全長約一二〇メートル）などが築造される。むろん、同時に前方後方墳や円墳・方墳も存在する。こうした古墳の築造企画や埋葬主体部の構造、副葬品のあり方と古墳の分布状況などから日本列島の大半の地域を秩序づけた、大和《やまと》を中心とした政治的連合国家の成立が考えられる。

近江における初期の古墳の一つは、野洲市の平野部にある三世紀末〜四世紀初頭の冨波《とば》古墳（前方後方、四二メートル）とみられるが、削平が著しく詳細は明らかでない。四世紀中葉前後に築造された古墳には前方後方墳の皇子山《おうじやま》一号墳（大津市）、前方後円墳の雪野山古墳（東近江市）・瓢簞山《ひょうたんやま》古墳（近江八幡市）、円墳とみられる古冨波山《ことばやま》古墳・大岩山第二番山林《さんりん》古墳（ともに野洲市）などがあり、近江の古墳時代前期の政治的動向の一端がうかがえる。

雪野山古墳（口絵参照）は湖東平野のほぼ中心部にある雪野山の山頂、標高三〇八・八二メートルに前方部を北にむけてきずかれた四世紀前葉の前方後円墳である。推定規模は全長七〇メートル、後円部径四〇メートル、高さ四・五メートル以上、前方部長三〇メートル、高さ二・五メートル以上を測る。後円部は二段築成で、埴輪《はにわ》はないが葺石《ふきいし》は存在する。後円部には二つの埋葬主体が確認され、後でつくられた第二主体は未発掘のため詳細は不明であるが第一主体は未盗掘であったため埋葬当時の状況が詳細にわかる希有な例である。粘土床の上に両端に半環状の突起をもつ舟形木棺を「北枕」におき、湖東流紋岩《ことうりゅうもんがん》の割石できずいた竪穴式石室でおおうもので、豊富な副葬品を伴っていた。棺内は三つの空間に仕切られ、その真ん中に遺体が安置され、頭部付近には銅鏡や鍬形石《くわがたいし》・琴柱形《ことじがた》石製品が、遺体の両脇には鉄刀や鉄剣が、足元には銅鏡がおかれていた。また、頭部の北側には銅鏃をおさめた朱彩の靫《ゆぎ》や鉄製農工具類が、足元の南側には鉄器類や壺形土器がおさめてあった。棺外には冑《かぶと》や竪櫛《たてぐし》、鉄製・銅製武器類があった。おそらく武器や武具が多いことから武人として大和政権と強い関係をもち、湖東一帯に基盤をもつ豪族の墳墓で、安土瓢箪山古墳より一段階古く位置づけられる。

安土瓢箪山古墳は県下最大の前方後円墳で、当時は琵琶湖の入り江に突きでた丘陵上という立地であった。前方部を西北方におき、全長一六二メートル、後円部径九一メートル、高さ一八メートル、前方部幅七〇メートル、高さ一四メートルを測るが、墳丘裾の把握の仕方から一回り小さくみて、全長一三四メートルとみる見解もある。葺石が施され、埴輪はわずかに認められる（用田政晴・細川修平「近江」『前方後円墳集成』近畿編）。

埋葬主体は後円部に三つの竪穴式石室、前方部に二つの箱式石棺が検出されたが、後円部の中央石室がもっとも充実した内容をそなえていてこの古墳の主たる被葬者と思われる。この被葬者も大和政権と密着し、湖東平野一帯を基盤とした首長で、琵琶湖の船運をも利用してさらに広範に影響をおよぼしたことが考えられる。

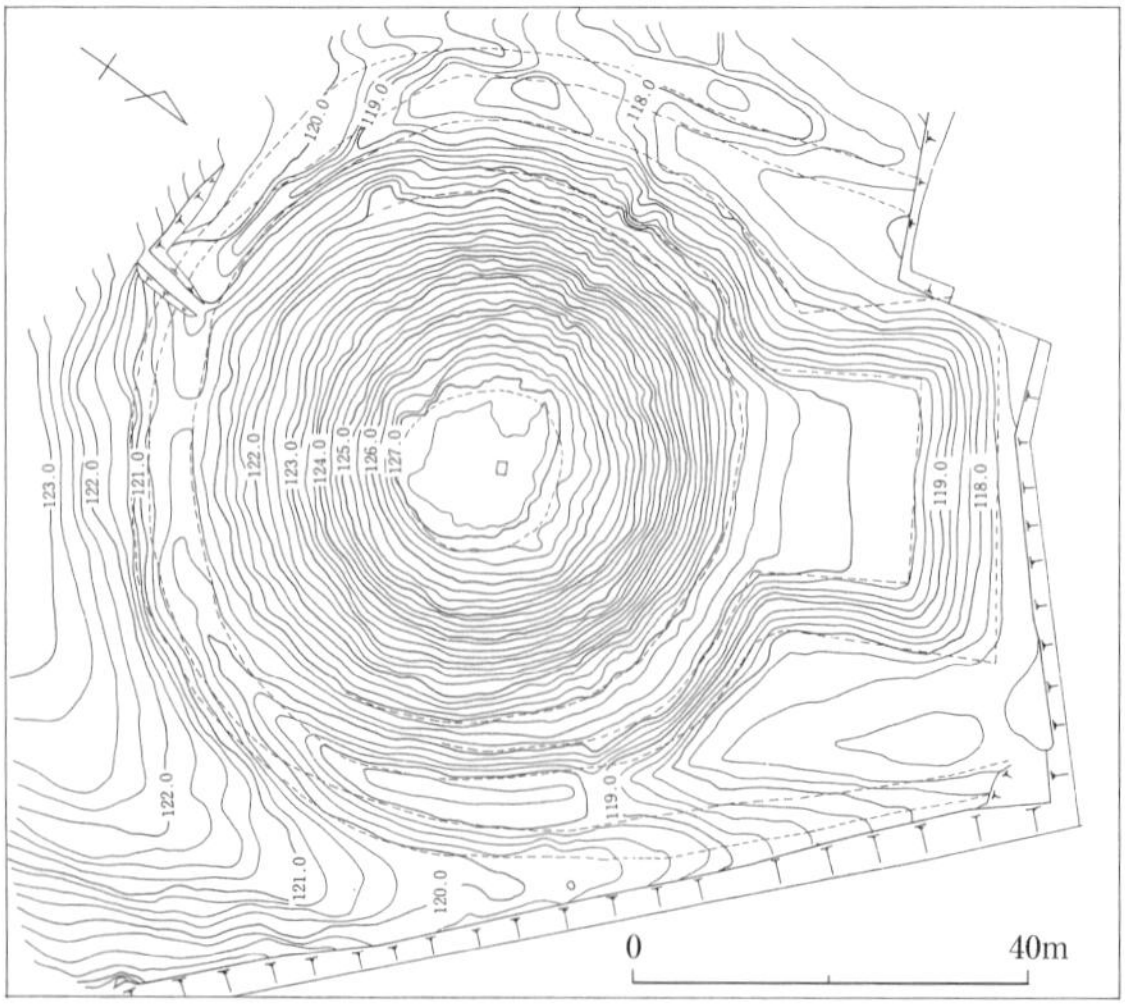

雨宮古墳（帆立貝形，古墳時代中期）『平成4年度滋賀県埋蔵文化財調査年報』滋賀県教育委員会，1994による。

これらの古墳より少し遅れて四世紀後半~五世紀初めころに築造された古墳として、膳所茶臼山《ぜぜちゃうすやま》古墳（前方後円、一二二メートル）や和迩《わに》大塚山古墳（前方後円、七二メートル）、木ノ岡《このおか》古墳群中の茶臼山古墳（以上大津市、前方後円、八四メートル）、北谷一一号墳（草津市、円、三二メートル）、荒神山古墳（彦根市、前方後円、一二四メートル）、若宮山古墳（長浜市、前方後円、五〇メートル）などが知られる。この時期の古墳はほかにも各地にきずかれ、それぞれの地域を基盤とした古代豪族の消長をうかがうことができる。

近江のおもな中期古墳

地域	所在地	古墳名	墳　形	規模	備　　考
湖南	栗東市	椿山	帆立貝	m 99	
	〃	地山１号	帆立貝	88	
	〃	佐世川	円	47	
	〃	新開１号	円	36	
	野洲市	大塚山	帆立貝	67	
	〃	亀塚	帆立貝	35	
	甲賀市	塚越	前方後円	60	
	〃	西罐子塚	帆立貝	60	
湖東	近江八幡市	住蓮坊	円	53	
	〃	供養塚	帆立貝	50	
	東近江市	天乞山	方	65	二つの造出し
	〃	久保田山	円	57	二つの造出し
	竜王町	雨宮	帆立貝	82	
湖北	長浜市	垣籠	前方後円	60	
	〃	茶臼山	前方後円	92	
	〃	西野	前方後円	78	
	〃	古保利 75 号	前方後円	55	
	〃	姫塚	前方後円	70	
湖西北部	高島市	王塚	円	56	
	〃	田中王塚	円	58	造出し
湖西南部	大津市	西羅１号	帆立貝	46	
	〃	高峰１号	前方後円	45	
	〃	本塚（丸山）	帆立貝	43	

五世紀中葉～後半の古墳時代中期の古墳を前頁表にいくつか掲げる。

これらは各地で盤踞《ばんきょ》した首長の墳墓で、その形状や規模、埋葬主体の構造、副葬品の内容などによりその被葬者や後継者の政治的立場や役割、文化的性格などをうかがうことができる。が、未調査のものが大半で埋葬主体の明らかなものはほとんどない。大和に中心をおく大和政権は、地域に割拠する首長たちの地位を認め、同時に地域首長たちも大和政権を支持して、それをバックに地域を統括していた。この中央政権と地域首長たちとの力関係は時代により、地域によって多少の変化があり、それは地域首長の古墳の形態や規模、内部構造、副葬品などにあらわれている。近江の中期古墳に前方後円墳が少なく、帆立貝形《ほたてがいけい》古墳や円墳、方墳の多いことは、近江各地の首長たちが中央政権に対して従属的親密関係を保っていたことがうかがえる。そして、近江にかぎらず、地方においてはしだいに前方後円墳をはじめとする大型古墳の築造はみられなくなるが、これは地域首長の力が中央政権によって吸収されていったことを意味しよう。

近江の記紀伝承と遺跡●

『古事記』『日本書紀』には近江にかかわる伝承が多くのせられているが、そのいくつかを取りあげ、関連する遺跡にふれてみよう。

『書紀』垂仁天皇三年三月の段には天日槍《あめのひぼこ》の伝承があり、この伝承は朝鮮半島からの渡来人たちが居住していた地域を、その象徴としての天日槍の通過したルートとして模式的に表現したものと解される。そのルート上の「鏡村」は蒲生郡竜王町の鏡神社を含む一帯で、ここには一大古窯址《こようし》群、鏡山東麓古窯址《かがみやまとうろく》群がある。これまでに一〇〇基を超す須恵器《すえき》の窯跡が確認され、六世紀後半～八世紀の五つの支群にわけて把握されている。先の伝承とこの古窯址群との関係については明らかでない。

❖コラム

天日槍伝承

『日本書紀』によると「垂仁天皇三年三月に、新羅《しらぎ》の王子、天日槍《あめのひぼこ》が玉・刀・鉾《ほこ》・鏡など七〜八種の神宝をたずさえて日本にわたってきた。彼は最初、播磨《はりま》国（兵庫県）の宍粟邑《しそうむら》に住んだが、垂仁《すいにん》天皇は、宝物を持参した功により宍粟邑と淡路島の出浅邑《いでさのむら》をあたえることにした。しかし、彼はみずから諸国をめぐって、気にいった地があればそこを賜りたいと申しでてゆるされると、宇治川をさかのぼり、まず近江国の〝阿名邑《あなむら》〟に至り、そこでしばらく滞在した。このとき、彼の従者の一部は鏡村に住みつき、須恵器をつくる陶工となった。その後、天日槍は若狭国（福井県）を経て、但馬《たじま》国（兵庫県）に至り、そこを居所と定めた。そして、出石《いずし》に住む太耳《ふとみみ》の娘をめとり、子をもうけるが、田道間守《たじまのもり》はその五世にあたる」というもので、「阿名邑」は『和名類聚抄』にいう坂田郡阿那郷《あなごう》にあたり、今の米原市箕浦《みのうら》付近とされる。ほかに、蒲生郡竜王町綾戸にある苗村《なむら》神社付近とする説、「安羅《あら》神社」があり、現在でも天日槍祭りが行われている草津市穴村付近とする説がある。

『古事記』では応神天皇の段に新羅の王子「天之日矛」として簡単にのるが、これと類似の伝承が『書紀』の都怒我阿羅斯等《つぬがあらしと》に関する伝承にのる。都怒我阿羅斯等は朝鮮半島南部の加羅《から》国の王子で「越国《こしのくに》の笥飯浦《けひのうら》」に漂着しそこを角鹿《つぬが》（敦賀）と名づけた。彼はまず「穴門（長門国《ながとのくに》〈山口県〉）」に着き、そこから日本海まわりで出雲《いずも》（島根県）を経て敦賀にきたという。また、彼は「豊国《とよのくに》の国前郡（大分県国東《くにさき》半島付近）」にも足跡を残し、これらを総合すると渡来人が西日本を一周したことを伝えている。

また、鏡山東麓には金銅製単龍文環頭《こんどうせいたんりゅうもんかんとう》大刀《たち》や塼《せん》を出土する老々塚《ろうろうづか》古墳や渡来系集団の墓とみられる三ツ山古墳群などがある。三ツ山古墳群は一一基からなり、そのうち七基が調査されたが、いずれも羨道《せんどう》が玄室より五〇～八〇センチ高く、その境に石材を階段状に積む「竪穴系横口式《たてあなけいよこぐちしき》石室（階段式石室）」をもつ六世紀後半～七世紀前半の古墳である。

また、記紀ともに雄略天皇の皇位継承にからんで、近江において市辺押磐皇子《いちのべのおしはのみこ》（市辺之忍歯王）が暗殺された記事をのせる。その場所「来田綿《くたわた》の蚊屋野《かやの》」の位置について、来田綿は綿向山《わたむきやま》の麓の日野町周辺との見方が強いが、蚊屋野については愛知川の北の愛荘町《あいしょうちょう》上蚊野・北蚊野周辺ともいわれる。近年、日野町鎌掛《かいがけ》集落近くに「蚊屋野橋」「蚊屋野森」という遺称の存在することが判明し、その位置は現日野町市街地周辺と判断されるにいたった（林博通「大津京時代と蒲生」『近江

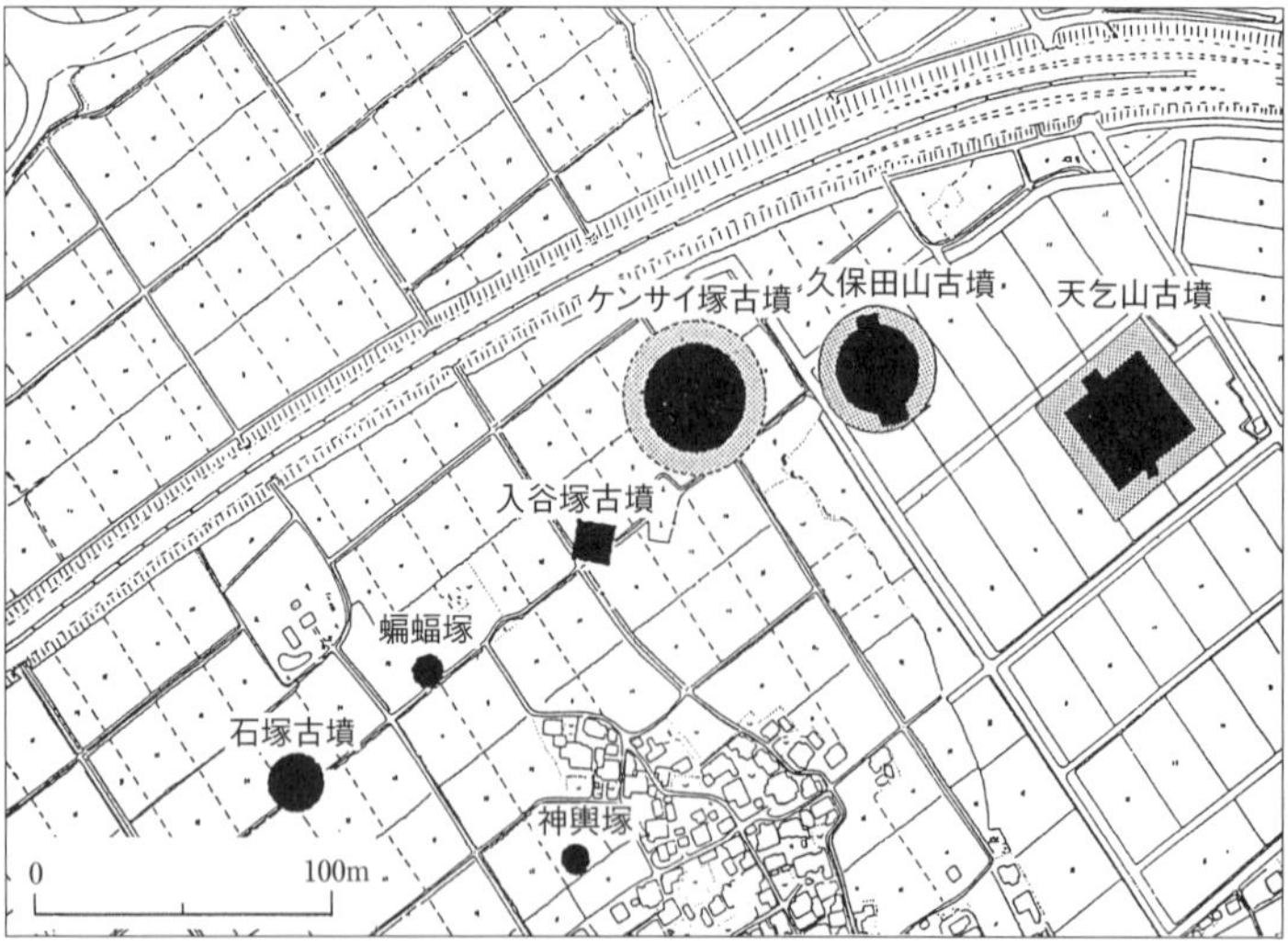

木村古墳群（東近江市）分布図　『滋賀考古』第10号による。

❖コラム

雄略天皇と市辺押磐皇子

熊本県の江田船山《えたふなやま》古墳出土の大刀銘や埼玉県の稲荷山《いなりやま》古墳出土の鉄剣銘に記される「獲加多支鹵《わかたける》大王」は雄略《ゆうりゃく》天皇の名前、オホハツセノワカタケルであることは周知のこととなった。中国の史書『宋書』倭国伝には五世紀の倭（日本）の王として讃《さん》・珍《ちん》・済《せい》・興《こう》・武《ぶ》の五王を記し、この時期、倭国内での王権の強化がはかられた。中国のほかの史料や日本の『古事記』『日本書紀』の記事などを検討すると、「武」は雄略天皇の対宋外交上の倭国王としての名前であることが判明している。

雄略天皇は允恭《いんぎょう》天皇の皇子で、允恭のあとをついだ同母兄の安康天皇が眉輪王《まゆわおう》に殺されたので、眉輪王と彼を助けた葛城円大臣《つぶらのおおおみ》を滅ぼして即位する。記紀によるとかなり強大な権力をもった専制的君主であったようだ。しかし、雄略の即位には黒い霧がただよっている。

記紀によると、顕宗《けんぞう》天皇（弘計《をけ》王）・仁賢《にんけん》天皇（億計《おけ》王）の父、市辺押磐皇子《いちのべのおしはのみこ》（市辺之忍歯王）は雄略天皇（大泊瀬幼武《おおはつせわかたけ》王）の皇位継承に関する犠牲者として蒲生野で暗殺されている。大泊瀬王は皇位継承にさいして対立候補の王をつぎつぎと倒していったが、最後に残った最有力候補、市辺押磐皇子を近江の狭々城山君韓帒《ささきやまぎみからふくろ》と謀って近江の「来田綿《くたわた》（久多綿）の蚊屋野《かやの》」の狩場に誘いだして射殺し、飼葉桶《かいばおけ》にいれ地中に埋めたという。市辺押磐皇子の子、億計王と弘計王は播磨に潜伏したが、やがて復権して顕宗・仁賢天皇となり、父の遺骸を狭々城山君倭帒《やまとぶくろ》の妹置目《おきめ》という老婆の記憶により蚊屋野で捜しあて、そこに御陵をつくり埋葬した。そして、この功により狭々城山君一族の倭帒と置目の兄妹系列は優遇されたが、暗殺に加担した韓帒系列は罰せられて没落してしまう。

日野の歴史』第一巻）。市辺押磐皇子の御陵が蒲生町の木村古墳群中のケンサイ塚ではないかとする安井良三氏の見解がある。この古墳の調査は名神高速道路建設に伴い昭和三十五（一九六〇）年、当時同志社大学の安井氏により実施されたもので、直径七〇～八〇メートル、高さ約一〇メートルの周濠をもつ大円墳であった。ただ墳頂部は通常のこの時期の古墳と比べてせまく「富士山に似た形」を呈していた。墳頂部には埴輪《はにわ》片が多数あったが、埋葬主体のあるとみられる位置には粘土塊《ねんどかい》は認められたが埋葬施設はなく、墳頂から二メートル下位でミニチュアの鉄製武器と農工具が直葬《じきそう》の状態で検出されている。また、墳丘南西部には長さ二メートル・幅一メートルの粘土床《ねんどしょう》があったが遺物は皆無であった。こうした状況からこの古墳を中期のものとし、「儀制的な祭祀に関係した特別な事情」により築造された古墳とみなし、市辺押磐皇子の陵墓に擬定《ぎてい》できる可能性が説かれている（安井良三「市辺押磐皇子について」『角田文衞博士古稀記念古代学叢論』）。

なお、この木村古墳群はかつては七基以上存在したが、多くは消失し、現存するのは天乞山《あまごいやま》古墳と久保田山古墳の二基のみである。天乞山古墳は南北二方向に造出《つくりだ》しのつく二段築成《ちくせい》の方墳で、一辺約六五メートル（墳丘最大長約八三メートル）、周濠をいれると一辺一一〇メートルを測る近畿でも最大級の方墳である。久保田山古墳は南と北に大小の造出しのある特異な形の二段築成の円墳で、直径五七メートルを測る。周濠をいれると東西八六メートル・南北八八・五メートルの規模をもつ。墳丘上半は大きく破壊され、埋葬主体部は明らかでない。埴輪が多く用いられている。この古墳群は五世紀前半に天乞山古墳がまずつくられ、つぎに久保田山古墳、ケンサイ塚古墳の順が想定されている（田中浩「滋賀県蒲生郡蒲生町天乞山古墳」『日本考古学年報』46）。

応神天皇からはじまるいわゆる河内王朝は武烈天皇で断絶する。激烈な皇位継承争いののち、その後継者となったのが継体天皇である。生没年は四五〇〜五三一年、在位は五〇七〜五三一年とされる。継体天皇の出自をみてみると、『古事記』では「近淡海国より上り坐《ま》さしめて」と近江出身を明記する。『日本書紀』では継体の父、彦主人王《ひこうしおう》は近江の三尾（高島市）に住み、越前国三国（福井県坂井市丸岡町付近）の振媛《ふるひめ》をめとり、継体を生んだが、継体の幼年期に彦主人王がなくなったのち、母方の越前で養育され、そこへ大伴金村の建議により朝廷から重臣たちが迎えにいったとする。そして、継体の后妃は『古事記』では七人、『書紀』では九人いたが、そのうちの四人は三尾君や息長《おきなが》氏・坂田氏など近江北部の豪族の娘である。継体天皇に関しては多くの角度からさまざまな検討がなされているが、その出自に関しては近江出身とは断言しきれないにしても、きわめて深くかかわりがあるといわざるを得ない。

継体の父、彦主人王の墓に比定されている古墳が高島市の泰山寺《たいさんじ》野《の》洪積台地の丘陵端部にある田中王塚古墳である。現

家形石棺（高島市鴨稲荷山古墳）

在宮内庁の管轄下にあり、詳細は把握しがたい。帆立貝形を呈するが、その指定整備のさい、一部改変された可能性が指摘され、円墳とみる向きもある。直径約五八メートル、高さ約一〇メートル、前方部長約一二メートル、同高約一・七メートルを測り、二段築成の堂々とした古墳である。埴輪・葺石が認められる。彦主人王との関係は明らかではないが、少なくとも五世紀代の築造で、安曇川南部における有力首長の墳墓であることは間違いない。

この東南方二・六キロの地、高島市の平野の真ん中に著名な鴨稲荷山《かもいなりやま》古墳がある。六世紀前半ころ（第Ⅱ四半期ころ）の全長約四五メートルの前方後円墳（帆立貝形とみる見解もある）で、後円部にある横穴式石室には奈良県二上山《にじょうざん》産出の白色系凝灰岩《ぎょうかいがん》製の家形石棺が安置され、その棺内からは金銅製冠《かんむり》や金銅製沓《くつ》・金製垂飾付耳飾《たれかざりつきみみかざり》・金銅製魚佩《ぎょはい》・武器など、棺外からは多数の馬具類や須恵器類などが出土している。冠や沓は国産品とみられているが、馬具は舶載《はくさい》品で、この時期、この地域に大陸との交渉に明るい、大和とも緊密な豪族が存在したことを示している。

古墳時代の居館・集落●

先にみた各地の首長クラスの有力者たちはどのような生活ぶりをしていたのだろう。十数年前までは明確な遺構が未発見であったため、古墳の墳頂部にたてられていた家形埴輪や家屋文鏡《かおくもんきょう》などを手かがりとして想定するにすぎなかった。しかし、近年各地でこうした首長の居館跡があいついでみつかり、想像以上に大規模なものであることが判明した。最初に確認された居館は五世紀後半～六世紀初頭の群馬県三ツ寺Ⅰ遺跡で、これは四周に幅三〇～四〇メートル、深さ三～四メートルの濠をめぐらせた一辺約八六メートルの方形の敷地をもち、二重柵の内側は南北に仕切られ、南側には主殿の大型掘立柱建物と付属の大小の掘立柱建物が、北側には竪穴住居群が整然と並んだものである。また、主殿の斜め前方には石敷きの祭祀遺構も検出されている。

滋賀県下での古墳時代の首長の居館とみられる遺跡は野尻遺跡（栗東市）で確認されている。五世紀後半〜六世紀初頭のもので、長辺約五〇メートル・短辺約四〇メートルの方形区画を幅一・四〜二メートルの濠がめぐるが、その一部は途切れて出入り口となっている。また、内部の西南寄りに一辺約三〇メートルの柵がめぐる。主殿は確認されていないが、柵内の東南部に二棟の掘立柱建物、西南部に二棟の竪穴住居が認められるが、竪穴住居は同時存在ではなく五世紀後半と末ころに相前後してたてられたようである。また、敷地の一画には祭祀にかかるとみられる須恵器杯蓋の出土する直径約三〇センチのピットがある。この野尻遺跡は先の三ツ寺Ⅰ遺跡や同じく群馬県伊勢崎市豊城町の原之城《げんのじょう》遺跡の一〇五×一六五メートルの規模からみると中規模程度で、中クラスの豪族居館と推定される。

集落跡は時代を問わず、広範囲に広がっていることが多いので、部分的な調査では実態を把握することは難しい。また、住居跡などは建て替えやのちの時代の遺構と互いに重なりあっていることが多く、一時期にどれだけの住居がどのように存在していたかを確認することも至難の業といえる。県下各地では古墳時代の集落跡が数多く検出されているが、大半は部分的なもので、全体像を把握できるものはほとんどない。ここではその一〜二例を取りあげ、古墳時代の集落のようすをかいまみてみたい。

高野《たかの》遺跡（栗東市）は野洲川左岸の扇状地に広がる古墳時代前期を中心とする集落跡で、国道一号線付近を境に南地区と北地区に二分される。これまでに南地区で六〇棟以上、北地区で九〇棟以上の竪穴住居が検出されている。南地区の葉山中学校用地での調査では、竪穴住居一七棟、掘立柱建物三棟が検出され、四～五棟の竪穴住居に対し、一棟の割合で掘立柱建物が存在する。竪穴住居は方形プランで、四本の主柱をもち、中央部に炉をそなえ、住居の端になんらかの物品をいれたとみられる「貯蔵穴」が設けられるのを基本とし、まれに床の一部を一段高くした「ベッド状遺構」をもつ住居もある。

この遺跡と隣り合わせの岩畑《いわはた》遺跡でも古墳時代前期～後期の竪穴住居一五〇棟以上が検出され、前半期（前期・中期）と後期に二分される。いずれも方形プランであるが、前半期の住居は炉がそなえられ、土師器《はじき》のみが出土するが、後期のものは住居の一辺にカマドが付設され、須恵器《すえき》を伴っている。前半期・後期いずれも四～五棟が半円状に配置される状況がうかがわれ、こうした単位集団のいくつかが時代とともに小移動しながら変遷するようである。こうした特徴は県下のほかの遺跡でもほぼ共通してみることができる。ただ、この集落には前半期・後期ともに鉄鏃や鎌・刀子《とうす》などの鉄製品の出土する竪穴住居が多く認められ、また、集落の一画にある土壙墓から出土した鉄剣や鉄鏃は武器であることから、この集落は農業のかたわら武器を常備した軍事集団の可能性も指摘されている。

古墳時代の集落のなかには石製の玉類や腕輪、模造品などを製作した工房もいくつか知られる。辻遺跡（栗東市）では古墳前期の碧玉《へきぎょく》製の石釧《いしくしろ》や管玉《くだたま》を製作した工房二棟が検出され、工房からは石釧の破片三点・管玉約三〇点・砥石《といし》・多数の碧玉の破片・鉄器などが出土し、首長と直結した玉造集団が存在したものとみられる。この遺跡では古墳後期にも滑石《かっせき》製の有孔円板《ゆうこうえんばん》や臼玉《うすだま》・原石・未製品・砥石などを出土する工房も確認されている。滑石製模造品を主体とする工房は古墳中期では、播磨田東《はりまだひがし》遺跡・古高遺跡・横江遺跡（以上守山市）、岩畑遺跡（栗東市）、後期では吉身《よしみ》南遺跡、吉身北遺跡、吉身西遺跡、金森《かながもり》西遺跡（以上守山市）、岡遺跡（栗東市）などで検出されている。

堂田《どうだ》遺跡（東近江市）では古墳時代の溝から木製馬鍬《まぐわ》が四点出土し、当時の水田耕作に家畜を利用したことが知られる注目すべき資料である。いずれも五世紀後半〜六世紀後半の時期におさまるものである。台木の長さは一二六〜一二七・五センチ、歯は九〜一一本、柄を差し込む二つの方孔と引棒用の二つの円孔がある。これらの馬鍬やこれを使用するあらたな農耕技術は渡来人により大陸からもたらされた可能性もある。

横穴式石室の導入●

九州や畿内の一部ではすでに四世紀末〜五世紀代に、死者を直接葬るのに横穴式石室が採用されている。これは、一度葬った部屋をふたたび開いてつぎの近親の死者を同一の部屋に埋葬できるもので、伝統的な葬法とはまったく異なるものであった。三世紀後半〜四世紀前半に秩序づけられた古墳の築造法は五世紀末ころまである程度の変化を伴いながらも一定の規格は保持されてきた。それは竪穴式石室（槨《かく》）・割竹形木棺《わりたけがたもっかん》に代表されるように埋葬後、棺・槨が閉じられるとふたたび開けられることはなく、追葬者があれば同一墳丘に別の棺・槨で葬るというものである。そこには葬送の観念・思想に大きな相違があったはずであるが、その実情についてはまだ明らかでない。

この横穴式石室を用いる古墳は六世紀になると一気に全国的な広がりをみせ、六世紀後半〜七世紀初頭には各村落の有力家族層にまで築造されるようになる。このころの古墳は群集墳としておびただしい数の古墳が各地で認められる。

甲山《かぶとやま》古墳（野洲市、口絵参照）は、古墳時代の初めころから代々首長墓が築造された大岩山古墳群の一つで、六世紀前半ころ（第Ⅱ四半期ころ）のものである。同一丘陵上の横穴式石室をもつ円山《まるやま》古墳も相前後してつくられている。最近の調査で甲山古墳の石室は畿内の大王クラスの規模をもつことが判明した。墳丘は四〇メートル近い円墳で、石室は西に開口する全長約一四メートル、奥壁を背にして右側に袖をもつ片袖式《かたそでしき》石室である。玄室《げんしつ》長は約六・九メートル、同幅約三メートル、同高約三・三メートル、羨道《せんどう》幅は約一・八メートルを測り、規格性の高い作りをしている。この石室規模は奈良県石舞台《いしぶたい》古墳や牧野《ばくや》古墳、京都市の蛇塚《へびづか》古墳などにつぐもので、豪華な副葬品の出土で著名な奈良県藤ノ木古墳をしのぐ全国でも十指にはいる規模をもつ。玄室床面には小礫を一面に敷いたうえに巨大な石棺がおかれていた。

この石棺は熊本県宇土半島産の阿蘇溶結凝灰岩《ようけつぎょうかいがん》でつくられ、形態的には飛鳥《あすか》地方や播磨《はりま》地方に共通性をもつことが指摘され、被葬者は大和政権や広範な地域と親密な関係をもった有力者であることがうかがわれる。石棺の規模は、棺身の長辺約二・六メートル、短辺約一・六メートル、高さ約一・二メートル、蓋の長辺約二・六メートル、短辺約一・五メートル、高さ〇・八三メートルを測る堂々としたもので、内外面ともに水銀朱やベンガラで赤彩されている。副葬品はすでに盗掘で大半が失われ、わずかにガラス小玉や埋木《うもれぎ》製棗玉《せいなつめだま》、歩揺《ほよう》、挂甲《けいこう》片、冠ないし沓かとみられる金銅製品、馬具片などが出土しているが、なかに希有の例の金糸の断片もみいだされるなど、第一級の古墳の片鱗をうかがわせる。

近江町（米原市）の山津照《やまつてる》神社の境内にある山津照神社古墳も六世紀前半ころ（第Ⅱ四半期ころ）の横穴式石室をもつ前方後円墳である。復原全長四六・二メートルの規模をもつ。墳丘には円筒埴輪や石見《いわみ》型盾《たて》形《がた》埴輪がめぐらされ、大和との強い関連を示している。後円部の石室は明治時代に発見され、多数の副葬品は取りだされたが、まもなく埋めもどされている。副葬品は仿製鏡《ぼうせいきょう》や金銅製冠・水晶製三輪玉《みわだま》・武器類・多数の馬具類・須恵器類・土師器類など豊富である。

また、この時期の類似の古墳として湖西北部では先述の鴨稲荷山古墳（四四頁参照）がある。
これらは近江に横穴式石室が採用された比較的早い段階の地域首長墓で、継体天皇を擁立した近江の首長たちの政治性が反映されている。また、山津照神社古墳や鴨稲荷山古墳などはいまだ前方後円形という古い伝統的な墳形を保持し、ここにも地域的政治事情をみることができる。

渡来人の墳墓●

先の記紀伝承でみたように、渡来人の足跡を示す伝承が近江を縦断している。また、『記紀』『正倉院文書』『新撰姓氏録《しんせんしょうじろく》』などの文献資料や木簡資料からも近江各地で渡来人の活躍を示す資料が認められ、遺跡にもそうした痕跡をみいだすことができる。そのいくつかをみてみよう。

滋賀郡の、現在の坂本・穴太《あのう》・滋賀里《しがさと》・南滋賀《みなみしが》・錦織《にしこおり》の大津北郊一帯は古代において大友郷《おおともごう》・錦部郷《にしごりごう》と称され、「志賀漢人《しがのあやひと》」と総称される渡来人たちが本拠地としていた。志賀漢人はいずれも後漢献帝を始祖と仰ぐ一族であるが、具体的な出自については、漢の王室、中国の南朝の知識人、百済《くだら》、伽耶《かや》などの意見があるが、遺構・遺物の性格からみきわめる必要がある。また、この地に集住した理由については、滋賀郡に勢力をもつ和迩《わに》氏による編貫《へんかん》、対高句麗外交を主導する蘇我《そが》氏主導による集住、蘇我氏の指示により倭漢氏《やまとのあやうじ》による編貫などの意見があり、いずれも統括的な規制の存在を重視する向きもあるが、これについても今後の考古資料からの検討を経て慎重に吟味する必要があろう。集住の時期については文献資料からは明確でない。大半の志賀漢人については八世紀以降の記事である。

大津北郊地域には特異な構造をもつ横穴式石室、ミニチュア炊飯具《すいはんぐ》セットの副葬を伴う古墳が早くから渡来系集団の墓と指摘され、その後の数多くの古墳の調査でも基本的にそれを裏づける資料が明らかにされている。坂本から錦織まで約五・五キロの地に現在八〇〇基前後の後期古墳が確認されており、すでに消滅したものを考慮すると優に一〇〇〇基は超すとみられ、その大半が渡来系集団の墓と考えられている。ただ、このなかには木棺直葬墳と推定され、横穴式石室導入以前の築造かとみられる円墳が十数基確認されており、古墳群の分布状況をも勘案して渡来系集団ばかりでなく、渡来系集団を包摂した在来氏族の墓域も含まれているのではないかとする見解もある。

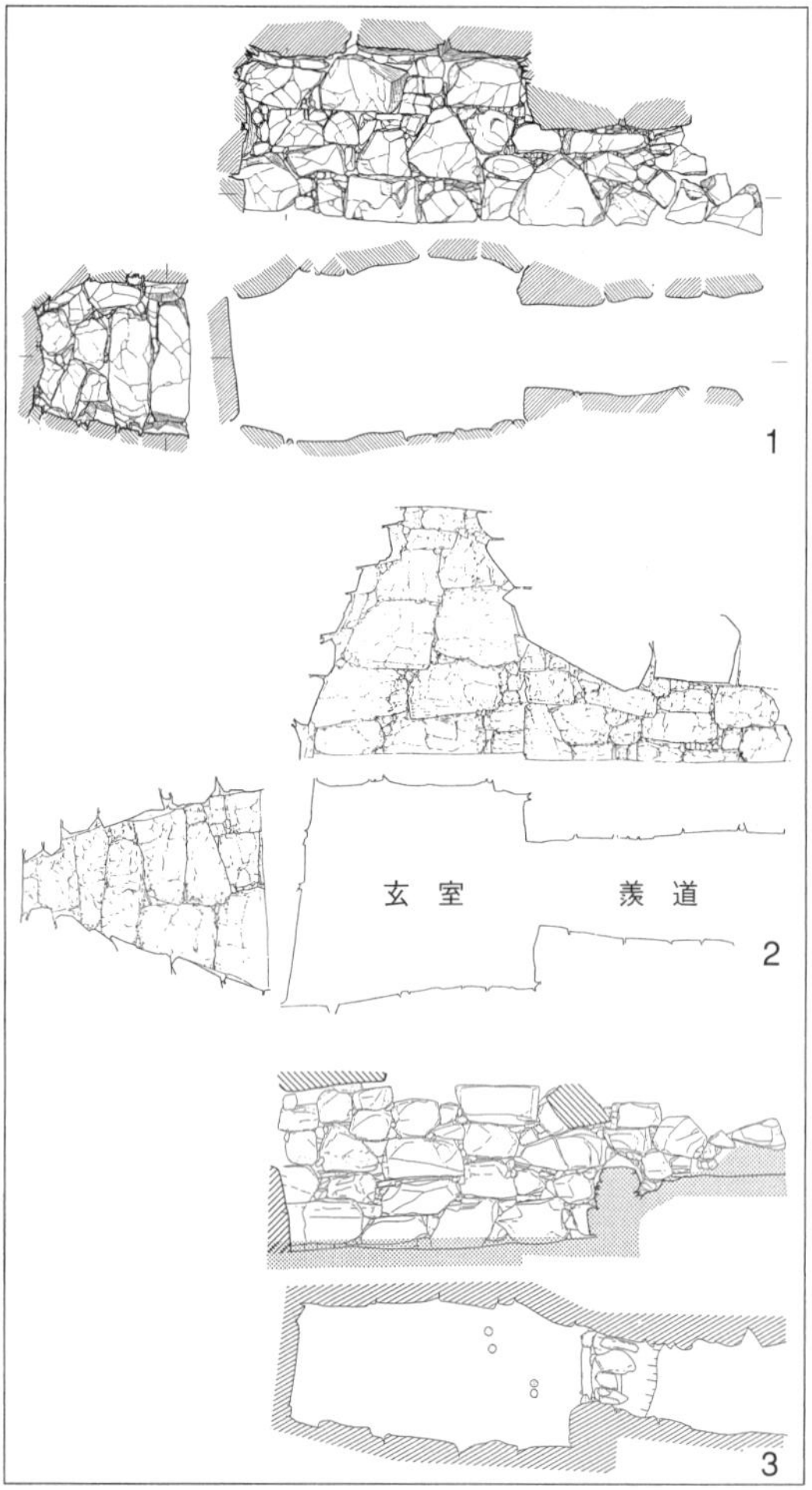

滋賀県における横穴式石室の三つのタイプ(規模不同)　1. 畿内型石室　八幡社46号墳1号石室(東近江市), 2. ドーム型石室　矢倉1号墳(大津市), 3. 階段式石室　天狗前7号墳(東近江市)

この一帯の古墳の特徴とは、玄室の奥壁・側壁・前壁ともに急な持送りをなし、正方形ないし横長方形プランのものは両袖式で天井石は一〜二石、長方形プランのものは片袖式で天井石は二〜三石をおく、いわゆる穹窿頂《きゅうりゅうちょう》持送り（ドーム状）の構造をもち、多くのものにミニチュア炊飯具セット（竈《かまど》・甕《かめ》・甑《こしき》・鍋《なべ》）ないしその一部が副葬され、金属製簪《かんざし》を伴うこともある。そして、五世紀末〜六世紀初頭には穴太《あのう》飼込《かいごめ》古墳群や穴太野添《のぞえ》古墳群、大通寺古墳群で築造の開始が確認され、六世紀中ころに盛行し、六世紀末ころから持送りのない通有の石室構造に変化する傾向にある。

渡来人の墓とみられるものに、この形態とは少し異なり、玄室と羨道の境に階段状に石を積んで羨道を一段高くした、いわゆる竪穴系横口式石室の系譜に連なる階段式石室と称されるものがある。和田古墳群（栗東市）や三ツ山《みつやま》古墳群（蒲生郡竜王町）、天狗前古墳群（東近江市）、竜石山《りゅうせきざん》古墳群（近江八幡市）、金剛《こんごう》寺野《じの》古墳群（愛知郡愛荘町）、北落《きたおち》古墳群・塚原古墳群（ともに犬上郡甲良町）などで、和田古墳群（九基、六世紀中葉〜七世紀前半）では朝鮮半島や九州に分布の中心のあるイモガイ装の雲珠《うず》をはじめ、朝鮮半島との関連を示す遺物が出土している。この形態をもつ石室は、現在知られるところではミニチュア炊飯具セットの副葬は伴わず、栗太郡東部から蒲生・愛知・犬上郡にかけて分布し、同じ渡来系でも形態を大きく異にする「穹窿頂持送り式石室」が大津北郊を中心に分布するのとは対比的である。その出自や系譜にどう違いがあるのかは今後の課題である。

渡来人の集落跡●

渡来系集団の集落も大津北郊各所で確認されている。比較的まとまった範囲が調査された穴太遺跡例をみてみよう。六世紀後半〜七世紀前半のもので、集落は幅四〜五メートルの溝およびその内側の板塀で外部と画され、建物は大半が通常みられるのと同様の掘立柱建物であるが、これらにまじって特異な建物が認められる。一つは幅〇・三～一メートルの溝を方形にめぐらし、その溝底に三〇～五〇センチ間隔で直径一〇センチ前後の間柱《まばしら》をたて、向きあう二辺の中央には一回り大きな棟持柱《むなもちばしら》二本をたてて溝を埋め戻す。その上部構造として、四面に大壁をつくり、草葺きの屋根をおいたと推察される。棟持柱のない一辺の中央付近は溝のないものが多く、入り口と考えられる。一辺八メートル前後の大型のものや一回り小さなものも認められる（Aタイプ）。大壁造り建物にはほかにもう一類型がある。これは掘立柱建物に類似するが、その柱間隔《はしらかんかく》は大変短く、柱筋上に浅い溝を掘りめぐらすものである。この溝底から大壁がたちあがるものと推定される（Bタイプ）。これらの類型を総称して「大壁造り建物」とよんでいる。

穴太遺跡には礎石建ちや土台《どだい》建ち建物もある。高さ二〇センチほど方形に土を盛って基壇をつくり、その上に偏平な礎石をおき、柱をたてるもので、二例が検出されている。

礎石建ち・土台建ち建物（大津市穴太遺跡）

一例はその後礎石の上に土居桁《どいげた》をわたし、その上に柱をたてる土台建ち建物につくりかえている。

これらの建物のあいだにはモモの樹根が多数存在し、カリンも一本植えられていた。薬用などに意識的に植えられたものであろう。また、集落内を流れる小さな溝からはわずかに「卄」冠しか判明しないが、木簡も出土している。

また、この地点の約一キロ西南方のほぼ同時期の集落跡ではいわゆるオンドルが三基検出されている。もっとも遺存状況のよいものをみると、焚口《たきぐち》・燃焼室《ねんしょうしつ》・煙道《えんどう》からなり、煙道はS字状に屈曲し、高度をゆるやかにあげながらのびるもので、全長約五・二メートルの規模をもち、類例を古代の朝鮮半島や中国東北部の採暖施設にみることができる。

大壁造り建物はこれまでに穴太から錦織に至るまで四〇例以上が確認され、いずれも六世紀後半～七世紀前半の時期のもので、この時期の大津北郊での渡来人の集住のようすを知ることができる。

こうした渡来人たちがこの時期にどのような活躍をして

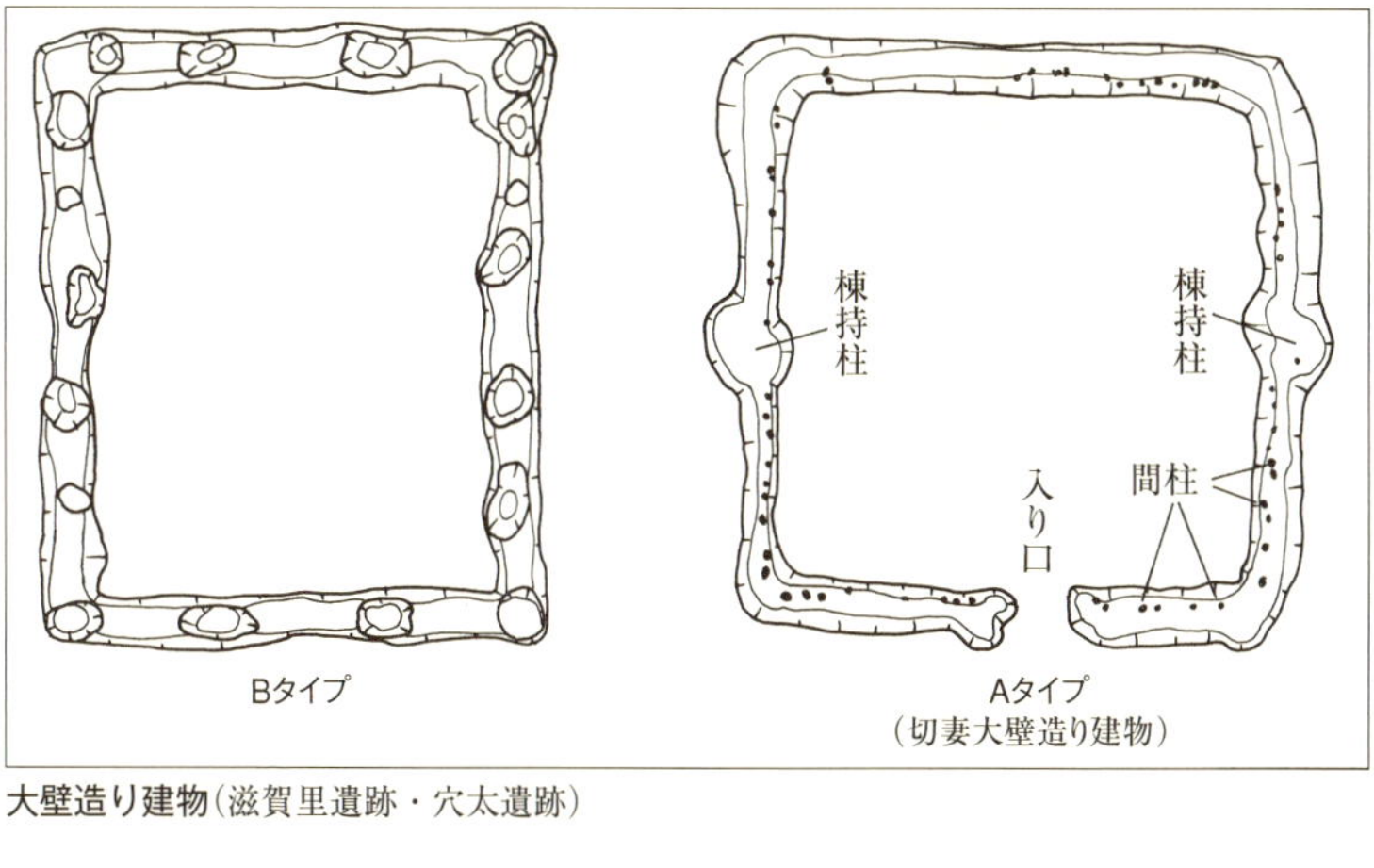

大壁造り建物（滋賀里遺跡・穴太遺跡）

いたか、具体的な状況は明らかでないが、七世紀後半にはこの地に大津京が建設され、その造営に大きくかかわったとみられるが、それについては次章でのべることにする。

2章

近江の都

牒《ちょう》文書木簡《もっかん》(野洲市湯ノ部遺跡)

1　大津京と壬申の乱

大津宮の位置と構造●

七世紀は日本にとって内政・外交ともに激動の時代であった。中国では帝国隋《ずい》・唐が勃興し、周辺諸国への圧迫を強め、朝鮮三国も熾烈《しれつ》な抗争を繰り広げた。わが国でも支配者層内部での権力抗争や王位継承による紛争がたえず、こうした大陸の政治情勢の影響も大きくうけていた。

大陸ではついに高句麗《こうくり》・百済《くだら》が同盟し、唐・新羅《しらぎ》連合軍との戦闘が開始された。日本も「大化の改新」により蘇我《そが》氏主導型を廃し、中大兄皇子《なかのおおえのおうじ》を中心とする新政府を組織し、強力な中央集権国家の樹立をめざした。外交では結局百済に味方して参戦したが、六六三年、白村江《はくすきのえ》の戦いで大敗し、日本は大陸における拠点を失うとともに強大な唐を敵にまわしてその来襲におびえることになる。

大津京遷都はこうした情勢下、六六七年三月に行われた。

『日本書紀』にはすでに遷都前年の冬、京都《みやこ》の鼠《ねずみ》が近江にむかって移動したとする近江遷都の予兆を示す記事があり、このころには大津宮造営計画は具体化していたものとみられる。『日本書紀』や『懐風藻《かいふうそう》』『家伝《かでん》』などから大津宮・京の構造の手掛かりになる用語を拾うと、「内裏」「浜台《はまのうてな》」＝「浜楼」「大蔵《おおくら》」「宮門」「朝庭」「殿」＝「臥内」＝「大殿」「漏剋《ろうこく》」「新台」「西小殿」「内裏仏殿」「内裏西殿」「大炊」「大皇弟宮（大海人皇子の邸宅）」「庠序（学校）」「藤原内大臣家」＝「淡海之第」＝「（鎌足の）私第」などが認められる。「宮門」の用語は『日本書紀』や『養老令』『続日本紀』などでは朝堂の南に開く門をさし、大津宮では内裏・朝堂院をそなえた宮室の中心施設が整備されていたことを示し、「左右大臣」「御史大夫《ぎょしたいふ》」「学職《がくしき》」などの用語から官人制や官司制の整備の進展、その施設の設置もうかがわれる。

しかし、大津宮の具体的な位置についてはなんら記載はなく、江戸時代以降の長い研究史のなかで、その宮室の位置について百家争鳴であったが、近年の大津北郊各地での発掘調査やそれに基づく各所の当時の微地形の検討などにより、その中枢部は近江神宮の南側の錦織《にしこおり》にあったことがつきとめられた。そこ

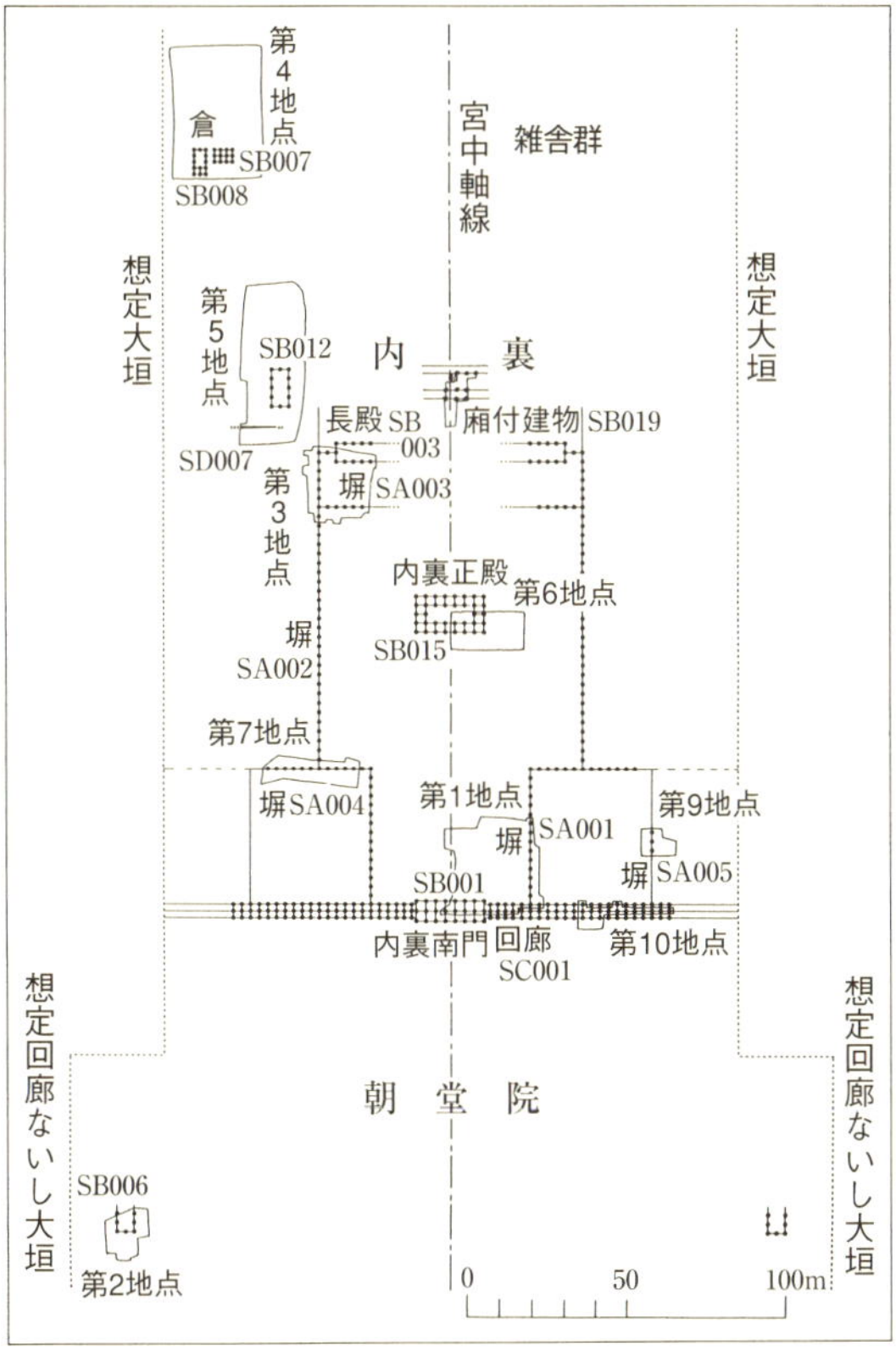

大津宮中枢部建物配置図

は民家密集地でその構造の解明にはなお相当の時間を要する。

北側に内裏《だいり》、その南に朝堂院をおく宮室で、内裏では内裏正殿（図のSB〇一五）、その北側に廂《ひさし》付き建物（SB〇一九）、南側に内裏南門（SB〇〇二）が中軸線上に並び、内裏内部は大きな塀で縦横に仕切られている。内裏南門をはいった内側の東西には一辺四〇メートル前後の正方形の空間の存在も想定される。内裏南門の両側には回廊（複廊SC〇〇二）が取り付き、門から五六・一メートル以上のびることも確認されている。内裏にはほかにいくつかの建物や溝なども検出されている。

内裏の南に広がる朝堂院などについてはこれまでの各所で得た調査に基づく微地形の検討により、東西約二四〇メートルの空間が得られ、その西北隅に南北棟の建物（SB〇〇六）の一部が検出されている。朝堂院の何らかの建物とみられる。JR湖西《こせい》線大津京駅裏では大津宮で使われたと思われる、文字の語義や読み方を列記した音義《おんぎ》木簡が北から南に流れる幅六メートルの溝から出土しているが、この溝は朝堂院の東外側に想定される溝に通じる可能性が考えられる。

このように、大津宮は北に内裏、南に朝堂院をそなえた宮と判断されるが、現時点では具体的な内容についてはさほど明らかでない。

大津京域と四つの寺院●

大津宮に条坊ないし計画的な方格地割は伴っていただろうか。これまでに多くの研究者によって検討されてきたが、大半は現在の地表に遺存する畦畔や道路、それに小字名や巨視的にとらえた寺院遺構などを手掛かりとし、造営尺を割りだすなどの方法により復原するものであった。これは関連遺構の未確認の時点でとり得るもっとも有効な方法で、これまで多くの問題提起や研究の進展をうながしてきた。しかし、現地表に残る地割痕跡が「大津京」のそれをいかに示しているかを検証しないかぎり実像には近づきにくい。現在、断片的ではあるが、錦織における大津宮中枢部の遺構や南滋賀廃寺およびその西をかぎる塀と溝、そこから約四六六メートル東の低地で検出された南北の溝など大津京の都市計画に伴うとみられる遺構が判明してきた以上、こうした確実な遺構を基準にした地割復原が求められる。

　これまでの大津北郊各所における発掘調査や試掘調査、立会調査などから、当時の建物建設などに利用できる範囲は現在の平野部でもかなりかぎられた地域と判断され、全域に碁盤《ごばん》目状《めじょう》の整然とした条坊ないし方格地割を設定するには無理があったと思われる。錦織を中心とする大津の都は、南は園城寺《おんじょうじ》（三井寺《みいでら》）前身寺院から北は穴太《あのう》廃寺《はいじ》までの範囲とみられ、そのあいだの利用可能な舌状の扇状地に関連官衙や貴族の邸宅、官人の住宅、寺院などが配置され、それらは統一的な都市計画（条坊制とは別問題の地割）によってなされたものと想定される。

　この大津京推定地域には当時存在していたと判断され

穴太廃寺（大津市）

る四つの寺院跡がある。南から園城寺前身寺院・南滋賀廃寺・崇福寺《すうふくじ》跡・穴太廃寺である。園城寺前身寺院は園城寺の境内にあるが、明確な遺構はまだ確認されていない。南滋賀廃寺は東に塔、西に西金堂、これらの北の中軸線上に金堂・講堂をおく奈良県川原寺《かわらでら》式の伽藍配置をとる壮大な寺院である。崇福寺跡は天智天皇勅願の寺と伝えられる寺院で、比叡山麓の三つの尾根にまたがって伽藍が配置されているが、南尾根のそれは延暦五（七八六）年、桓武《かんむ》天皇によって建立された梵釈寺《ぼんしゃくじ》とみるのが有力である。中尾根には東に塔、西に小金堂が、北尾根には弥勒堂《みろくどう》とよばれる金堂とその東北方に瓦積《かわらづみ》基《き》壇《だん》の存在が確認されている。穴太廃寺は二つの伽藍が方位を異にし、重複して存在する。創建期の伽藍は東に塔、西に金堂、それらの北に講堂かとみられる建物がおかれ、これらを回廊が囲む。再建伽藍は創建伽藍より約三三度西

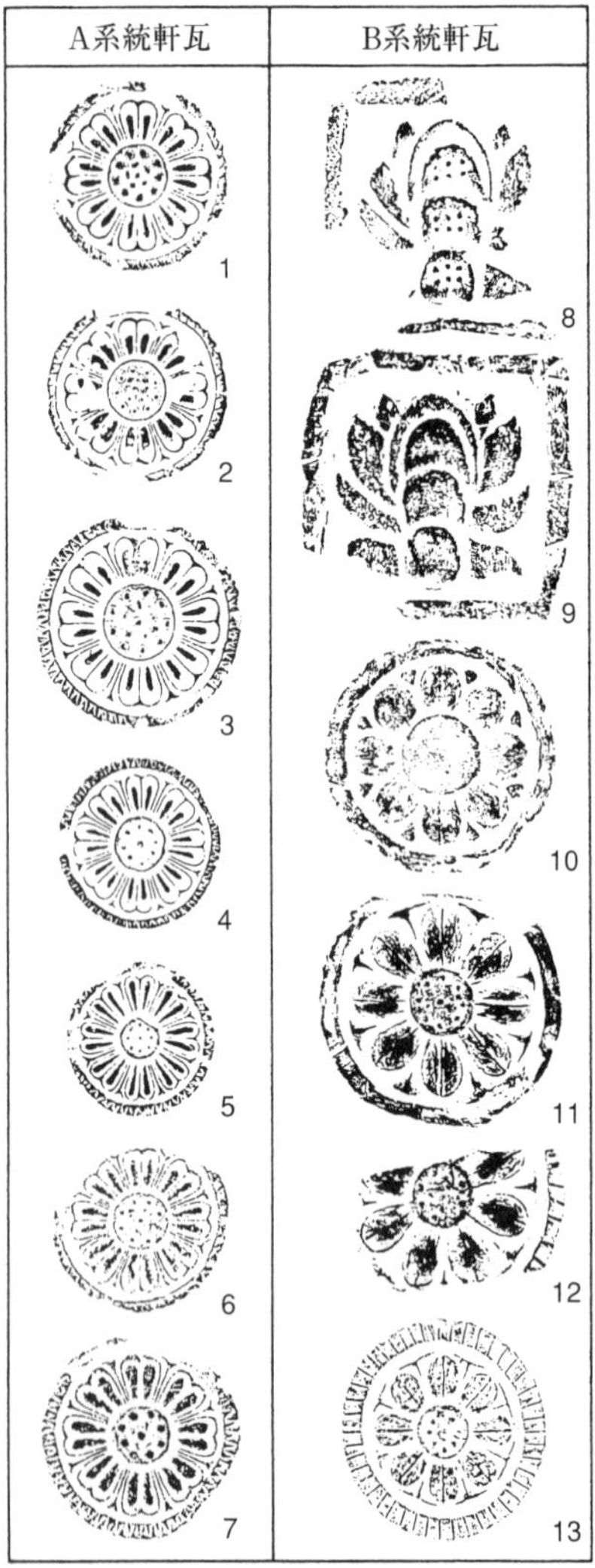

大津京内寺院の二系統の軒瓦
南滋賀廃寺＝3・9・11・12，榿木原瓦窯＝1・2・4・5・8・10，穴太廃寺＝6・7・13

に振る軸線をもつもので、東に塔、西に金堂、これらの北に講堂を配する奈良県法起寺《ほっきじ》式伽藍配置をとる。これらの四寺院に共通する点は、A系統とB系統の瓦が同時に使用されていることと、主要建物に瓦積基壇が用いられていることである（園城寺前身寺院は未確認）。

これら二系統の瓦は、南滋賀廃寺所用瓦を製作した榿木原《はんのきはら》瓦窯《がよう》や穴太廃寺および穴太瓦窯の調査により同時期につくられ、同時に用いられたことが判明している。

B系統の瓦、とくに弁央に稜線をもち、周縁《しゅうえん》に輻線文《ふくせんもん》を施す単弁系の軒丸《のきまる》瓦は各地で渡来系氏族の建立したとみられる寺院に多く使用されており、そうした性格を示す一つのメルクマールと考えられ、大津北郊のB系統の瓦は渡来系氏族が使用する性格の瓦と位置づけられる。A系統の川原寺式の複弁蓮華文《ふくべんれんげもん》系の瓦は天皇や国家が関与して建立した寺院、官寺におもに使用される性格をもつ。大津京内にある四寺院はいずれもA・B両系統の瓦を出土し、穴太廃寺・穴太瓦窯や南滋賀廃寺・榿木原瓦窯ではほぼ同じ量が認められる。これは大津京内の四寺院はいずれも官寺的性格と渡来系氏族の氏寺《うじでら》的性格をあわせもっていることを示している。

先にみたようにこの大津北部の地には五世紀末〜六世紀初頭以降渡来系集団が集住したことがうかがわれたが、七世紀中ころには四つの集団としてまとまり、それぞれ氏寺を建立できる勢力をもっていたことが察せられ、A・B二系統の瓦の併用は大津京建設にさいして、国家の威光と渡来系氏族の力が融合した姿ととらえることができる（林博通「水辺の都城と寺院」『湖の国の歴史を読む』）。

壬申の乱と勢多橋●

天智朝の政治は中大兄皇子《なかのおおえのおうじ》（のちの天智天皇）と同母の弟で五歳年下と推定される大海人《おおあま》皇子との二人三

脚で進められ、天智三（六六四）年段階では大海人は天智の後継者として待遇されていた。そして、大津宮での天智即位後も次期天皇としての皇太子として位置づけられたとするのが通説である。しかし、もう一人の後継者候補として天智と伊賀采女《いがのうねめ》とのあいだに生まれた大友《おおとも》皇子がいた。天智十年段階で、天智は四六歳、大海人四一歳、大友二四歳であった。大友に関して『懐風藻』には、来日した唐使劉徳高《りゅうとくこう》が「風骨、世間の人に似ず。実に此の国の分に非ず」と高く評価したことをのせ、博学多才で文武の才幹あふれる人物として伝える。百済の重臣で、百済滅亡によりわが国に亡命し、近江朝廷のいわばブレーンとして重用されていた沙宅紹明《さたくしょうめい》は大友を教導する役目も負い、新進の唐文化を身につけた知識人のもとで大友は成長した。天智もこうしたわが子の頼もしい成長を目の当たりにするにしたがい、しだいに自分の後事をわが子に託す気持が強まってきたものと推察される。

そして、天智十年正月には大友皇子を太政大臣とし、蘇我赤兄《そがのあかえ》以下の豪族出身の重臣を新しい首脳とする人事を発令した。この時点で大海人を廃して、事実上、大友を皇位継承者として位置づけたことになり、これ以後、大友が政治の中心に座ることになる。この年の十月、天智の最期をまぢかにひかえて大海人は僧形で大津宮を後にし、吉野に引退した。そして、十二月三日、天智天皇は大津宮で崩御《ほうぎょ》した。

しばらくは近江朝廷も吉野も何事もなく推移したようであるが、翌年の五月ころから近江朝廷の不穏な動きを察知した大海人はついに六月二十二日、反乱を決意して吉野を脱出し、美濃の野上《のがみ》（岐阜県関ケ原町野上付近）の行宮《あんぐう》に本営をおいた。

壬申の乱は大海人軍に対する政府軍の本隊である東山道筋の戦闘と大和古京の攻防が主要なものであったが、大和では将軍大伴《おおとものむらじふけい》連吹負らの活躍により六月二十九日から七月八日ころまでの戦闘で大海人軍が勝利し、東山道では大海人軍の将軍村国男依《むらくにのおより》らが破竹の勢いで南下した。七月七日には息長横河《おきながのよこかわ》（米原《まいばら》市醒井《さめがい》付近）で政府軍を破り、つづいて九日には鳥籠山《とこやま》（彦根市の旧東山道と芹川がまじわる付近）の戦いでも政府軍に勝ち、十三日の安河（野洲川）でも政府軍を大破し、十七日には栗太（栗東市）でも政府軍を撃破して、いよいよ七月二十二日、瀬田川をはさんで最後の決戦となった。

村国男依を将とする大海人軍は勢多橋の東岸に陣を張った。これに対し、西岸における敗戦続きの政府軍は大友皇子や重臣を擁しての総力をあげてのぞんだ布陣であった。政府軍の先鋒の将、智尊《ちそん》は精鋭を率いて勢多橋の中程三丈（約九メートル）ばかりを切断し、長板一枚のみを架け、それをわたろうとすれば板を引いて落下させる作戦をとった。東軍は恐れて誰もわたれずにいたが、大分君稚臣《おおきだのきみわかみ》というものが、槍を捨て、鎧を重ね着し、刀を抜いてその板上を走りわたるやいなや板に結わえていた綱を切り、さらに全身に矢をうけながら敵陣に切り込んで行くと、たちまち陣は乱れ、政府軍は総崩れとなった。

こうして、最後の決戦はあっさりと決着し、瀬田川をわたった大海人軍は「粟津岡《あわづのおか》」（大津市光が丘町の晴嵐小学校のある台地の北東部付近か）の麓に陣を移した。この日、北越将軍の羽田公矢国《はたのきみやくに》らの一軍は大津京の北方の守りである三尾城《みおのき》（高島市白鬚《しらひげ》神社の背後の山付近とみられるが未確認）を陥落させた。そして、翌日、逃げ場を失った大友皇子は「山前《やまさき》」に隠れてみずから首をくくって死を遂げ、壬申の乱の終局とともに大津京も幕を閉じた。

この壬申の乱の最後の決戦場となった勢多橋とみられる遺構（口絵参照）が、現在の瀬田唐橋の下流約八〇メートルの川底で発掘された。橋の遺構は何種類か認められるが、もっとも古い二基の巨大な橋脚遺構は廃絶までに何回かの補修の形跡があるが、その創建は大津京ころとみられている。これは大きな樫《かし》の丸太材を横に並べて基礎構造とし、その上に長さ約六メートルの檜《ひのき》の角材六本で平面が扁平な六角形状に組み合わせて橋脚台として、各辺の上面に各一個、合計六個の円孔を穿って橋脚下端の枘《ほぞ》と組み合わせて固定するようにしている。そしてこの橋脚基礎組物を固定するためにわざわざ山から運んできた摩擦の大きい人頭大の割石を粘土とともに大量に積み重ねていた。この一つの橋脚台の基礎遺構は南北約一二メートル・東西約一〇メートルを測り、復原される橋の幅員は約九メートルを測る。二基発掘された橋脚台遺構の心々距離は約一八メートルであることから、西岸寄りの中ノ島をはさんで約二五〇メートルの川幅をもつ瀬田川には合計八~九基前後の橋脚をもつ壮大な勢多橋がかかっていたものと想定される。おそらく大津京造営に伴い築造されたものであろう。これと類似する組立式の木造橋は新羅《しらぎ》の国都慶州《けいしゅう》の月城《げつじょう》近くの月精橋《げっせいきょう》遺跡でも検出されており、調査時、同時に検出された石橋である月精橋より古い七世紀後半代には存在したとする「蚊川橋《ぶんせんきょう》（楡橋《にればし》）」ではないかとされている。土木技術上、勢多橋との強い関連性がうかがわれ、ここにも渡来人の姿が想定されるのである。

2　近江の地方統治

近江国庁とその周辺●

律令国家体制の地方行政組織は国・郡・里の行政単位に編成し、それぞれ国司・郡司・里長がおかれるものであった。国司は守《かみ》・介《すけ》・掾《じょう》・目《さかん》の四等官からなり、雑任《ぞうにん》として史生《ししょう》・国博士《くにつはかせ》・医師《くすし》などがあるが、これらは大国・上国・中国・下国の等級別に定数が定められていた。近江国は大国であった。

近江国庁については、文献からみれば、持統八（六九四）年には存在していたとみられ、国司の守として最初に文献にあらわれるのは和銅元（七〇八）年の多治比水守《たじひのみずもり》である。歴代近江国司の守には藤原武智麻呂《むちまろ》（和銅五年六月任）、藤原仲麻呂《なかまろ》（天平十七年九月任）、藤原種継《たねつぐ》（天応元年五月任）らがいる。

近江国庁を中心とする近江国府の位置に関しては歴史地理学的方法により大津市瀬田（旧栗太郡）の大江三丁目付近に方八町域ないし九町域が想定され、その後の昭和三十八・四十年の発掘調査によって近江国庁の中枢部が確認され、その想定を裏づけるかたちとなった。国庁は府域の南端中央部の低丘陵上に東西二町、

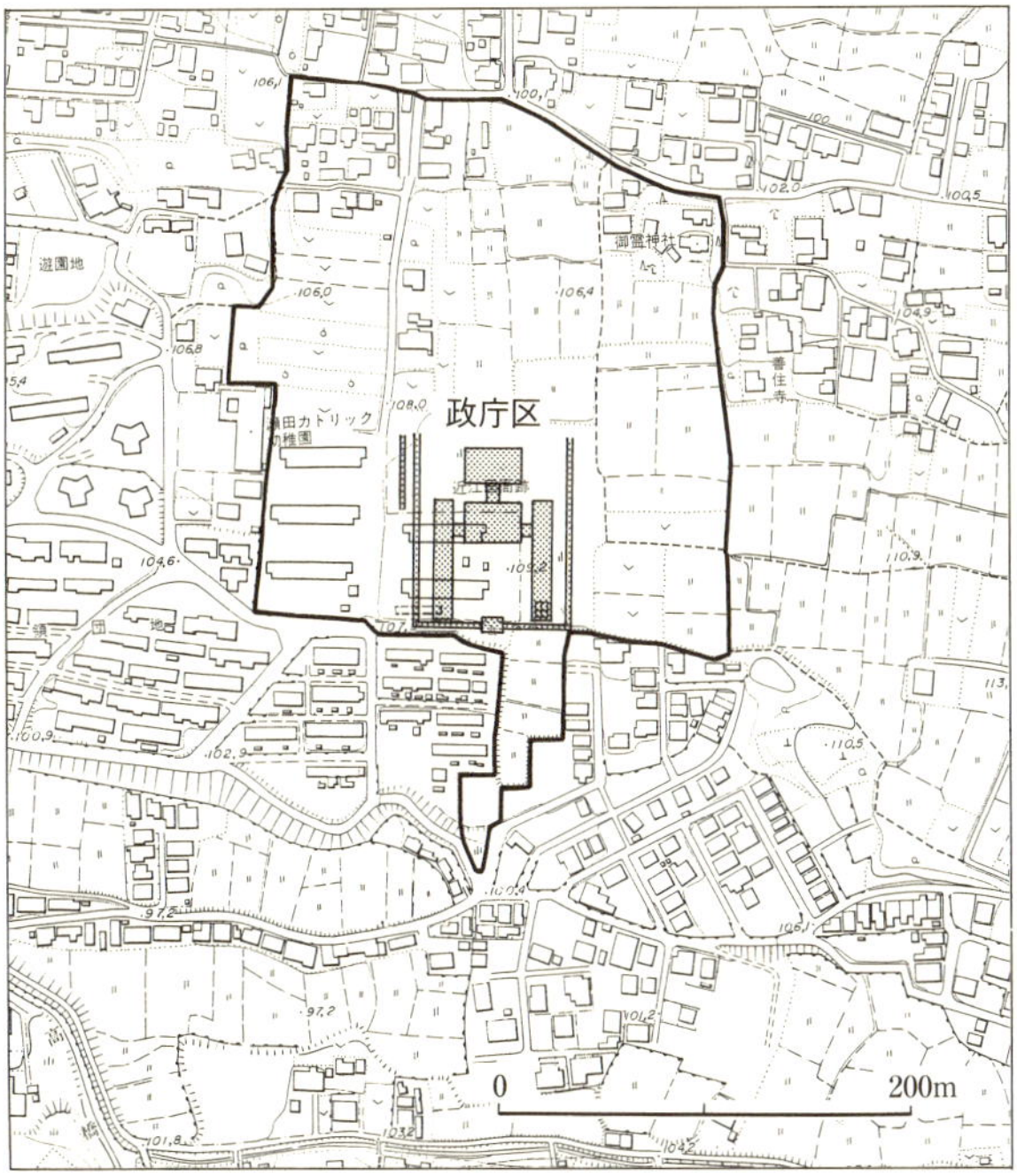

近江国庁跡

南北三町の規模で存在したと考えられる。その南端中央部に瓦積基壇をもつ南門（東西三間・南北二間）があった。国庁地区の中心部には四方を築地塀《ついじべい》で囲んだ内郭《ないかく》が存在するが、これが国庁の中心施設、政庁《せいちょう》である。規模は、東西七二・八メートル（三分の二町）、南北は一〇九メートル（一町）と想定されている。この政庁の建物は瓦積基壇からなる四つの瓦葺きの壮大な建物群で、正殿の前殿・後殿、東脇殿・西脇殿が左右対称に配置されていた。正庁区の東側には、それと並列する荘大な建物を中心におく一院（東郭）も確認されている。調査報告書によると、この遺構群の存続時期は七六〇年ごろから十世紀末ごろとされているが、その構造や土器・瓦の編年観からみて長岡京期（七八四〜七九三）以降ないし平安時代前期とみるのが妥当とする見解もある。文献から知られる近江国庁の存在の上限が七世紀後半代にあることからすれば、当初の近江国庁の実態解明が求められるが、現時点では明らかでない。

近江国庁をとりまく国府域については方八町ないし九町が想定され、その後の政庁区の発掘調査でもその府域の想定が妥当なものと考えられた。しかし、想定府域の一画、管池《すがいけ》遺跡の発掘調査では多くの掘立柱建物が検出されたが、大半が平安時代後期に属し、しかも小型の建物ばかりで、想定府域の地割に合致する方位をもつものは認められていない。こうしたことから方八町ないし九町の整然とした碁盤目状の府域については、存在そのものや存在したとしてもその時期や意義について疑義が生じてきている。

一方、この推定国府域外の南側の丘陵部には国庁と同様の瓦を出土する遺跡が六カ所知られている。いずれも官衙か寺院と推定され、発掘調査でその性格の判明しているものは、長大な礎石建ちで瓦葺き倉庫十二棟が南北一直線に連なる惣山《そうやま》遺跡、第二次の近江国分寺かとみられる瀬田廃寺、勢多駅家《うまや》と想定されている堂ノ上《どうのうえ》遺跡、国庁や周辺の官衙・寺院などに供給する瓦を焼成した瓦窯などの工房、長大な掘立柱建物などの存在する野畑遺跡、大規模な建物群のみつかっている青江遺跡などで、その主要遺構の方位はいずれも国庁の政庁区遺構と同一方位の、磁北に対して北で約九度東に振る方位を示している。時期も八世紀前半〜十二世紀の範疇《はんちゅう》におさまるものである。このため、国庁から南、あるいは西南方一帯には官衙や寺院が同一の企画に基づいて集中して建てられていたことが判明し、これまで想定されていたものとは違って、方形区画という枠組みにとらわれない「地方都市」がつくりだされていた可能性がうかがわれる。

なお、この近江国庁の存在する一帯にはそれ以前の時代の遺跡はほとんど認められない。律令政府はあらたな地方支配の拠点を設けるにあたり、地方豪族との摩擦の少ない閑地を選んだものと思われる。

近江国一二郡と地方官衙

近江国には一二郡が立てられたが、郡にも里(郷)数を基準に大・上・中・下・小郡に区分された。滋賀郡＝四郷(下郡)、栗太郡＝五郷(下郡)、甲賀郡＝四郷(下郡)、野洲郡＝六郷(下郡)、蒲生郡＝九郷(中郡)、神崎郡＝六郷(下郡)、愛智郡＝六郷(下郡)、犬上郡＝九郷(中郡)、坂田郡＝八郷(中郡)、浅井郡＝一三郷(上郡)、伊香郡＝八郷(中郡)、高島郡＝九郷(中郡)となっており、その大半は下郡と中郡でほぼ均等に細分されていた(高山寺本『和名抄』)。しかし、平城宮木簡や「山背国愛宕郡計帳《やましろのくにおたぎぐんけいちょう》」などには『和名抄』にはでてこない野洲郡の「馬道郷《うまみち》」や「山本郷」「甘作郡雄諸郷《かんざきぐんおもろ》」などがみえ、この里(郷)数は確定的なものではない。

律令政府のねらいは地方豪族の力を弱め、全国の土地・人民を政府が一元的に支配することにあったことからすると、近江朝のお膝下であった近江国に中郡・下郡が多いのはもちろんであるが、近江以外でも中郡以下から成る国が多く存在し、律令政府の強力な地方支配の様子がうかがわれる。

近江一二郡のうち郡衙の位置や構造が明らかになっているのは栗太郡衙のみで、位置がある程度推定できるものを列挙すると、野洲郡衙は野洲市小篠原《おじのはら》字西堂付近、蒲生郡衙は近江八幡市千僧供《せんぞく》町の御《み》館前《たちまえ》遺跡あるいは蒲生郡竜王町綾戸字上《かみ》大領《たいりょう》・下大領付近、神崎郡衙は東近江市五個荘《ごかしょう》町北町屋字北大郡・南大郡・大郡付近、愛智《えち》郡衙は愛荘町長野大領神社付近、犬上郡衙は彦根市竹ケ鼻町の竹ケ鼻遺跡、坂田郡衙は長浜市宮司《みやし》町あるいは同市大東町・今川の大東遺跡、高島郡衙は高島市日置前《ひおきまえ》遺跡などが推定され、まだ明確ではない。

　栗太郡衙とみなされる岡遺跡は栗東市大字岡付近にあり、金勝《こんぜ》川と草津川の合流する微高地につくられている。八世紀前半に位置づけられるⅢ—1期の時期に

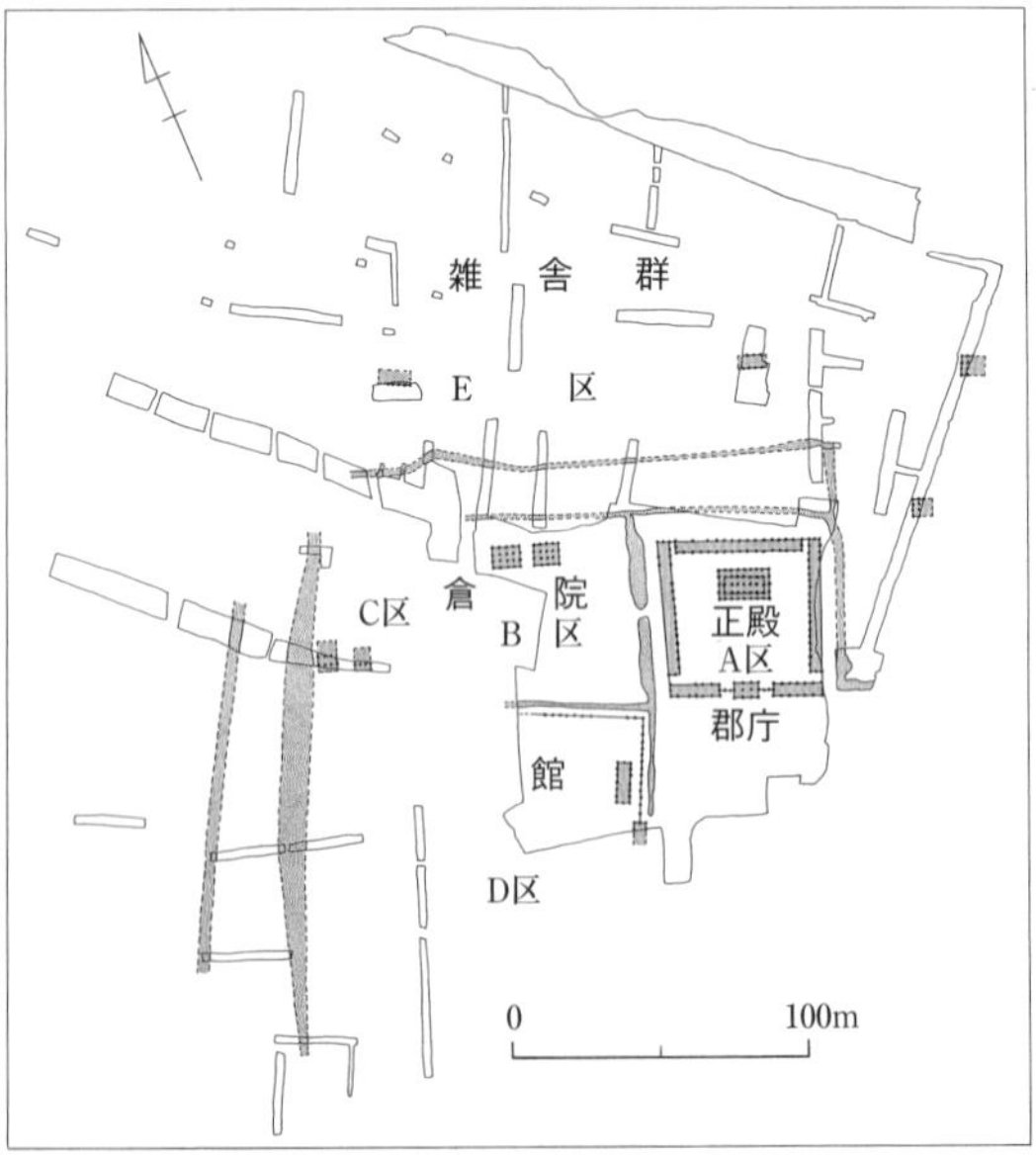

岡遺跡(栗太郡衙跡)Ⅲ-1期建物配置図　『岡遺跡発掘調査報告書』1次・2次・3次調査，栗東町教育委員会，1990による)。

はすでによくととのった官衙遺構が現出している。その前段階のⅡ期（七世紀後半〜八世紀初）には竪穴住居はみられず、Ⅲ—1期の郡庁域の西面の南北棟の長殿と南面の東西棟の長殿の位置にそれと類似する長殿など掘立柱建物群が建ち並んでおり、すでにこの時期に官衙が成立していたとみられる。Ⅲ—1期の状況をみてみよう。遺構は南北約三四〇メートル・東西約二一〇メートル以上の広がりをもち、さらに東方にのびている。郡庁・正倉・館などにあてられる中心地域は約二〇〇メートル四方のほぼ方形の区画で、北面・西面は二重の濠で画されて、内部はさらに溝や塀を方形にめぐらし、一辺五〇〜六〇メートル四方の空間をつくりだし、それぞれ機能に応じた建物配置がなされている。

A区は郡庁のおかれた一画で、南辺中央には三間×二間の門をおき、中央北寄りに四面庇の八間（一六・八メートル）×四間（一〇・二メートル）の壮大な正殿が配される。A区の西隣の溝で囲まれたB区・C区は倉院とみられる。四間×三間の面積六〇平方メートル前後の大規模な倉庫数棟が確認されているが、さらに多くの倉がおかれたようだ。D区東北部は東面・北面を溝で画された一画で一応、館としての機能が考えられている。A・B・C区の北側にあたるE区は、南北一一〇メートル以上、東西二一〇メートル以上ある空間で、部分的にトレンチ調査によって方位のあういくつかの建物が確認され、雑舎的建物のおかれた地域と推定されている。この栗太郡衙は九世紀末ころまで少しずつ建物配置を変化させながら郡衙としての役割を果たしていたようである。

この岡遺跡一帯は古墳時代全期間を通して野洲川左岸に展開する首長墓の分布する地域にあたり、東南約七〇〇メートルには皇別の郡領氏族、小槻山君《おづきやまぎみ》の祖神をまつる小槻大社があるなど、郡衙のおかれた地は国庁とは異なった、一帯の伝統的地方豪族の本拠地であることが知られる。

このような郡衙とは異なり、かといって一般集落ともちがう、地方行政組織の末端機関「里」にかかわるとみられる官衙あるいは里長の「里御宅」かと想定される遺構・遺物が西河原森ノ内《にしがわらもりのうち》遺跡(野洲市)で検出され、湯ノ部《ゆのべ》遺跡では「牒《ちょう》文書木簡」(五五頁写真参照)が出土している。これは天武五(六七六)年に書かれたもので「牒」ではじまり「謹牒也」でおわる養老公式令《くしきりょう》の牒式に則した木簡で、「蔭人《おんひと》」の記載から「蔭位制《おんいせい》」の存在を示し、この時点ですでに律令体制のかなりの進展がうかがえる重要な資料である。

近江の鉄生産●

『続日本紀』には八世紀の近江の鉄生産に関するつぎのような記事がある。

大宝三(七〇三)年九月辛卯《しんう》の条には、「四品《しほん》志紀親王に近江国の鉄を賜う」。天平十四(七四二)年十二月戊子《ぼし》の条には、「近江国司をして、有勢の家は専ら鉄穴を貪り、貧賤《ひんせん》の民は採り用いえざることを禁断せしむ」。天平宝字六(七六二)年二月甲戌《こうじゅつ》の条には、「太子《たいし》藤原《ふじわらの》恵美《えみの》朝臣《あそん》押勝《おしかつ》に近江国浅井・高島郡の鉄穴各一処《ひとところ》を賜う」。

このように、近江は鉄の一大生産地として、奈良時代には重要視されていた。近江ではこれまでに、瀬田丘陵一帯およびその南の田上《たなかみ》平野の南辺、瀬田川西岸の南郷一帯、逢坂山《おうさかやま》から藤尾《ふじお》にかけての一帯、大津市の比良山麓一帯、旧新旭《しんあさひ》町から旧マキノ町にかけて、旧西浅井町(現長浜市)一帯、旧木之本町(同)一帯・彦根市東部など、ほぼ全域に製鉄遺跡の存在が確認されている。その時期については不明な点も多いが、奈良・平安時代を中心に、長浜市古橋《ふるはし》遺跡(六世紀末~七世紀前半)など、一部古墳時代後期までさかのぼる可能性のあるものもある。また、その原料はいずれも鉄鉱石であることが判明している。

瀬田丘陵にある木瓜原《ぼけわら》遺跡は七世紀末~八世紀初頭の大規模な製鉄遺跡で、東西約三〇〇メートル・南北約三五〇メートルの範囲に谷川の主流といくつかの支流を取り込んだ丘陵斜面やわずかな平坦地に製鉄炉・大鍛冶施設・小鍛冶施設・炭窯・小作業場などの遺構がいとなまれている。また、同時期の須恵器《すえき》窯や土師器《はじき》製作に関する遺構、梵鐘鋳造《ぼんしょうちゅうぞう》遺構なども検出されている。

同じ瀬田丘陵の緩斜面には国指定史跡となっている野路《のじ》小野山遺跡がある。木瓜原遺跡とともに官営工房と推定され、一〇基の製鉄炉・大鍛冶跡、数棟の作業小屋からなる工房跡、白炭焼成用の可能性のある横口付き木炭窯を含む六基の炭窯跡、柵に囲まれた倉などが検出されている。その中心的な時期は八世紀前半である。

瀬田川西岸の南郷製鉄遺跡群では七世紀中ころの箱型炉一基、炭窯一基などが、芋谷《いもだに》南遺跡では七世紀末~八世紀初頭の箱型炉一基が、いずれも鉄鉱石を伴って検出されている。

恵美押勝に関するかとみられる高島郡の製鉄遺跡は、高島市マキノ町知内川流域、同市今津町石田川流域に散在し、北牧野A遺跡では発掘調査で方形ないし円形の自立炉あるいは長方形箱型炉などの見解に分かれるが、八世紀代の製鉄炉が検出されている。

3　紫香楽宮と保良宮

聖武天皇と紫香楽宮●

天平十四（七四二）年八月には造営中の恭仁京《くにきょう》の宮垣が完成しているが、このころ、近江の紫香楽《しがらき》村に離《り》宮《きゅう》を造営することになり、造離宮司の長官に恭仁宮《くにのみや》の造宮卿の一人である智努王《ちぬおう》をあてた。天平十五年十月十五日には大仏造顕《ぞうけん》の詔も発せられ、ただちに紫香楽宮近くにその盧舎那仏《るしゃなぶつ》を奉安するための甲賀寺の建立も開始された。この年の暮れには恭仁京の造作を停止し、紫香楽宮造営に主力は移されることになった。この時点で紫香楽宮はたんなる離宮を越え、本格的宮都に近い造営に切り替えられたものと考えられる。天平十六年三月には内裏の正殿である大安殿は完成し、朱雀門《すざくもん》も建設されていたようすがうかがえる。この年の十一月には盧舎那仏の骨組みも完成し、太上天皇も難波宮より紫香楽宮に来てとどまっている。天平十七年正月一日、宮垣は未完成であったが、帷帳《いちょう》をめぐらせてその代用とし、おそらく宮門かとみられるが、大楯桙《おおたてほこ》を樹立することによって、紫香楽宮を皇都とする意思表示を行っている。そして、正月七日には主典《さかん》以上の官人を朝堂に集めて饗宴を催しているため、朝堂もある程度ととのえられていたとみられる。しかし結局、天皇は紫香楽宮を正式な宮都とする意志はなかったとみえ、ついに天平十七年五月五日、天皇は紫香楽宮を出てまず恭仁宮に還行し、五月十二日に平城に還都《かんと》したのである。

紫香楽宮の構造を『続日本紀』の記事から読み取ると、宮城には内裏=「宮中」の正殿である「大安殿」があり、「朝堂」「百官」という政治・儀式の中心的施設や各省庁もある程度ととのい、宮城を囲繞《いにょう》する「垣牆《えんしょう》」も造営中であった。宮城の南に開く正門「朱雀門」は成り、そこから南にのびるメインストリート「朱雀路」もととのえられ、街区もある程度広がっていたようで、「城下」「都下」と表現し、そのなかには「市」も存在している。宮城の近くには中納言従三位藤原豊成の邸宅も構えられていた。

この紫香楽宮や甲賀寺の具体的な構造などについては、文献資料は何も伝えていない。信楽谷北域の大字黄瀬《きのせ》には「内裏野」「寺野」と称される小丘陵があり、ここからは古瓦が出土するため、古くから紫香楽宮あるいは甲賀寺の有力比定地であった。大正十五（一九二六）年、黒板勝美氏の現地踏査に基づき、この小丘陵一帯は「紫香楽宮」として国の史跡に指定された。昭和五（一九三〇）年一月、わずか四日間であったが、肥後和男氏を調査員とする滋賀県保勝会《ほしょうかい》は初めてこの地を発掘し、多くの礎石列を確認し、黒板氏が南殿・北殿・後殿・垣牆からなる宮殿遺構とした遺構は、中門・金堂・塔院・講堂・僧房・小子房・経楼・鐘楼などからなる東大寺式伽藍配置をとる寺院遺構であることを明らかにした。そして、この遺跡の性格を明確には断じ得ないとしながら、当初は紫香楽宮であったものを後に国分寺に改めた遺構と想定した。

その後、信楽谷の最北端の宮町地区のほ場整備で、宮殿クラスの建物に使用されたとみられる柱根三本の発見に端を発し、現在継続的に調査がなされている。これまでに五間（一八・六メートル）以上×四間（一二・五メートル）の四面庇とみられる大型建物やその前面に九間（二七メートル）以上の東西にのびる一本柱列など、少なくとも平坦面を作り出すために造成された東西四〇〇メートル・南北三五〇メートル前後の範囲には巨大な柱穴をもついくつかの掘立柱建物や塀・溝などが計画的に配置された様相で検出されている。現時点ではこの一画に、長大な東西建物の正殿や後殿、その前面に二棟の長大な南北棟の朝堂が確認されている。出土遺物には須恵器の杯蓋を硯《すずり》に転用した多くの転用硯や遣唐使も携帯したという膏《こう》薬《やく》「万病膏」と墨書した杯身、紫香楽宮の時期の多くの土器類のほかに七〇〇〇点を超す木簡も出土している。木簡には「調《ちょう》」として東海道諸国や北陸道諸国からおさめられた物品につけられた荷札も多く、『続日本紀』天平十五年十月十六日条の「東海道・東山道・北陸道の三道の合計二五カ国の今年の調庸物は紫香楽宮に貢納せよ」とみえる記事によく合致している。また、『万葉集』の歌木簡も出土している。

こうした状況から、紫香楽宮の中枢部は宮町に、甲賀寺は大字黄瀬の小丘陵上の礎石群がそれにあたるものと判断される。

保良宮と仲麻呂の乱●

天平勝宝元（七四九）年、聖武天皇が譲位して孝謙天皇が立ち、天平勝宝九年、橘諸兄《たちばなのもろえ》が没すると、政権を掌握したのは藤原仲麻呂（恵美押勝《えみのおしかつ》）であった。保良宮《ほらのみや》は天平宝字三（七五九）年に造営が開始されるが、この造営は仲麻呂が中心となって推進したと考えられる。天平宝字五年九月三十日の「仁部省（民部省）」の甲斐《かい》国宛の符に「保良離宮」とあるところから、保良宮は平城京に対して陪都《ばいと》ないし離宮としての性格をもつ宮都であったことがわかる。

天平宝字五年一月には、諸司の史生以上に宅地を班給《はんきゅう》するために係官を近江に派遣し、同年十月十一日には保良遷都に伴う報奨を行っている。そして、同月十三日には淳仁天皇・孝謙女帝は保良宮に行幸し、同月十九日には保良宮の近江按察使御楯《あぜちみたて》（藤原朝臣御楯＝恵美押勝の女婿）の邸宅と太師（太政大臣藤原恵美朝臣押勝）の邸宅に幸し、宴飲している。ついで同月二十八日、平城宮改作のためしばらくここに留まる旨を公式に表明した。翌天平宝字六年正月一日の朝賀の儀は宮室が未完成のため中止され、同年三月三日の節句には、保良宮の南西に設けた池亭で曲水の宴をもよおし、同月二十五日には、保良宮の造営工事を諸国に割り当て、一気に完成させている。

ところが、道鏡が看病禅師として孝謙女帝の寵愛《ちょうあい》をうけるようになってから、女帝と淳仁天皇のあいだは険悪となり、ついに、天平宝字六年五月二十三日、二人の不和は決定的となって、二人とも平城京に帰ってしまった。天皇は中宮院に、女帝は法華寺にはいった。この後、実質的には孝謙女帝が国政をとり、天平宝字八年九月には保良遷都の中心人物、恵美押勝が乱をおこして敗れ、近江高島の湖岸で斬殺された。

翌月には淳仁天皇も淡路島に配流された。

保良宮については古くから考証がなされていて、大津市石山の光が丘町・国分一丁目・二丁目付近の石山国分台地付近にいとなまれたとの見方が強い。一帯から出土する瓦類は大きくみて、白鳳期に属するもの、奈良時代に属するもの、平安時代に属するものに分類される。そして、これらのなかから奈良時代の保良宮の時期に想定されるものをいくつか抽出することができる。近年、新幹線と晴嵐小学校・大津市南消防署のあいだの水田が発掘調査され、大規模な掘立柱建物十数棟、多くのピット、瓦溜《かわらだ》まりなどが検出されている。これらの多くは平安時代に属するが、なかに奈良時代にさかのぼる築地塀の側溝や道路側溝の可能性のある幾条かの溝、これと平行する建物の一部などが検出されている。また、この調査で保良宮と同じ時期に平城宮瓦と同じ笵型でつくった軒丸瓦・軒平瓦も出土している。

こうした資料や周辺の地形を検討して、保良宮は石山国分台地を中心とする東西約六八〇メートル・南北約六九〇メートルの範囲とする想定がある（林博通「保良宮小考」『考古学と文化史』、同「近江における平城宮式軒瓦の二・三の問題」『堅田直先生古希記念論文集』）。しかし、具体的内容については今後の地道な発掘調査に委ねなければならない。

4　近江の古代寺院

飛鳥・白鳳の寺院跡●

六世紀前半の仏教伝来以降、とくに七世紀にはいると国家は仏教興隆施策を強力におし進め、造寺活動も活発に行ってきた。祖先供養や病気平癒《へいゆ》、祈雨など現世利益的思想の「仏」は「神」の一族ないし親族的位置づけがなされ、「蕃神」「客神」などと表現されて、しだいに国内に広がっていった。天平十三（七四一）年の聖武天皇による国分寺・国分尼寺造営の詔は中央集権的政治体制に鎮護《ちんご》国家・鎮災致福《ちんさいちふく》という仏教思想を積極的に取りいれて、その強化をはかるものであった。

近江は飛鳥・白鳳寺院の多い国として知られる。近畿地方におけるこの時期の寺院跡数を別表に掲げるが、この数のなかには発掘調査によって伽藍の確認されているものもあるが、たんに古瓦が採集されてそこが古代寺院として推定されるものが多く、不確定要素もあるものの一応の傾向を知るうえでは問題ない。

このように、もっとも多いのが古くからの中心地であった大和国が七五カ所、ついで、近江国が七〇カ所、河内国が四七カ所、山背国が三七カ所、播磨国が二九カ所となっていて、畿外の東山道の近江国が異常に多いことがわかる。

近畿地方における飛鳥・白鳳寺院数

府県名	旧国名	飛鳥・白鳳時代寺院数	合計（旧国）
奈良県	大和	75	75
大阪府	河内	47	47
	和泉	16	16
	摂津	15	20
兵庫県	摂津	5	
	播磨	29	29
	淡路	1	1
	但馬	2	2
	丹波	2	7
京都府	丹波	5	
	丹後	1	1
	山背	37	37
和歌山県	紀伊	17	17
三重県	伊賀	4	4
	伊勢	20	20
滋賀県	近江	70	70

奈良国立文化財研究所『飛鳥白鳳寺院関係文献目録』埋文ニュース4による。ただし，滋賀県は別資料で補足。

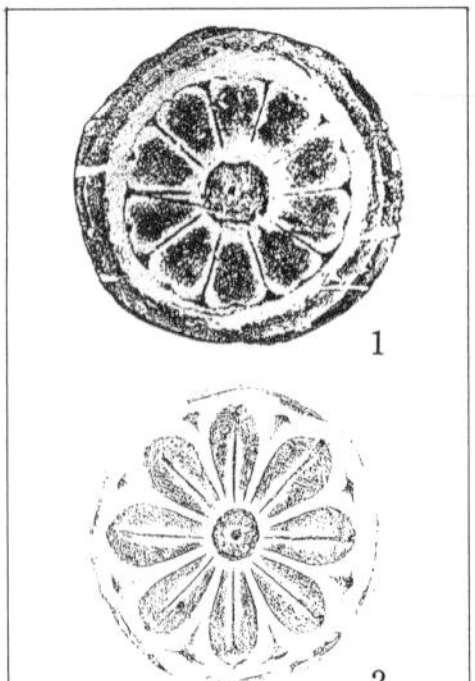

近江の古式の軒丸瓦　1. 小川廃寺，2. 穴太廃寺

『日本書紀』には敏達天皇十三（五八四）年には百済《くだら》から帰朝した鹿深臣《かふかのおみ》（甲賀臣）が弥勒《みろく》の石像一体を将来したことが記され、早い段階で近江は仏教とかかわりのあったことがうかがわれる。しかし、飛鳥時代にさかのぼる寺院はあまり知られておらず、近江で最古と考える古瓦は東近江市の小川廃寺《おがわはいじ》出土の飛鳥寺所用の弁端切れ込み形式の単弁一〇葉軒丸瓦に類似するもの一点のみである。六〇〇年前後の時期が考えられる。遺構についてはなんら手掛りはない。つづく時期のものとしては大津市穴太廃寺出土の、中房に一つの蓮子をもち、弁央に稜のある単弁八葉の軒丸瓦で、七世紀前半の時期とみられる。この瓦を用いた伽藍は検出された創建・再建の二つの寺院とは直接結びつかないようであるが、この時期の寺院が穴太にあったことはまちがいない。これよりやや下る時期の寺院は衣川《きぬがわ》廃寺（大津市）である。この寺院は飛鳥時代末から白鳳期にかけていとなまれている。

近江の白鳳期の寺院は先述のように大津京内の四寺院はなかば氏寺的官寺として大津京造営に伴い整備されたものであるが、ほかはいずれも地方豪族によって建てられた氏寺とみられる。

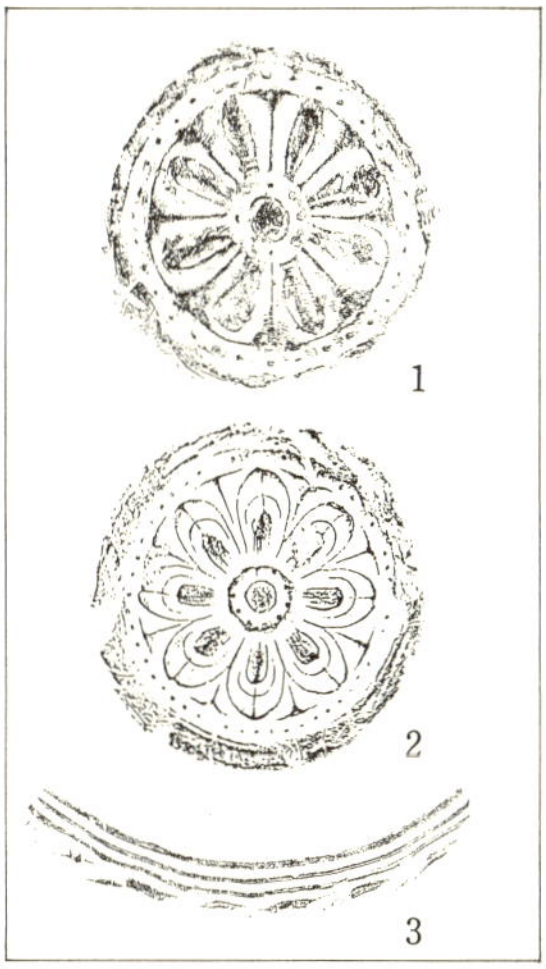

湖東式軒瓦 1. 小八木廃寺, 2・3. 軽野塔ノ塚廃寺

湖東地方を中心に湖北地方まで分布する湖東式瓦とよばれる特徴的な瓦がある。中房は小さく、そのまわりと外区内縁に珠文を密に配す単弁蓮華文軒丸瓦とこれとセットをなす重弧文の軒平瓦の下端を波状に指頭で押さえたものである。雪野寺《ゆきのでら》跡（蒲生郡竜王町）、宮井《みやい》廃寺・綺田《かばた》廃寺・小八木《こやぎ》廃寺（いずれも東近江市）、軽野塔ノ塚《かるのとうのづか》廃寺・野々目《ののめ》廃寺・目加田《めかた》廃寺（いずれも愛知郡愛荘町）、長寺《おさでら》廃寺（犬上郡甲良町）、竹ヶ鼻廃寺（彦根市）、井ノ口廃寺・浅井寺跡（いずれも長浜市）などで出土し、渡来系豪族の氏寺ではないかとされる。たしかにこの型式の瓦の素形は大和をはじめ国内にはみあたらず、直接朝鮮半島に求め得るところから渡来系氏族に関連する瓦とみてよい（小笠原好彦「近江古代寺院と分布」『近江の古代寺院』）。しかし、この種の瓦の出土する寺院跡すべてを渡来系氏族の建立した寺院とすることはできない。寺院跡からは幾型式もの瓦が出土する。たとえば、雪野寺跡からは川原寺式も湖東式も出土し、竹ヶ鼻廃寺からは山田寺式も川原寺式も湖東式も出土している。これらの瓦のなかには創建時に用いられたもの、補修用に使われたもの、再建時に用いられたものなどが考えられ、寺院に主要に用いられた瓦を抽出したうえで寺院建立の背景を追求する必要がある。

つぎに、大津京内寺院以外で比較的広範囲に調査された寺院跡をいくつかみてみよう。

衣川廃寺（大津市）は東側の平野部より一段高い丘陵部につくられ、金堂とみられるみごとな版築《はんちく》による高い基壇とその東南部に塔跡とみられる基壇の二つの建物跡が確認されている。塔跡には建物の存在を示す礎石や根石《ねいし》の痕跡はまったくなく、瓦塔《がとう》の破片が検出されていることから、この基壇上に直接瓦塔が立っていた可能性も考えられる。雪野寺跡（竜王町）は山裾の緩斜面を利用し、建物の建つ部分のみ平坦に削平して伽藍が建てられている。東南部に塔が、その北西に講堂が、さらにその北西に性格不明の堂宇が雁行状《がんこうじょう》に並んでいる。金堂はまだ明らかにされていない。

宮井廃寺（東近江市）は広大な平野部に造営されたもので、瓦積基壇《きだん》による金堂、その南々西に乱石積《らんせきづみ》基壇による塔が、金堂の西方にこれも乱石積基壇による西方建物が、金堂の西北方に乱石積基壇による北方建物が明らかにされている。雄大でしかもきわめて整然とした伽藍配置で造営された大津京内の南滋賀廃寺や穴太廃寺など、官が中心となって建立した寺院とはやはり歴然とした差がある。

一方、こうした複数の建物群を伴わない一堂からなる寺院もある。三大寺《さんだいじ》跡（米原市）は山田寺式軒瓦を出土する七世紀後半〜八世紀初頭の寺院で、発掘調査の結果、東西約二四メートル・南北約二一メートルの版築による金堂とみられる基壇一基のみが検出された。瓦の出土のみから知られる多くの地方寺院のなかには本尊を安置する本堂のみからなる寺院もかなりあるものと推察される。

近江の国分寺・国分尼寺

聖武天皇は天平十三（七四一）年、国分寺・国分尼寺の造営を発願し、紫香楽《しがらき》宮造営と並行して天平十五年十月、同じく信楽の地に甲賀寺および盧舎那仏《るしゃなぶつ》造営を開始した。しかし、天平十七年五月、紫香楽宮が廃され、天平十九年一月、甲賀寺の三尊仏が東大寺に移された時点で甲賀寺の当初の性格は失われたが、この寺跡からは平安時代前期の瓦類も多く出土するところから、天平十九年一月時点でただちにこの寺院そのものが廃絶したとは考えがたく、寺格は降下したとはいえ寺院としての法燈《ほうとう》は存続していたものとみられる。天平勝宝三（七五一）年十二月の「奴婢見来帳《ぬひげんらいちょう》」にみえる「甲賀宮国分寺」の文言を、かつて甲賀宮（紫香楽宮）の宮都内であった地にある国分寺の意に解すると、甲賀寺は紫香楽宮廃止後、近江国の最初の国分寺としての寺格があたえられたものと推察される。この甲賀寺については、宮町に紫香楽宮中枢部を比定し得る現在、「史跡紫香楽宮跡」として指定されている内裏野の小丘陵上の寺院遺構に求めざるを得ない。

このころ、近江国府は瀬田の地におかれたが、信楽と瀬田とはかなり遠隔で、国府の近隣におくべき国分寺が信楽ではその機能は果たしがたく、近江国分寺は時を経ずして信楽の地から瀬田の国府近辺に移されたものと察せられる。現在、近江国庁の南辺には八世紀後半あるいはそれ以降の瓦を出土する六遺跡が確認されていて、寺院の可能性のあるものは瀬田廃寺のみである。中路遺跡では瓦を伴う溝や礎石建物が検出され、青江遺跡は国司の館跡かと想定されている。瀬田廃寺は四天王寺式伽藍配置をとる寺院跡で、金堂・塔・西僧房ともに瓦積基壇であるが、塔以外の礎石は調査時すでに欠失していた。塔は四天柱のない特殊な構造と考えられている。出土する流雲文系の軒瓦が創建瓦とみられ、同型式の瓦は近江国庁や堂ノ上遺跡で出土し、強い関連がうかがわれる。この遺跡の西のすぐ下方にあたる野畑《のばたけ》遺跡の川跡から「国分僧寺」の墨書土器が出土したことから、この瀬田廃寺が甲賀寺のつぎに位置づけられる第二次の近江国分寺と推定される。柴田実氏が「三千院文書」正中二（一三二五）年十一月「叡山末寺領注文」の「勢多国分寺敷地」なる文言をひいて、瀬田に少なくとも一度は国分寺の存したことを明言されるが、この寺院跡の可能性がある。

『日本紀略』弘仁十一（八二〇）年十一月二十二日の条に、延暦四（七八五）年、国分寺は焼失し、再建されぬままにあったのを弘仁十一年定額国昌寺《じょうがくこくしょうじ》をもって国分寺となした、とする記事がある。また、『日本大蔵経小乗律疏《しょうじょうりっそ》一』に天平宝字五（七六一）年ころ、国昌寺は保良宮の近くに併存していたと解される記事がみられ、『小右記《しょうゆうき》』の寛仁元（一〇一七）年十二月十四日の記事に、近江国分寺と国分尼寺が焼亡し、両寺は「相去《あいさり》て頗《すこぶる》遠《とお》」い位置関係であったにもかかわらず類焼したことが記される。さらに、平安時代末の『北山抄』巻一二などの記事から、国分寺は勢多橋より西にあったと理解されることなどから、弘仁以降の国分寺・国分尼寺は瀬田川西岸の「国分」と称される石山国分台地にあったことが推定される（西田弘「国昌寺跡」『近江の古代寺院』）。また、この地は保良宮の推定地とも重なっている。

台地の東北端に近い一画（滋賀総合職業訓練学校付近）に奈良・平安時代の瓦にまじって七世紀末〜八世紀初頭の藤原宮式瓦が出土する地点があり、この一画が国昌寺跡と考えられ、弘仁十一年に国分寺として位置づけられた寺とみられる。第三次国分寺である。国分尼寺もかつては瀬田川東岸の国庁周辺部にあったと想定され、ある時期この西岸に移されて、寛仁元年の火災で国分寺とともに焼失している。この二寺の「相去頗遠」い位置関係からすると、尼寺は推定国分寺（国昌寺）から五〇〇メートルほど隔たった西南方の、かつて新幹線建設工事に伴う調査で礎石列が検出された一画が想定される。

その後、近江国分寺は『源平盛衰記《げんぺいじょうすいき》』から、寿永三（一一八四）年一月時点ではまだ毘沙門堂《びしゃもんどう》があり、法燈を保っていたことが知られるが、しだいに衰退していったものと思われる。尼寺については不詳である（林博通「近江国分寺に関連する発掘調査」『新修国分寺の研究』第三巻）。

5　近江の王朝社会

東海・東山・北陸道●

中央集権の律令国家にとって各地に通じる官道の整備は重要な課題であった。諸国からの税をスムーズに都に集めるために、また、政府と諸国を結ぶ重要な通信網として、さらに、反乱が生じた場合に、ただちに軍隊を派遣し得るために。古代の主要官道は東海道・山陽道・東山道・北陸道・山陰道・南《なん》海道・西《さい》海道の七道《しちどう》があった。都が遷るとそこを起点として各国に通じている官道も、都の周辺部はその体系に修正が加えられることになる。近江においても山背《やましろ》に都がおかれた長岡京の時点で東山道・東海道・北陸道に修正が加えられ、平安京に都が遷ってもそれは踏襲されたとみられる。

近江を通過していた古代官道については足利健亮氏の一連の研究があり、それによりながら近江の官道に関してみてみよう。七世紀中ころ、近江国を通過していたのは東山道と北陸道である。飛鳥《あすか》の都から北陸道は中ツ道《なかみち》を北上して宇治橋をわたり山科《やましな》盆地から小関越《こせきごえ》により大津にでて湖西を北上した。東山道は現在の京都府城陽《じょうよう》市の市辺付近で北陸道と分かれて宇治田原の大字郷之口、禅定寺《ぜんじょうじ》峠を経て大津市大石にでて、瀬田川東岸に沿って近江国府に至り、湖東平野を北上した。この時点で東海道は近江はとおらず、奈良盆地の横大路を東行し、伊賀名張《なばり》から柘植《つげ》、鈴鹿《すずか》を経て東国にむかった。

大津京の時代には、北陸道は大津京の北辺からそれまでの道を踏襲したものとみられる。東海道・東山道は勢多橋《せたばし》をわたり、草津市の野路《のじ》あるいは矢倉付近で分岐し、東海道は「倉歴道《くらぶみち》」と称される石部《いしべ》、三《み》雲《くも》を経て杣《そま》川沿いに東南行して伊賀の柘植にでて、鈴鹿方面の既存の道を踏襲した。東山道は草津の分岐点から既存の道を東北行した。都が奈良に遷されると近江の官道はもとに復したとみられる。

長岡京・平安京の時代は、東海・東山・北陸の三道は一本で都から東行し、桃山丘陵の南をまわって山科盆地を北上するが、北陸道は旧道のとおり小関越により園城寺《おんじょうじ》（三井寺《みいでら》）の南にでて、琵琶湖西岸を北上した。東海道と東山道は逢坂越《おうさかごえ》により近江にはいり、勢多橋をわたって大津京時代の旧道を踏襲したと

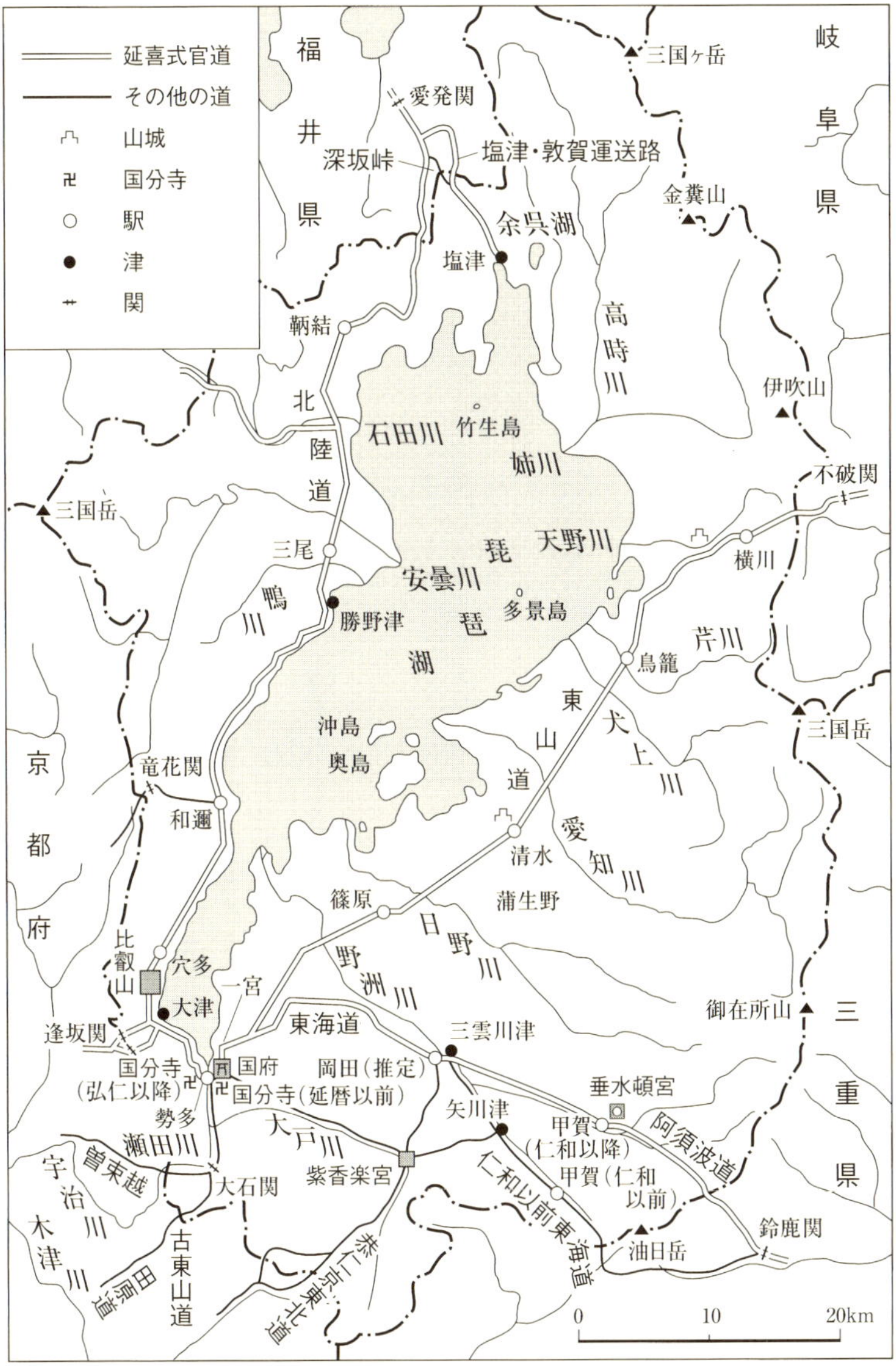

近江における古代官道図『日本古代地理研究』大明堂，1985による。

みられる。ただ、東海道は仁和二（八八六）年に鈴鹿峠を越える「阿須波道《あすはみち》」が開かれて、これ以後は三雲付近から渡河して野洲川沿いに東南行して鈴鹿に至った。

駅馬《えきば》・伝馬《てんま》をおくことについては改新詔《かいしんのみことのり》にみられるが、駅伝制については養老律令の廐牧令《くもくりょう》・公式令・田令《でんりょう》に規定され、具体的には平安期の律令の注釈書『令集解《りょうのしゅうげ》』で知ることができる。『延喜式《えんぎしき》』によると十世紀初頭の近江国の駅馬・伝馬の配置は、

近江国駅馬　勢多三十疋。岡田。甲賀各二十疋。篠原。清水。鳥籠。横川各十五疋。穴多五疋。和爾。三尾各七疋。鞆結九疋。

伝　馬　栗太郡十疋。滋賀。甲賀。野洲。神埼。犬上。坂田。高嶋郡。和邇。鞆結各五疋。

とみえる。

山陽道と西海道の一部は大路、東海道と東山道は中路、そのほかの諸道は小路と規定され、各道三〇里（約一六キロ）を基準に駅家《うまや》を配置し、駅馬は大路には二〇匹、中路には一〇匹、小路には五匹をおくことを原則とした。そして、この維持管理のために駅田《えきでん》・駅戸《えきこ》・駅子《えきし》をおき、国司の管轄下で駅長《えきちょう》が管理した。駅馬は緊急連絡や公文書の逓送《ていそう》、特命を帯びた官吏が利用し、その利用には駅鈴《えきれい》の提示が必要であった。伝馬は郡ごとに五匹がおかれることになっていたが、実態は不明な点が多い。

『日本後紀』の延暦二十三（八〇四）年六月二十三日の記事には、「山城国山科駅を停め、近江国勢多駅に馬数を加う」とあり、これは平安遷都によるルートの見直しに伴う措置である。

十世紀初頭ころには官道の変更やそれに伴う駅家の移転など、実態に応じた官道の改編が各地でみられ、近江の駅馬数も規定どおりにはなっていない。岡田駅は東海・東山道の岐路を示す草津市「追分」付近で

あったとみる説が多いが、足利氏は、岡田駅は必ずしも分岐駅であったとはいえず、むしろ駅馬数の配置状況からみて勢多駅を分岐駅とみなし、そこから三〇里離れた岡田駅は甲賀郡の夏見や三雲付近と想定される。こうみると、勢多駅で分かれた東海道の駅家は岡田駅・甲賀駅（甲賀市頓宮付近）の二駅、東山道は篠原《しのはら》駅（野洲市小篠原付近）、清水《しみず》駅（近江八幡市安土町と東近江市五個荘町の境付近）、鳥籠《とこ》駅（彦根市の旧中山道と芹川の接合地点付近）、横川《よかわ》駅（米原市柏原・梓河内付近、あるいは同市醒井《さめがい》付近）、北陸道は穴多《あのう》駅（大津市穴太付近）、和爾《わに》（邇）駅（同市和邇今宿付近）、三尾《みお》駅（高島市安曇川町三尾里付近）、鞆結《ともゆい》駅（同市マキノ町浦付近あるいは石庭付近）の四駅である。しかし、駅家は時の政治的状況などにより変更されることが多く、天平神護二（七六六）年の「越前国司解」によれば、北陸道の近江には「桑原駅」の存在が知られるが、『延喜式』では「三尾駅」となっている。また、『延喜式』若狭《わかさ》国の「濃飯《のい》駅」は平城宮木簡によると天平勝宝年間（七四九〜七五七）には「野駅」、天平四（七三二）年には「玉置駅」となっている。こうした駅家について、遺構として確認された遺跡はまだ少ない。

駅家に関する遺跡として勢多駅に比定されているものに堂ノ上《どうのうえ》遺跡がある。勢多駅は東海・東山両道を兼ねた駅である。瀬田川の東岸、比高約八メートルの上面が平坦な東西約二〇〇メートル、南北約一〇〇メートルの瀬田川を見下ろす独立丘陵上にある遺跡で、数次の発掘調査により、礎石を用いた瓦葺きで礎石建ちの建物群と掘立柱建物群が検出され、遺構の重複関係から前者が先行することが判明した。まとまった遺構が検出された西地区では、周囲を築地塀《ついじべい》で囲み、その内部に正殿・後殿とみられる東西棟の二棟の建物、その東南方に脇殿と考えられる南北棟の建物などが確認された。その時期は出土遺物からみて奈良末〜平安前期に存在したもので、「承和十一年六月」銘の瓦の出土から、西暦八四四年には確実に存在していたことがわかる。

その後、九世紀後半～十世紀前半ころ、これとはやや縮小して掘立柱建物に建て替えられ、さらに何回か修理されたようすがうかがわれる（林博通・葛野泰樹「大津市瀬田堂ノ上遺跡調査報告Ⅱ」『昭和五十年度滋賀県文化財調査年報』）。

東山道そのものの道の遺構は尼子西《あまごにし》遺跡（犬上郡甲良《こうら》町）で検出されている。両脇に素掘りの側溝を伴う幅一二メートル（心々距離一五メートル）の南北行する道路で、路面はすでに削平されており、側溝の規模は、東側溝で幅一・五～二・五メートル、深さ一〇～一〇〇センチ、西側溝で幅一・五～三メートル、深さ五～六〇センチを測る。この道は現存する旧中山道と平行し、その東約一一〇メートルの位置にあたる。この道に隣接して八世紀中葉の竪穴住居九棟、九世紀以降の掘立柱建物二六棟が道路に平行する状態で検出され、道路沿いの集落の実態と道路の存続期間を知ることができる。この道路は平安時代末ころにはほかの場所に変更され、水田化していたようだ。なお、山本遺跡・北町屋《きたまちや》遺跡（ともに東近江市五個荘町）でも古代の東山道の側溝とみられる溝

東山道道路跡（犬上郡甲良町尼子西遺跡）

が確認されている。

また、北陸道そのものではないが、高島市マキノ町のマキノ北小学校の東方の狭隘地《きょうあいち》の水田にある小荒路十寺《こあらじとでら》遺跡から、九世紀前半ころの大量の緑釉陶器《りょくゆうとうき》・灰釉陶器《かいゆうとうき》・墨書土器・転用硯《てんようけん》・須恵器《すえき》・万年通宝・隆平永宝などが出土している。墨書土器は八五点が認められ、「大家」「常大」「常大家」「常」の墨書が大半を占める。大家はオオヤケと訓じられ、施設や機関をさすものとみられる。また、緑釉陶器は一〇〇点を超す量で、いずれも畿内産である。この周囲にはまったく遺跡は認められず、九世紀に突如としてこの遺跡があらわれ、この地が古代の鞆結郷に相当し、北陸道筋の一画にあたることからすると、この遺跡は北陸道の近江側の最北端のなんらかの公的施設と推定される（白井順子・横田洋三ほか「高島郡マキノ町小荒路十寺遺跡」『ほ場整備関係遺跡発掘調査報告書』XII—8）。

湊と湖上交通●

当然のことながら、古代でもわが国の周囲は海に囲まれ、各地には多くの河川や湖沼が存在した。このため、交通網整備は陸路ばかりではなく、橋梁や港津の整備・管理も行われていた。近江は中央に広大な琵琶湖があるため、各所に大小の港津があった。断片的ではあるが、古墳時代以降、考古資料や文献『万葉集』などからこうした港津の存在をうかがうことができる。

『延喜式』には北陸道の物資輸送のための港、国津《くにつ》があげられている。越前は比楽湊《ひらか》、能登は加嶋津、越中は曰理津《わたり》、越後は蒲原津湊《かんばらつ》、佐渡は国津で、ここから積み出された物資はいずれも敦賀津《つるがつ》に集められ、駄馬で近江の塩津に運び、さらに船で大津に運送し、ふたたび駄馬で京都まで運ぶことになっていた。ただし、若狭国からの物資は陸路で高島の勝野津まで運び、そこから船で大津に運漕した。十三世紀末に書かれた権中納言《ごんのちゅうなごん》藤原兼仲の日記『勘仲記《かんちゅうき》』には、北陸諸国の物資は塩津・勝野津ばかりではなく、浅井郡大浦や高島郡木津《こつ》からも運び出していたことが記されている。

港津そのものの遺跡ではないが、美園《みその》遺跡（高島市新旭町）は七世紀中葉〜十世紀の大型の建物を含む掘立柱建物群を中心とする遺跡で、すぐ南西には多くの倉庫群を検出した奈良時代を中心とする栗屋田《くりやた》遺跡がある。両遺跡は一体のものとみられ、官衙的性格をもっている。そして、栗屋田遺跡方面から美園遺跡のすぐ南をとおって琵琶湖へ流入する小河川が現在の木津の湖岸に通じている。このため、この近くに木津の港が開かれていて、高島郡北部あるいは若狭の物資をここに集結し、船積みまでの保管・管理などの役割をになっていたのがこの遺跡ではないかとみられている。

東山道沿いの主要な港としては坂田郡朝妻《あさづま》の港が知られる。天暦四（九五〇）年十一月の「東大寺封戸庄園幷寺用帳」によると、美濃国の物資が朝妻から船で大津まで運ばれたことが記される。この朝妻港は現在の朝妻筑摩集落の一画、天野川河口の南側に比定されている。

天台宗と比叡山●

天台宗の宗祖最澄《さいちょう》は、「大師、諱《いみな》は最澄。俗姓は三津首《みつのおびと》、滋賀の人なり」（『叡山大師伝』）とあるように、後漢の孝献帝を祖とする三津首氏の出身である。三津首氏は滋賀郡古市郷を本拠とする渡来系の氏族であった。古市郷は滋賀郡内四郷の一つで、『和名抄』には「布留知」の文字があてられている。この滋賀郡は三津首氏のほか、大友村主《すぐり》、穴太村主《あのうのすぐり》、志賀漢人《しがのあやひと》、錦部村主《にしごりのすぐり》、志賀忌寸《いみき》、志賀穴村主などといった有力渡来系氏族たちの本拠でもあった。

最澄は神護景雲元（七六七、一説には天平神護二〈七六六〉）年三津首百枝《ももえ》を父として生まれ、幼名を広野といった。一二歳で近江国分寺の大国師《だいこくし》行表《ぎょうひょう》のもとで修行し、一五歳で得度《とくど》をうけ、僧名を最澄と改めた。一八歳で近江国分寺の得度僧として正式の定員に加えられ、延暦四（七八五）年には国家の行う正規の僧官任用試験である東大寺の戒壇《かいだん》で受戒もすませた。

このように最澄は地方豪族の子として生まれ、青年期に受戒をおえるなど、古代仏教界のエリートであったが、受戒後わずか三カ月で国分寺を去り、幼少のころからみなれていた比叡《ひえい》山に登り、山林修行に打ち込みはじめたのである。最澄の比叡入山について、『叡山大師伝』には世間の無常を感じ、正法《しょうほう》がおとろえ、人間の救いなきことを嘆いた結果であるとしている。

また一方で、奈良時代末期から里寺に対する山寺での山林修行は広く行われていたものであり、こうした当時の仏教形態にしたがったものであったことも充分考えられる。比叡山自体も古くから霊山・神奈備《かんなび》

伝教大師坐像（米原市観音寺）

山《やま》として、古代人の原始信仰の対象とされていた聖なる山であった。

入峰した最澄はまず虚空蔵尾《こくうぞうお》の地に草庵を建て、修行生活にはいった。そして延暦七年には小堂を建立し、薬師如来像を安置し、一乗止観院《しかんいん》と名付けた。これが比叡山寺のはじまりとなった。

延暦十三年、桓武《かんむ》天皇は平安京に遷都した。比叡山はこの平安京の鬼門に位置していたことから、山林修行の場から公的な性格の寺院へと変化していく。すなわち近江の正税《しょうぜい》で比叡山寺の諸経費がまかなわれ、最澄は内供奉十禅師に補されたのである。

延暦二十二年、最澄は「入唐請益天台法華宗還学生《がくしょう》」として、遣唐使の一員として唐へ出発した。唐では天台山で法華経学を学び、さらに禅に関心を寄せ修得し、また越州竜興寺と法華寺で真言を学び、延暦二十四年に帰朝した。

翌年天台法華宗として年分度者《ねんぶんどしゃ》が公認され、ここに天台宗が認められた。一方、唐から持ち帰った重要な典籍は経蔵におさめられ、比叡山寺の四至結界《ししけっかい》が定められ、六所宝塔院建立の願文を発し、学生式を定めた。こうした最澄の活動は比叡山寺を鎮国道場とし、国家に役立つ僧官や人材を育成することを目的としていた。最澄の念願は大乗律戒壇の設置であったが生前に実現することはなかった。最澄没後初七日にあたる弘仁十三(八二二)年六月十一日に戒壇設置の勅許があり、翌年には嵯峨《さが》天皇から寺号を延暦寺とする太政官牒《だいじょうかんちょう》(公文書)が発せられた。

最澄にしたがって入唐した義真《ぎしん》が初代天台座主《てんだいざす》となり、講堂・一乗戒壇院を建立した。また円仁《えんにん》が横川に首楞厳院《しゅりょうごんいん》を、円澄《えんちょう》が西塔院を建立するなど、しだいに山上に伽藍がととのっていった。

円仁は一五歳のとき最澄に弟子入りし、書写した法華経を本尊として首楞厳院とし、これがのちの叡山三塔の一つとして大きな発展をする横川の起源となるものである。さらに円仁は入唐後、横川に根本観音堂、のちの横川中堂を建立した。円仁は三世の天台座主になると東塔に法華惣持院の大伽藍を創立し、天台密教の根本道場とした。

円珍《えんちん》は一五歳で比叡山に登り、入唐後五代天台座主となり、山上での修行とは別に、大津三井の地に天台別院を設けた。これがのちの天台寺門宗園城寺へと発展するのである。

こうして比叡山中には数多くの堂塔が建立され、こうしたものを東塔・西塔・横川とよび、さらに東塔が五谷、西塔が五谷、横川が六谷に分かれ、「三塔十六谷」と称し、それぞれが発展していくこととなる。

良源が座主となった康保三（九六六）年大火によって諸堂はほとんど焼失したが、順次再建され、天元三（九八〇）年根本中堂《こんぽんちゅうどう》が竣工、延暦寺は全盛期を迎えるが、このころから山寺両門の分裂が生じ、以後鎌倉時代末期に至るまで両門の抗争が続くこととなる。

神と仏

最澄が比叡山を修行の場とし、延暦寺が創建されたのと同様、古代末期には近江の山々を修行の場とした山岳仏教がおおいに栄えた。

近江の最高峰伊吹山《いぶき》は「息吹き」に通じ、山気や霊気を吐く山神のいる霊山として古くから信仰の対象とされてきた。『三代実録』によると仁明天皇の時代に一精舎《いちしょうじゃ》が建立され、仁寿年間（八五一〜八五四）元興寺《がんこうじ》の僧三修上人《さんしゅしょうにん》が入山して寺観がととのい、元慶二（八七八）年には伊吹山護国寺として定額寺に列せられている。

また伊吹山から加賀白山に至るあいだに位置する己高山《こだかみやま》は縁起によると行基《ぎょうき》が開基、白山《はくさん》を開基した泰澄《たいちょう》も修法し、のち最澄が堂宇を再建したとあり、湖北における山岳修行の中心地であった。

霊仙山もこうした山岳信仰の山である。嘉吉元（一四四一）年に作成された『興福寺官務牒疏』には霊仙山を中心に七カ寺の別院があったと記されている。そのうちの一つ、松尾寺は役小角《えんのおづぬ》の入峰を伝え、神護景雲三（七六九）年に宣教が創建したという。元慶年間（八七七〜八八五）に伊吹山の開基三修上人の高弟松尾童子《どうじ》が役小角が修行した地をしたって堂宇を建立して寺観がととのった。三修上人は山林修行者の指導者的存在で、松尾童子をはじめ、敏満寺《びんまんじ》を開基した敏満童子、名超寺《みょうちょうじ》で修行した名越童子《なごしどうじ》、さらには道鏡《どうきょう》・安祥房などの弟子たちを輩出している。

このほか湖北地域では貞観七（八六五）年の開基を伝える大吉寺《だいきちじ》、天平宝字八（七六四）年の開基を伝える菅山寺《かんざんじ》などが山岳仏教の修行地として栄えていた。

一方湖南地方では良弁《ろうべん》が開基したと伝えられる金勝寺《こんしょうじ》（金粛寺《きんしょうじ》）が弘仁年間（八一〇〜八二四）に興福寺僧願安《がんあん》によって国家安寧を祈願するために伽藍が建立された。『続日本後紀』天長十（八三三）年九月八日条に「以在近江国栗太郡金勝山大菩提寺、預定額寺」とあり、定額寺に列せられている。『興福寺官務牒疏』によると、金勝寺は二五カ別院を有しており、金勝山を中心に近江全域に一大仏教文化圏を形成していた。これを金勝文化とよんでおり、金勝山麓の寺院には今も金勝文化の隆盛を伝える平安仏が数多く残されている。先にふれた霊仙七カ寺もこの金勝二五カ所の一つであった。

また聖武天皇の勅命で建立されたと伝えられ、良弁が普請に深くかかわっていた石山寺《いしやまでら》は天台宗の膝下でありながら真言教学が盛んに行われ、三世淳祐《じゅんゆう》は石山寺の真言教学の基礎を固めた。さらに石山寺は平安京に近い観音霊地として、延喜十七（九一七）年の宇多法皇の参詣を嚆矢《こうし》として都の貴族や庶民が多く参詣している。

甲賀郡は造東大寺や造石山寺の建築用材が野洲川を利用して運びだされた関係で南都仏教が早くから伝えられていた。とくに両寺の建築に深くかかわっていた良弁の開基と伝わる長寿寺《ちょうじゅじ》・常楽寺《じょうらくじ》・小菩提寺《しょうぼだいじ》跡などが分布している。平安時代には天台宗が浸透し、櫟野寺《らくやじ》・善水寺《ぜんすいじ》・浄福寺《じょうふくじ》・息障寺《そくしょうじ》などは最澄開基の寺伝をもつ。また良弁開基と伝える諸寺も平安時代以降、天台宗寺院として発展する。

こうした天台宗寺院は観音信仰の対象となった。甲賀地方は近江でも十一面観音像がもっとも多く残る地域で、重要文化財指定の平安仏が一六体も伝えられている。十一面観音で忘れてならないのは国宝向源寺（渡岸寺《どうがんじ》）十一面観音を代表とする湖北地域の平安仏である。渡岸寺十一面観音菩薩立像は檜の一木造で、九世紀彫刻の傑作である。湖北には鶏足寺《けいそくじ》・赤後寺《しゃくごじ》・石道寺《しゃくどうじ》・医王寺《いおうじ》など多くの平安時代の観音像が分布しており、観音の里として現在でも多くの参詣者がある。

『延喜式』神名帳に記されている神社を式内社《しきないしゃ》とよぶが、近江における式内社の分布は滋賀郡八座、栗

向源寺（渡岸寺）十一面観音立像
（長浜市）

太郡八座、甲賀郡八座、野洲郡九座、蒲生郡一一座、神崎郡二座、愛智郡三座、犬上郡七座、坂田郡五座、浅井郡一四座、伊香郡四六座、高島郡三四座、計一五五座にのぼる。この数は大和《やまと》、伊勢、出雲《いずも》につぐ多さである。式内社の多くは古代豪族と深くかかわっており、滋賀郡小野《おの》神社は小野妹子《いもこ》を輩出した小野臣の氏神であり、沙沙貴《ささき》神社は狭狭城山君《ささきのやまきみ》の祖大彦命をまつるものである。

近江の式内社分布で注目されるのは伊香・高島郡の数の多さである。伊香郡四六座は伊勢国度会《わたらい》郡五八座、出雲国出雲郡五八座、大和国高市《たかいち》郡五四座、伊勢国多気《たけ》郡五二座、出雲国意宇《おう》郡四八座につぐもので、大和、伊勢、出雲という古代王権と強いかかわりのある地と同じ性格によるものと考えられる。高島郡が伊香郡につぐこととあわせて考えると、継体《けいたい》天皇を擁立《ようりつ》した近江の豪族たちの氏神であったことは充分推定できる。

さらに式内社と前方後円墳や後期の群集墳の分布に一致するものがあり、古代豪族とのかかわりを雄弁に物語っている。

日吉大社は全国の日吉社の総本宮で、小比叡とよばれる円錘《えんすい》形の牛尾山《うしおさん》を神奈備山とした山岳信仰がその初源であると考えられる。平安時代には延暦寺の守護神、地主神となり、本地垂迹《ほんちすいじゃく》思想より日吉社の神々は天台教学にすべて含まれるようになり、おおいに盛隆をきわめた。

なお『古事記』大国主神段に「大山咋神《おおやまくいのかみ》、亦《また》の名は山末之大主神、近淡海国の日枝の山に坐し」とあり、本来は近淡海国造《ちかつおうみのくにのみやつこ》が奉斎者ではなかったかとする説もある。

3章

近江守護職佐々木氏

沙沙貴神社(近江八幡市)

1　近江源氏佐々木一族

佐々木氏の出自●

近江の中世は佐々木一族を軸に展開していったといっても過言ではないだろう。「近江源氏」の名で知られる佐々木氏からは多くの支流が輩出し、祖を佐々木氏と名乗る戦国大名や近世大名も多い。佐々木氏はその祖を宇多天皇としている。『尊卑分脈《そんぴぶんみゃく》』によると、宇多天皇の皇子敦実《あつざね》親王は子の左大臣源雅信の子扶義《すけよし》を養子とした。扶義は近江・河内・安芸《あき》・美濃守を歴任し、その子成頼は父の任地であった近江国佐々木荘に住みついたとある。

佐々木荘は旧安土町（現近江八幡市）南部一帯に展開していたと考えられる荘園で、『近江輿地《よち》志略』では常楽寺・小中・慈恩寺・中屋の四カ村を荘域としている。成頼がどこに居を構えていたかは明らかでないが、その孫経方は小脇《おわき》（東近江市）に居を構え、佐々木氏を名乗ったようである。このことから佐々木荘は、安土町域だけではなく、小脇周辺も当然ながら荘域の一部であったと考えられよう。

ところで、従来佐々木氏の出自は宇多天皇の系譜を引く氏族と伝えられていたが、実は源成頼が佐々木荘に下向する以前から、この地には佐々貴山君《ささきのやまきみ》という豪族が居住していた。佐々貴山君は奈良～平安時代にかけて蒲生郡や神崎郡の大領《たいりょう》をつとめた豪族で、近江追捕使《ついぶし》や加賀介、左馬少属に任ぜられたものもいた。

こうした新・旧の佐々木氏が同居していくなかで、二氏はしだいに同化していったようである。この二

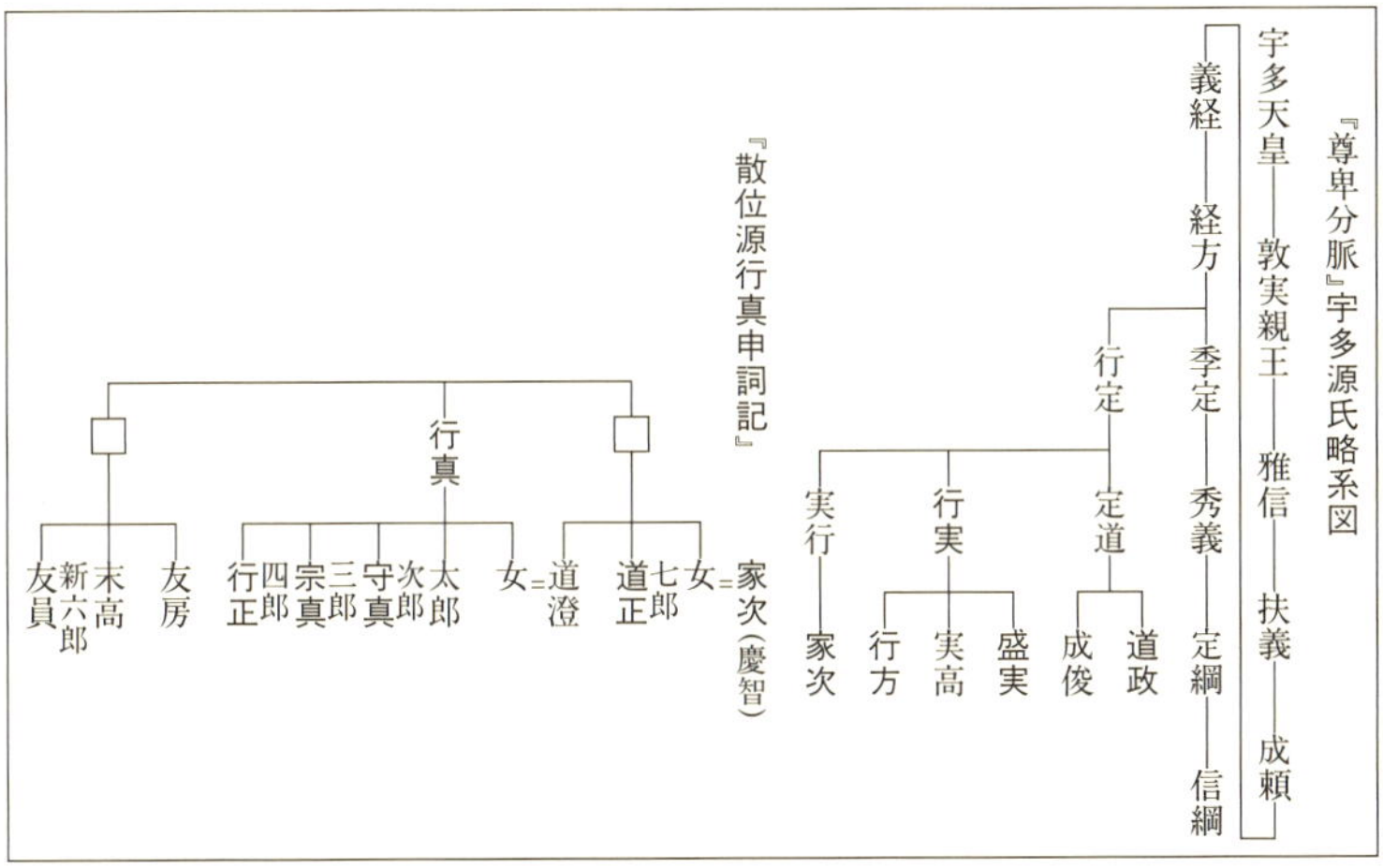

佐々木氏系図(右)と『散位源行真申詞記』(左)の関係

つの佐々木氏の関係を明らかにしてくれる興味深い史料として、『散位《さんみ》源行真申詞記』がある。この史料は永治二（一一四二）年におこった新六郎友員《ともかず》殺害事件で、被疑者となった友員の伯父源行真の尋問調書である。行真は犯人を友員の従兄弟である源為義の郎等《ろうとう》七郎道正であると訴え、妹婿慶智《えち》家次《いえつぐ》もそれに同意しているのではないかとも訴えている。そして自分と息子は事件とは無関係であると主張する。行真の息子とは、左大臣源有仁の御領佐々木荘の下司《げす》守真、佐渡国司に伺候する宗真、宇治入道忠実の舎人《とねり》行正らのことである。しかしこれらの人びとの名は佐々木系図にはあらわれない。ところが『尊卑分脈』の佐々木系図を注視すると、行定の子行実が行真に、その子盛実が守実に、行方が行正と訓読できる。さらに道政は道正に、慶智家次は愛知家次にあてはめることができ、それぞれ系譜上の続柄も一致している。もちろんこれらは誤記であるが、単純な誤記ではなさそうである。

文治元（一一八五）年、源頼朝は道政の甥《おい》の子佐々木三郎成綱に佐々木荘を安堵《あんど》しているが、そのなかで佐々木定綱《さだつな》にしたがうよう命じている。『吾妻鏡《あずまかがみ》』では成綱を「本佐々木と号す」とあり、成綱、定綱を「一族にあらず」とも記している。おそらく元来別系統の氏族であったものがある時期同化していったことを示していると考えられる。佐々木宮神官職・佐々木荘下司職を兼ねていた経方は、長男季定を追捕使に、次男行定に佐々木宮神官職を分与している。『吾妻鏡』にわざわざ「本佐々木」と記したのは、当時まったく別系統であった佐々木氏がその後宇多系佐々木氏に取り込まれていった結果をあらわしているといえよう。

ところで先の『散位源行真申詞記』をみると、平安時代末期には「本佐々木」である佐々貴山君系の佐々木氏のほうが勢力があったが、宇多源氏系の秀義が源義朝にしたがって保元・平治の乱に従軍するあたりから逆転しはじめる。一時敗軍義朝方であったため所領を失うが、治承四（一一八〇）年源頼朝の挙兵に秀義の四人の子が駆けつけ、以後各地を頼朝軍の一員として転戦することとなる。

寿永二（一一八三）年木曽義仲《きそよしなか》が入洛するが、後白河法皇と対立し、頼朝は弟範頼《のりより》・義経《よしつね》を義仲追討の大将として上洛させた。佐々木高綱はこの追討軍に従軍しており、頼朝から賜わった名馬生食《いけずき》にまたがって、梶原景季《かじわらかげすえ》と先陣を争った宇治川の戦いは有名である。

こうした息子たちの活躍により秀義は二〇余年ぶりに近江に帰ることができた。ところが秀義を待っていたものは元暦元（一一八四）年伊賀の平氏蜂起であった。秀義は近江国中の兵を催し甲賀へと出陣し、油日《あぶらひ》川をはさんで合戦となった。戦いは秀義軍が勝利したものの秀義本人は討ち死にしてしまった。ここで「国中の兵」を引き連れて合戦にむかったことは秀義が事実上の近江国守護といってよい立場にあったことを示している。

秀義の長男定綱は『吾妻鏡』文治三年二月九日条に「守護定綱」と記されている。ただこの時期鎌倉幕府の守護制度は確立されておらず、惣《そう》追捕使が正しい。「守護」は『吾妻鏡』の誤記であるが、とにかく定綱の国惣追捕使、つまり近江国守護職佐々木氏の誕生である。

鎌倉幕府設立の功労として本貫地近江の守護を賜わっただけではなく、定綱・経高・盛綱・高綱・義清の五人の兄弟は一三カ国の守護職を補任されている。一説では一七カ国ともいわれており、いかに頼朝が佐々木兄弟を信任していたかがよくわかる。

佐々木六角氏と佐々木京極氏●

定綱の跡をついで近江守護職となったのは嫡子広綱であった。承久元（一二一九）年後鳥羽《ごとば》上皇は討幕の挙兵をおこす。いわゆる承久《じょうきゅう》の乱の勃発である。この戦いに広綱は上皇方として参戦した。さらに伯父《おじ》淡路《あわじ》守護経高《つねたか》、その子阿波守護高重も上皇方として、京都守護伊賀光季《みつすえ》討伐に加わった。

これに対して幕府執権北条義時軍のなかには広綱の弟信綱、伯父盛綱、その子信実がおり、佐々木氏は両軍に分かれてたたかうこととなった。戦いは緒戦から上皇軍が敗れ、広綱の甥鏡久綱は美濃の摩免戸《まめど》で自害し、六月十三〜十四日の宇治川の戦いでは広綱の子惟綱《これつな》・為綱《ためつな》も戦死した。こうして承久の乱は上皇方の惨敗におわった。上皇方に組した広綱とその子勢多伽丸《せいたかまる》は斬首となり、経高は自害し、広綱の一族は滅んでしまった。

広綱にかわって佐々木氏の惣領をついだのは幕府方についた弟信綱で、佐々木荘と近江守護職があたえられた。信綱はこのほかに承久の乱の恩賞として佐々木豊浦荘、羽尒《わに》・堅田《かたた》荘、栗本北郡、朽木《くつき》荘、大原荘など近江国内の荘園の地頭職も拝領した。さらに寛喜三（一二三一）年、後堀河天皇の中宮竴子《しゅんし》の御産

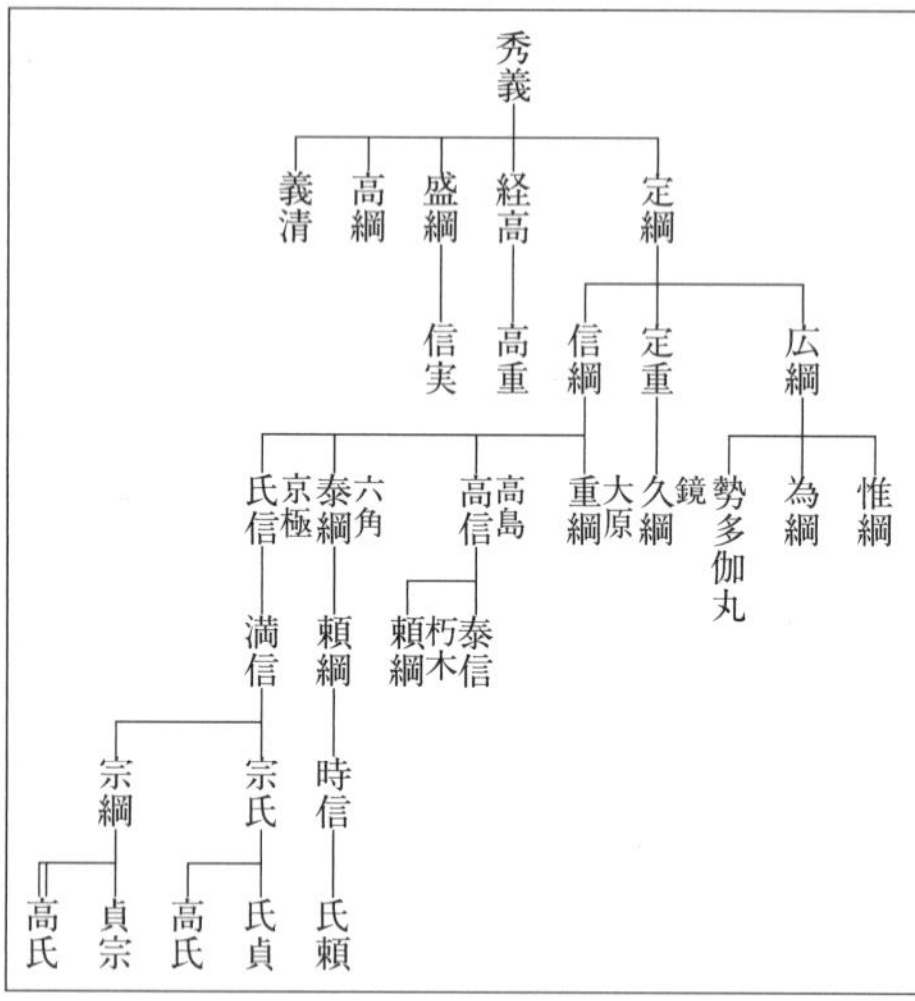

佐々木六角氏・佐々木京極氏略系図

祈料として、朝廷に絹三万五〇〇〇疋を献じたことから近江守に叙任する。近江守護職と近江国司に任ぜられたわけである。また天福二（一二三四）年には鎌倉幕府の評定衆《ひょうじょうしゅう》にも任ぜられた。

鎌倉では承久元（一二一九）年三代将軍実朝が暗殺され、源氏の嫡流《ちゃくりゅう》が絶えたため、頼朝の血縁にあたる九条道家の子頼経《よりつね》を将軍に迎えていた。嘉禎四（一二三八）年上洛していた将軍頼経は鎌倉への帰路小脇に宿泊した。信綱は小脇館内に御所を新築して将軍の宿所とした。信綱自身は評定衆として鎌倉にあったものの、本貫地における佐々木氏の居館はずっと小脇にあった。

天福二年に出家して本仏と号した信綱には遁世の思いがあり、ついに仁治二（一二四一）年、「子孫事永不ㇾ可ㇾ知之由」といって高野山へおもむき、翌年伯父高綱の建立した蓮華三昧院で死去した。

信綱には重綱・高信・泰綱・氏信の四人の子息がいた。惣領家をついだのは三男泰綱であった。佐々木系図によると泰綱の母は執権北条泰時の妹としている。泰綱の「泰」も泰時の一字をあたえられた「偏諱《へんき》」であろうと考えられる。おそらく母方の系譜から三男である泰綱に惣領家がまわってきたのであろう。

おもしろくないのは長男重綱である。重綱は幕府に対していく度も父の遺領をめぐる訴訟をおこしている。しかし訴訟は認められず、逆に重綱の主張の一つである闕所地《けっしょち》の所領権について、幕府は佐々木氏から没収してしまった。重綱は惣領家をつぐことができず、承久の乱の恩賞地と考えられる坂田郡の大原荘の地頭職のみを得て、以後大原氏を称することとなる。

次男高信は高島郡田中郷の地頭職を得て、高島氏を称し、さらにこの家からは越中・能登・朽木・平井・永田・横山・田中の各氏がおこり、これらの一族を高島七頭と称した。

四男氏信は愛知川以北六郡の大半の地頭職を相続し、犬上郡甲良荘を本拠としていたが、父信綱が討伐した柏原弥三郎の本拠地柏原荘内の柏原館をも本拠地としていたようである。もちろん氏信自身は在京人として常時は京都におり、その屋敷が高辻京極にあったことから京極氏を名乗るようになった。これに対して惣領家泰綱の屋敷は六角東洞院にあったことにより、のちに六角氏を名乗るようになった。

こうして近江国内には信綱の子らが割拠することとなるが、庶子家の三家も幕府の在京人として鎌倉と直接結びついており、惣領六角氏の被官人とはならず、きわめて独立性の強い庶子家となっていく。とくに京極氏の場合、氏信・宗綱とあいついで幕府の引付衆《ひきつけしゅう》となっており、氏信は評定衆にまで昇進する。

婆沙羅大名京極導誉●

鎌倉時代末期になると幕府は得宗《とくそう》専制政治となり、北条氏嫡流の得宗や一門へ守護職は集中するようになった。頼朝以来の守護で元弘年間（一三三一～三四）まで相伝したものはわずか八氏一〇カ国という状況であった。近江守護職はこうした少数の外様《とざま》守護の一人として、かろうじて佐々木氏が相伝していた。佐々木六角氏の始祖泰綱の母が北条泰時の妹であり偏諱を賜わり、子の頼綱、孫の時信もそれぞれ執権北条時頼、高時の偏諱を賜わっており、いかに佐々木惣領家が得宗家とかかわりを保ちながら近江守護職を相伝し続けてきたかがわかる。

また京極氏は庶子家ながら得宗専制下で評定衆・引付衆となっており、直接幕府と強いつながりをもっていた。幕府の得宗専制政治は得宗北条氏の全国支配を強固なものとするはずであったが、反面全国の外様守護や豪族、さらには御家人《ごけにん》にまで反感をもたれる結果となった。さらに鎌倉時代末期に諸国で悪党《あくとう》が蜂起するが、その鎮圧ができない幕府に対して反感はさらに強まった。こうした状況で後醍醐天皇は討幕を計画し、元徳三（一三三一）年、天皇は笠置山《かさぎやま》で挙兵した。しかしこの挙兵は失敗におわり、翌元弘二（一三三二）年隠岐《おき》へ配流となってしまった。この後醍醐天皇の挙兵はたんに公家対幕府ではなくなっており、諸国の得宗に反感をもつ武士も呼応して内乱状態へと発展していく。天皇は翌年隠岐を脱出し、足利高氏《たかうじ》（尊氏）の参戦によってついに京都に戻り、鎌倉は新田義貞《にったよしさだ》らの総攻撃をうけ、執権北条高時は自害し、鎌倉幕府は滅亡していった。

この元弘の変で佐々木惣領家六角時信は幕府軍として参戦し、六波羅探題《ろくはらたんだい》軍と行動を共にしていた。京都が天皇方に落ちると、探題北条仲時軍の殿軍をつとめるが、ついに愛知川で天皇方へ下った。『太平記』によれば、「時信四十九院（甲良町）ヨリ引返シ、一族佐々木導誉足利殿ニ在ハ、彼ニ云合セテ咎ヲ逃ントテ上京ス」とあり、庶子家である京極高氏（導誉）を介して帰順するという屈辱《くつじょく》的なものであった。

この仲介した佐々木高氏とはどのような人物だったのであろうか。高氏は京極氏の嫡流ではなかったが、母が宗綱の娘であり早くから宗綱の養子となっていた。そして義兄たちがつぎつぎと早世してしまい、ついに京極惣領家の家督がころがり込んできたのである。正中三（一三二六）年執権北条高時の出家により、高氏も若干三一歳で出家し導誉《どうよ》と称した。

家督をついだ導誉は、当初、得宗の忠実な臣下であり、後醍醐天皇の隠岐流罪の道中警固役をつとめたり、幕府に捕らえられた北畠具行《ともゆき》を柏原（米原市）で斬首に処したりしている。ところが足利高氏が挙兵すると、一変して高氏軍に組したのである。こうした時機をみる機敏さは、惣領家六角時信の態度と好対照である。

幕府の滅亡に伴い発足した建武新政権内で導誉は雑訴決断所《ざっそけつだんしょ》奉行人となるが、足利尊氏が新政権から離反するとただちに呼応し、後醍醐天皇方に制圧されていた東近江を奪還し、尊氏軍を勝利へと導いたのである。

京極導誉肖像画

建武三（一三三六）年十二月尊氏は導誉を若狭《わかさ》守護職に補任した。ここに佐々木庶子家であった京極氏が惣領家佐々木六角氏と同格となったのである。さらに五年四月に導誉は近江守護職に補任されるに至った。佐々木惣領家が鎌倉以来相伝してきた近江守護職がはじめて庶子家である京極氏に移ったのであった。

さて、導誉は世に「婆沙羅《ばさら》大名」として有名である。婆沙羅とは十二神将の一人婆沙羅大将を意味し、『太平記』によると、派手で傍若無人《ぼうじゃくぶじん》の振舞いをする大名を婆沙羅大名とよんでいる。導誉はこうした典型的な大名として当時の人びとに知られていた。導誉の婆沙羅大名としての行動を紹介してみよう。

『太平記』に「佐々木佐渡ノ判官入道々誉ガ一族若党共、例ノバサラニ風流ヲ尽シテ」東山へ鷹狩の帰路、妙法院で紅葉の枝を折りとった。おりしも妙法院門跡亮性《りょうしょう》法親王が景色を楽しんでいる最中であった。妙法院では枝を折った若党を打ちたたいて門外へ追いだしてしまった。これを聞いた導誉はみずから三〇〇余騎の兵を引き連れ、妙法院へ火を放ったのである。この事件に対して延暦寺は幕府に対して導誉父子の処罰を要求。幕府は父子を上総《かずさ》国山辺郡へ配流することとした。

導誉の婆沙羅の真骨頂はこの配流で示されることとなる。暦応四（一三四一）年配流の行列が出発するさい、若党三〇〇余騎が見送りと称して近江国分寺までつきしたがった。その一党はことごとく猿皮の靫《うつぼ》に、猿皮の腰当という出立ちであった。猿はいうまでもなく比叡山の守護神山王の使いである。一党の装束は比叡山に対するあてつけだった。さらに「道々ニ酒肴ヲ設テ宿々ニ傾城ヲ弄ブ」ありさまで、とても流人の旅ではなかった。事実この配流は形式的なもので、まもなく赦免されている。

また正平二十一（貞治五＝一三六六）年には五条橋の工事について導誉が奉行であったにもかかわらず、斯波《しば》高経《たかつね》が数日のうちに完成させ、導誉の面目を失わせてしまった。後日高経が将軍御所で遊宴を催したさい、導誉はあてつけに同じ日に大原野で花見会を催した。このあてつけがただのあてつけではない。都中の芸人を呼び集めたり、百服《ひゃっぷく》の本非《ほんぴ》の闘茶《とうちゃ》を催したりと派手な花見であった。導誉はたんなる武頼漢《ぶらいかん》ではなく、茶や生花、猿楽《さるがく》といった文化面にも精通していることが、婆沙羅とよばれるゆえんだったのであろう。初期の立花《りっか》の口伝書『立花口伝大事』も導誉の著作と考えられている。

甲良町勝楽寺には導誉自賛のある寿像（重要文化財）があり、婆沙羅大名の風貌を伝えている。また同寺境内には導誉の墓と伝えられている五輪塔も残されている。

蓮華寺陸波羅南北過去帳●

ここで時間を元弘三（正慶二＝一三三三）年に戻してみよう。舞台は番場《ばんば》宿（米原市番場）の少しはずれである。

足利尊氏は五月七日に六波羅探題を攻撃した。時の六波羅探題は南方が北条時益、北方が北条仲時であった。一行は光厳天皇、花園・後伏見両上皇を奉じて、東山道を鎌倉へと落ちのびることとなった。同日夜半時益が戦死。九日には何とか近江国坂田郡番場までさしかかった。このとき、「近江、美濃、伊賀、伊勢ノ山立、強盗、アブレ者」（『太平記』）たちに行手をはばまれてしまった。この集団の総大将は伊吹山太平寺に幽居していた五辻兵部卿宮《いつつじひょうぶきょうのみや》で、亀山天皇の皇子守良《もりよし》親王であろうといわれている。

六波羅勢は糟谷三郎宗秋を先陣にいく度となくたたかうが、敵の数があまりに多く、ついに「麓の辻堂」の庭で馬から下り、後続部隊を待つことにした。後続部隊とは近江守護佐々木時信のことである。しかしこの時点で時信は六波羅勢討たれるの誤報をうけ降伏してしまっていた。いくら待ってもくることのない後続部隊だった。ついに北条仲時は自害の決意を固め、一行四三二人はことごとく自害してはてた。

「血ハ其ノ身ヲ浸シテ、恰《あたかも》黄河ノ流ノ如也。死骸ハ庭ニ充満シテ、屠所ノ肉ニ不異」（『太平記』）とあり、凄惨な集団自決の模様を伝えている。同行していた天皇・上皇は降伏し、貴族は出家し、京都へ護送された。

番場の蓮華寺《れんげじ》には『陸波羅南北過去帳』（重要文化財）という巻子が伝えられている。蓮華寺三世同阿良向《どうありょうこう》が仲時以下討死、自害した六波羅勢の交名《こうみょう》を記したものである。現在巻子本となっているが、作成された当初は折り本であったようだ。ここには一八九人の名前が記されているが、「惣而於堂寺討死、自害人数肆伯三拾圀人、雖然分明交名不知輩者不注之云々」とあり、実際には四三〇余人が討死・自害し、身元が不明で名を記せなかったようである。

さて、この過去帳に記された人びとは六波羅南方、北方探題の譜代の家人、得宗被官、西国御家人たちが大半で、関東御家人は出雲守護佐々木清高以外はみあたらない。おそらく六波羅にいた関東御家人たちは最後には尊氏方に寝返ったようである。小早川《こばやかわ》貞平は安芸《あき》国沼田荘の地頭で在京人であったが、れっきとした関東御家人である。彼は番場まで同行し

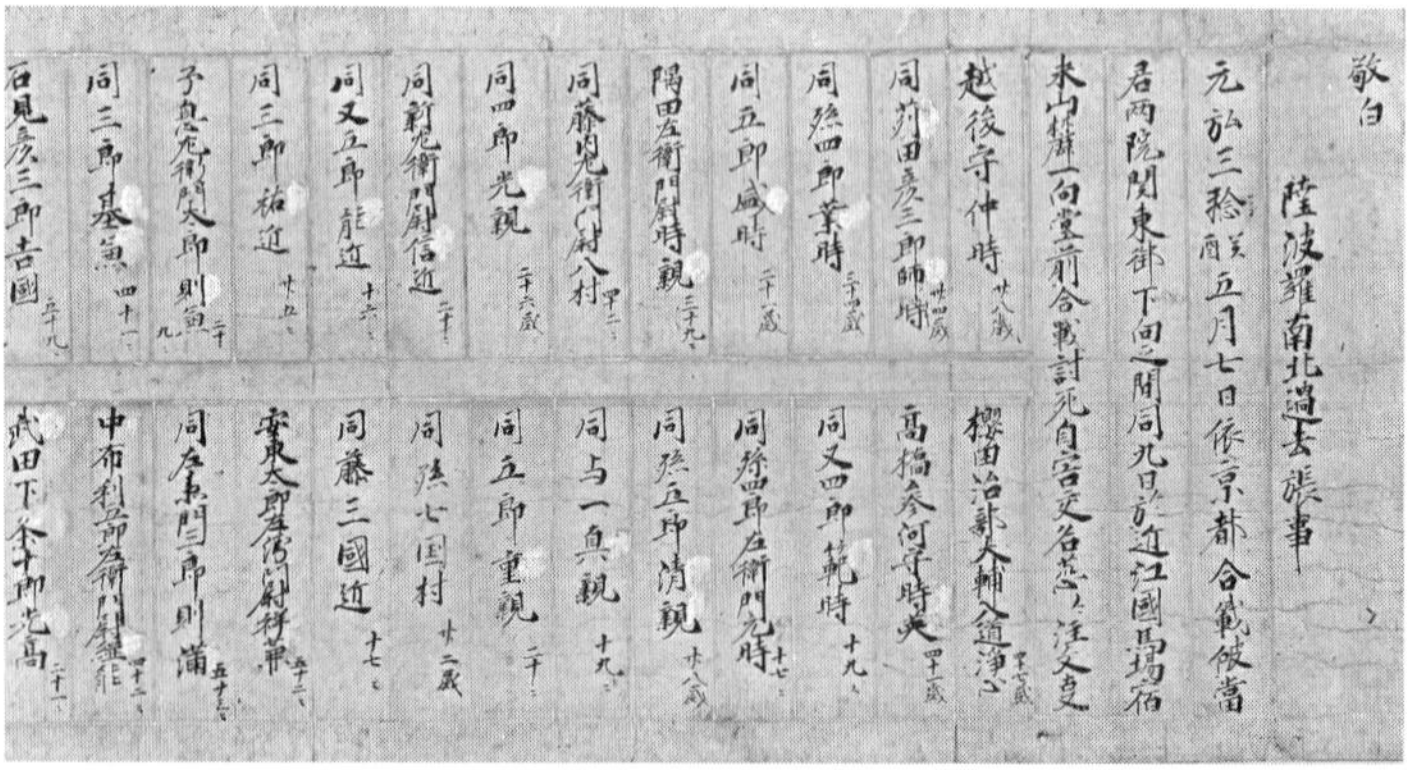

『陸波羅南北過去帳』

たものの、その場から逃亡している。こうしてみると『陸波羅南北過去帳』はたんに番場で討死、自害した人びとの名が記されているだけではなく、得宗専制政治に対する関東御家人の不満をも読みとることができるのである。

さて、従来仲時一行が一向堂の前で自害したことについて、その場についてはあまり関心が払われたことがなかった。蓮華寺の開基一向俊聖《しゅんしょう》は踊り念仏をすすめる聖《ひじり》として、全国を旅する遊行僧《ゆぎょうそう》であった。一向の念仏の旅は九州にはじまり、四国・中国をまわり、京都を巡歴した後、弘安七（一二八四）年番場の草堂に止宿して、この草堂を蓮華寺として再興し、弘安十年に同寺で没した。

この草堂は『太平記』では辻堂として登場している。いわば街道に面して、人びとの集う所、旅人が泊まるようなお堂であった。蓮華寺の銅鐘（重要文化財）の銘文によると、畜能・畜主という二人の僧が勧《かん》進《じん》して鋳造されたもので、「近隣の諸人等、寺中の勝地を為葬斂の墓所となす」と刻まれている。辻堂であるとともに墓所でもあったわけだ。勧進した二人の僧も六道輪廻《りんね》の畜生道の畜という文字をみずからの宗教的自覚に基づいてつけたものであることも注目される。こうした場所であるがために仲時一行は一向堂前を最期の場所として選んだのであり、決して偶然のことではなかったのである。

2 中世の村と民衆

荘園の形成と荘地の拡大●

『荘園志料』によると、近江国内には二一〇にのぼる荘園が存在していた。この数は大和《やまと》・山城《やましろ》につぎ、近江の荘園の特色はまずこの数の多さをあげることができる。

地理的に都に近いことから古代律令国家の墾田《こんでん》奨励政策によって七〜八世紀に多くの初期荘園が成立していた。とくに中央官寺の荘園開墾は活発で、東大寺は近江国内に一一もの荘園を有していた。

覇流《へる》荘はこうした東大寺領の荘園で、正倉院には天平勝宝三（七五一）年の「近江国犬上郡水沼・覇流村絵図」が伝えられている。覇流荘は当初国衙《こくが》によって開発され、その後東大寺に施入された。

平安時代末期には初期荘園に対し、不輸《ふゆ》・不入《ふにゅう》が成立し、荘園は国衙から自立し、本格的荘園制の時代を迎え、その数は爆発的に増加する。近江国内では比叡山延暦寺が強大な勢力を有し、その膝下である近江ではとくに山門領の荘園が数多く成立した。その数は滋賀郡二四カ所、栗太郡一九カ所、甲賀郡七カ所、野洲郡一六カ所、蒲生郡四二カ所、神崎郡八カ所、愛智郡七カ所、犬上郡一四カ所、坂田郡一八カ所、浅井郡一五カ所、伊香郡二カ所、高島郡二五カ所、計一九七カ所にもおよんでいる。さらに延暦寺の守護神、地主神にある日吉《ひえ》社《しゃ》領荘園も近江国内に五六カ所におよんでいる。

平安時代末期に愛智郡内に成立した日吉社領日吉保は当初平流一郷の一五町を新開したものが、長治三（一一〇六）年ころには二〇〇余町、神民二〇〇余人を数えるほどに荘地の拡大がはかられた（『愛智郡鴆供御人等解』）。

また荘園領域の拡大過程では境界相論が繰り返された。葛川《かつらがわ》は天台修験の聖地であり、領家《りょうけ》、本所《ほんじょ》をもつものの荘園の枠組外にあったため、豊富な山林や未開発地は近隣荘園からたびたび侵入をうけることとなる。伊香立荘との相論は史料に残されたものだけで一〇度におよんでいる。両者の相論は文永六（一二六九）年下立山を葛川から分離させ、伊香立荘の用益地とすることで決着した。文保元（一三一七）年葛川側が下立山に進出したことでふたたび相論となり、元応二（一三二〇）年伊香立荘が下立山の一部を借りることと、両荘いずれにも属さない地域を設定することで決着がついた。現在葛川明王院に所蔵されている「葛川明王院領境界図」はこの文保元〜二年の相論にさいして葛川側が作成したものである。

鎌倉時代になると各荘郷に御家人を地頭として補任したことが荘園支配体制をより複雑なものとしたが、権門《けんもん》社寺の支配体制が失墜《しっつい》する一方で、武士勢力が荘園を勢力基盤としたことはいうまでもない。守護佐々木氏も承久の乱の戦功により信綱が得た豊浦荘・堅田荘、栗本北郡の地頭職が重要な勢力基盤となった。また一族の重綱が坂田郡大原荘にあって大原氏を称したのをはじめ、一族や庶子家から下坂・朽木・田中・伊庭などの荘園地名を名字として名乗るものも多く、在地の有力者として荘園に勢力を伸ばしていった。また佐々木氏以外でも儀俄《ぎか》氏や国友氏などの荘園地名を名乗るものは荘園の荘官職を手にいれたり、地頭として荘園をしだいに掌握していった。

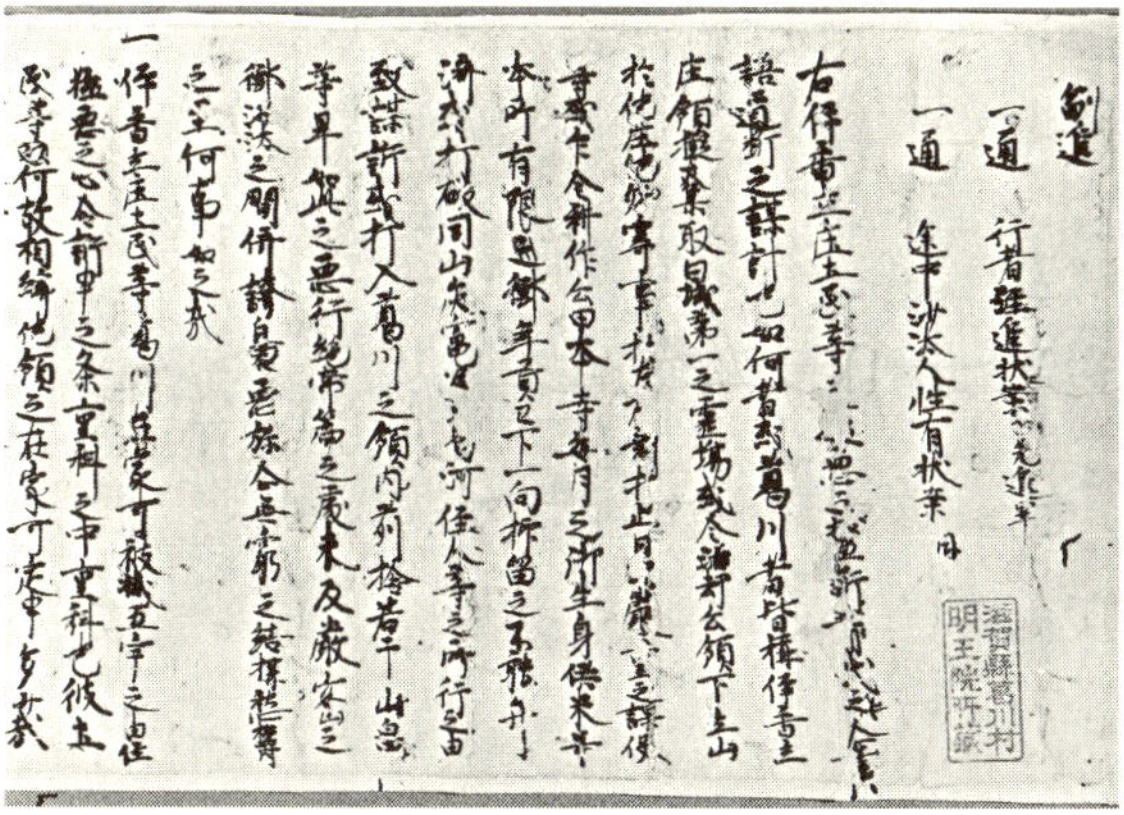

葛川常住并住人等越訴申状案（文保元〈1317〉年11月日付）

甲賀郡柏木御厨《みくりや》は伊勢外宮領として立荘された荘園であるが、山中村を本貫とする御家人で、鈴鹿関《すずかのせき》の警固役をつとめていた山中氏が厨内の上山村友行名を領有すると、しだいに柏木御厨に勢力をもち、鎌倉末期には本拠を柏木郷に移し、上山村之郷観音寺別当《べっとう》職、柏木御厨惣庄検断職を宛行われ、さらに厨内の各郷内官幣《かんぺい》使上下《しじょうげ》向供《こうきょう》給《きゅう》雑事《ざつじ》、儲料《もうけりょう》をだす、柏木御厨内祭主保の保司に補任され、荘園内で大きく勢力を伸ばしていく。十六世紀には山中・伴・美濃部《みのべ》という「山中三方中」による実質的な支配が行われるようになる。

こうした武士勢力が荘園支配を掌握していく一方で荘内の名主、百姓も著しい成長をとげていく。蒲生郡奥島荘では仁治二（一二四一）年下司が新儀の魞《えり》を構え、百姓の馬を押領《おうりょう》する非法を訴えている。そこには沙汰人・百姓の団結を認めることができる。奥島荘ではその後も観応年間（一三五〇～五二）には預所《あずかりどころ》・下司の新儀非法が、応安年間（一三六八～七五）には下司代の非分が百姓らによって訴えられている。こうした百姓の行動はやがて地域的連合を強めて、「惣」へと発展していくこととなる。

惣村の展開●

十三世紀以降、村落の内部で自治的な組織が形成されてくる。こうした村落を惣村とよんでいる。近江は惣村が典型的に発展した地域であり、中世後期には多数の惣村が存在していた。

惣村は村人が一定の自治組織をもち、村人の集団的意志によって村内の行政、経済、宗教行事などが運営され、水利、山野、湖水の用益を共有していた。惣村の中心には神社があり、神社は惣村の結集の中心的存在であった。村人は宮座を組織し、神社の祭祀を執行し、社殿を維持管理した。神社は精神的支柱であるとともに、公共施設として村人たちが寄合し、談合して村内自治を決定する場でもあった。犯罪については犯人を領主に引きわたさず、村の掟によって裁く、自検断の権限を保持していた。

菅浦《すがうら》荘はもと大浦荘の一名であり、禁裏《きんり》に魚菜をおさめる供御人《くごにん》でもあった。鎌倉時代末には竹生島《ちくぶ》を領主としており、円満院領大浦荘からの自立をはかり、日差《ひざし》・諸河《もろかわ》の耕地をめぐって相論をおこした。両荘はいく度となく訴訟をおこし、その過程で菅浦側は朱線によって境界を明示した「菅浦《すがうら》与《と》大浦《おおうら》下《しもの》庄《しょう》堺《さかい》絵図」を作成し、延元元（建武三＝一三三六）年には菅浦が勝訴するに至った。絵図は一方的に菅浦の主張が明示されており、しかも存在しない年号、乾元元年八月の日付（乾元元年は十一月からはじまる）などから明らかに偽造されたものである。しかしこうした証拠の捏造《ねつぞう》が菅浦側の勝訴につながったのである。

ところが興国元（暦応三＝一三四〇）年光厳上皇の文殿で再開された裁判では逆転して菅浦は敗訴する。貞和年間（一三四五～五〇）になると大浦荘は守護六角氏の力を借り、菅浦では守護代馬淵道達《まぶちどうたつ》の力を借り、両荘の反目は激化した。結局天授五（永和五＝一三七九）年に至って日差・諸河を大浦荘内と認めた菅浦百姓に、両地が還補されることで両者に和与《わよ》が成立した。

文安二（一四四五）年には両荘の入会《いりあい》であった大浦山をめぐって争いが再燃し、合戦におよんだ。こうした相論をたたかいぬくなかで、菅浦は村内で財政的・軍事的負担を伴い、意志統一を必要とした。その集中された組織から惣村菅浦が誕生した。長い相論のなかからうまれた惣村はみずからの自治を宣言するように室町時代以降「菅浦」から「菅浦荘」を用いることとなる。

菅浦では村落内の問題は宿老《しゅくろう》とよばれる乙名《おとな》、老衆の合議によっていた。正平元（貞和二＝一三四六）年には「ところおきふミ」が作成され、永代売買の禁止や違反者の惣出仕などが定められた。

確立された惣村の生活と規律をさらにくわしくさぐる資料として、「今堀日吉神社文書」をみてみよう。

今堀は山門領得珍保《とくちんのほ》という荘園内の一村落であった。弘和三（永徳三＝一三八三）年の「今堀郷結鎮頭定書案」は今堀十禅師権現（今堀日吉神社）の宮座行事を規定した内容であるが、文末に「仍《よって》衆儀《しゅうぎ》之《の》評定《ひょうじょう》如斯《かくのごとし》」としており、定書が衆議評定で決定されていたものであることがわかるとともに、宮座にはいることが惣村の構成員としての必須条件であったことがうかがえる。しかし中人《ちゅうにん》・間人《もうと》と称された農民は宮座に参加することはできたものの、三歳年下の扱いをうけるという差別のあったことも事実である。こうした閉鎖性は旅人を村内におくことを禁止したり、養子に対する規定など、よそ者に対する警戒心の強さにも認められる。

今堀ではたびたび掟書《おきてがき》がだされており、自治規制によって村落結合の強化がはかられた。延徳元（一四八九）年には二〇カ条からなる「今堀地下《じげ》掟書案」が作成された。村人を請人にたてることなく余所《よそ》のものを村内におくことの禁止、森林での伐採の禁止、犬の飼育の禁止など、村内における生活、風紀の規制がこまかく定められており、今堀におけるもっとも総合的な掟書となっている。さらに家の売買や建立時における税の徴収などの規定は、惣村が財政的にも自立していく姿を示している。

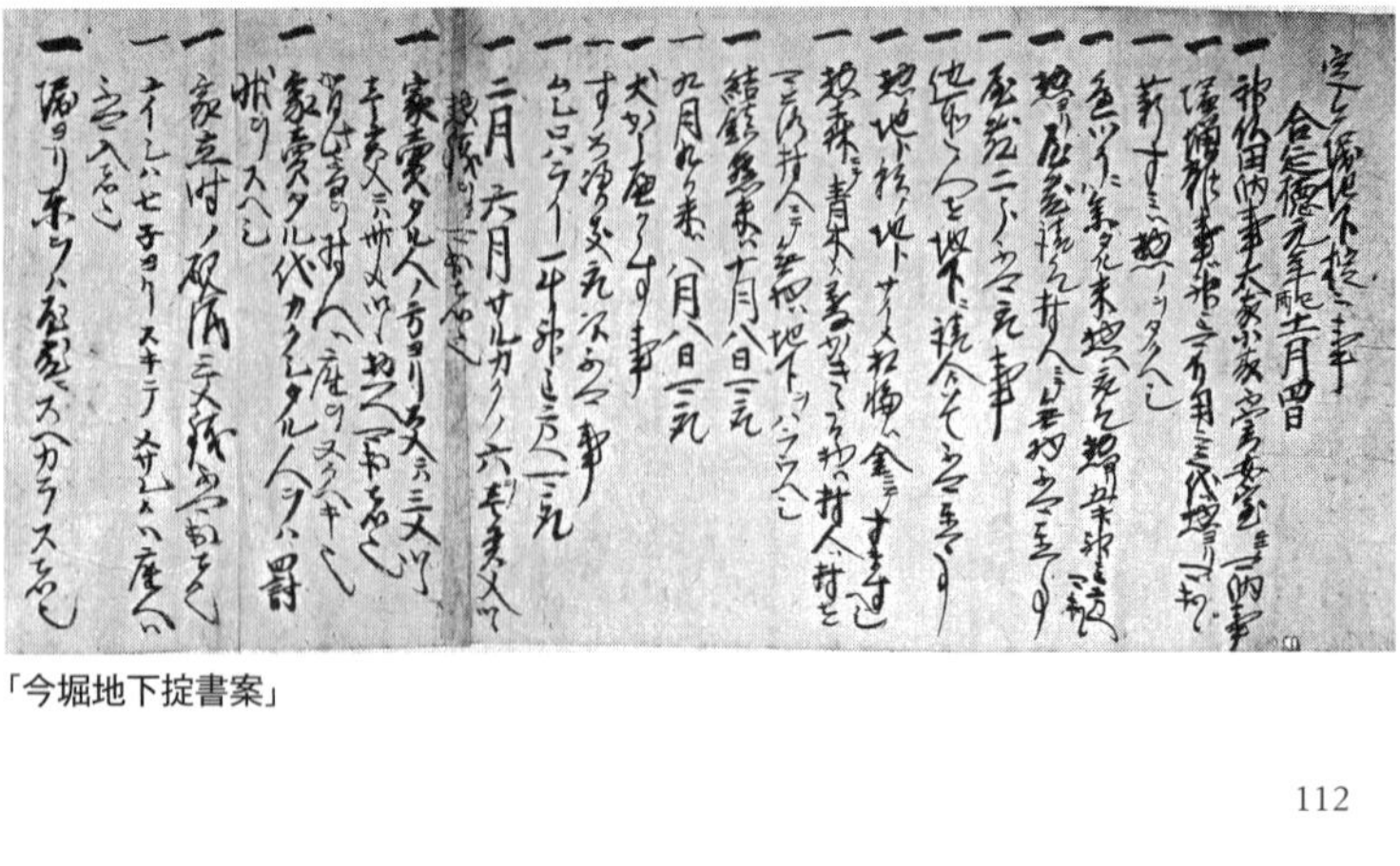
「今堀地下掟書案」

自治組織としての惣村は一方で国家の政策とはちがった政策をもって村民の保護にもつとめた。北津田・奥嶋荘は近江八幡市の大嶋・奥津嶋神社を紐帯《ちゅうたい》とした荘園村落で、弘長二（一二六二）年には荘隠規文を定めている。この北津田・奥嶋荘で嘉吉元（一四四一）年八月、沙汰人《さたにん》名で徳政《とくせい》が発布された。中世における徳政は債権・債務の破棄を行い、元の状態に復帰することを意味している。旧の状態こそが善であると考えられたからである。北津田・奥嶋荘の徳政札は幕府の徳政令発布よりも一カ月早くだされており、北津田・奥嶋荘で独自にだされた徳政であることがわかる。惣村の意向を強くうけてのものだったと考えられる。

旧の状態こそが善であるという徳政を、惣村が独自に発布した点に惣村の姿を認めることができるが、一方では徳政をださねばならない貧富の差が村落内に存在していたことは否定できない。村の徳政は債権・債務による貧富を除去し、旧秩序を保とうとした政策だったのである。

甲賀郡中惣●

甲賀郡では、農民が村落を自治運営する惣村の形成は遅れ、ちがったかたちでの自治組織が展開していく。これは在地の有力国人《こくじん》、地侍《じざむらい》が近隣地域内で同姓の庶子家や、所従《しょじゅう》で主家の姓を許されたものや、異姓ではあるが姻戚関係にあるものなど、同姓を名乗る疑制的血縁組織を形成し、同名中惣《どうみょうちゅうそう》と称した。

同名中惣では寄合《よりあい》によって惣の意志決定を行うが、その中心は惣領にあるのではなく、同名中惣から選出された奉行による合議制であった。惣村が農民みずからの自治によって運営されていたのに対し、同名中惣は在地領主の連合体として村落支配を行ったといえよう。

同名中惣には山中同名中惣、大原同名中惣などがある。こうした同名中惣を組織した地侍は江戸時代以

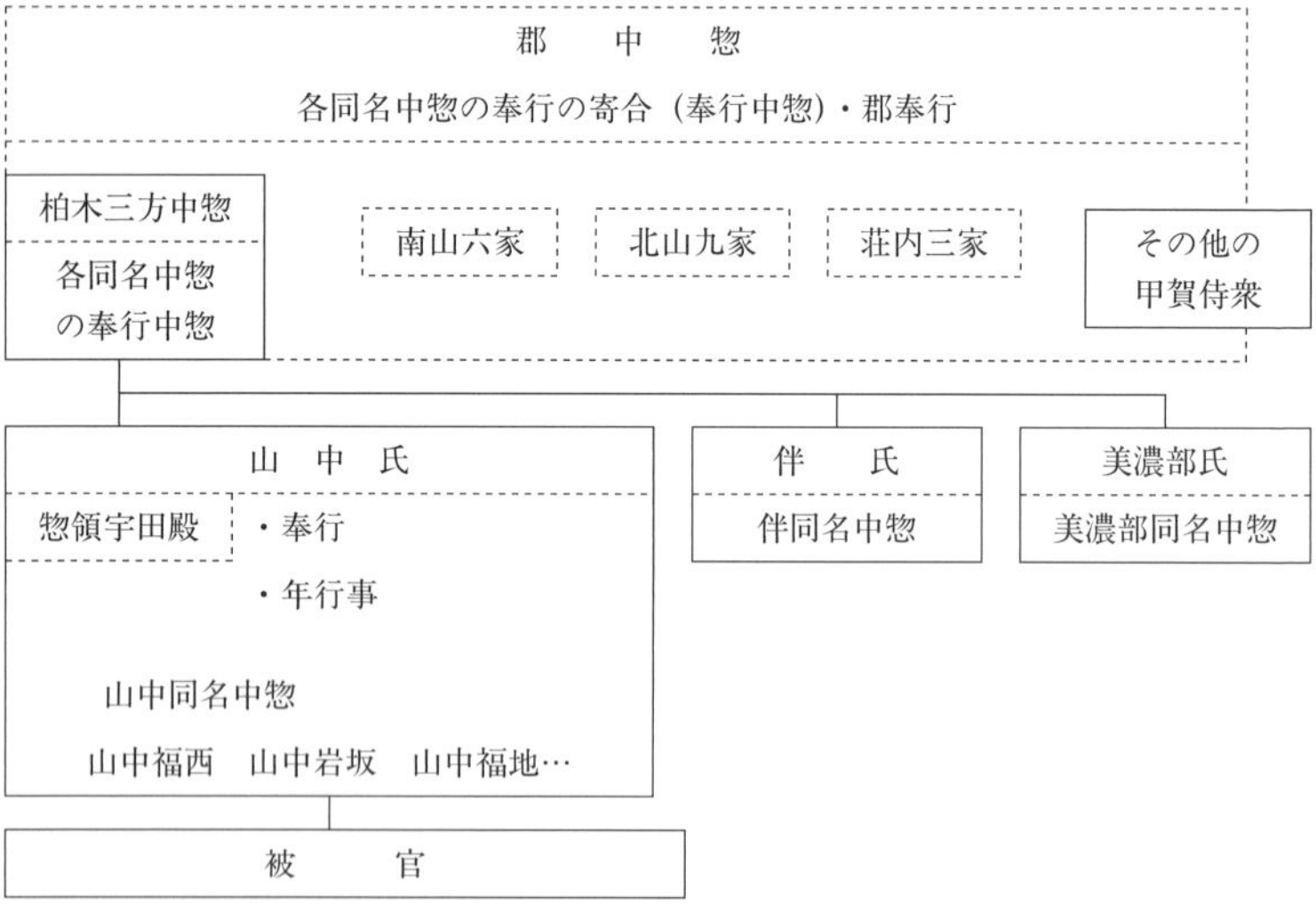

甲賀侍衆概念図（郡中惣と同名中惣）

降「甲賀五十三家」とよばれるようになった。これは長享元（一四八七）年の将軍足利義尚《よしひさ》親征にさいし、鈎《まがり》の陣に夜襲をかけた甲賀の地侍たちを指し、とくに軍功があり、六角氏より感状を賜った家を「甲賀二十一家」と称している。二十一家は柏木三家、南山六家、荘内三家、北山九家に分類されている。こうした伝承を由緒書にもつ甲賀の地侍は六角氏の被官《ひかん》と思われがちであるが、明らかに六角氏と主従関係にあったのは三雲氏と儀《ぎ》俄《か》氏のみである。

　甲賀の武士団の中心的存在である山中氏は、平安時代には柏木御厨の荘官として土着しており、鎌倉時代には山中村地頭職として、京都大番役《おおばんやく》をつとめており、関東御家人であったと考えられる。室町時代には柏木御厨、山中村の山中両惣領も鈴鹿関を通じて室町幕府から直接安堵をうけていることから、幕府被官人であったと考えられる。望月・鵜飼《うかい》氏は長禄四（一四六〇）年足利義政の大和派遣軍のなかに名を連ねており、幕府奉公衆《ほうこうしゅう》の一員であった。大原・岩室氏も奉公衆の可能性が高い。

同名中惣では惣単位で掟書を定めていたようである。現存する大原同名中惣の掟書である「定同名中与掟条々」は三二カ条からなり、永禄十三（一五七〇）年に作成された。他所との合戦の場合、合力して軍事行動をとることや、農民の地下一揆《いっき》との交渉について掟を定めている。こうした内容から同名中惣は対外的な軍事的必要性からだけではなく、郡内でおこりつつあった農民の一揆に対する危機的状況を乗りきるために結成された側面をうかがうことができる。

さらに同名中惣は地域的に連帯していたようで、柏木御厨を中心とする山中・美濃部・伴の柏木三家は永禄九年に八カ条からなる「三方起請申合条々案」を定めている。こうした同名中惣の地域連合は甲賀郡全域に広がって、甲賀郡中惣が組織された。

甲賀郡中惣はそれぞれの同名中惣から一〇人程度の奉行を選出し、奉行中惣として運営にあたった。平時には山論・水論など郡内の相論の自主的な解決や調停にあたっていた。惣の会合は各地域の回りもちであり、惣の紐帯となる神社で行われたのであろう。矢川神社（甲賀市）が参会場として利用されたことは判明している。

「山中文書」にある「惣国一揆掟之事」（永禄〜元亀年間〈一五五八〜七三〉ころ）は伊賀惣国一揆の掟書である。一一カ条からなる掟書には紛争解決のために国内あげて費用を負担し、年齢によって兵力を動員し、さらに百姓まで動員することが定められている。また一揆は伊賀国内だけではなく、甲賀との境界で野寄合、すなわち国民総決起集会を開いて議決をはかることも規定されている。おそらく甲賀郡中惣でも同様の掟書を定めていたことであろう。

甲賀郡中惣や伊賀惣国一揆といった地侍連合では惣領家の突出した領主権力があらわれず、多くの在地小領主の分散が行われた。そうした地侍はおのおので村の背後の丘陵上に城館をきずいた。近江では県下に一三〇〇ほどの城館跡が確認されているが、そのうち四〇〇カ所が甲賀一郡に集中している。こうした多数の城館の出現は伊賀でも同様である。しかし戦国期を通じて巨大な山城は出現せず、すべて一辺五〇メートル程度の土塁《どるい》と堀に囲まれた小規模な館城タイプのものばかりである。こうした城館の分布状況と規模構造に郡中惣や惣国一揆の姿が端的に示されている。

土豪と村落●

惣村の形成は村民（百姓）の連帯と団結により自治運営が行われたものであり、荘園領主に対する抵抗のなかからうまれたものであった。一方では国人・土豪《どごう》といわれる在地の領主の居館を中心に村落が形成されていった。

守護佐々木氏からは大原・高島・京極氏が近江国内に分かれ、さらに夫馬《ぶま》・下坂・朽木・田中・岩山の諸氏が分かれ、佐々木一族として伊庭・鏡《かがみ》・馬淵・青地・佐保・伊佐・山中吉田氏らが輩出した。守護の一族であるとともに荘園名や地名を名字として在地の有力者となっていった。また佐々木氏以外でも儀俄・青名《あおな》・伊香・伊吹・愛知・蒲生・国友氏ら荘園名を名乗る諸氏がおり、荘官・地頭・御家人として荘園を掌握していった。

こうした国人・土豪は村落の中央に一辺五〜八〇メートルの堀で囲まれた館（屋敷）を構え、村落支配の核としていった。早い段階ではすでに平安時代末期の居館跡が五個荘町（現東近江市）「殿屋敷」で検出されている。国人・土豪の館の分布をみると近江は圧倒的に多く、なかでも甲賀と湖北に濃厚に分布している。甲賀は国人・土豪が団結して郡中惣を形成するが、他地域では守護や戦国大名の被官となり、在地領主としてしっかり在地に根をおろしていった。

　こうした分布状況から湖北地方の生産力の高さもうかがうことができる。一反当り一石五斗の収穫は近世に近い水準である。こうした生産力を背景に村や在地領主の力は強大になり、逆に守護や戦国大名の被官への支配力の弱さとなっていった。

　湖北の土豪としてもっとも早く史料にあらわれるのは長浜市の下坂氏である。延元元（建武三＝一三三六）年足利軍の一員として京都でたたかっており、のちに下坂荘の地頭職を京極氏からあたえられている。現在でも一辺七〇メートルにおよぶ堀と土塁に囲まれた館跡が残されており、居館隣地には氏寺と墓も残されている。居館の南側には現在の村が広がっている。こうした形態が南北朝時代そのままとはいいがたいが、おおよそ踏襲しているとみてよいだろう。

　伊香郡小山氏（伊吹氏）の場合、村の中央に幹道があり、その中心に堀と土塁で囲まれた伊吹氏の屋敷が大きく位置している。この屋敷の周囲には被官の屋敷があり、氏寺がある。さらにその外周に百姓の屋敷が立ち並び、村の東北隅に鎮守神が位置している。この絵図からは村の中心的役割を果たしていたのが土豪であったということが読みとれる。現地は江戸時代以降建て替えられてはいるが、ほぼ絵図どおりの景観を保っている（次頁図参照）。

　下坂城や小山氏屋敷をみると神社や寺院も土豪の居館同様、中世の村落構成に重要な要素であったことに気がつく。中世社会において神社は村落共同体の大きな精神的支柱であり、神社行事を在地領主が行う場合も多かった。野洲市の六条城では居館推定地の隣接地に三之宮神社が、笠川城（栗東《りっとう》市）では八幡神社が位置している。

ところで国人・土豪の館と村落のかかわりについて、小山氏屋敷とはちがった構成の存在も認められる。長浜市小沢にある小沢城は、村落の北側「城田」に比定されていたが、発掘調査により一辺六〇メートルの居館跡と判明した。ところが居館の立地は村落の北端にあたり、小山氏屋敷のように村落の中央に選地するものとは明らかに相違している。こうした村落の端部に立地する居館は長浜平野では案外多く認められ、今村城・国友城・常喜《じょうき》城なども同様である。村落の中央と端部に位置する居館形態から在地領主の村

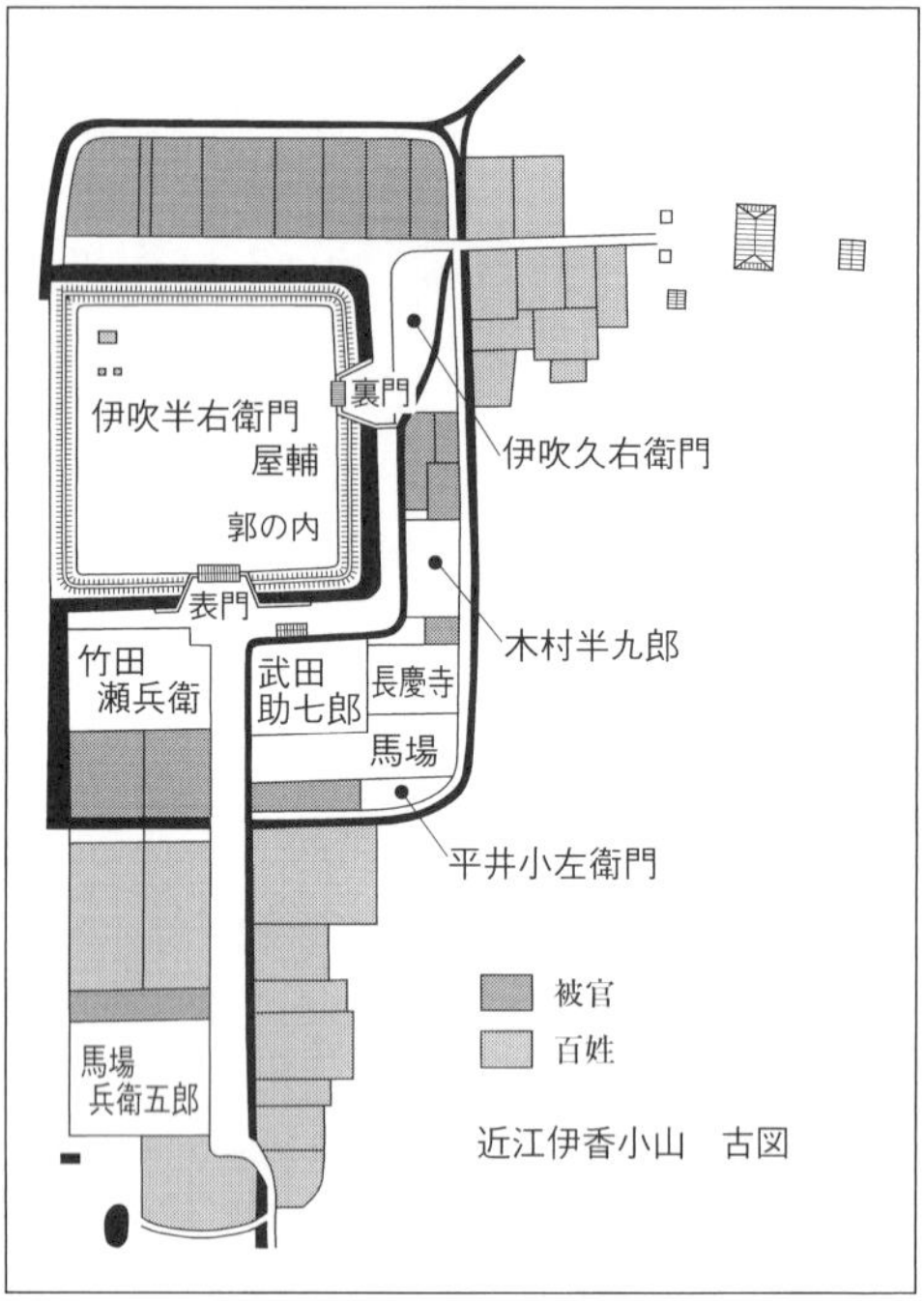

小山氏（伊吹氏）の屋敷遺構（長浜市木之本町，西川幸治『日本都市史研究』による）

小山氏（伊吹氏）の屋敷構え

落支配の差が認められ、端部に位置するものはある程度村落と同等の立場であったと考えられる。守護・戦国大名の被官に対する弱さと同様に、村落端部に居館を構えた土豪も村落支配の弱さを認めることができる。これは中世近江の生産力の高さから村落自体が成長したことを示しているといえよう。

在地領主にとって村落支配を維持していくうえでもっとも重要なものとして水利慣行がある。居館の周囲の堀はたんに防御上のものだけではなく、農業用水にも用いられていた。堀から直結して農業用水路も設けられていた。こうしたことから湧水池《ゆうすいち》に近いところに居館がある例も多く、近江八幡市の谷氏館・西宿城・久郷《くごう》屋敷などはその代表的なものである。

また領主が用水を築造している。出雲井《いずもゆ》は姉川の上流から取水し、大原荘全域を灌漑《かんがい》する用水で、大原重綱が鎌倉中期に入部した直後に築造されたと伝えられており、現在も用水として用いられている。

一方出雲井の下流の郷里井《さとい》では天文二十二（一五五三）年には「出雲井落」という堰《せき》を切る行為が行われており、郷里井側の代表者は上坂氏であった。

用水については上流と下流によって配分をめぐって争いがしばしば生じたが、その対立を解決するのも土豪であった。天文二十四年高時川の上流堰で配分をめぐって、浅井久政の法廷まで持ち込まれた相論があった。このとき上流大井側は井口経元、下流下井側は三田村貞政・定頼が代表者で、いずれも在地の土豪である。

土豪の館を中心とした村落は流通の中心ともなっていく。そこには市場が形成されていく。居館付近には市場地名も多く残され、あるいは市神としてのエビス（夷）神社も残されている。浅井氏の有力な家臣であった今井氏の箕浦《みのうら》城には八日市場《ようかいちば》の地名が残されている。

保内商人と小幡商人●

蒲生野《がもうの》の中心に得珍保《とくちんのほ》という延暦寺《えんりゃくじ》東塔東谷仏頂尾衆徒等の管領になる広大な一円領荘園があった。得珍保という名称は開発にあたった山門僧得珍に由来するといわれている。十四世紀以降、田方の上四郷と野方の下四郷の計八郷で保が形成されていた。この得珍保は東山・東海両道に接し、八風《はっぷう》街道・千草越といった伊勢方面に至る主要道の起点に位置していることから、すでに十三世紀ころから商業活動が行われていた。この得珍保下四郷の商人たちを保内《ほない》商人とよんでいる。さらに伊勢との通商にたずさわっていた石塔《いしどう》・小幡・沓懸《くつかけ》の商人とあわせて山越四本商人《やまごえしほんしょうにん》とよんでいる。

四本商人たちが取り扱った商品は、塩・海産物・馬・御服（綿）などで、とくに伊勢から運び込まれた塩や海産物は海のない近江にとって大歓迎されたにちがいない。四本商人たちによって運び込まれた商品は国内で徐々に整備されつつあった市庭《いちば》に並べられ、売買されていった。市庭は基本的に定期市であり、市町はまだ形成されていなかった。なお中世の商業は近世の近江商人が行った「持ち下り商内」、つまり近江の物産を他国で売りさばき、帰路に他国の物産を近江に持ち帰って売りさばく形態ではなく、あくまでも出先で他国の物産を仕入れて、近江国内で売りさばく形態であった。

保内商人は領主である山門や守護六角氏の保護を得ていた。とくに六角氏との関係は有力家臣である後藤氏や布施《ふせ》氏などとのあいだに被官関係を結ぶことによって、商業活動の保護を得ていた。

四本商人が伊勢との通商を独占していたのに対し、北方の若狭《わかさ》との通商を独占していたのが田中江・小幡・薩摩《さつま》・八坂・高島南市の五箇《ごか》商人であった。このうち小幡だけが四本商人と五箇商人の両方に加わって商業活動を行っていた。

神崎郡小幡郷は下二郷と上一郷の三郷からなり、「日吉大宮神人《じにん》小幡住民等」と自称し、山門日吉神社に奉仕する神人としての特権をもつ座を構成して、商業活動を行っていた。こうした由緒から四本商人と五箇商人の両方に属するという特権を得たのであろう。小幡商人をはじめとする五箇商人はおもに塩合物とよばれる塩魚を取り扱っていた。また五箇商人の商業活動は卸売専門であり、四本商人でも塩合物を商う場合、五箇商人から卸してもらい、小売を行っていたのである。ところが小幡商人は四本商人にも属し

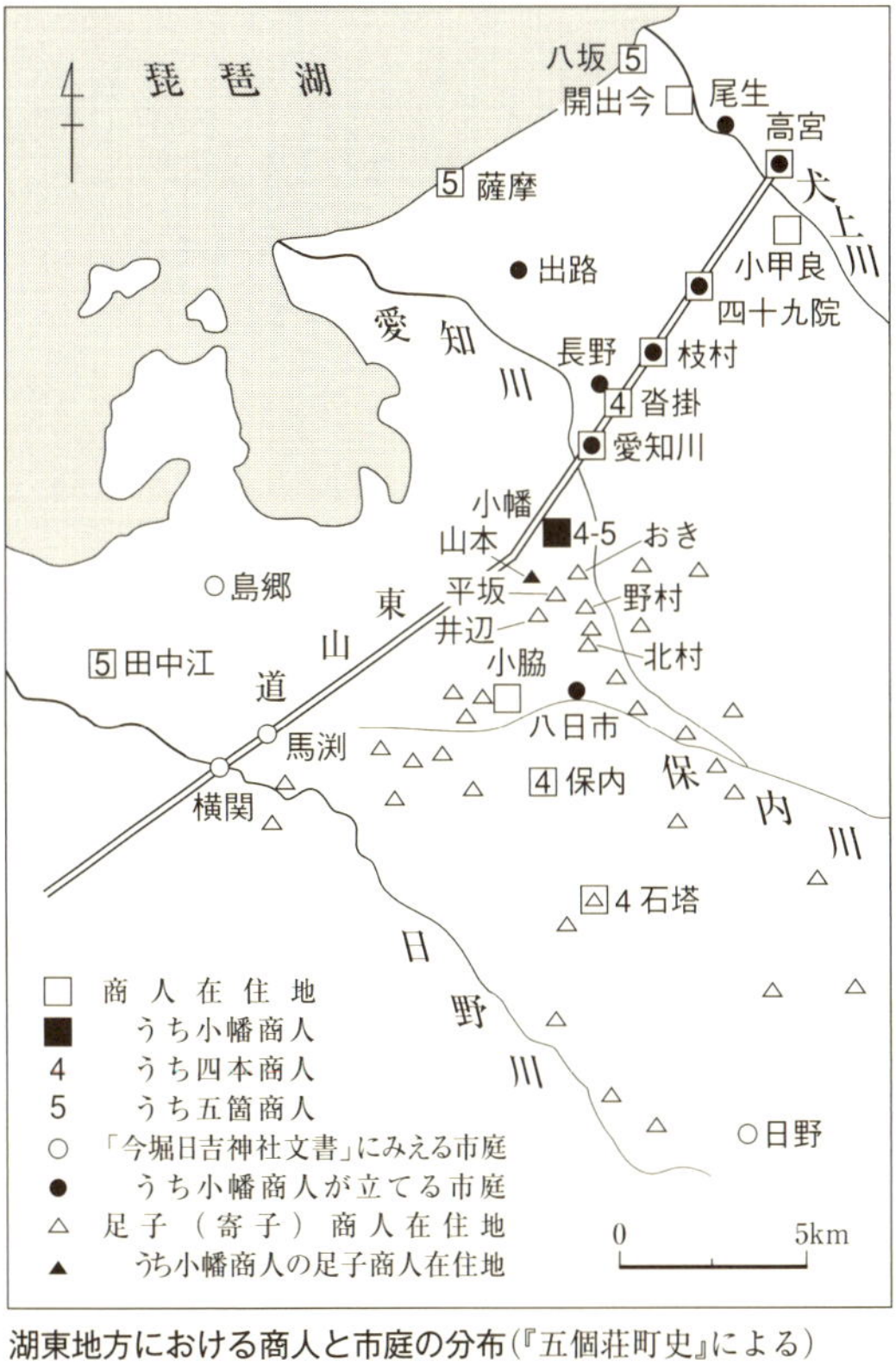

湖東地方における商人と市庭の分布(『五個荘町史』による)

ていたことから小売も行えたわけで、小幡商人だけが仕入れから小売までを一貫して行えたのである。

新参の保内商人は古くからの五箇商人の特権につぎつぎと挑んでいった。その背景には守護六角氏の権力があった。六角氏は蓄積された商業資本を支配するため、小幡商人から特権の剝奪《はくだつ》をねらっており、守護権力と保内商人の利害は一致したわけである。

応永三十三（一四二六）年小幡商人は前年におこった保内商人の越境行為の裁定に対し六カ条におよぶ反証を提出した。この反証に対し保内側は院宣《いんぜん》などを偽造し相論に提出した。保内側の画策は功を奏し、応永の相論は保内側が勝訴し、小幡側の敗北におわった。

文亀二（一五〇二）年には保内商人の「若狭江越荷物」が高島南市商人に押収される事件がおこった。この事件を契機に保内側は五箇商人の独占であった、今津から若狭小浜の九里半街道の通商をもおびやかすこととなる。五箇商人側は小幡商人を中心に反論するが、六角氏は保元二年の偽院宣にまかせて保内の商売当知行を安堵し、九里半街道を通商する保内商人の正当性を通達した。こうして九里半街道の通商が可能となった保内商人は、従来の伊勢だけでなく若狭へも進出し、五箇商人と同様の役割をも果たすことに成功した。

保内商人は山門から守護へ依存することによって、権益を拡大することに成功したわけであるが、大永七（一五二七）年には四本商人は三カ条からなる定書を作成し、暴力行為の禁止と商取引の不正の禁止を定め、内部規制の粛正をはかっている。一方で偽文書を捏造《ねつぞう》し、守護権力にたよって強引に五箇商人の権利に食い込みながら、他方ではこうした定書を作成し、内部統一を押し進めた結果、保内商人が既成の商人集団に勝訴したのである。

3　中世宗教の世界

山門と寺門の抗争●

最澄《さいちょう》によって開かれた比叡山延暦寺は弟子の円仁《えんにん》と円珍《えんちん》の両派によって天台座主《てんだいざす》の座を争う派閥抗争が生じた。円仁・円珍在世中はなんとか安泰を保っていたが、その弟子たちの時代になると抗争は表面化し、ついに武力衝突にまで発展した。

天元四（九八一）年円珍派の余慶《よけい》が京都法性寺《ほっしょうじ》の座主に任命されると、円仁派は代々法性寺の座主は円仁派が任命されるものと抗議し、ついに余慶は比叡山を下りてしまう事件が発生した。さらに余慶が天台座主に任命されると円仁派は妨害工作を行うに至った。正暦四（九九三）年には円珍派が武力によって攻撃をしかけたが、逆に円仁派によって比叡山上の円珍派の拠点が占拠され、円珍派は山内より一掃されてしまった。こうして円珍派は天台別院園城寺《おんじょうじ》に移り、山上に戻ることはなかった。

園城寺は大友与多王《よたおう》が父大友皇子を弔うために長等《ながら》山麓の自邸を寺地として寄進したという伝承をもつ。貞観四（八六二）年円珍は園城寺の別当職となり、さらに太政官の許可によって天台別院となった。こうした経緯から園城寺は円珍派の拠点となっていた。

比叡山を下りた円珍派は園城寺を拠点としたことから寺門《じもん》とよばれ、比叡山に残った円仁派は山門《さんもん》と称され、ここに天台教団は二派に分裂し、以後天台座主の継承をめぐって両派の抗争はいっそう激しいものとなっていく。

永保元（一〇八一）年大津浦の神人の帰属をめぐって日吉社と園城寺が争うことになった。この抗争はやがて延暦寺と園城寺との対立となり、ついに延暦寺側は園城寺に火を放った。この放火によって園城寺は大半の堂塔を失うこととなる。

その後も両派の対立は続き、保安元（一一二〇）年、保延六（一一四〇）年、長寛元（一一六三）年、建保二（一二一四）年と抗争があり、そのたびに山門衆徒によって園城寺は焼失している。とくに建保二年の抗争には南都東大寺や山城醍醐寺《やましろだいごじ》をも巻き込んでおり、山門、寺門の抗争はたんに天台教団の内紛ではなく南都や京都の仏教教団全体の権力抗争へと発展していった。

こうした両派の抗争のなかで僧兵《そうへい》とよばれる武力集団がうまれた。延暦寺の僧兵を山法師、園城寺の僧兵を寺法師とよんでいる。その横暴ぶりについて白河法皇は「賀茂川の水、双六《すごろく》の賽《さい》、山法師、これ朕《ちん》が心に従わざるもの」（『源平盛衰記』）となげいている。その悪行の一つに神輿振《みこしぶ》りという強訴《ごうそ》がある。これは日吉社の神輿を洛中にまで振

神輿振りと僧兵（「山法師強訴図」）

りかざし朝廷へ訴訟を行うものである。十一世紀から十二世紀までは一〇度ほどであった神輿振りが、十三世紀末から十四世紀には慢性的に行われていった。

衆徒の僧兵化と同じころ、平安時代末期には皇族・貴族の入寺が多くなり、門跡が成立する。とくに梨本円融房（のちの梶井門跡）・青蓮院門跡・妙法院門跡を三門跡と称し、天台座主はこの三門跡から交替で選任することとなっていく。しかしこうした門跡間にも派閥抗争が頻繁におこり、東塔南谷（梶井門跡）と無動寺谷（青蓮院門跡）のあいだではたがいに比叡山中に城郭を構えての合戦すら行われている。

鎌倉幕府は源頼義が前九年の役の戦勝祈願や、義光の元服を園城寺の護法神新羅《しんら》明神で行ったことから、園城寺を庇護し、建保二年の抗争で焼失した堂塔の再建も幕府からの援助があった。反対に延暦寺は平氏とのつながりから幕府との関係は対立的であり、文治二（一一八六）年源義経の叡山潜伏が発覚すると、院宣を得て頼朝は山門を攻撃するという全面衝突になりかけている。

室町幕府は延暦寺の強大な勢力を統制するために、山門使節を組織した。これは幕府の下で山内および寺領内の使節遵行権・軍事警察権・裁判権を有するもので、おもに三門跡の門徒から選任された。幕府は山門使節によって山門を統制しようとしたが、山門使節は有力門跡の門徒として衆徒の代表でもあり、こうした矛盾が逆に幕府と対立する結果となった。永享五（一四三三）年におこった永享の山門騒乱では山門使節は山内の衆徒を総動員して幕府とたたかっている。

守護佐々木氏との関係は建久二（一一九一）年佐々木荘の延暦寺千僧供養料をめぐって紛争がおこり、延暦寺は佐々木定綱の居館を襲撃した。この事件で延暦寺側に多数の死者や負傷者がでたため、延暦寺は神輿振りによる強訴を行い、定綱は薩摩に配流、直接宮仕を殺害した子息定重は近江国内で斬首となった。

嘉禎元（一二三五）年には高島郡で勢多橋行事の所役をめぐって神人と対立、佐々木高信側が宮仕を殺傷する事件がおこった。延暦寺は神輿振りを行うが、そこでも宮仕が殺傷され、高信は遠流となった。一方幕府は延暦寺側にも強訴の張本人を召し出すことを求めた。朝廷は張本人を許す綸旨《りんじ》をだしたが、幕府は強硬な姿勢をくずさず、ついに延暦寺側は屈服した。

文明五（一四七三）年六角行高（高頼）は延暦寺領の押領《おうりょう》停止を確約、幕府も寺社本所領の回復を求めた。むろん行高としては国人に宛行った寺領を返還することはできるわけがなかった。文明七年、多賀高忠と組んだ延暦寺衆徒を撃退し、さらには延暦寺の膝下である滋賀郡・高島郡にも進出を開始し、延暦寺に対する六角氏の優位は絶対的なものへとなっていった。

比叡山と仏教革新運動●

古代国家の解体に伴い有力寺院は積極的に荘園の集積にのりだし、巨大な荘園領主「権門寺院」として強大な権力をもつこととなった。十二世紀末からおこった一連の仏教革新運動は権力寺院の顕密《けんみつ》体制に対する改革として位置づけできる。

こうした鎌倉時代の仏教革新運動の主導者たちが若き日に学んだのが比叡山であった。比叡山の天台教学のなかで、最澄が中国より伝えた「摩訶止観《まかしかん》」や円仁が五台山竹林寺《ごだいさんちくりんじ》で受法した五会念仏によって浄土思想が発展した。源信《げんしん》が著した『往生要集《おうじょうようしゅう》』には現世を汚れた世界とし、浄土への往生を願うことへの重要性が説かれており、仏教革新運動へ多大の影響をあたえた。

その第一人者が法然《ほうねん》である。法然は長承二（一一三三）年美作国《みまさか》（岡山県）の押領使《おうりょうし》漆間時国《うるまときくに》の子として生まれ、一五歳のころ比叡山持宝房源光のもとに預けられた。三年後西塔黒谷青竜寺の慈眼房叡空の門

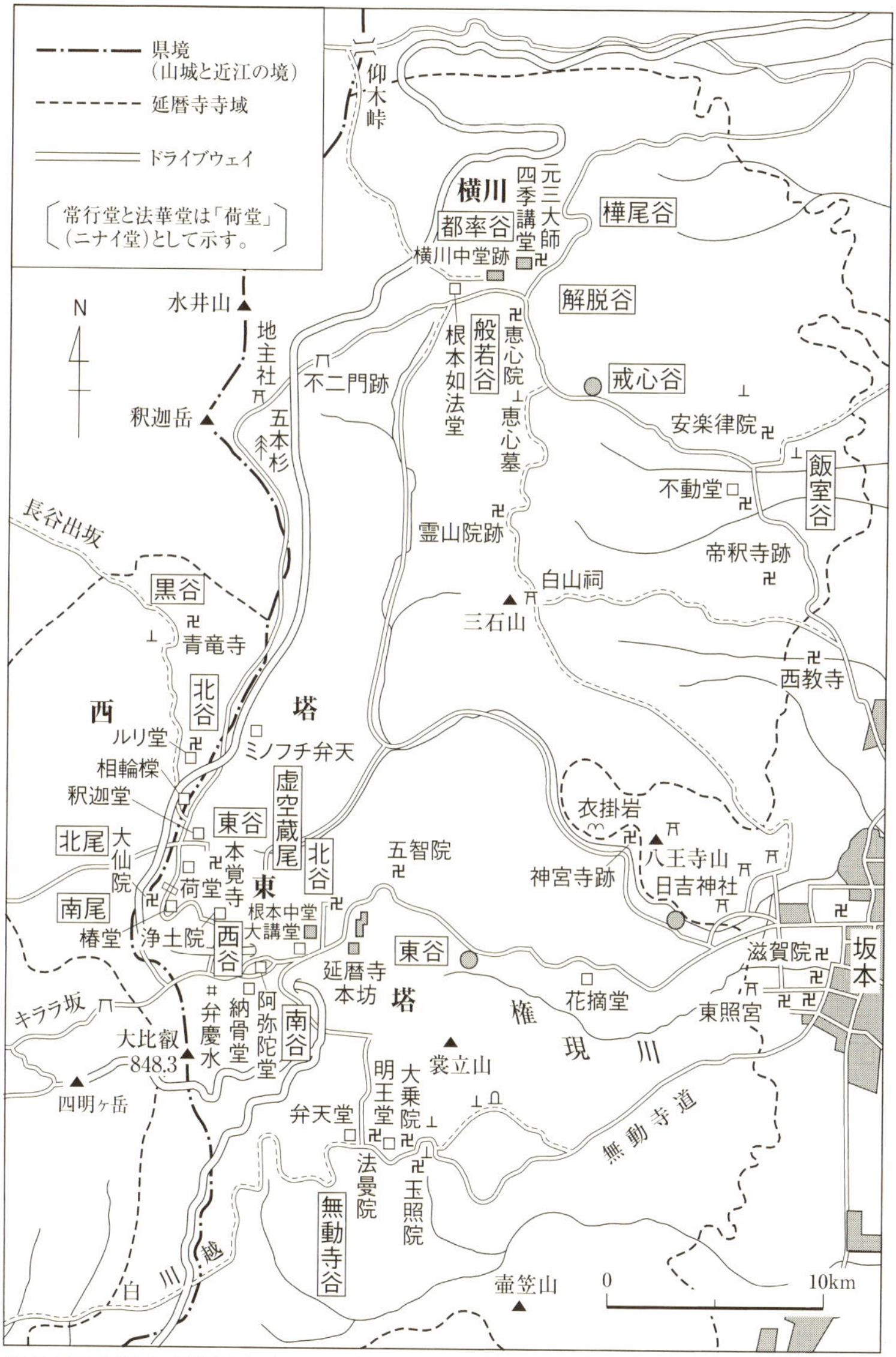

比叡山略図（景山春樹『比叡山』による）

をたたき、以後何度か求道《ぐどう》の旅にでるものの、二五年間にわたってここに隠棲し、修行に励んだ。

十二世紀後半という時代は王朝社会の崩壊、武家社会の台頭という一大変革期であった。そうした時代の変化は仏教界にも変革を求めた。法然は従来の仏教を否定し、専修念仏というあらたな救済論を掲げ、念仏至上主義として浄土宗をおこした。しかし阿弥陀信仰以外の仏教を否定する危険思想は「仏法の怨敵」とされ、ついに流罪となり、死後はその墓所まで暴かれることとなった。

念仏信仰は法然の弟子親鸞《しんらん》によってさらに深化をとげた。親鸞は承安三（一一七三）年日野有範《ひのありのり》の長男として生まれ、九歳で得度したのち、比叡山に上り、常行三昧堂の堂僧となった。二〇年におよぶ念仏修行の末、京都六角堂に一〇〇日間参籠《さんろう》し夢告を得、さらに法然のもとに弟子入りした。専修念仏に対し、延暦寺と興福寺が念仏停止を迫り、親鸞は僧名を剝奪され、越後へ流罪となってしまった。

越後で恵信尼《えしんに》と結婚し妻帯した親鸞は「已に僧に非ず俗に非ず。是の故に禿《かぶろ》の字を以て姓とす」（『教《きょう》行信証《ぎょうしんしょう》』）と、愚禿《ぐとく》親鸞と称し、非僧非俗の僧として布教活動を開始する。その教えは絶対他力の念仏であり、阿弥陀仏を信じる一念があれば救いは保証されるというものであった。さらに徳を積むことにより救済されるという既存の仏教の枠組みからはずれた貧しい衆生《しゅうじょう》こそ、阿弥陀仏の慈悲力によって誰よりも先に救われる存在であるとした。親鸞は「弟子一人も持たず」といい、教団も設立しなかったが、多くの信者がおり、のちの浄土真宗教団の原型は生前にすでにできあがっていた。

一方、念仏とは別に仏教革新運動の核として禅宗がある。栄西《えいさい》は備中《びっちゅう》（岡山県）吉備津《きびつ》宮の祠官賀陽《かや》家に生まれ、一四歳で比叡山で授戒し、天台の教理を学んだ。ところが比叡山の頽廃《たいはい》を嘆き、最澄の伝えた中国の戒律を再興するため、宋へわたった。宋での禅の隆盛をみた栄西は再度の入宋で四年間禅の修行に没頭し、臨済禅の伝法をうけた。帰朝後、鎌倉幕府に接近し、その庇護のもと、京都に建仁寺《けんにんじ》、鎌倉に寿福寺《じゅふくじ》を開き、臨済宗の発展につとめた。

曹洞宗の開祖道元《どうげん》は内大臣久我通親《くがみちちか》の子として生まれ、一四歳で比叡山に上り、天台座主公円について天台教学を学んだ。しかし栄西同様比叡山の頽廃に失望し、わずか二年で下山し、宋へわたった。宋で禅修行の遍歴を重ね、帰国後曹洞禅の開祖となった。曹洞禅は「只管打坐《しかんたざ》」を提唱する実践的な禅であり、ただひたすら打坐して、身心脱落せよというものであった。

鎌倉時代の仏教革新運動の最後に登場するのが日蓮《にちれん》である。日蓮は安房《あわ》(千葉県)の漁村に生まれ、清澄寺《せいちょうじ》で修行ののち、仁治三(一二四二)年比叡山に上がった。さらに南都の諸大寺に学び、法華経に絶対的に帰依《きえ》することが真実であることを悟った。この絶対性は他宗への激烈なる攻撃とみずからへの迫害を意味するものであった。それはまた道元の出家主義や法然・親鸞の現実否定に対する折伏《しゃくぶく》、現世肯定の論理でもあった。

こうした鎌倉時代の仏教革新運動は当時の顕密仏教の秩序からは締めだされた異端の運動にすぎなかったが、室町時代に教団形成がととのい、現代では仏教界の最大宗派へと発展をとげるのである。

比叡山延暦寺は中世最大の荘園領主として世俗界に君臨していた。そうした側面からはたしかに頽廃ととらえられる。しかしその一方で近江において天台宗が隆盛を迎えたことは、仏教界の盟主としての地位を強化していたことを示している。

このような世俗と宗教という二面性について、頽廃に失望し、早くに下山した栄西や道元が宋に目をむけ、禅宗を大成したのに対し、長く比叡山で修行した法然や親鸞が浄土教に目をむける結果となった。

蓮如の布教と真宗の広まり●

水田地帯に点在する集落の中心にひときわ大きな寺院の本堂の屋根が望まれる風景は近江独特の景観といえよう。こうした寺院の大半は浄土真宗であり、村人と真宗が密接に結びついた風景ともいえよう。

近江と真宗とのかかわりは、親鸞が関東からの帰路に帰依した伝承をもつ寺院があり、木部派本山錦《きん》織《しょくじ》寺もそうした寺の一つである。しかし本格的に真宗が近江に根づくのは本願寺八世蓮如《れんにょ》の時代である。お文《ふみ》（御文章）による平易な布教は庶民のあいだで爆発的に広がり、各地で門徒集団が結成された。

堅田は山門領であったが、馬場の道場（のちの本福寺）の法住は蓮如の父存如《ぞんにょ》の時代すでに真宗に帰依しており、長禄四（一四六〇）年には蓮如より十字名号が、寛正二（一四六一）年には親鸞・蓮如の連座像を授与されており、堅田門徒がいかに重要視されていたかがわかる。法住は坊主であるとともに堅田の紺屋《こんや》でもあった。堅田では酒屋・研屋《とぎや》・麴屋《こうじや》などの商工業者たちも門徒となっており、堅田門徒は惣を構成する全人衆全体に広がっていった。

寛正六年大谷本願寺は山門衆徒によって破壊された。蓮如は親鸞絵像を近江金森に移し、翌年の報恩講も金森で修している。応仁元（一四六七）年親鸞絵像は赤野井から船で琵琶湖を横断し、法住の本福寺に移された。本福寺では七昼夜、蓮如を迎えて報恩講が盛大に行われた。堅田門徒の喜びはいかばかりであったろうか。『本福寺由来記』には、「ヨロコビノナカノヨロコビ、幸ノ中ノ幸」と記されている。

法住たち堅田門徒は一方で商人という側面をもっていた。「能登、越中、信濃、出羽《でわ》、奥州、ニシハ因幡《いなば》、伯耆《ほうき》、出雲《いずも》、岩見、丹後《たんご》、但馬《たじま》、若狭《わかさ》へ越ヘテ商ヲセシ」（『本福寺跡書』）と全国に商業活動を行っているが、真宗の教えをたずさえての商いだったにちがいない。真宗教線の拡大が商業圏の伸長にもつながることを計算していたことは否定できない。

しかし堅田の平和はそう長くは続かなかった。応仁二年、堅田衆が将軍足利義政の花の御所《ごしょ》の用材を運搬する船を襲ったため、幕府は山門に堅田の焼打ちを命じたのである。親鸞絵像と蓮如は大津の道覚のもとへ逃れたが、堅田の町は全焼してしまった。

大谷破却によって絵像が最初に移された金森は堅田の対岸に位置している。この金森には蓮如の近侍龍玄の叔父道西がおり、存如の時代に真宗に帰依していた。蓮如はこうした関係から道西の構えていた金森道場を拠点に赤野井や三宅の道場を巡回し、近江南部への布教活動を積極的に行った。

金森も寛正六年、守山の山門日浄坊によって攻められた。このような度重なる山門側の襲撃にそなえて、道場を中心とする門徒村落は自衛手段として環濠《かんごう》をめぐらせ、城郭的性格をもつようになる。金森では『本福寺跡書』に、「城ニモ銘誉ノ兵、籠リタシ間、輙《たやすく》懸《かけ》破ラルベキ様モナシ」と記されている。さらにこうした城郭的性格は周辺の門徒を取り込んでいく。真宗の教えである「仏法領」を地上に具現化した都

堅田本福寺(大津市本堅田町)

市として、宗教的運命共同体「寺内町《じないちょう》」の出現である。戦国時代、寺内町はさらに整備され、一〇〇年後、織田信長《おだのぶなが》を相手に近江一向一揆の拠点となっていくのである。

一方、湖北地方では蓮如が本願寺留守職をつぐ以前に、福田寺琮俊《そうしゅん》に『口伝鈔』や『安心決定鈔』などの真宗聖典を授与して以来、真宗教線は急速に広まった。とくに九世実如は数多くの十字名号や絵像を湖北の寺院に授与しており、湖北の人びとが現世の救済を真宗に求めた状況がうかがえる。湖北をはじめとして近江の真宗寺院の多くは元来天台宗であったものが、蓮如の時代に真宗に転派した由緒をもっている。こうした寺院には平安〜鎌倉時代の阿弥陀如来像が安置されており、伝承もあながち否定しきれない。真宗寺院の転派伝承に人びとが山門を荘園領主として見切りをつけ、庶民の現世救済を説いた蓮如の教えに帰依していった姿をみることができる。

湖北に残る西徳寺《さいとくじ》（長浜市木之本町）、来現寺《らいげんじ》（長浜市弓削町）、源海寺《げんかいじ》（米原《まいばら》市）の本堂は江戸時代後期の建築であるが、小規模な茅葺《かやぶき》で妻入《つまいり》の民家風の建物は、中世村落内の道場を彷彿《ほうふつ》とさせてくれる。道場は門徒の会合の場でもあり、布教の場でもあった。伽藍《がらん》をそなえず、僧侶もいない、こうした道場から真宗は燎原《りょうげん》の火のごとく近江全土に広がっていったのである。

神と仏と文化●

戦乱の時代であった中世において、人びとは安寧《あんねい》を願い神仏への信仰を深めていった。とくに近江の場合、山門の膝下であることから数多くの天台寺院が建立された。一方神社は武運長久、戦勝祈願する守護や有力国人の庇護をうけ、惣においては村人の紐帯《ちゅうたい》として信仰されていた。

湖東三山は鈴鹿山系の西麓に位置する天台宗の名刹《めいさつ》で、いずれも山岳密教寺院の典型的な建物配置をみることができる。西明寺《さいみょうじ》本堂は七間四方で正面に三間の向拝《こうはい》が付加され、屋根は入母屋造《いりもやづくり》・檜皮葺《ひわだぶき》の重厚な建物で、鎌倉時代前期に五間四方の、いわゆる五間堂として建立されたものが、室町時代に寺院勢力が増大したため周囲を一間ずつ拡大した特異な構造となっている。明治三十（一八九七）年古社寺保存法が制定されたさい、全国で最初に選出された四四棟の一つである。本堂右側の三重塔は均斉のとれた美しい塔で、初重内部は極彩色に装飾された鎌倉時代初期の建築で、本堂とともに国宝に指定されている。

金剛輪寺《こんごうりんじ》の本堂も七間四方で、屋根は入母屋造・檜皮葺という和風建築、須弥壇《しゅみだん》の東金具の刻銘により、弘安十一（一二八八）年守護職佐々木頼綱によって建立されたものである。アメリカのボストン美術館には、かつて金剛輪寺の本堂に安置されていた聖観音菩薩坐像が収蔵されている。中世の仏像としては珍しい金銅仏である。台座銘から願主犬上氏、芳縁が依智秦氏《えちはた》、仏師西智によって文永六（一二六九）年に造立されたものである。

百済寺《ひゃくさいじ》は度重なる兵乱の被害を被っており、往時の建

西明寺本堂（犬上郡甲良町）

物は存在しない。しかし寺宝には絹本著色日吉山王神像や金銅唐草文磬《こんどうからくさもんけい》など数多くの重要文化財が伝えられている。

湖東三山が鈴鹿山麓の天台文化というならば、甲賀郡内にも注目すべき天台寺院が集中している。阿星《あせい》山麓に位置する長寿寺と常楽寺である。長寿寺は俗に東寺とよばれ、本堂は五間堂で、屋根は寄棟《よせむね》造・檜皮葺で、屋根の勾配が実に美しい。鎌倉時代初期を代表する天台本堂として、国宝に指定されている。なお安土城内摠見寺《そうけんじ》の三重塔はこの寺の塔を移築したものと考えられる。

常楽寺は俗に西寺と称され、本堂は桁行《けたゆき》七間・梁間《はりま》六間で、屋根は入母屋造・檜皮葺の典型的な天台本堂で、鎌倉時代末期から南北朝時代初めごろの建築と推定される。本堂左側の高台には応永七（一四〇〇）年銘の瓦をふく三重塔があり、いずれも国宝である。

東寺・西寺と野洲川をへだてた対岸、湖南《こなん》市岩根の善水寺は岩根山腹にあり、山岳寺院の様相を呈している。長い石段を登りつめると、均斉のとれた美しい屋根勾配の本堂に疲れも忘れてしまう。桁行七間・梁間五間で、屋根は入母屋造・檜皮葺、正平十九（貞治三＝一三六四）年の建築で、国宝に指定されている。

延暦寺の堂塔が織田信長によって焼き打ちされ現存しない今、こうした湖東、甲賀の本堂建築は中世天台宗本堂として貴重なものである。

天台宗以外で中世寺院建築として忘れてならないものとして石山寺《いしやまでら》多宝塔がある。切手のデザインとしても著名なこの多宝塔は純和様建築の代表例で、建久五（一一九四）年の建築、源頼朝の寄進と伝えられる日本最古の多宝塔である。

❖コラム

明王院の参籠札

比良山系の谷奥、安曇《あど》川上流の地、葛《かつら》川の明王院《みょうおういん》には参籠札《さんろうふだ》とよばれる木製の卒塔婆《そとうば》が数多く残されている。

平安時代の初め、貞観元（八五九）年天台修験の祖である相応は比良山系にわけ入り、「三の滝」で七日間の参籠ののち、不動明王を感得したと伝えられている。そのときに霊木に刻んだ不動明王を安置したのが葛川明王院の起源である。

以後葛川は天台修験の聖地として、また道場として発展し、数多くの人びとが参詣《さんけい》することとなった。こうした人びとが墨書した参籠札が現在明王院には三五六本も残されている。このうち慶長（一五九六～一六一五）以前の紀年銘を有するものも五八本を数える。

参籠札は「大聖不動明王」の名号、参籠年月日、氏名、度数などを墨書し、本堂の周辺に立て並べられた。「葛川明王院領境界図」には本堂周辺に林立している姿が描かれている。

立てられる参籠札は巨大なもので、元久元（一二〇四）年の参籠札は長さ三九一・七センチを測る。これ以外の五〇～一〇〇センチのものは境内に立てるものではなく、本堂の柱に打ちつけられたり、長押《なげし》などにかけられるものであった。

現存する参籠札で興味深いものは、応永十二（一四〇五）年に室町幕府三代将軍足利義満《よしみつ》がおさめたもの、文明十三（一四八一）年、十九年の再度にわたり、九代将軍足利義尚《よしひさ》が生母日野富子《ひのとみこ》とともにおさめたものが目を引く。

神社建築に目をむけると、県内で国宝に指定されている本殿だけでも七棟におよんでいる。流造《ながれづくり》の代表として園城寺境内の新羅善神堂《しんらぜんしんどう》は南北朝時代、蒲生郡竜王町の苗村《なむら》神社西本殿は徳治三（一三〇八）年の建築で、いずれも三間社流造の美しい社殿である。

野洲市の御上《みかみ》神社本殿は三間堂で、屋根は入母屋造という構造で、一見すると寺院の仏堂のようである。神仏混合思想によって、神社本殿も寺院の仏堂と同じ構造の建物が出現した例として注目できる。鎌倉時代初期の建築と考えられる。

同じく野洲市の大笹原《おおささはら》神社本殿も三間堂形式で、屋根は入母屋造であるが、御上神社本殿にはある大棟の千木《ちぎ》や勝男木《かつおぎ》もすでになく、御上神社本殿よりもさらに仏堂的である。応永二十一（一四一四）年の建築で、細部の意匠にすぐれており、蟇股《かえるまた》・肘木《ひじき》・脇障子《わきしょうじ》にはとても美しい装飾彫刻が施されている。

神社建築ではこのほか、本県にしかみられない独特の構造として、日吉造《ひよし》がある。日吉神社西本宮・東本宮・宇佐宮の本殿がそれで、いずれも桃山時代に再建されたものであるが、平安時代には貴族の邸宅建築の流れをくんで成立したことはまちがいない。

もちろんこうした天台寺院や神社などにはいちいちあげることはできないが、建築以外に多くの仏像・神像・絵画・工芸品が伝えられており、本県が中世宗教文化の宝庫であることはいうまでもない。

さて、こうした社寺以外に近江には中世数多くの石造文化財が建立された。野の文化財とでもいうべき石造文化財は、県下のいたるところに点在している。層塔・宝塔・五輪塔《ごりんとう》・宝篋印塔《ほうきょういんとう》・石仏など、さまざまな形式の石造文化財を県内で網羅することができる。

とくに宝塔や層塔の台石に刻まれた文様は「三茎蓮《さんけいれん》」とよばれ、中央に花か蕾《つぼみ》、左右に葉をつけた三本の蓮をレリーフしている。この文様は近江で発生し、「近江三茎蓮」ともよばれ、近江から西日本へ伝わり、九州にまでみることができるが、関東にはみられない。大吉寺《だいきちじ》（長浜市）宝塔は建長三（一二五一）年、松尾寺（米原市）九重塔は文永七（一二七〇）年の建立で三茎蓮の最古例である。台石の文様は三茎蓮以外に開蓮華・散蓮華・孔雀《くじゃく》などもあり、鏡山塔《かがみやまとう》（蒲生郡竜王町）の台石にはむかいあう二羽の孔雀がみごとに刻まれ、塔身の四隅には迦陵《がりょう》頻迦《びんが》が飾られており、実に美しい宝篋印塔で、この種の石塔は全国に三例しかない。鎌倉時代後半の造立と考えられる。

石仏では湖西の高島にある鵜川《うかわ》の四十八体仏が著名である。天文十二（一五四三）年守護六角義賢が亡母追善のために建立したものといわれている。

まさに近江は中世石造文化財の宝庫である。

4章

戦国回廊近江

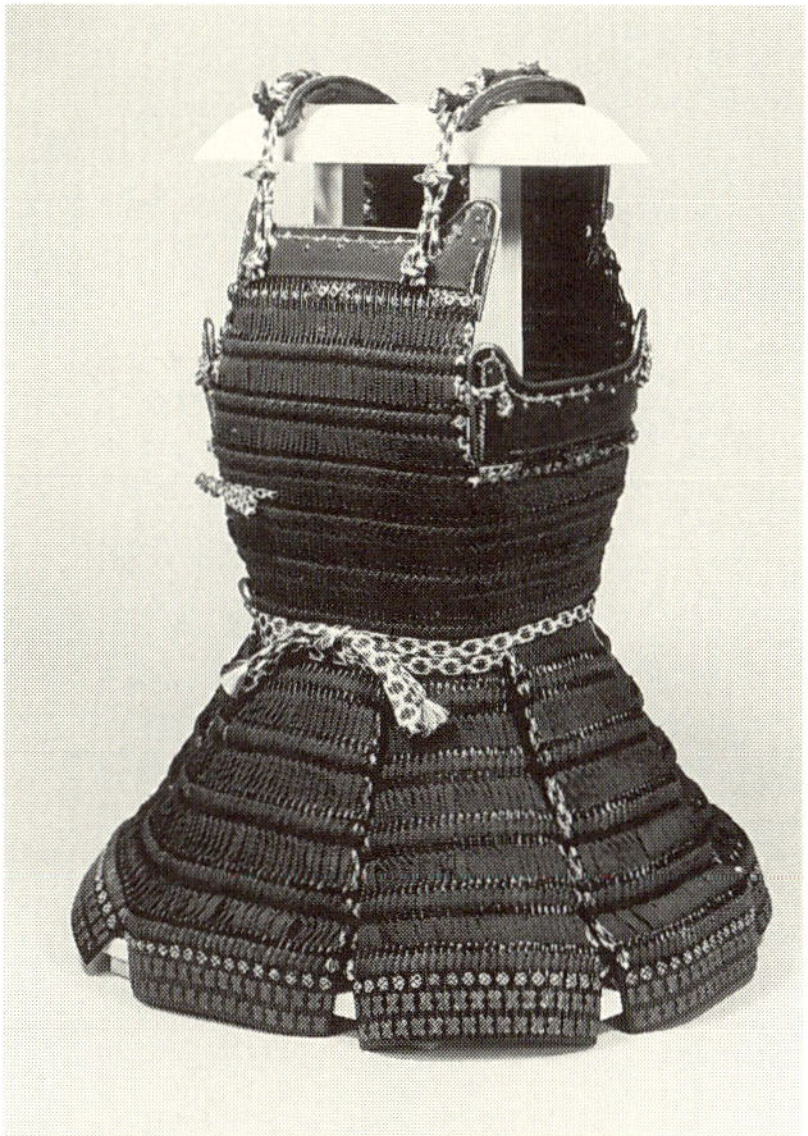

黒漆塗紺糸威胴丸

1　浅井氏の台頭

将軍親征と鈎の陣●

全国を二分してたたかわれた応仁の大乱で、六角《ろっかく》氏は西軍山名宗全《やまなそうぜん》側についた。当時六角氏の当主は亀寿《かめじゅ》丸《まる》で、まだ幼少であったために一族の山内政綱《まさつな》が補佐してこの乱にのぞんだ。もちろん近江もこの戦乱にまき込まれたことはいうまでもない。家臣の子息を殺害したために家督《かとく》を追われた六角政堯《まさたか》と江北の京《きょう》極《ごく》勝秀は東軍に属して、応仁元（一四六七）年六角氏の本城観音寺《かんのんじ》城（近江八幡市）を攻めた。六角勢は翌二年守山《もりやま》城（守山市）で大敗し、観音寺城も落城した。こうして軍事的に近江を掌握した政堯に対し、将軍足利義政《あしかがよしまさ》は近江守護職に任命した。さらに文明元（一四六九）年幕府は今度は京極持清《もちきよ》を近江守護職に補任したのである。江北に勢力をもつとはいえ、佐々木庶子家であり、惣領家《そうりょうけ》六角氏にのみあたえられていた近江守護職が京極氏にあたえられたのは京極導誉《どうよ》以来実に一〇〇年ぶりのことであった。

一連の事態に驚いたのは京都で奮戦していた亀寿丸である。亀寿丸は京都を引き払い、その鉾先を近江へとむけた。翌年京極持清が死去すると京極氏が家督をめぐって内訌《ないこう》状態となり、ようやく亀寿丸が近江一国を支配することとなった。

行高《ゆきたか》（のちに高頼）と改名した亀寿丸は東軍や京極政経と戦いを繰り広げるなか、ようやく文明十年近江守護職に補任された。幕府は平穏になった近江に寺社本所領の本主への返還を求めてきた。行高は要求を無視し、逆にそれまで六角氏が手をつけることのなかった湖西地方の延暦寺領の押領を行ったのである。

こうした社寺、幕府奉公衆の本領を押領する行高の行為に対して、幕府はついに六角氏討伐を決定した。しかもこの討伐は将軍足利義尚《よしひさ》みずからが出陣する将軍親征となった。長享元（一四八七）年義尚の指揮で幕府軍は近江に進攻した。義尚の出立は頭髪を乱して長烏帽子《ながえぼし》を被り、赤地錦に桐唐草を織り出した鎧直垂《よろいひたたれ》に身を固め、重藤《しげとう》の弓をもち、胡籙《ころく》を負って黄金作りの太刀を帯び河原毛の馬にのり、三九一騎、八〇〇〇の兵を引きつれるという、まことに勇ましいものであった。

高頼（行高）は抵抗らしい抵抗をせず甲賀《こうが》へと逃れた。一方義尚は坂本の陣より栗太《くりた》郡鈎《まがり》の安養寺《あんようじ》（栗東市）へ進出し、そこを高頼追撃の本陣と定めた。高頼は甲賀から伊勢（三重県）に逃れるが、義尚の高頼討伐の意志は強く、本陣を下鈎《しもまがり》の真宝なる者の館（栗東市上鈎）へと移した。一方の高頼は決戦をさけ、ゲリラ戦法をとり、戦いは長期戦の構えとなった。幕府軍はほとんど成果があがらず、しだいに戦意を失い、義尚は鈎の陣内で延徳元（一四八九）年二五歳の若さで没した。

鈎の陣跡（栗東市上鈎）

応仁の大乱により、室町幕府は弱体化し、将軍は京都での争乱をさけ、しばしば近江で逃亡生活を送っている。

永正五（一五〇八）年細川政元《まさもと》によって将軍職を追われた足利義材《よしき》が大内義興《よしおき》・細川高国の支援を得て京都にせまると、十一代将軍足利義澄《よしずみ》と細川澄元《すみもと》は近江へ逃れた。義澄は奉公衆をわずかにしたがえて坂本から長命寺へ、さらに岡山城（近江八幡市）へ入城した。同八年には城内で生まれた一子（のちの義晴）を伴い播磨《はりま》の赤松義村をたより、京都奪回をめざすが敗退し、ふたたび岡山城へ落ちのびた。義澄は京都に戻ることを夢見ながら、わずか三二歳で岡山城中に没した。

岡山城で誕生した義晴は細川高国に擁され十二代将軍となった。ところが大永七（一五二七）年細川晴元が足利義維《よしつな》（義晴の異母弟）を奉じて阿波に蜂起すると、義晴・高国体制はあっけなく崩壊した。二人は京都を脱出し、山中越で坂本に至り、さらに長光寺へ避難した。長光寺で体制を建て直したものの帰洛は果たせず、享禄元（一五二八）年には坂本に引きあげ、さらに朽木《くつき》氏をたよって朽木谷で二年半におよぶ逃亡生活を送っている。同四年に義晴と晴元のあいだに和議が成立するものの、京都にははいれず、観音寺城の山麓、桑実寺《くわのみでら》を仮幕府として三年間滞在している。天文三（一五三四）年宿願の帰洛を果たしたものの、それ以後も入京、退京を繰りかえし、同十九年、近江穴太《あのう》の地で病没した。享年四〇歳であった。

義晴の子義藤《よしふじ》（のちの十三代将軍義輝）は六角定頼の支援で三好長慶《みよしながよし》軍とたたかうが、勝利をつ

❖コラム

かむことができず、朽木谷へ逃げ込んだ。ところが定頼の死によって六角・三好氏に和議が成立し、天文二十一年、義藤はついに京都にはいることができた。ところが同二十三年には早くも長慶と決裂し、義藤はその後五年あまりを近江朽木谷で過ごすこととなる。

現在朽木興聖寺《こうしょうじ》境内に残る庭園は、旧秀隣寺《しゅうりんじ》庭園として国の名勝に指定されている。この地は元来朽木氏の居館のあったところで、今でも興聖寺の周囲には土塁や空堀が残っている。この朽木氏の居館が流浪の将軍たちの仮御所となったのであろう。

眼下に安曇《あど》川渓谷、眼前に比良山系蛇谷ヶ峰《じゃだにがみね》を借景とした蓬莱池泉《ほうらいちせん》観賞式庭園は室町時代の武家庭園の代表作で、義晴をなぐさめるため、細川高国が作庭したものと伝えられている。

旧秀隣寺庭園(朽木興聖寺境内)

長享元年から三カ年にわたる親征を切り抜けられたのは六角氏と国人との強いきずながあったからである。鎌倉以来の守護大名として、着実に近江に根をおろし、本所領を押領することによって国人にあたえ続けたことが将軍親征という戦いを切り抜けた大きな要因であった。この結果各地で守護大名が没落していくなかで、六角氏は守護大名から戦国大名へと存続していくのであった。

義尚の跡をうけた新将軍足利義材《よしき》は、本所領の返還を拒否した高頼の重臣らに対し、ふたたび六角討伐を行った。延徳三（一四九一）年八月、またも高頼は甲賀へと遁走した。義材は近江を将軍家の直轄《ちょっかつ》国である御料国とし、管領《かんれい》細川政元《まさもと》の家臣安富元家《やすとみもといえ》を守護代分とした。さらに幕府軍は六角氏の重臣山内政綱を園城寺《おんじょうじ》で謀殺し、明応元（一四九二）年三月には神崎郡簗瀬《やなせ》の戦いで大勝利をおさめ、その勢いに乗じて甲賀まで攻めいり、ほぼ近江全土を制圧した。

義材は高島頼高の子で六角政堯の猶子《ゆうし》である虎千代を近江守護職に補任し、京都へと凱旋《がいせん》した。ところがその四カ月後管領細川政元のクーデタにより将軍の地位を追われてしまい、代わって山内政綱の子就綱《なりつな》が近江守護職に補任された。就綱は延暦寺《えんりゃくじ》と手を結び高頼のこもる金剛寺《こんごうじ》城を攻め落とした。高頼は美濃守護代斉藤利国に救援を求め、反撃に打ってでて、就綱軍を近江から駆逐することに成功した。ここに幕府はついに六角氏討伐をあきらめ、高頼を赦免し、ふたたび近江守護職に補任したのである。

京極氏の内訌●

江北では南北朝時代、佐々木氏の庶子《しょし》家である京極導誉《どうよ》が一時近江守護職となり、足利尊氏は導誉に対して佐々木大惣領《だいそうりょう》の地位をあたえている。また導誉の子秀綱・高秀は評定衆となり、四職《しき》家の一つともなっていった。さらに明徳の乱の功により、出雲《いずも》・隠岐《おき》・石見《いわみ》（島根県）、飛騨《ひだ》（岐阜県）の守護職に補せられ、惣領家をしのぐ勢力をもつようになっていた。

こうした京極氏の近江における地位についてはさまざまな見解がある。すなわち、(1)京極氏の江北三郡の支配権は軍事指揮権にかぎられており、遵行《じゅんぎょう》権は六角氏にあり、あくまでも三郡の守護権の一部をあたえられたにすぎない。(2)六角氏に対抗させるため幕府は京極氏および奉公衆に近江国内の所領を許し、応永（一三九四〜）初年ころからは所務の遵行を京極氏に命じるようになった。(3)京極氏は近江北郡の守護であった。この半国守護は河内国（大阪府）半国守護と同様のものであった。

などである。このように見解のちがいはあるものの、江北における京極氏の地位が幕府の六角氏牽制の布石であったことは確かである。

応仁の乱で東軍に属した京極持清は文明元（一四六九）年に近江守護職となった。ところが前年嫡子勝秀が死去し、文明三年には持清が死去したころから京極氏に内訌がおこりはじめた。これが「文明の内訌」である。

勝秀の子と考えられる孫童子丸（高清・秀綱）が家督をつぐが、幼少のため叔父政光がこれを後見することとなった。これに対し政光の弟政経（政高）が対抗し、家臣団も二派に分かれて抗争がはじまった（一説には孫童子丸も夭折《ようせつ》し、高清はその弟乙童子丸とする説もある）。文明三年に政経は出雲・隠岐・飛驒の守護職となり、幕府から家督を認められ、文明五年には近江守護職に補任された。

政経は幕府から西軍についた六角行高（高頼）の討伐を命ぜられ、観音寺城を攻めた。これに対し行高は土岐《とき》成頼《なりより》・斯波《しば》義廉《よしかど》らの援軍を得て劣勢をもりかえした。一方家督を奪われた高清は政経との対抗上西軍に属していたが、文明十年には幕府の赦免《しゃめん》を得て、近江北郡守護に任ぜられ、家督も認められるに至った。政経は出雲・隠岐・飛騨の守護職、惣領職もそのままで京極氏に同時に二人の惣領が公認される状況となってしまった。

高清の家督が認められると、それまで政経にしたがっていた多賀《たが》高忠も高清に属すようになった。高忠に反感をもつ多賀宗直は文明十八年高清に離反し挙兵した。高清は甲賀郡三雲《みくも》へ遁走し、高忠は陣中で自害してしまった。甲賀で軍を立て直した高清は北上し、国友河原《くにともがわら》（長浜市）で激戦となり、今度は宗直が大敗し、月ヶ瀬（同市）に逃れて自害した。

一方京極政経・材宗父子も江北を虎視眈々《こしたんたん》とねらっており、両者は長享二（一四八八）年松尾でたたかい、政経は敗れて伊勢へ敗走した。ところが山門領を押領した高清に対し、幕府は政経に追討の命令を下し、上坂景重《こうざかかげしげ》に擁された政経が再度近江にはいると、高清は余呉《よご》へ逃れてしまった。政経側では嫡子材宗が家臣とのあいだに騒動をおこし、幕府は今度は高清に対し、政経・材宗父子を討伐するように命じたのである。高清は美濃の斉藤利国《としくに》の援助によって明応二（一四九三）年江北に進出し、政経は八尾山城《やつおやま》（犬上《いぬかみ》郡多賀《たが》町）に退去して一応内紛はおさまったかにみえた。ところが材宗はその後も高清と対抗を続け、六角高頼とともに江北に侵入するが、高清は美濃の斉藤彦四郎の援軍を得て、これを防いでいる。

永正二（一五〇五）年になると上坂家信の仲介により日光寺（米原市）において高清と材宗のあいだに和議が成立し、高清は上平寺城《じょうへいじ》（同市）を本拠として、ようやく江北に平和が訪れたのである。『江北記《ごうほくき》』には「是より二十五年無事也」と記されている。

鎌倉以来江北に覇をとなえた京極氏も文明の内訌によって急速に弱体化していった。この京極氏歴代の墓所が徳源院《とくげんいん》（米原市清滝）にある。霊通山清瀧寺《きよたきじ》と号し、京極氏初代氏信の創建と伝えられ、寛文十二

（一六七二）年丸亀《まるがめ》藩主京極高豊が先祖累代の地であることにより、自領との交換を願いでて許され、以後寺観の整備につとめた。そして付近に散在していた京極氏の墓石を集め墓所を形成した。これが現在徳源院本堂背後にある京極家墓所である。

墓所は上・下二段にいとなまれ、上段に初代氏信から十八代高数《たかかず》までの宝篋印塔《ほうきょういんとう》が一列に並び、下段には丸亀藩主、多度津《たどつ》藩主の宝篋印塔一六基と五輪塔三基があり、なかでも高次らの墓は石造廟堂や木造廟堂に宝篋印塔がおさめられている。京極家墓所は一カ所に鎌倉時代から江戸時代に至る宝篋印塔がそろっており、宝篋印塔の形式や変遷をたどるうえで第一級の資料となっている。

戦国大名浅井氏三代●

日光寺の講和によって江北にようやく平和が訪れたが、その平和はあまりにも短いものであった。高清の家臣上坂信光《こうざかのぶみつ》の専横にほかの家臣との対立が進んでいたのである。

大永三（一五二三）年大吉寺《だいきちじ》（長浜市）梅本坊で行われた公事をめぐって浅井《あざい》・三田村・堀・今井ら京極家の根本被官

徳源院京極家墓地（米原市清滝）

人たちが浅見氏と連合して尾上《おのえ》城に立てこもり、上坂氏に対して反乱をおこす事件がおきた。公事の詳細についてては不明であるが、おそらく京極高清の相続問題ではなかったかと考えられる。反乱勢は今浜（長浜）の上坂信光を攻めてこれを破り、高清・高慶父子は尾張（愛知県）へ逃走し、高延（高広）が浅見氏に迎えられて尾上城にはいった。この内紛から台頭してきたのが浅井氏である。

浅井氏の出自については、三条公綱落胤《らくいん》説や物部守屋《もののべのもりや》後裔《こうえい》説などがあるが、いずれも貴種流寓説の類でまったく信用できない。

浅井氏に関するもっとも古い記録は長福寺（長浜市余呉町上丹生《よごかみにう》）の木造薬師如来立像の建保三（一二一五）年背銘や、寛喜三（一二三一）年の円満寺（同市高月町井口《たかつきちょう》）鐘銘に浅井氏の名が認められ、鎌倉時代にはすでに湖北の土豪として勢力をもち、京極氏の根本被官人となっていたようである。

浅井亮政《すけまさ》は京極高延を擁した浅見貞則を牽制するため上坂信光と和を結び、尾張へ逃走していた京極高清をみずからの居城小谷《おだに》城へ迎えいれたのである。こうした亮政の台頭に対し、大永五年六角定頼は江北へ出陣し、高清・亮政は美濃へ追いやられた。しかし六角氏は中央政権への動きにとらわれ、越前（福井県）朝倉氏や本願寺と接近をはかった浅井氏の江北における地位は確固たるものへと固まりつつあった。その地位を不動のものとしたのが、天文三（一五三四）年小谷城内における京極高広（高延）・高秀（高弥）父子の饗応である（一説には高清・高延父子とする説もある）。亮政は京極父子や京極氏の重臣らを招待し、城内で猿楽を催し、大饗宴を開いたのである。この饗応を境に亮政による所領安堵《あんど》や掟、条々などの書状が急激に増加していることから、浅井氏が江北の実質的支配者となったことがうかがえる。

天文十年、京極高広は亮政と断ち挙兵した。亮政は敗れ翌年死去した。高広は高慶と和睦し、亮政の子久政に対した。これに対し久政は和議を請い高広に下った。江北の支配権をおさめた高広は六角定頼を攻めたが、地頭山《じとうやま》（米原市）の合戦で大敗し没落した。久政は六角義賢に下った。浅井氏三代の長政が当初賢政を名乗ったのは六角義賢の偏諱《へんき》であり、妻も六角氏の重臣平井氏からめとっているのも、久政と六角氏の関係から生じたものであった。

永禄三（一五六〇）年久政は家督を賢政にゆずり隠居した。この家督相続の背景には久政と賢政の六角氏への従属に対する意見の相違があったとみられ、前年に賢政が妻と別離していることからもうかがうことができる。

賢政は永禄四年ころ長政と改名するが、これは織田信長の偏諱と考えられることから、このころ信長の妹市《いち》と婚姻を結んだのであろう。信長と同盟を結んだ長政は江北を中心に湖西や湖東にまで進出し、勢力

浅井長政画像

を拡大していった。ところが元亀元（一五七〇）年長政は突然信長に反旗をひるがえした。婚姻関係を超える関係が朝倉・浅井氏のあいだにあったのであろう。それは亮政以来江北に覇をとなえる浅井氏三代を全面的にバックアップし続けてきた朝倉氏に対する血縁以上の恩顧であった。

信長は敦賀《つるが》（福井県）より朽木谷《くつきだに》を抜けて京都へ逃げ帰った。信長を討つことができなかった長政は越前朝倉氏の援助を得て長比《たけくらべ》（米原市）・苅安尾《かりやすお》（同市）に要害を構え、佐和山《さわやま》城や鯰江《なまずえ》城に人数を差し向け、江北の守りを固めた。岐阜に戻った信長は長政を討つため出陣し、こうした諸城をつぎつぎと落とし、六月二十四日、姉川を眼下に見下ろす龍ヶ鼻（長浜市）に同盟軍徳川家康とともに布陣した。一方浅井・朝倉軍は姉川北岸に布陣し、二十八日には姉川をはさんで合戦の火蓋《ひぶた》が切っておとされた。合戦は当初朝倉軍に優勢であり、浅井軍も信長本陣までせまる勢いであったが、いずれも側面より榊原《さかきばら》康政や稲葉一鉄の攻撃をうけ、ついに北へしりぞいた。信長は勢いに乗じて小谷城に迫り、城下に火を放ったが城攻めはさけ、いったん京都へ引き返した。

一般に姉川合戦は浅井・朝倉軍が大敗したと思われているが、信長に小谷城を攻める余力のなかったことや、九月には浅井・朝倉軍が志賀へ進出していることなどから、決定的な勝敗はつかなかったのである。

しかし北江の土豪たちに影響をあたえたことは事実で、元亀二年ころから宮部継潤《けいじゅん》・田那部《たなべ》式部丞《しきぶのじょう》・阿閉貞征《あつじさだまさ》らが信長の軍門に下っていく。信長は小谷城攻めの本陣を虎御前山（長浜市）にきずき、まず越前に攻めいり、朝倉義景を討ち、天正元（一五七三）年八月二十七日小谷城を攻め落とした。久政・長政父子は自刃し、江北に五〇余年間覇をとなえた浅井氏は滅亡した。

❖コラム

浅井長政の空手形

「今度籠城被相届候儀難謝候、仍今村跡并於八幡河毛次郎左衛門尉知行分候、同孫三郎方跡・小堀左京亮跡、何以進之候、聊不可有相違候、委曲同名新内丞可有伝達候、恐々謹言、

元亀四　　　　　浅備

八月十八日　　　　長政（花押）

垣見助左衛門尉殿

御宿所」

一見なんの変哲もない浅井長政のだした宛行状《あてがい》である。ところが元亀四（一五七三）年八月十八日といえば、長政がこもる小谷城が織田信長軍に包囲されているまっ最中である。しかも落城寸前の時期といってよい日付である。おそらく緊迫した城内で書かれたものであろう。

同様に長政は片桐孫右衛門尉や上坂八郎右衛門尉、寺村小八郎ら家臣たちにも感状をだしている。最後までしたがってくれた忠臣に対する長政のせめてもの感謝の気持ちが込められている。こうした宛行状は小谷落城とともに空手形におわってしまった。しかし空手形とはいえ、主君長政の気持ちの込められた書状を賜った家臣たちは、子々孫々現在に至るまで大切に伝えてきたのである。

ところで元亀は四年の七月二十八日に天正と改元されている。長政の書状は最後まで元亀を貫き通している。この改元をうながしたのは織田信長である。それを知って長政は天正を用いなかったのではないだろうか。

観音寺騒動と六角氏式目●

織田信長の入洛以前、畿内でもっとも強大で安定した戦国大名となっていた六角氏にとってその基盤を根底からゆるがす大事件が発生した。永禄六（一五六三）年六角義賢《よしかた》（承禎《じょうてい》）の子義弼《よしすけ》（義治）が、重臣後藤賢豊父子三人を観音寺城内で謀殺したのである。賢豊は承禎の重臣として信頼を得ていたが、その威勢を恐れた義弼がこれを謀殺したと伝えられている。義弼とすればここで六角氏の権力を絶対的なものとするつもりであったが、永田・三上・池田・進藤・平井氏らの重臣たちは観音寺城内の自邸を焼き払い、それぞれの居城へと引き揚げてしまった。事件が思わぬ方向へむかってしまったことに驚いた義弼は観音寺城をすて、蒲生《がもう》定秀をたよって日野の蒲生館へしりぞき、父承禎も三雲館へしりぞいたのである。六角父子が退去した観音寺城は城下ともども焼きつくされた。さらに自領に引き揚げた重臣たちは江北の浅井氏へ内通し、長政軍は高宮（彦根市）にまで軍勢を南下させた。こうした事態は蒲生定秀らの仲介により、賢豊の子喜三郎に後藤氏の家督をつがせることで和睦がととのい、浅井軍も軍勢を引き揚げ、義弼も観音寺城に戻ることができた。

「観音寺騒動」とよばれるこの事件は、六角氏の領国支配体制がいかに軟弱なものであるかを露呈したものであった。六角氏と国人との主従関係はけっして盤石《ばんじゃく》なものではなく、六角氏が国人たちの利益に反する行動をとれば国人たちは六角氏から離反する関係でしかなかったのである。しかも国人一人ではこうした離反もむつかしいが、観音寺騒動でみられるように国人同士には強い連帯感のあったことが知られる。六角氏の家臣ではあるが、彼ら国人は在地土豪としてみずからの居館を中心に在地に独自の勢力を養い、主家六角氏をも制約する自立性の強い存在であった。

守護六角氏を容認しながらも国人たちは強固な同盟関係を結び、国人一揆ともいえる連合組織となり、やがて主家である六角氏に対して法令をもって制約を行うという事態へと発展していく。

戦国時代、各地の大名たちは領国支配を貫徹させるために法令を制定した。戦国法・分国法・戦国大名法とよばれるものである。永禄十年、六角氏も浅井氏との抗争のなか家中を団結させ、家臣団の再強化をはかる目的で「六角氏式目《しきもく》」を制定した。本文は六七カ条からなり、内容は所領相論、年貢収納、刑事犯罪、訴訟手続など多岐にわたっている。この式目は分国法のなかで特異な手続きがとられて制定されたものとして知られている。本文は六角氏の重臣たちが起草し、六角承禎・義弼がそれを承認するという形がとられており、末尾に三上越後守を筆頭に重臣二〇人と承禎・義弼がたがいに式目の遵守を誓う起請文《きしょうもん》を記している点である。つまり「六角氏式目」制定の主唱者は重臣たちにあり、契約という形で成立したことがわかる。観音寺城騒動の結果、六角氏の

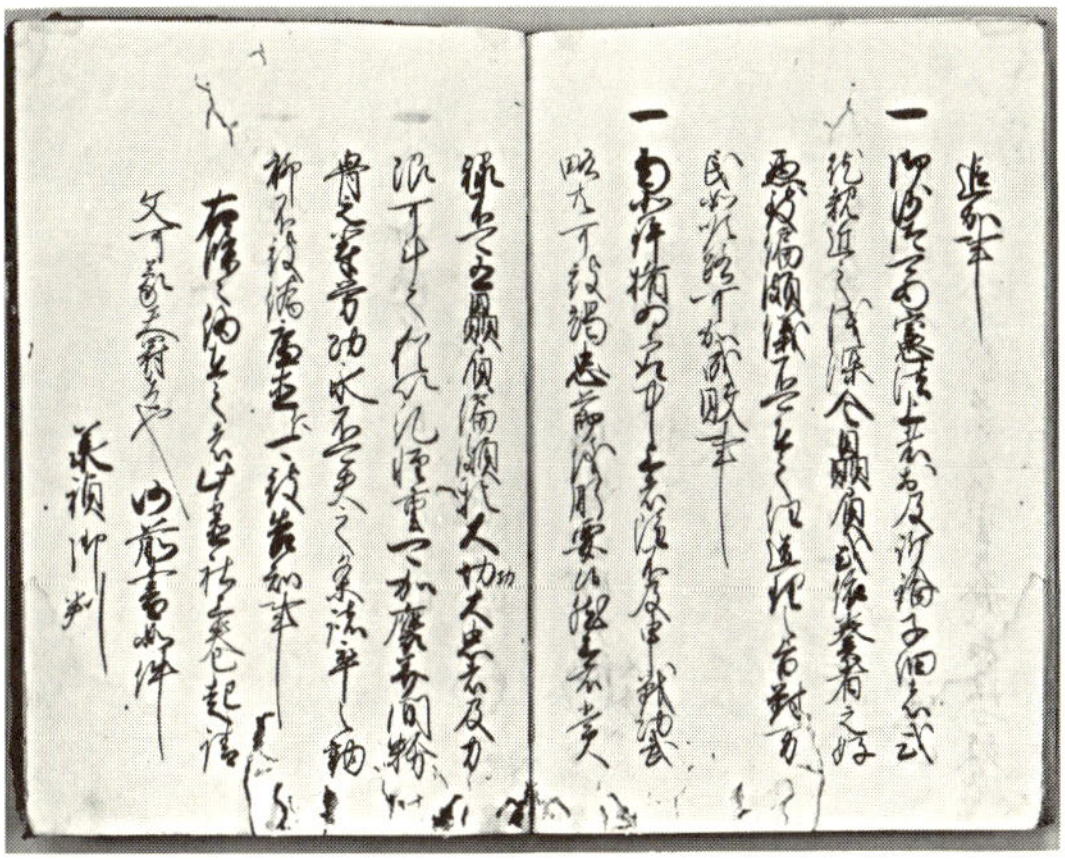

「六角氏式目」(県指定文化財)

江南における地位は国人連合からつきつけられた契約を結ぶことによって、ようやく保障されるにすぎないものとなってしまったのである。

2 よみがえる戦国時代の城・まち・むら

観音寺城・上平寺城・小谷城●

滋賀県教育委員会が実施した中世城館跡の分布調査の結果、現在県下には一三〇〇余の中世城館跡が確認された。その分布数は全国的にも突出しており、戦国時代近江がいかに要衝の地であったかがわかる。また城跡の規模も大きいものが多く、俗に日本五大山城とよばれる春日山《かすがやま》城、七尾《ななお》城、富田《とだ》城、観音寺《かんのんじ》城、小谷《おだに》城のうち二城が近江にきずかれている。ここでは守護六角氏・京極氏・戦国大名浅井氏のきずいた城と城下町をみてみよう。

守護佐々木六角氏は平安時代末期に蒲生郡佐々木荘内の小脇に館を構えていたが、鎌倉時代末期、六角頼綱は蒲生郡金田に居館を移した。この館は金剛寺館とも称された。南北朝時代にこうした平地の居館は防衛に不利なため、急峻な山を利用した観音寺城をきずき、応仁～文明年間（一四六七～八七）には六角氏の本城となった。

観音寺城は標高四三二・七メートルの繖山《きぬがさやま》全体を城として利用し、一〇〇〇以上にもおよぶ曲輪《くるわ》群から構成されている。その縄張《なわばり》は山頂部に曲輪がなく、本来山頂に選地する本丸など主要曲輪群が山腹にあるという特異な構造である。さらに一〇〇〇以上の曲輪群はすべて繖山南斜面に配置され、北側にはなんら城郭施設が設けられていない。こうした観音寺城の縄張は、北方に対しては山稜そのものを巨大な土塁にみたて、基本的には南北朝時代の天然の要害という山城の概念をそのまま踏襲した形態といえよう。

観音寺城でもっとも注目できるのは石垣の採用である。本丸・平井丸・池田丸などの主要部はもちろん、すべての曲輪が高石垣によって構成されている。これらは天文～弘治年間（一五三二～五八）にかけてきずかれた、安土《あづち》城以前にかぎってみれば日本で唯一高石垣によってきずかれた城として評価できる。各曲輪には被官の名前がつけられており、守護の居城に集住させられた家臣団の屋敷地であり、軍事的性格は低く、防御施設としては従来低く評価されていた。しかし安土城に先行する高石垣は近江の高い生産性に裏打ちされた守護六角氏の財力と土木技術として高く評価できよう。

城内には二階建ての建物もあり、連歌師《れんがし》や文化人・僧侶などがたびたび立ち寄ったが、永禄六（一五六三）年の観音寺城騒動で「山上山下焼亡」してしまった。義弼は家臣と和睦し、観音寺城に戻ったものの、同十一年上洛をめざす織田信

観音寺城跡（近江八幡市・東近江市）

長のまえに城を放棄し、甲賀へ逃亡し廃城となった。一説には観音寺城が安土城の背後の要衝に位置し、『信長公記』に「元のことく被立置、一国平均侯」また「観音正寺文書」内「寺社分限御改帳」に観音寺城が天正十（一五八二）年に落城したとあることなどから、安土城の背後を防御する施設として利用されていたともいわれている。

城下は石寺とよばれ、天文十八（一五四九）年に石寺新市が楽市《らくいち》とされている。繖山山麓石寺は守護館や家臣団屋敷からなる武家居住区と、やや離れて市町とからなる二元的な戦国期城下町であった。この城下町も安土築城と同時に安土城下へ移転していった。

江北の守護京極氏は鎌倉時代末から室町時代にかけて柏原館《かしわらやかた》に居館を構えていたようである。永正六（一五〇九）年ごろ京極高清によって上平寺に守護館が移された。この上平寺城は、伊吹山の三合目付近の標高六六九メートル地点にある山城と、その山麓の居館から構成されている。山城はかなりの高所にあり、やはり急峻な天然の要害という意識のもとに築城されたことを物語っている。居館跡には現在も庭園の痕跡が残っており、越前一乗谷の朝倉氏館跡と同様の構造であったと考えられる。

注目されるのは城下町の構造である。居館、重臣屋敷の外側に士屋敷、町屋敷、市店民家が堀によって区画されていた地割を残しており、永正年間（一五〇四～二一）ごろすでに身分階層による居住区の分離政策が上平寺城下町で行われていたことが認められる。江戸時代初期のものと考えられる「上平寺城古図」（旧坂田郡伊吹町役場所蔵）にはこうした状況がみごとに描かれている。上平寺城は江北守護の居城としてふさわしいものであったが、わずか一五年後の大永三（一五二三）年には京極氏の内訌から焼失し、廃城となった。

京極氏にかわって江北に覇《は》をとなえた浅井氏が三代五〇年にわたって居城としたのが小谷城である。『浅井三代記』には永正十三年の築城と記されているが、正確な築城年代は不詳である。大永三年、浅井亮政が京極氏の内訌に乗じて上坂信光を失脚させ、京極氏の実権を掌握し、小谷城中に京極高清・高延父子を迎えていることから、このころには完成していたものと考えられる。

小谷城は大嶽とよばれる小谷山山頂部分の詰城と、中腹の六坊、山王丸、京極丸、小丸、本丸、馬場の主要部と外郭部に数カ所出丸を配置した構造となっており、現在も石垣・土塁・虎口・竪堀などを残している。またその構造に越前朝倉氏の築城技術が認められ、小谷築城に朝倉氏の技術援助のあったことがうかがえる。天正元（一五七三）年、織田信長に攻められ落城した。翌日攻城の先鋒をつとめた羽柴秀吉に「江北浅井跡一職」が宛行われ、秀吉は湖北三郡の大名となり、小谷城に数年間在城したが、天正四年ころにはあらたに完成した長浜城へ移り、小谷城は廃城となった。

城下町は山麓をとおる北国脇往還沿いに形成され、大谷市場《おおたにいちば》・伊部《いべ》・郡上《ぐじょう》・呉服・知善院《ちぜんいん》・横町などは長浜城下町に移転させられたようで、小谷城下には現在小字名が残されている。この城下町に開口する清水谷は浅井氏の居館や重臣屋敷などがあったところで、武家居住区であった。天文三年、京極高清・高延父子が浅井亮政の饗応をうけたのも、この清水谷に構えられた居館であったといわれている。

港湾都市妙楽寺遺跡●

最近の中世史でもっとも注目されるのは考古学の成果である。出土した遺構や遺物は当時の政治・社会はもちろん、人びとの日常のくらしぶりまで具体的に物語ってくれる。ここでは県内の中世遺跡にスポットライトをあててみよう。

琵琶湖の東岸に位置する荒神山《こうじんやま》西麓の曽根沼《そねぬま》付近は奈良時代東大寺領覇流荘《へるのしょう》のあったところとされている。この荒神山の山裾を流れる宇曽《うそ》川の河川改修に伴い、昭和五十九〜六十一（一九八四〜八六）年度にかけて発掘調査が実施された。調査の結果、予想だにしなかった中世の町がみつかった。妙楽寺遺跡と命名されたこの中世遺跡は文献資料にまったく登場しない幻の町である。鎌倉時代からの遺構が検出されているが、最盛期を迎えるのは十五世紀末から十六世紀後半にかけてである。

その最盛期の遺構として、掘立柱建物三八棟・堀八本・石組枡二九基・階段状遺構一八基・井戸四基・水路三九本・道路六本・橋三基・石敷遺構六カ所などが検出されている。

町は両側を石積みによって護岸された水路で計画的に縦横に区画され、屋敷地は長方形街区となっており、さらに一軒一軒の家屋は間口の狭い短冊形に地割されていた。こうした町屋の形態は近世都市の区画そのものであり、近江では早くも十五世紀後半に近世都市的区画が芽生えていた

妙楽寺遺跡（彦根市妙楽寺）

ことが判明した。

　こうした状況は全国的にも戦国大名の城下町で検出されつつある。妙楽寺遺跡周辺にも守護六角氏の被官日夏《ひなつ》氏の居城がある。しかし検出された遺構に対して山城はあまりにも貧弱であり、とてもセット関係として結びつけることはできない。妙楽寺遺跡の性格は城下町ではなさそうである。そこで注目されるのが堀と水路である。

　戦国時代の城下町として著名な越前一乗谷朝倉氏遺跡では道路を基軸として町並が構成されているのに対し、妙楽寺遺跡では水路が主要幹線として町割の基本となっている。水路のなかには入江状の石組施設も設けられており、船を係留していたと考えられる。直接湖岸には面していないものの宇曽川を利用した港町的性格をもつ町だったのであろう。

　さらに水路による街区の設定は非常に計画的であり、集落の域を超えており、都市的というべきものである。遺物のなかにも茶道具の逸品があり、かなり裕福な人びとが居住しており、ここにも都市的な一面をみることができる。

　周辺に目をむけると、湖岸に面して八坂《はっさか》の集落がある。八坂は五箇商人《ごかしょうにん》の町でこの港から琵琶湖をわたり若狭へ通商しており、また日本海の海産物は八坂より陸揚げされて湖東方面へ運ばれた。この八坂港の船の係留が曽根沼で行われていた。また曽根沼と妙楽寺遺跡の堀とが運河として舟入りとなっている。こうしたことから妙楽寺遺跡は商品の荷揚げ場、商業の地として五箇商人たちにおおいに利用された港湾都市と位置づけできよう。

　ところが十六世紀後半になると突然妙楽寺遺跡は衰退していく。ちょうど織田信長が近江に進攻し、安《あ》土城下《づち》を建設する時期である。おそらく妙楽寺遺跡は信長の安土城下集中政策の結果、移動を余儀なくされたのであろう。

埋もれた幻の町妙楽寺遺跡とは対称的に今日も港町の面影を残し、豊富な文献資料を伝える代表的な町に堅田《かたた》がある。中世の堅田は「堅田三方」「堅田四方」とよばれる区画から構成されており、全体が堅田惣中とよばれていた。こうした区画は湖水を引き込んだ堀によってなされており、環濠都市的機能をもっていた。まさに妙楽寺遺跡と一致する構造である。

堅田の構成員は殿原衆《とのばらしゅう》という地侍と、全人《まろうど》衆という百姓、商工業者からなり、さらにマウ人（間人）、タヒウ人（旅人）、譜代家人、下部とよばれる下層の人びとがいた。殿原衆は居初《いぞめ》、刀禰《とね》、小月《おづき》の三姓が党を結成していた。

元亀元（一五七〇）年、織田信長は殿原衆を味方につけ、以後堅田は信長の湖上水軍となり、湖北攻めなどに参戦している。

妙楽寺遺跡が十六世紀後半に廃絶したのに対し、堅田が織豊期に重要な港として存続したのは、商業活動としての港町の町衆が城下町に集住させられ再編成されたものと、一方は水軍として軍事的に利用するため特権をあたえて存続させたとみることはできないだろうか。

むらのくらし●

近年の発掘調査の最大の成果の一つに、中世村落の実態が明らかになったことがあげられる。検出された遺構から村落の構成を、出土した土器から流通を探ってみよう。

西田井《にしたい》遺跡（野洲《やす》市）は、近江富士とよばれる三上山《みかみやま》の東山麓にある。遺跡周辺は栗太《くりた》・野洲郡条里とは異なる地割が東西七町・南北五町にわたって確認され、集落はこの西端部に形成されている。

十二世紀後半にこの地割にそう形で一町四方を溝によって区画し、さらにその区画内を浅い溝で区画し、屋敷地を設定していた。屋敷地は東西方向にのびる道路を境にして、北と南に分けられ、南側は二〇メートル×四〇メートルと一〇メートル×二〇メートルの長方形区画を基本としており、そのなかに二〜五棟の掘立柱建物と畑が配されていた。北側の区画はひとまわり大きく、三〇メートル四方の敷地をもち、大規模な掘立柱建物が三〜六棟配されていた。井戸はこの北側地区にしか認められず、水の集中管理を行っていたと考えられ、北側地区は集落の最有力者の屋敷と考えられる。

西田井〝村〟はこうした姿のままで十三世紀初頭に建物の建替えが行われ、十四世紀初めには衰退していく。整然と区画された屋敷地割や建物の方位が一致していることなどから、かなり計画的に建設された村で

西田井遺跡全景(野洲市)

あったことがわかる。なお遺跡付近は南佐久良保《みなみさくらほ》に比定されており、西田井〝村〟は南佐久良保の一部として、荘園村落的な農村であったと思われる。同様の村落遺跡として、麻生《あそう》遺跡（東近江市）、蔵ノ町《くらのまち》遺跡（近江八幡市）などがある。

横江《よこえ》遺跡（守山市）は近江の中世村落としてもっとも代表的な遺跡である。中世の遺構は二時期あり、Ⅰ期は十一世紀末から十三世紀後半にかけてのもので、浅い溝によって区画された長方形の敷地に掘立柱建物が建てられていた。Ⅱ期は十三世紀末にⅠ期の屋敷地割をほぼ踏襲しながら、幅四メートルにおよぶ堀で区画をやり直している。こうした状況は横江〝村〟もかなり計画的に建設されたことを示している。

Ⅱ期の村の中央には一段高い土壇をもつ、一辺四〇メートル四方の区画があり、土壇の南面には土壙墓《どこうぼ》が多数検出されている。またこの区画からは白磁の香炉《こうろ》や水滴、仏花瓶が出土している点とあわせて、寺院の可能性が考えられる。古代・中世の寺院は七堂伽藍を有し、瓦葺というイメージがあるが、村落内に根づいた庶民の寺院は村の集会所的性格をもつ草葺のお堂であり、横江〝村〟の中心区画はまさしくそうした村の寺だったのであろう。

杉江《すぎえ》遺跡（守山市）でも集落の中心で土壇をもつ、一辺六〇メートルの屋敷地が検出されており、寺院を中心とした集落と判明している。こうした村落の中央に村民の連帯の核として草堂的寺院が建立されるのは、のちの惣村の惣堂や寺内町の道場の祖形といえよう。

さて、このような農村とは別に街道に沿う集落もいくつか確認されている。街道遺跡（野洲市）では十二～十四世紀代の掘立柱建物や柵・溝・井戸などが近世中山道に沿って検出された。とりわけ建物跡のなかには馬小屋と考えられるものもあった。付近は古代東山道篠原宿駅の推定地であり、中世東海道の沿線でもあり、街道に依存して形成された集落であることはまちがいない。殿屋敷遺跡《とのやしき》（米原市）では近世中山道番場宿《ばんば》の後背地から十四〜十五世紀の掘立柱建物や区画溝、井戸などが検出された。調査地の北隣接地には地頭土肥氏《どい》の居館があり、領主の館を中心とした集落の可能性もあるが、山麓を走る中世東海道に沿っており、街道を抜きにしては殿屋敷〝村〟を語ることはできない。

つぎに出土した遺物に目をむけてみよう。湖南・湖東の農村集落では日常雑器として、近江産の黒色土器埦や土師器皿《はじき》が出土するのに対して、犬上川を境に湖北地方では瀬戸・美濃産の灰釉《かいゆう》・山茶碗という東海地方の陶器碗と土師器皿しか出土せず、明らかに流通圏の相違を認めることができる。

こうした農村集落における日常雑器に湖南・湖東地方と湖北地方の流通圏に相違があるのに対して、街道沿いの集落では備前《びぜん》、常滑《とこなめ》、越前をはじめ大和型の瓦器や火舎をはじめ他国からの搬入品が湖北、湖南を問わず多く出土しており、街道に依存する村落形態をいっそう鮮明に物語ってくれる。

湖の道・陸の道●

琵琶湖は北国、東国と都を結ぶ幹線として重要な位置を占めている。その起点となったのが坂本である。山中越えを利用すれば都へは最短コースとなるため、坂本と諸浦を結ぶルートが頻繁に利用された。たとえば西大寺叡尊《さいだいじえいぞん》は弘長二（一二六二）年鎌倉へむかうため、「志賀浦四宮馬場」に宿泊し、翌日船で山田津（草津市）にわたっている（『関東往還記』）。また二条良基は正平八（文和二＝一三五三）年坂本から船で守山にわたり、鏡山（蒲生郡竜王町）から老蘇森《おいそのもり》（近江八幡市）を過ぎ、不破関《ふわのせき》から美濃にはいっている（『小島のくちずさみ』）。こうした航路は坂本から対岸へ渡るものであり、対岸へ上陸後は陸路をたどっている。

こうした渡し的航路に対して、坂本から堅田を経て、八坂（彦根市）、朝妻（米原市）に至る航路（『藤川の記』）や、坂本から島（近江八幡市か）を経て、筑摩（米原市）、朝妻に至る航路（『あづまの道の記』）など、遠方航路も存在した。朝妻からは陸路で東国、北国へむかった。

このような水運の発達に伴い、諸物資を運搬する船より関銭《せきせん》を徴収する関が湖岸に設置された。多くは社寺が堂塔造営費を捻出するために設置したものであり、各社寺の領地内におかれた。乾元二（一三〇三）年越前からの年貢米五〇石が、坂本・大津で関米として米五斗が徴収されており、関銭が運送量の一〇〇分の一という割合であったことがわかる。

堅田では湖上特権として上乗権があった。上乗とは航行する船の検閲を行ったもので、のちに水先案内人として航行する船を警固する名目で諸浦から警固料を徴収した。また堅田には山徒の湖上関もあり、堅田が地下請の形で請け負い、関銭の徴収にあたっていた。室町時代に描かれた「近江名所図」（滋賀県立近代美術館蔵）には浮御堂の南側湖岸に関所と推定される建物が竹矢来で囲まれているのがみえる。

『遊行縁起』にみえる琵琶湖の船

❖コラム

信楽焼

六古窯の一つとして著名な信楽焼《しがらきやき》の開窯は十三世紀後半から末ころと考えられ、当初は擂鉢《すりばち》・甕《かめ》・壺といった日常雑器類の生産にかぎられていた。とくに甕の形態が常滑焼《とこなめ》に非常によく似ていることから、初期の信楽焼は常滑焼の影響をうけて、一地方窯として成立したものと考えられる。こうした初期の信楽焼は流通範囲も信楽を中心とした湖南地方にかぎられていた。その信楽焼が広く流通するのは十六世紀後半のことである。

信楽焼の流通拡大の大きな契機に、永禄十一（一五六八）年の織田信長《おだのぶなが》の近江進攻と入洛をあげることができる。信長と信楽焼の生産者、あるいは流通を掌握する商人との政治的関係によって信楽焼は商品として多量に流通することとなった。商品流通に大名が関与したわけである。

さらにこの十六世紀後半は茶の湯が盛行し、茶陶器としての信楽焼が有名となり、水指《みずさし》・鬼桶《おにおけ》・花生・茶碗・茶入れ・平鉢・茶壺などが生産され、全国的に流通するようになった。

宮町に所在する中井出古窯跡は、信楽古窯跡群の最北端に位置する窯跡である。地下式窖窯《あながま》の形態をとり、とくに焼成室中央に人頭大の岩塊を芯に粘土を貼った隔壁を設け、室を二分している。「双胴式窖窯」で、信楽独特のものである。室町時代後半に操業していた窯で、中世古窯の典型として県指定史跡となっている。

なお、信楽焼でもっとも著名な狸《たぬき》は明治以降に生産されたものである。

琵琶湖水運の発達に見落としてならないものに船の技術革新がある。『石山寺縁起』に描かれている漁業など沿岸で日常用いられる船は、丸太を刳《く》り抜いた刳船で、古代の丸木船から少し発達した程度の小船である。しかし遠方への航路に用いられた船は『遊行縁起』をみると、四反の筵帆《むしろほ》をかかげ、船首（舳《じく》瓦《がわら》）、胴（胴瓦）、船尾（艫瓦）の三材でできており、胴については刳り抜き材を左右に中央でつなぎあわせる「オモギ造り」だったようである。

一方、陸路については鎌倉幕府が京・鎌倉を結ぶ東海道を整備した。この中世東海道は古代東山道のルートを踏襲したもので、近世の中山道に相当するものである。『実暁記《じつぎょうき》』によると京・鎌倉間に六三宿あったことが記されており、近江には大津、勢多（瀬田）、野路、守山、鏡、武佐、蒲生野、愛智河（愛知川）、四十九院、小野、馬場（番場）、佐目加井《さめかい》（醒井）、柏原の一三の宿があり、これらは近世中山道の宿にほぼ重複している。

近世の東海道は伊勢道、伊勢大路とよばれていた。中世に関東と都を結ぶ主要街道は幕府の定めた東海道（近世の中山道）であり、伊勢道はあまり利用されなかったようであるが、朝廷の伊勢神宮奉幣使や斎王群行、公卿勅使などは古代より引き続き利用された。甲賀の山中氏は勅使の通行に鎌倉幕府から鈴鹿警固役を命じられ、通行人のために道路の木を伐採したり、盗賊警固の任にあたっている。

湖東平野から鈴鹿山系を横断して伊勢へ至る八風峠を越える八風街道や、根の平峠を越える千草越は伊勢道と称されていた。急峻な山道であるが、山越四本商人たちが伊勢の塩や海産物を輸送する活発な商業ルートとしてさかんに利用された。同様に琵琶湖西岸に沿う北陸道は五箇商人が若狭の海産物輸送に利用しており、とくに坂本、堅田、今津、海津などの湊の発達に伴い、湖上交通と直結した道であった。

こうした街道には宿とは別に多くの市庭《いちば》が設置された。市庭とは定まった日にだけ市が立つ定期市のことで、室町時代には湖東四郡だけでも一三カ所の市庭の存在が認められる。市庭の大半が中世東海道に沿って集中しており、中世の陸上交通が商業と密接にかかわっていたことがわかる。

街道筋には湖上関と同じく社寺造営料などを目的として関銭を徴収する関が設置された。逢坂《おうさか》関、梓《あずさ》関、保坂関、山中関、長沢関、朽木関をはじめ多くの関が設置された。『大乗院寺社雑事記』によると、「アッサ」関（梓関）の関銭は三二文とある。一条兼良は『藤川の記』で、「新関共を世の乱れにことよせて思ふさまにたてをきつつ旅行の障と成にけり」と関が旅人泣かせであることを記している。こうした関の障害は商業活動にとっても深刻な問題で、永正九（一五一二）年には高島郡に設置された追分新関が五箇商人により放火され、まもなく撤廃された事件などは、関の設置が商人たちにとって障害となっていたことを端的に示している。

3　天下統一への道

「天下布武」と安土城

永禄十（一五六七）年織田信長は居城を尾張《おわり》（愛知県）小牧《こまき》城から美濃《みの》（岐阜県）稲葉山《いなばやま》城に移し、周の武王が岐山に拠って天下を平定した中国の故事にちなんで、稲葉山城を岐阜城と改名した。さらにこの時期より、「武を布いて天下を治める」という意味で「天下布武《ふぶ》」の印を使いはじめ、天下統一に大きく一歩を踏みだした。

翌十一年、足利義昭《よしあき》を奉じて上洛の途上、六角氏の観音寺城は一日で落城、六角承禎・義治父子は甲賀へ逃亡した。こののち岐阜と京都を往復する中継点として信長にたびたび利用されたのが佐和山《さわやま》城（彦根市）であった。

天正三（一五七五）年信長は家督を長男信忠にゆずると岐阜城もあたえ、みずからは近江蒲生郡内にある琵琶湖に突出した半島状の丘陵上にあらたな居城、安土《あづち》城の築城を開始した。信長が安土の地を選んだ理由としては、尾張・美濃・伊勢・近江を支配下におさめた信長にとって、岐阜はあまりにも東にかたよりすぎており、より京都に近い近江に目がむけられたのである。京都に直接築城しなかったのは、天皇・将軍の都を踏襲するのではなく、武力によって天下統一をはたしたシンボルとしての新都をきずく意図があったからであろう。安土は陸上交通の要衝であるとともに、湖上交通も掌握できる地であったことも大きな理由であった。

天正四年正月から工事は開始され、信長は二月末に早くも工事途中の安土へ移ってきている。工事には尾張・美

安土城跡天守台石垣（近江八幡市）

濃・伊勢・三河・越前・若狭・畿内の諸侍や、京都・奈良・堺の大工、職人が動員された天下普請《ふしん》であった。天守の完成は天正七年、さらに内装の仕上がりは天正九年ころで、実に六カ年の歳月をかけた築城工事であった。

もちろんこうした長期間の工事によってきずかれた安土城は、それまでの中世城郭とは一線を画するものであった。その最大の特徴は石垣による築城であった。中世の城郭に石垣が用いられることはなかった。唯一の例外である六角氏の観音寺城にしても石垣を用いた曲輪《くるわ》群は屋敷地の集合体でしかなく、枡形門や櫓台《やぐらだい》、横矢を掛ける石垣線の屈曲《くっきょく》など、軍事的に卓越した縄張と石垣が合体したのは安土城がはじめてであった。

今一つ大きな特徴は瓦葺建物の出現であった。当時瓦が葺かれる建物は寺院以外にはなく、城の建物は簡素な掘立柱建物であった。信長は安土城の瓦を唐人一観《いっかん》に仰せつけて、奈良衆に焼かせた。その瓦当《がとう》には金箔まで施されていた。この瓦葺建物の中心が天守である。大工頭《とうりょう》梁は熱田《あつた》大工岡部又右衛門で、五層七重の高層建築であった。この天守は安土城のシンボルとしてあまりにも有名であるが、実はもっとも謎につつまれており、江戸時代以降現代に至るまでさまざまな復元案が発表されているが、いまだにその実体については不明である。内部構造については『安土日記』や『信長公記』に記されており、その豪華さについてある程度知ることができる。それによると、各層には狩野永徳《かのうえいとく》ら狩野派絵師によって描かれた墨絵や障壁《しょうへきが》画があり、最上層は金箔の御座敷で中国の故事を描いた障壁画で飾られていた。障壁画の題材は王権のシンボルであり、信長は安土城天守の内部に天下を描いていたわけである。

このように安土城は信長の創意によってきずかれた、まったく新しい構造の城であったが、その普請《ふしん》や作事にたずさわった工人のすべてが社寺造営にかかわっていたことは注目できる。権門社寺《けんもんしゃじ》に隷属していた職人を信長は直属のテクノクラート集団として再編成したわけである。

安土築城は軍事施設としての新しい城郭の出現だけではなく、一方で政治的シンボルとして「みせる城」の出現でもあった。にぎわう城下町越しに高石垣と金箔瓦に輝く天守をみたとき、あらたな支配者としての信長像は強烈な印象をあたえたことであろう。

安土築城によって日本の城郭は一変したといっても過言ではないだろう。以後日本の城郭は基本的には安土城の諸要素を踏襲していく。安土城が近世城郭の始祖とよばれるゆえんである。

琵琶湖の水面に光輝く影を落としていた安土城は、天守完成のわずか一年後、天正十年本能寺《ほんのうじ》の変後炎上し、石垣をのぞいて灰塵《かいじん》に帰してしまった。その後一時信長の孫秀信が居住したこともあったが、長いあいだ草木に埋もれていた。近年滋賀県教育委員会によって継続的な発掘調査が実施され、信長時代の直進する巨大な大手道など数々の成果が判明している。信長時代の安土城の実態がよみがえるのも、そう遠いことではないだろう。

楽市楽座のにぎわい●

安土築城の翌天正五（一五七七）年、信長は安土山下町中に掟書《おきてがき》を下しており、城下町の形成が築城と併行して行われていたことがわかる。掟書は一三カ条からなり、その第一条は安土城下を楽市とすると布告し、信長の城下町理念を高らかに宣言している。第二条では強制寄宿、つまり東山道往還《とうさんどうおうかん》の商人に対して安土城下に宿をとるように定めている。以下普請・伝馬免除、町人保護、平和条項、徳政免除など城下町発展のために多くの方策が講じられている。

このような掟書は安土城下以降、蒲生《がもう》氏郷《うじさと》は近江日野・伊勢松坂に、浅野長吉は近江坂本に、豊臣秀次・京極高次は近江八幡《おうみはちまん》に下しているが、すべて安土山下町中掟書にならったもので、近世城下町施策の範例となった。

さて、安土城下町の範囲については諸説があるが、北は琵琶湖岸、南は大字小中《こなか》にある鉄砲町付近、西は『信長公記』に「安土町末」と記された浄厳院《じょうごんいん》付近、東は安土山裾の北腰越峠《きたこしごえ》の範囲と推定される。

武士の住まいは、上級家臣は堀より内側の安土山を階段状に削平した屋敷地があたえられた。しかし敷地はあたえられたものの、建物については、「手前々で普請」するものであった。中級家臣にいたっては、たとえば高山右近《うこん》や河尻与兵衛らは、安土山中にすでに敷地がないことから、堀の外側の低湿地を埋め立てて、屋敷地があたえられた。下級武士については、町屋地区に屋敷地があったようで、武士と商工業人が混住する形態となっていた。

ところがこうした家臣たちは築城当初、妻子を尾張に残し、単身赴任していた。天正六年、弓衆福田与一の屋敷が出火し、調査してみると与一は単身赴任であり、同様のものが弓衆六〇人、馬廻《うままわり》六〇人にのぼることが判明した。激怒した信長は彼らの尾張の屋敷を焼き払わせて、安土へ移住させた。

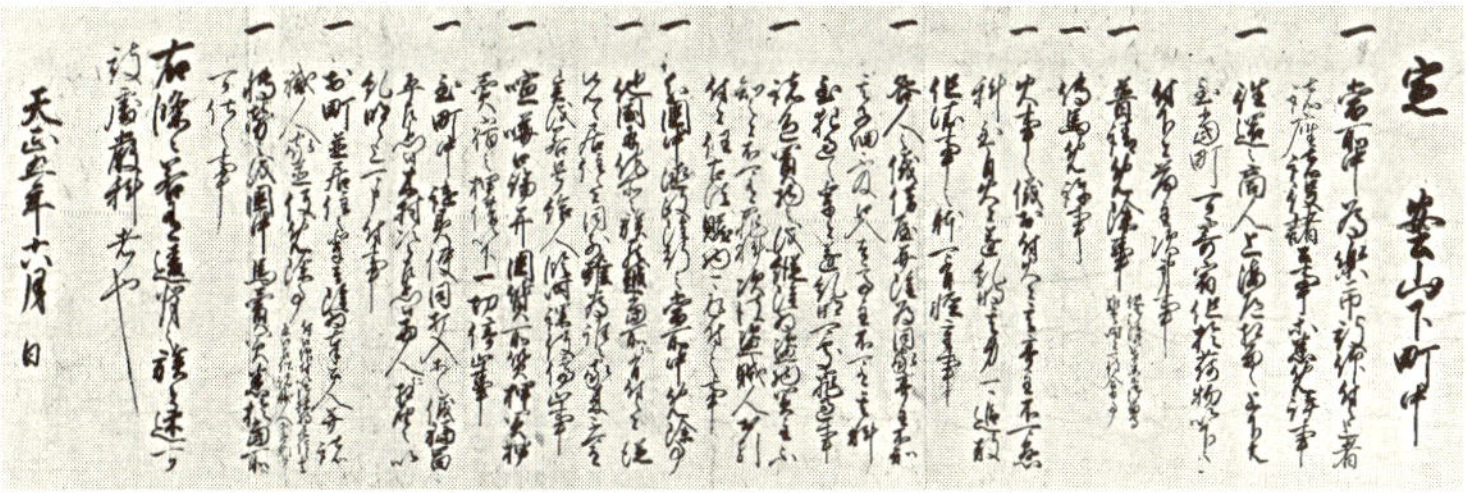
定 安土山下町中

天正五年六月 日

安土山下町中掟書(天正５年６月日付)

こうした信長の強硬な城下町建設は年々にぎわっていった。正月には松原の馬場で盛大に馬揃《うまぞろえ》が行われ、城下では爆竹《ばくちく》が鳴りひびいた。とくに七月の盂蘭盆会《うらぼんえ》は盛大に行われ、安土城天守や摠見寺《そうけんじ》には多くの挑灯《ちょうちん》がつられ、人びとは湖上の舟にまであふれ、手には続松《たいまつ》がともされた。この行事を『信長公記』では、「言語道断、面白き有様」と記している。

さて、こうした安土城下のにぎわいを外国人宣教師ルイス＝フロイスは『日本史』のなかで、

城がある一つの新しい都市を造築したが、それは当時、全日本でもっとも気品があり、……位置と美観、建物の財産と住民の気高さにおいて、断然、他のあらゆる市を凌駕し、……市は一方では長さが二十数里、幅は二ないし三里、ところによっては四里もあり、……住民の数は、話によれば六千を数えるという。

と報告している。

城下の一画には宣教師オルガンティーノによって日本人聖職者を育成する目的でセミナリオ（神学校）が建設された。三方を石垣で囲まれた三階建ての建物で、城下で唯一の瓦葺建物であった。現在の小字「ダイウス」「シウノミザ」「シキライ」付近がセミナリオの跡地といわれている。

信長のキリスト教保護は有名であるが、一方で城下町の一画を栗太郡金勝山阿弥陀寺の応与明感《おうよめいかん》にあたえ、浄土宗浄厳院を開いている。天正七年、この浄厳院で、信長の命により、浄土・法華《ほっけ》両宗のあいだで法論が行われた。これが安土宗論《しゅうろん》である。法論は浄土宗側に軍配があがり、法華宗側の出席者は全員袈《け》裟《さ》をはぎとられ、普伝は斬られ、黄金二六〇〇枚の償金をまきあげられた。浄土宗側の論者貞安《じょうあん》は城下の一画をあたえられ、西光寺が建立された。この安土宗論はたんなる法論ではなく、当時普伝の布教によ

り堺や京都の町衆に法華宗が隆盛をきわめていたことに対する信長の政治的解決の手段であった。

また信長は城下の繁栄を促進するため新道の敷設を行った。城下町建設当初は主要街道である東山道から脇道で城下と結ばれていたが、東山道と並行して、直接城下を縦貫する新道を開設した。東山道を上街道ともいうのに対して下街道と称した。この新道開設により城下はいっそうにぎわうこととなる。なお新道は江戸時代、朝鮮通信使が江戸にむかう道筋となり、朝鮮人街道とよばれるようになった。現在も県民は朝鮮人街道とよび、中山道、つまり八号線の裏道として頻繁に利用している。

安土城下町は天正十年、安土城とともに焼亡した。翌年織田信雄《のぶかつ》は信長の掟書と同様の掟を発し、城下町の再建をはかったものの、同十三年、豊臣秀次が近江八幡に封ぜられると、やがて安土城下町の多くが八幡城下町へ移転した。

近江一向一揆●

親鸞《しんらん》の教えは蓮如《れんにょ》の積極的な布教活動により、着実に近江に根ざしていった。永正三（一五〇六）年越前一向一揆《いっこういっき》には「数百艘ノ兵船ヲモテ迎船」（『本福寺跡書』）するほどの大軍勢として近江門徒は応援に駆けつけた。戦国時代、近江門徒は本願寺をささえる一大門徒集団となっていった。

永禄十一（一五六八）年織田信長は六角氏の観音寺城を攻め落とした。また信長と同盟関係にあった江北の浅井氏は元亀元（一五七〇）年反旗をひるがえし、信長の攻撃をうけることとなった。甲賀に逃がれた六角氏や浅井氏は対信長戦をたたかいぬくために近江門徒と手を組んだのである。さらに天下布武をめざす信長と石山本願寺との軋轢《あつれき》はさけられないものとなり、同年本願寺十一世顕如《けんにょ》は全国の門徒に対して檄文を発したのである。近江門徒の対応はすばやく、十一月には湖西において南下する浅井・朝倉軍と信長とのあいだに志賀の陣が勃発すると、志賀・高島・三浦の門徒衆が信長方の堅田砦《とりで》を攻め落とした。

翌元亀二年には江南の真宗の中心的存在であった金森に、石山本願寺より道西の末孫川那辺藤左衛門秀政が派遣され、一揆軍の指揮官として、信長方の佐久間信盛とのあいだに戦いの火蓋《ひぶた》が切って落とされた。

金森・三宅の道場はこのころ一揆の拠点として整備され、城郭の構えを呈しており、「金森・三宅両城」と記されている。一揆勢は金森に籠城《ろうじょう》したが、わずか九日間で対決はおわり、人質を差しだして開城という結果となった。金森の地は信盛の知行地となるが、このさい一揆勢に課せられた信長の処罰は人質を差しだすことだけであり、一揆勢の力は温存された。その結果、翌三年に金森・三宅は六角承禎・義治父子とともにふたたび蜂起したのである。この蜂起に対して信盛は江南一円の坊主、地侍、ヲトナ層から一揆に加担しないという起請文の提出を求めた。作戦は功を奏し、「カ子カモリノ城」は自然消滅に近い形でつぶれてしまった。信長は再度蜂起した金森に対しても寛大な処置をとっており、楽市楽座令をはじめとする三カ条からなる制札を下し、寺内の保護すら行ったのである。当時信長は軍事的にきわめて不利な状況下にあり、金森を手なずけることによって江南地域の一揆を早く鎮圧したかったようで、以後の長嶋一揆や北陸一揆の処罰とは比較にならないほどの軽微なものであった。とはいうものの、金森の復興の主体者は守山の年寄衆であり、寺内ではなく町場として再編成されたものであり、もはやそこには「仏法領」を具現化した寺内の姿をみることはできない。こうして江南の一向一揆は鎮圧され、その中心であった金森は解体され、石山合戦における江南の中心は山田長安寺《やまだちょうあんじ》（草津市）に移ったのである。

一方湖北では、天文年間（一五三二〜五四）には「北郡坊主衆」「北郡番衆」とよばれる湖北真宗教団が形成されており、浅井長政と共同で信長とたたかっていた。この戦いの中心となったのが、福田寺《ふくでんじ》・誓願《せいがん》寺《じ》・福勝寺《ふくしょうじ》・金光寺《こんこうじ》・浄願寺《じょうがんじ》・順慶寺《じゅんきょうじ》・授法寺《じゅほうじ》（以上米原市）、誓願寺・称名寺・真宗寺（以上長浜市）という湖北十カ寺であった。湖北十カ寺は浅井長政と共同して信長とたたかうが、浅井氏の滅亡によって一向一揆も敗れてしまった。しかし湖北の門徒や寺はその後も石山本願寺とともに信長への抵抗を続けている。天正五（一五七七）年には誓願寺（長浜市）門徒に対し、石山本願寺へ鉄砲・弾薬を持参することを命じている。

もちろん石山合戦への協力は真宗寺院だけではなく、秀吉の膝下、長浜城下町の町衆も支援しており、本願寺への資金調達も行っている。

天正八年、正親町《おおぎまち》天皇の仲介により、信長と石山本願寺は和睦するが、教如《きょうにょ》は徹底抗戦を主張し、顕如が石山をしりぞいたあとも籠城を続け、諸国の末寺、門徒に応援を求めた。湖北の門徒は教如にくみし、

血判阿弥陀如来像

その檄文を給付され、江州北郡坊主衆と長浜の町衆らは石山へ鉄砲隊を送り込むつもりであった。

長浜の町衆もこの時期結束を固めるため、血判阿弥陀如来像を二幅作成した。一幅は阿弥陀如来絵像の表面に、もう一幅は裏面にそれぞれ町単位ごとに総計三四二人の墨書名と血判が押されている。現在は愛知県の浄顕寺が所蔵しているが、寺伝では江戸時代に本願寺から下賜されたものという。おそらく湖北の門徒たちは教如に対して、ゆるぎない信仰のあかしとして作成した血判状を教如のもとへ差しだしたのであろう。

慶長七（一六〇二）年教如が本願寺を別立すると、従来の経過から湖北の門徒の多くは教如の教団を護持するところとなり、湖北では大半の寺院が東本願寺に属することとなった。

5章

湖国の新しい時代

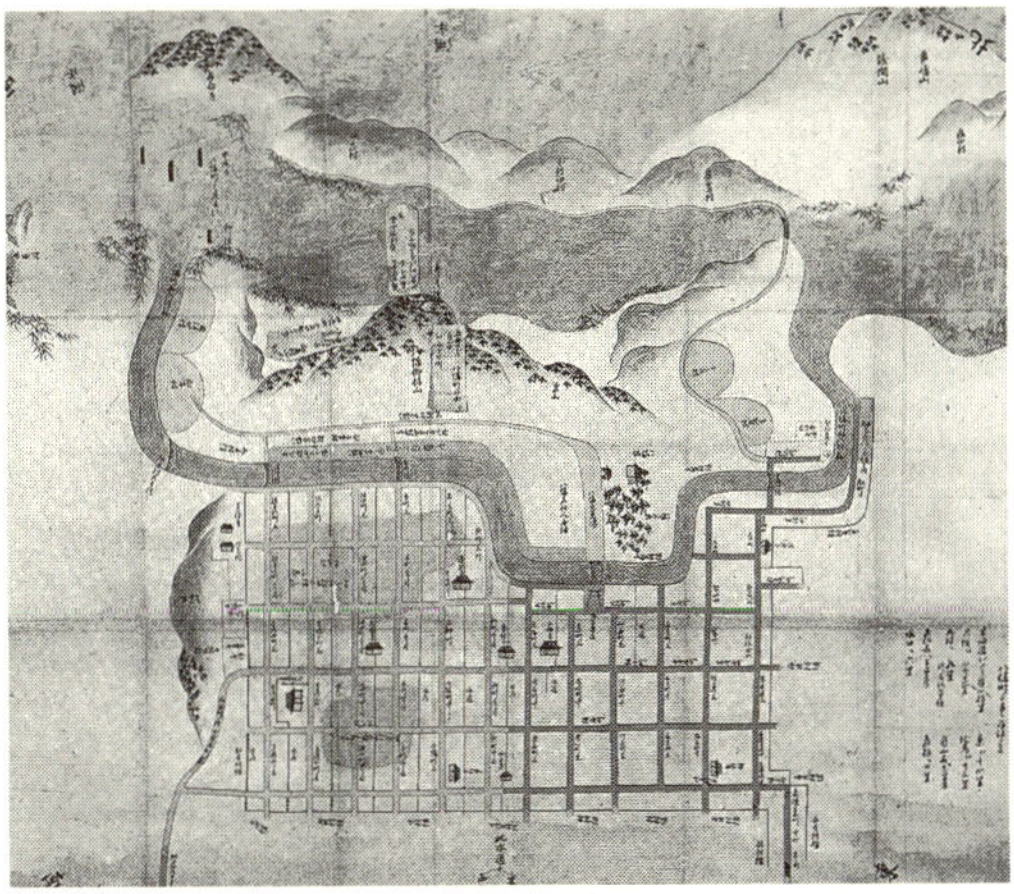
「八幡町絵図」

1　天下一統

賤ヶ岳の戦い●

本能寺《ほんのうじ》に横死した織田信長《おだのぶなが》のあとを誰がつぐか、弔い合戦をどのようにするか、葬儀はいつ誰が行うか、これらの問題は信長家臣団にとって大きな関心ごとであった。ことに信長後継者を誰にするかが、緊急の政治的課題だった。

織田家につかえてきた多くの家臣たちのなかから頭角をあらわしたのは、羽柴秀吉《はしばひでよし》であった。彼は、本能寺の変のとき、備中高松城《びっちゅうたかまつ》に清水宗治《むねはる》を攻めていたが、主君の死を聞くとただちに清水宗治の切腹と高松城の開城を条件に毛利方と講和を結び、天正十（一五八二）年六月六日高松を出発し、十二日に摂津《せっつ》富田へ舞い戻った。翌日、山崎で明智《あけち》軍と対峙することとなったが、二時間たらずで大勢は決し、結末は明智光秀の敗走により秀吉軍の圧勝であった。十五日には、信長がきずいた安土城も焼け落ち、織田の時代に終焉《しゅうえん》を告げるようであった。

主君信長の死より光秀敗死に至る一一日間の秀吉のこの迅速果敢《じんそくかかん》な行動は、信長後継者選びのなかで優位な立場を確保することとなった。六月二日以降、柴田勝家《かついえ》・丹羽《にわ》長秀・池田恒興《つねおき》らの織田家の宿老たちを差し置き、秀吉は完全に主導権を掌握《しょうあく》したのである。このような状況のもと六月二十七日、信長後継者をめぐり織田家重臣たちによる会議が清須《きよす》（愛知県清須市）で開かれた。柴田勝家は、信長の三男信孝《のぶたか》を推し、秀吉は長男信忠（六月二日京都二条城で自殺）の子三法師《さんぼうし》（秀信）を推した。結果は、秀吉の推す三法師に決定した。これは長男の子どもを推すという名分以上に、主君の弔い合戦に勝利したことがものをいったのである。

この会議のもうひとつの目的は、信長遺領の分配にあった。奈良興福寺多聞院の英俊は書き残した『多聞院日記』のなかで「天下之様、柴田（勝家）・羽柴（秀吉）・丹羽五郎左衛門（長秀）・池田紀伊守（恒興）・堀久太郎（秀政）以上五人して分取の様にその沙汰あり、信長の子供は何も詮に立たずと云々《しかじか》、浅猿《あさまし》々々」と、この間のようすを的確に指摘している。

信長後継者を誰にするか、という問題は表向きで、その実、所領の分配をめぐり信長の子どもや一族は埒外《らちがい》におかれていたことを物語っているのである。信長の次男信雄《のぶかつ》は、尾張を、三男信孝は美濃《みの》をあたえられたが、京都からは遠ざけられた。また、柴田は越前と豊臣秀吉の旧領長浜を、丹羽は若狭《わかさ》と近江で二郡を得た。これに対して秀吉は、播磨《はりま》・山城・河内・丹波《たんば》四カ国を手にいれることができた。

織田家臣たちのなかで確固たる位置を掌中にした秀吉は、つぎに主君の葬儀を思いきり盛大に洛中の人びとの耳目を驚かすばかりの演出でとりおこなった。十月十五日、京都大徳寺での葬儀に秀吉は、

『賤ヶ岳合戦図屏風』

三法師秀信を擁して亡き主君の焼香をすませた。信雄も信孝も列席しない葬儀を秀吉が主催したことは、これを見守る都の人びとへ真実の後継者は秀吉であることを印象づけるのに十分な政治的演出であった。

この結果、信孝や柴田との関係が悪化し、年末より緊張関係が高まった。まず、近江へ侵攻し柴田勝豊がまもる長浜城を降し、ついで美濃へはいり稲葉一鉄や森長可《ながよし》らを降し岐阜城の信孝を孤立化させた。

翌十一年二月、柴田勝家は、前田利家《としいえ》らとともに近江へはいり、伊香郡柳ヶ瀬に布陣した。伊勢攻略から取ってかえした秀吉は、三月十七日に木之本に布陣し、以後しばらく対陣しあった。四月十六日、信孝の挙兵を聞くと、秀吉はただちに岐阜城へむかった。この隙をねらって佐久間盛政が秀吉側の中川清秀をおそい、いわゆる賤《しず》ヶ《が》岳《たけ》の戦いの戦端がきっておろされた。

しかし、岐阜へ行ったはずの秀吉は、神速の勢いで木之本へ戻り、秀吉側先鋒の堀秀政とともに追撃体勢にはいった。勝家は、越前北《きた》ノ庄《のしょう》城へ逃れたが、二十四日城に火を放ち自害した。妻お市の方（織田信長妹、はじめ浅井長政の妻）は、勝家の手にかかり死去したが、娘三人は秀吉に託された。長女茶々は、のちの秀吉側室淀殿で、次女初は京極高次に嫁ぎ、三女お江《ごう》は徳川秀忠の正室となる（二二三頁参照）。

その後、伊勢の滝川一益《かずます》を追放し、五月二日信孝を自殺させ、信長没後の織田家の政争に決着をつけた。この合戦でとくに戦功のあった福島正則《まさのり》・脇坂安治・加藤嘉明《よしあき》・加藤清正《きよまさ》・平野長泰・片桐且元《かつもと》・糟谷数正・桜井佐吉・石河一光（討ち死）は、石河をのぞき各三〇〇〇石の知行を宛行《あてが》われた。これが世にいう賤ヶ岳の七本鎗（実は九人だが）である。

秀吉の天下一統●

賤ヶ岳の戦いの勝利により信長後継者としての位置を確固とした秀吉は、天下一統にふさわしい大坂城の築城に着手した。しかし、秀吉が織田家の政争に時日をついやしているあいだに、駿河の徳川家康は着々と東海・関東に勢力をのばしていった。秀吉と家康のこの両雄に火をつけることになったのは、秀吉により尾張におかれた信長の次男信雄であった。というのは、信長の次男であるにもかかわらず、自分より秀吉の名声が高くなっていくのを目のあたりにして危機を感じ、家康に接近したためである。

家康と信雄が連合すれば、秀吉との関係に亀裂が生じるのは不可避の問題であった。天正十二（一五八四）年三月六日、信雄は戦闘行動にで、浜松から家康が出陣し、十三日清須城で合流した。ここに小牧《こまき》・長久手《ながくて》の戦いがはじまったのである。初戦は秀吉側が優位であったが、決定的な戦果を得ることなく膠着《こうちゃく》状態にはいった。もっとも、長久手の戦いでは、織田家の宿老であった池田恒興や森長可を失うなど秀吉側の損害も大きいものがあった。

秋にはいると講和の機運が生じ、十一月十五日に秀吉と信雄とのあいだで講和が成立し、秀吉側から浜松の家康のもとへ講和が伝えられた。雌雄を決すると思われた戦いで講和に持ち込まざるをえなかった事実は、秀吉にとって最初の挫折であった。しかも、このことがこののちの秀吉の政権に大きな制約をあたえることとなった。

信長をつぎ、武家による天下一統を願う秀吉の前にたちはだかったのは、右にみた家康であり、いまひとつ重要なことに前室町幕府第十五代将軍足利義昭《あしかがよしあき》であった。武家の棟梁《とうりょう》として幕府を開くには、源平藤橘のいずれかの氏姓が必要であった。このため秀吉は、義昭の猶子《ゆうし》になることを望んだが拒否されてしまった。しかも大事なことは、流浪の身であるとはいえ義昭は将軍職を奪われてもいないし、朝廷へ返してもいなかったことである。秀吉は、家康を軍事的に押さえこめず、そして武家の棟梁となる道をさえ閉ざされた。

信長後継者として天下一統をはたすために画策した方法は、みずからを朝廷の官職におくことであった。これはつぎのような筋書きのもとに矢継ぎ早に進められた。

天正十三年二月、関白《かんぱく》職をめぐる近衛家と二条家との内紛に乗じ、みずから近衛前久《さきひさ》の猶子となり、鳶《とんび》に油揚をさらわれるがごとく秀吉は、平安時代以来、五摂家《ごせっけ》（藤原氏）以外のものがつけない関白職に就任してしまった。関白とは、天皇を補佐し、「万機《ばんき》を関《あずか》り白《もう》す」律令官制最高の職であった。翌年十二月には太政大臣《だいじょうだいじん》に任ぜられ、姓を藤原から豊臣に変更する勅許《ちょっきょ》を得、五摂家独占のものでないことを示した。関白に就任することにより、以後の秀吉の軍事行動は天皇の意思の代行となり、秀吉に敵対することは勅命にそむく、という構図を組み立てた（朝尾直弘『天下一統』）。

以後、天正十三年八月、四国の長宗《ちょうそ》我部《かべ》元親《もとちか》を降し、同十五年五月には薩摩《さつま》の島津義久を降し九州を平定した。同十七年八月には、伊達《だて》政宗《まさむね》も秀吉に降り、翌年七月小田原の北条氏直が降り、全国を一統するに至った。

近世史をみていくとき、さけてとおれない問題に秀吉によって進められた土地政策として「太閤《たいこう》検地」がある。秀吉は、従来の土地関係を清算すべく、山城・近江で検地を実施しはじめる。これは、理念的には武士は城下へ、百姓は村へという住みわけを狙うものであった。それまでの武士は、平時には農作業に従事し、農繁期にはこのため軍事行動に支障が生じる場合が多かった。農作業に心を奪われない、常備軍の創設に検地は時代が求める必然的なものであった。

あわせて、土地を耕作し、貢租《こうそ》をおさめ、かつ領主要求にこたえ夫役《ぶやく》を提供できるものは村に居住させ、反対に武士を生業《なりわい》としようとするものを村から切り離す政策であった。

太閤検地は、それまで使われていた度量衡を改変することとなった。田地一反の広さが三六〇歩から三〇〇歩へかえられ、今日に通用する田地の単位が成立した。そのうえで一反の田地から収穫される米の量（想定量）を算出し、それを石高《こくだか》におきかえた。そして、一筆一筆の田地の耕作者を確定し、田地一反からたとえば一石五斗の米が収穫されると想定し、それを検地帳に記載したのである。検地帳に名前を記載された百姓を名請人とよび、個々の百姓の持高を集計し村高を創出し、さらに郡高や国高が設定された。領主の年貢徴収権は、この村高に対して「免いくつ」のかたちで賦課することにより行使された。

百姓は検地帳に名前を記載されることにより百姓身分と耕作権を保障されるかわりに、領主要求としての貢租を請け負い、かつ夫役などを負担しなければならなくなった。これが太閤検地により生み出された近世の百姓であった。

この太閤検地をめぐる論争の基礎史料は、蒲生郡今堀村《いまぼり》（東近江市今堀町）の「今堀日吉《ひよし》神社文書」、坂田郡の「井戸村文書」（長浜城歴史博物館所蔵）、野洲郡の「安治《あわじ》区有文書」（野洲市安治）などで、十六世紀後期の土地制度を知るうえで貴重なものである。これらの史料群は、戦後日本史学の大きな論争に活用された。このことは、滋賀県にとって記憶されるべきことであろう。

近江は豊臣政権の権力基盤であったため、国内に御蔵入地《おくらいりち》が多く設定されるとともに、豊臣大名の領地が多くおかれた。あわせて徳川氏・伊達氏・上杉氏など遠国大名の在京賄料地《ざいきょうまかないりょうち》（参勤奉仕料）がおかれていた。いま、天正十八（一五九〇）年から慶長三（一五九八）年ころの所領配置と蔵入高を示すと次頁の表のようになる。この間所領の移動を考慮にいれなければならないが、傾向だけは把握できる。御蔵

天正末年より近江国のおもな所領支配

名　前	地　　域	石　高
石田三成	近江の内(佐和山)	石 194,000
石田正澄	近江の内	45,000
石田正継	近江の内	30,000
長束正家	近江の内,伊勢,越前(水口)	50,000
長束直吉	近江の内	10,000
徳川家康	蒲生・野洲・甲賀郡内	90,000
京極高次	志賀郡内(大津)	60,000
織田信包	近江の内	20,000
新庄直忠	浅井・坂田・蒲生・栗太郡など	14,000
氏家行継	近江・伊勢の内	15,000
上杉景勝	蒲生・野洲・高島郡内	10,000
富田一白	蒲生郡内	9,107余
佐久間安政	坂田郡(小河)	7,000
百々綱家	近江の内	6,000
浅野長政	神崎郡内	5,021余
伊達政宗	蒲生郡内	5,000
小　計		570,128
〔御藏入〕		
寺西直次	浅井・坂田郡内	100,000
石田三成	坂田・犬上郡内	37,764余
観音寺	愛知・蒲生・志賀郡内	21,814
浅野長政	神崎郡内	9,904余
称名寺	浅井郡内	9,860
朽木元綱	高島郡内	9,203
小　計		188,545
合　計		758,673

千石未満の知行主は略した。

入地は、慶長三年の「日本国賦税」によれば、三八カ国に分散し、総計二〇〇万五七一九石あり、そのうち近江には二三万一〇六一石八斗（一一・五％）が設定されていた。これは近江の国高に対して三割の御蔵入地がおかれていたことを示している。近江は、戦乱の時代から豊臣の御蔵入地と豊臣大名領地が集中する豊臣領国へと塗りかえられたのである。

関ヶ原の戦い●

慶長三（一五九八）年八月十八日、秀吉は後事を家康らに託して伏見城で六三歳の生涯を閉じた。これより以前から五奉行のひとり石田三成《みつなり》を中心とするグループと福島正則・加藤清正らを中心とするグループとのあいだで確執があった。秀吉が亡くなると俄然緊張関係が高まり、また五大老《ごたいろう》筆頭にあった家康は覇権を掌中にすべく反石田の人びとを糾合した。

同四年閏三月三日、五大老のひとり前田利家《としいえ》の死去に伴い、石田三成は敵対する加藤清正らの襲撃をうけた。家康に庇護を求め佐和山へ逃げたため、豊臣政権の実権は事実上、家康が掌握することとなった。
同五年正月、家康は帰国中の上杉景勝へ上洛を求めたが拒否された。このため家康は、五月上杉征討を掲げ、六月十八日伏見城へはいった。七月二日には江戸城へ戻り、二十一日には下野国《しもつけ》（栃木県）小山《おやま》へ着陣した。この家康の行動は、伏見を不在にすることにより石田の動きを誘い出す陽動作戦にも似た戦略であった。事実、七月十七日には、五奉行のうち長束《なつか》・前田・増田《ました》三名連署で家康弾劾《だんがい》の書状を西国の大名を中心に送った。

これに呼応して参集した大名は、毛利秀包《もうりひでかね》・吉川吉家《きっかわよしいえ》・小早川秀秋《こばやかわひであき》・宇喜多秀家《うきたひでいえ》・蜂須賀家政《はちすかいえまさ》・長宗我部盛親《もりちか》・小西行長《ゆきなが》・島津義弘・鍋島勝茂ら九万余にのぼった。同月十九日鳥居元忠らがまもる伏見城を攻め、八月一日に開城させた。同九日、三成は美濃垂井《たるい》へ着陣し、十一日大垣城へはいった。

小山在陣中の家康は三成挙兵を聞くや軍を西へとって帰させた。福島正則・池田輝政を先鋒に八月二十二日織田秀信のまもる岐阜を攻め、翌日には落城させた。

ところで、豊臣大名で大津城主である京極《きょうごく》高次は西軍に応じていたが、家康とも誼《よしみ》を通じていたため（秀忠と義兄弟）疑いの目でみられていた（二二三頁参照）。九月四日には城兵三〇〇〇余人をして大津城籠城作戦を決意した。このため西軍の猛攻をうける羽目となった。西軍は立花宗茂を派遣し、毛利元康（輝元の叔父）を総大将に一万五〇〇〇の大軍で大津城を取り囲み、十三日に至り外堀を埋めはじめた。また、寄手《よせて》は三井寺より本丸へ大筒を打ち込んだため城内にいた高次の姉竜子（秀吉側室）は悶絶してしまったと伝えている（『石田軍記』）。城兵の士気を挫《くじ》くには十分なものであった。十四日には高野山の木食応其《もくじきおうご》と新庄直忠（米原市出身の豊臣系大名）が本丸へはいり開城を説得した。翌日、京極高次は城をで、高野山へむかった。

この大津城攻めを醍醐三宝院門跡《だいごさんぼういんもんぜき》の義演准后《ぎえんじゅごう》は、『義演准后日記』に「八日、大津城責、鉄放響、地ヲ動ス、焼煙如霧、町悉焼払云々」と記し、西軍に組するとばかり思っていた高次の行動と大津城のなりゆきに高い関心を寄せている。

京極高次のこの籠城作戦により大津城下は、焼き払われ焦土と化したが、結果として西軍の主力部隊を釘づけにすることとなった。高次が大津を去るころ、関ヶ原では西軍と東軍との戦端の火蓋《ひぶた》がきっておろされていた。

この戦いの結果は、周知のとおり家康率いる東軍の勝利となり、ただちに石田三成・小西行長・安国寺恵瓊《えけい》を捕縛のうえ京都へ引き立てた。十月一日、京都六条河原で斬首にされ、また長束正家《まさいえ》の首を三条橋のところへ晒《さら》した。公家の西洞院時慶《にしのとういんときよし》は、数万人が見物したと日記に記している（「時慶卿記」十）。

つぎに、西軍に加担した大名たちの処分に着手した。八八の大名が改易となり、四一六万石が没収され、減封が二一六万石、あわせて六三二万石が没収となった。この没収高の実に約八〇％にあたる五二〇万石が恩賞として豊臣系大名への加増に宛てられた。これは関ヶ原の戦いが東軍（徳川軍）の勝利とはいえ、徳川の軍勢によりもたらされた勝利ではないことを意味している（笠谷和比古『関ヶ原合戦』）。

この豊臣大名の所領没収は、近江にとって大きな意味をもち、ほとんど無主地化した所領の再編が急がれねばならなかった。勝利を得た家康は、すぐに上洛せずゆっくりと周辺の状況をにらみながら二十六日淀城へはいり、翌日大坂城で秀頼と会見した。

2　家康と近江

慶長検地●

関ヶ原の戦いで覇権を獲得した家康は、慶長六（一六〇一）年、戸田一西《かずあき》を京極高次が死守した大津城へいれた。しかし、この年のうちに大津城を廃し、あらたに膳所《ぜぜ》に城をきずかせた（一九〇頁参照）。前節でみたとおり、近江国は豊臣政権の権力基盤で豊臣大名の領地や蔵入地が集中していたが、関ヶ原の戦いの結果、それらは烏有に帰した。このため、近江の所領支配の再編が急がれた。家康が戦後ただちに着手したのは、禁裏《きんり》・堂上《とうしょう》家の家領を京都周辺に移すことであったから、山城・近江の無主となった領地をどのように組み替えるかに関心があったように思われる。

石田三成・長束正家とその一族の所領をあわせると約三三万石となり、これの再配分（徳川領化）が緊急の課題であった。慶長七年春以降、近江・丹後などで一国検地が実施された。この検地は、天正十九（一五九一）年以来の一国検地で、近江ではこの検地により打ちだされた村高が近世を通じて採用された場合が多い。近世初期の郷帳《ごうちょう》がないため安易な比較はできないが、慶長三年の国高は、七七万石余りであったのに対して、正保三（一六四六）年の国高は八三万石余りと、半世紀のあいだに約一一万石増加している。慶長以降正保までに一国規模の検地が実施されていないことから、正保の国高は、慶長検地に基づいていると考えることができる（次頁表参照）。

慶長検地は、太閤検地以上に厳格な基準で実施されたような印象をあたえるが、その実、戦後まもない

近江国の石高と村数

年　次	石　高	村数	出　典
慶長3(1598)	石 775,379.0		「日本国賦税」
正保3(1646)	830,616.514	1441	「正保郷帳」
元禄14(1701)	836,829.720780	1516	「元禄郷帳」
天保5(1834)	853,095.305590	1516	「天保郷帳」
明治元(1868)	858,524.20380	1567	「旧高旧領取調帳」

ことであり、しかも徳川氏にとって占領地域での検地であるため、その実施方法そのものに太閤検地とは異なったところがあった。幸いこのときの検地帳は、数多く残されているため一定の傾向を抽出することができる。

(1)検地奉行は、豊臣系奉行と徳川系奉行に分かれていた。

(2)豊臣系奉行は、伊香・栗太・志賀・高島の四郡を、徳川系奉行は残る八郡を担当した。

(3)徳川系奉行は、諸国代官頭と称された大久保長安の下代《したい》たちにより構成されていた。

(4)検地帳は、豊臣系奉行が太閤検地帳に則した記載方法であるのに対して、徳川系奉行は分米記載をしない、際立った特色を残している。

(5)徳川系奉行は、分米記載をせず田積合計のみで村高を書き上げている。

検地奉行の性格の違いと検地帳記載方法の違いの二点が慶長七年検地の大きな特色であった。では、一体どうしてこのようなことになったのであろうか。分米記載をしない検地帳が村へ交付され、村はそれを受理し納得したのであろうか。田積合計のみでは、その数値に斗代さえ掛ければ、石高は自由に操作できる危険性がある。村高を増加させるには、容易な方法であるが。

徳川系奉行たちは、分米記載がある検地帳をなぜ作成しなかったのか。あるいは物理的に不可能であったのか。推定の域はでないが、検地が急がれたこと、占領地域の検地であったこと、したがって太閤検地帳をもとに村高のみを調節したものと推察される(藤田恒春「慶長七年近江国検地を廻って」『ヒストリア』一二九号)。

その一方で、豊臣系奉行の小堀正次・小出《こいで》秀政・片桐且元《かつもと》による検地は、七月に伊香郡で着手し、九月下旬に栗太郡で終了しており、整然と実施している。太閤検地帳と同様の検地帳を作成しており、徳川系奉行たちとの相違をいかに理解すべきか、今後検討する必要がある。

にもかかわらず、慶長検地は「貢租収納高を掌握することを目的としたもの」とする、指摘は当をえたものである(『滋賀県市町村沿革史』壱)。つまり、慶長検地で打出された村高は、先に指摘したとおり、延宝検地までの約一世紀のあいだ、機能したからである。

この検地の結果、同年十月、家康は牧野正成・加藤成之など一六人へ近江で新知を宛行《あてが》った。このことから慶長検地は、旧領の再配分化を実施するための政策の一環であったことを物語っているように思われる。

膳所・彦根藩の成立●

関ヶ原の戦いで覇権を掌握した家康は、湖南の大津城へ戸田一西をいれ、翌年徳川四天王のひとりと称された井伊直政《なおまさ》を石田三成の居城であった佐和山城へいれた。近江の南と北へ譜代《ふだい》の重臣を配置した。これは、対豊臣政策(大坂には秀頼がいた)の一環であり、大津は中世以来の要港であったことから、商品流通など都市としての経済機能の掌握にあったからである。

かつて、永禄十一(一五六八)年、上洛した織田信長は、将軍に堺・大津・草津の三つの町を望んだといわれており、天下人にとって都市の経済的機能を押さえることが緊要であったことをうかがわせる

（「足利季世記」『改訂史籍集覧』一三）。

しかし、大津城は、慶長六年早々のうちに廃城となり、勢多の唐橋を扼する「膳所崎」へあらたに城をきずかせた。大津城が廃城となった理由は、大津の都市的機能を優先させるためであったといわれる（『新修大津市史』三）。次節でふれるが、諸国代官頭としてまた街道整備とその支配を管掌した大久保長安が大津町奉行についていたといわれていることからも、家康は大津を軍事拠点とするよりか琵琶湖の要港として発展してきた大津の経済的機能に期待したのである。

膳所城は、明治三（一八七〇）年、ことごとく破却されたため、その規模や構造を直接知ることはできないが、寛文二（一六六二）年の「膳所城絵図」には湖に突き出した本丸に四層の天守や二の丸が描かれている。現在、本丸と二の丸の跡は、膳所城跡公園となっている。

膳所城には、戸田一西のあと氏鉄《うじかね》がつぎ、元和二（一六一六）年七月尼崎へ転封《てんぽう》となり、翌三年三河国西尾より本多康俊がはいり、同七年二月、康俊病死のあとを俊次がつ

「膳所城城下図」

いだ。しかし、八月に三河国西尾へ転封となり、伊勢国長島より菅沼定芳がはいり、寛永十一（一六三四）年閏七月丹波国亀山へ転封となった。つぎに下総佐倉より石川忠総がはいり、七万石を領有した。戸田・本多・菅沼氏のときは、膳所城は三万石であったが、同年閏七月、将軍上洛を契機として倍増された。これは、この年を画期とする畿内支配の転換策の一環として、京都周辺の譜代大名の強化とみることができる。石川氏は二代続いたのち、慶安四（一六五一）年四月、伊勢国亀山へ移され、かわって伊勢国亀山から本多俊次が三〇年ぶりに膳所へ戻った。以後、明治まで康将《やすまさ》から康穣《やすしげ》まで一二代続いた。

一方、慶長六（一六〇一）年正月、上野国《こうずけ》（群馬県）高崎城の井伊直政は、関ヶ原の戦いの論功行賞《ろんこうこうしょう》で六万石を加増され、上野国三万石・近江国一五万石の一八万石を拝領し佐和山城へはいった。佐和山城は、中山道と北国街道の分岐点に近く、交通の要衝の地に位置したが、山城であるため近世的な軍事拠点とはなりにくく、慶長九年、家康の認可をえて、城を湖岸に面した金亀山（彦根山）に移すこととなった。尾張など七カ国の大名を動員して築城が進められ、同十二年ころには竣工した。その後も外郭普請や家臣の屋敷および城下の整備は続けられ、元和八（一六二二）年に完成した（彦根城博物館編『彦根城の修築とその歴史』）。城は金亀山山頂に南北に西の丸・本丸・太鼓丸・鐘ノ丸がならび、本丸には大津城のものを移築した三層の天守がきずかれた。しかし、構造物のおもなものは小谷城・長浜城・佐和山城・安土城・大津城などから寄せ集められ、譜代重臣の居城普請としては簡便なものである。

ところで、佐和山より金亀山へと移転した理由はなぜであったのだろうか。城下建設を考えれば、金亀山の方が立地条件としてはすぐれている。交通の要衝を押さえる、ということからすれば大きな差異は認められない。しかし、譜代重鎮として一八万石の城主としての威厳をほこる構造物をきずくには、佐和山はせますぎたことは否めない。しかも、佐和山城は立地論よりも石田三成の居城であったことが、井伊直政にここを忌避させたのであろう。

井伊直政は、慶長七年二月に死去し、直継（直勝）が家督をついだが病弱なため、慶長二十年二月家督を弟の直孝へゆずり、みずからは上野国で三万石を分封してもらい安中《あんなか》で別家をおこした。直孝は、大坂冬の陣における論功行賞で五万石を加増され、元和三（一六一七）年五万石、さらに寛永十（一六三三）年五万石を加増され、すべて三〇万石となった。彦根藩は、犬上・坂田・愛知《えち》郡などで近江の国高の三割を占め、畿内を含む西国を抑えるための拠点となった。

彦根藩は、江戸時代を通じて井伊氏の治めるところとなり、直孝・直澄・直該《なおもり》・直通・直恒・直惟《なおのぶ》・直定・直禔《なおよし》・直幸《なおひで》・直中・直亮《なおあき》・直弼・直憲と続き、明治に至った。また、慶長十一年四月、駿河の駿府《すんぷ》城より内藤信成が長浜城へ移されたが、同二十年閏六月、信正のとき摂津国高槻《たかつき》へ転封となり、以後長浜城は廃絶となった。

錯綜する所領支配

豊臣政権の時代、近江は豊臣御蔵入地と豊臣家臣団などの所領で占められていたが、関ヶ原の戦い以降、今度は徳川御蔵入地や家臣団の所領でおおわれていった。近江には「正保郷帳」以前の郷帳がないため初期の所領支配は断片的なことしかわからない。前項でみたように膳所・彦根・長浜藩の成立で約二二万石が譜代大名に宛行《あてが》われた。慶長・元和期（一五九六〜一六二四）のようすをまとめたものが次頁上表である。

天正十九（一五九一）年、家康へ宛行われた在京賄料地九万石は、慶長以降どのようになったか不明であるが、慶長十七（一六一二）年には近江の幕領の年貢一三万石を駿府《すんぷ》へ納入させるようになることから、家康領から幕領へと移管されたのかもしれない（『当代記』）。
慶長期の特徴のひとつに豊臣秀頼家臣の領地が点在していることである。慶長十七年九月、豊臣秀頼は蒲生郡石塔村を太田右衛門佐《うえもんのすけ》行政に、栗太郡伊勢村を毛利藤兵衛尉に宛行っている（『大日本史料』十二編十など）。また、水原吉一も栗太郡に知行をもっており、豊臣秀頼は摂河泉《せっかせん》以外、近江にも少からず所領を残していたものと推察できる（「吉田ナミ家文書」）。

慶長・元和期の近江の所領支配

年次	名　前	地　　域	石 高
慶長 5	朽木元綱	高島郡，山城国	石 9,590
慶長 5 頃	佐久間安政	高島郡	15,000
慶長 6	戸田一西	栗太・志賀郡内〔膳所〕	30,000
慶長 6	井伊直政	坂田・犬上・愛智郡など〔彦根〕	150,000
慶長 7	奥平忠明	近江・三河 2 カ国	17,000
慶長11	内藤信成	坂田郡など〔長浜〕	40,000
元和元	佐久間勝之	高島郡内，信濃国河中島	石 18,000
元和 5	小堀正一	浅井郡，和泉・大和国内〔小室〕	11,460
元和 5	分部光信	高島・野洲郡〔大溝〕	20,000
元和 6	市橋長政	蒲生郡〔仁正寺〕	20,000
元和 8	最上義俊	愛知・蒲生・甲賀郡，三河国	10,000

石高別知行主人数

	正保 3 (1646) 年	元禄10 (1697) 年
20万石以上	1 (井伊)	1 (井伊)
5 万石以上	1 (石川)	2 (本多，甲府徳川)
3万～5万石	1 (永井)	1 (本多)
1万～3万石	4 (分部，市橋，土井，稲垣，伊達)	4 (市橋，土井，石川，伊達)
5,000～1万	4 (小堀など)	5 (小堀など)
1,000～5,000	53 (最上，上田など)	50 (上田，朽木など)
1～1,000	79	70

元和期にはいると分部氏（大溝、二万石）・小堀氏（小室、一万三〇〇〇石余）・市橋氏（仁正寺、二万石）が本拠を近江へ移し、内藤氏（長浜）は転封となり長浜城は廃城となった。「正保郷帳」と『淡海録』（元禄十年ころ刊）における所領支配の石高別傾向をまとめたものが前頁下表である。国高や所領支配に大きな変化は認められない。近江に藩庁をおく大名は、井伊・石川（のち本多）・分部・市橋・小堀の五家と近江に飛地《とびち》をもつ大名（永井〈山城・淀〉、土井〈下総・古河〉）領で、そのほかは旗本の知行地が集中していることがわかる。坂田・犬上・愛知郡はほとんどが彦根藩領で、浅井・神崎二郡も大半が彦根藩領であるから、したがって、これは知行地の相給化《あいきゅうか》をもたらし、錯綜した所領支配がみられることとなった。「正保郷帳」での給人数は一四五人である。たとえば、蒲生郡川上村（一五五石余）は七人、栗太郡平井村（四八三石余）は七人、高島郡鴨村（二〇〇三石余）は一〇人、甲賀郡新庄上野村（四〇二石余）は八人の給人が知行するなど、蒲生・野洲・栗太・甲賀・高島郡内では相給地が多くみられた（「正保郷帳」）。

一方、慶長期一三万石余りだった幕領は、一七万三五九四石余と増加し、これを六人の代官が支配していた。正保期までの近江の幕領支配は、近江の国奉行として小堀遠江守正一がほかの代官を支配下におくようなシステムで運用されていた。

ところが、元禄地方直《じかたなお》しを経た元禄十四（一七〇一）年の「元禄郷帳」では、幕領が激減する。これは、堀田正高（堅田、一万石）、遠藤胤親（三上、一万石）、稲垣重定（山上、一万三〇〇〇石）、堀田正休（宮川、一万石）が大名に取りたてられ藩庁を近江においたことと、大身の旗本知行地が増加され、合計一二万二二二六石が給人知行に割かれたことによる。またこれより以前、天和二（一六八二）年には加藤嘉明《よしあきら》の孫明友が新知一万石を加増され二万石として近江へ移され水口城へはいっていた。このため近江の幕領は激減し五万石を割ることとなり、これ以降大津代官と信楽《しがらき》代官などにより管轄されることとなった。

近江の所領支配は、元禄十一年ころにほぼ固まったのであるが、その後も譜代大名の飛地が散在することとなり、なかでも享保九（一七二四）年大和郡山へはいった柳沢氏の飛地が五郡内で五万八〇〇〇石（神崎郡金堂と高島郡海津に陣屋がおかれた）と、膳所藩領にならぶ領地を近江に宛行われた（『江州御領郷鑑』）。

右にのべたように錯綜した所領支配がみられる近江では、近世前期では国奉行による行政が実施されていた。幕府の触の伝達、地方《じかた》の訴訟などは、彦根藩領を除外すれば、国奉行小堀正一が管掌した。とくに寛文八（一六六八）年京都町奉行所が成立する以前では、百姓の公事訴訟などで所轄のところで解決できないときは、最寄の伏見奉行や京都所司代などをまじえての合議制による解決がはかられた。寛文八年以降、近江の百姓や町人の公事訴訟などは京都町奉行所の管轄するところとなった。

3　町と村の成立

大津の整備●
湖上交通の要港としての大津は、豊臣政権下、大津城を擁する軍事的拠点としての性格をもったが、前節でのべたように城が膳所へ移転することにより、北国・東国よりの米を中心とする諸物資集散の場へと発展していく。ここでは、豊臣政権期より元禄期（一六八八〜一七〇四）ころの大津のすがたをみていこう。

近江支配の拠点が坂本から大津へ移されたのは天正十四（一五八六）年ころと推定されており、その理由として「大津の物資中継都市としての機能確保という経済的要請がより大きく反映していた」と、指摘されている（『新修大津市史』三）。

築城された大津城へは、坂本城主であった浅野長吉がはいり、同十七年には増田長盛がついだ。ついで同十九年には秀吉御伽衆《おとぎしゅう》のひとり新庄直頼（朝妻《あさづま》城主直昌の子）がはいり、さらに文禄四（一五九五）年京極高次がついだ。浅野・増田・新庄・京極の四代ともに豊臣政権をささえた主要な人物が城主となっており、大津の重要性がうかがわれる。

彼らが大津で行った施政については、天正十五年・同十七年・同十九年・文禄四年、それぞれ定書《さだめがき》をだしており断片的ではあるが、その一端を知ることができる。

「大津湖水図」　港の部分。

定書は、全文五カ条からなり「大津百艘船《おおつひゃくそうぶね》」特権の典拠とされるものである。内容は、⑴他浦からの入船に大津よりでる荷物や旅人をのせてはならない。⑵役儀（公用）をつとめない船、すなわち「大津百艘船」以外に荷物・旅人をのせてはならない。⑶「大津百艘船」が他浦で公用に使われることを禁止した。⑷公用に使われた船の荷物の積降ろしを船頭だけですることを禁止した。⑸たとえ増田の家臣であっても無断で「大津百艘船」を使うことを禁じた、以上五カ条の定書は、浅野・増田・新庄・京極の四氏が同文で差しだした（「居初寅夫家文書」）。

これは、天正十年代の大津が港湾都市としては、十分な船数をもたず、領主の公用に十分に応じきれない状況を反映していたためである。このため、大津を領主要求に対応しきれる港湾都市へと改造していくために「大津百艘船」の特権を擁護する必要があった。

この目的のひとつには、北国・東国の豊臣御蔵入地の年貢米を敦賀から湖上を回漕し、大津を経て京都・大坂へつなぐ集散地としての役割があり、結果として大津の発展は、米の市場を形成していくこととなった。

慶長六年七月二日には、同文言の掟書が大久保長安によりだされており、家康は大津に対して前政権の施策を踏襲したことがわかる（前掲）。戦後処理策の一環として考えることもできるが、この掟書の発給者が大久保長安であることを勘案するとき、直轄都市大津の復興と再生に力をいれようとしたことが察せられる。

ところで、大津には「十四屋《じゅうしや》宗左衛門」という富商がおり、その分家筋にあたる小野宗左衛門貞則は、早くから大久保長安に属する代官のひとりとして近江・山城（木津川筋）・大和の幕領支配に関与していた。近世初期上方における代官支配の特質に豪商型代官による支配があったことはよく知られている。摂津の末吉・平野、山城の茶屋・角倉・上林氏などである。

近世初期では、幕府は上方の経済力に依拠せざるをえない状況があり、このため上方市場に精通した豪商出身の彼らを代官に取り立てたのである。小野氏も彼らと同様の立場で取り立てられたものと理解できる。「大津百艘船」の特権保護と小野氏の代官支配をつなぐ接点に近世初期地方《じかた》行政に辣腕《らつわん》を発揮した大久保長安がみえるところに、大津の市場としての整備が急がれたことがうかがわれる。

しかし、十七世紀の大津の町の規模について伝えるものは少ない。元禄十四（一七〇一）年の記録には、家数四七二八軒（内家持一九二七軒・借家二八〇一軒）、人口一万七四九七人（内男九一五四人・女八三四三人）とある。貞享二（一六八五）年の膳所の家数は、九三〇軒で三〇九四人であったこととくらべても突出した大きさである（『淡海録』）。大津の町には、上京町に馬借《ばしゃく》会所、下東八町に人足《にんそく》会所がおかれ、町全体に惣年寄二人・町代六人・肝煎《きもいり》六人がおかれ町の運営がはかられていた。

一方、米の集積地としての蔵屋敷については、幕府・伊達《だて》氏（仙台）・津軽氏（弘前）・前田氏（金沢）・牧野氏（長岡）・本多氏（郡山）・井伊氏（彦根）・溝口氏（村上）・酒井氏（鶴岡）・分部氏（大溝）・酒井氏（小浜）・土井氏（唐津）などの一九棟が湖岸の坂本町・米屋町・南保町などに立ち並んでいた（『新修大津市史』三）。

ところが、元禄十三年には一四棟が廃止となり、六棟のみが幕府代官雨宮寛長《ひろなが》の管理となった（『京都御役所向大概覚書』下）。これは、十七世紀後期に西廻航路が開かれ、琵琶湖舟運の後退の影響をうけたためである。右の蔵屋敷をもつ大名のうち津軽氏など北国・東国の大名は、下関を経由して直接大坂へ回送するようになったからである。この琵琶湖舟運の後退は、「大津百艘船」の特権に影響をもたらし、大津の米市場としての地位を相対化させていくこととなった。

八幡・日野・長浜●

八幡は、天正十三（一五八五）年閏八月、羽柴秀次（秀吉の甥）が近江国で四三万石（秀次分二〇万石、宿老分二三万石）を宛行われ、鶴翼山《かくよくさん》に八幡城をきずき、同時に城下を建設した地である（尊経閣文庫所蔵「古蹟文徴」六）。同十八年七月十三日、秀次は尾張へ移り、かわって高島郡大溝にいた京極高次が封ぜられた。

秀次在城期間はわずかであるが、同十四年六月には「八幡山下町中」へ宛て定書を差し出し、八幡城下の形成のため商業の育成をはかっている。これは、織田信長が同五年六月に「安土山下町中」へ宛てた一三カ条の定書にならったものである（「近江八幡市所蔵文書」）。文禄四（一五九五）年七月、秀次が失脚するとともに八幡城は廃城となり、京極高次は大津城へ移った。城下町としての期間は短いものであったが、八幡町は竪一二筋、横四筋の格子《こうし》状の町割で区画され、西部の商業区域と北東部の職人たちが住まう区域が画然とした近世的都市として整備された（『滋賀県八幡町史』下）。

関ヶ原の戦い後、八幡は徳川氏の直轄支配となり、慶長期（一五九六〜一六一五）は大津と同様に大久保長安に属した北見勝忠の支配するところとなった。元禄十一（一六九八）年には旗本朽木《くつき》氏との相給《あいきゅう》となり、宝永五（一七〇八）年に全部が朽木氏の知行所となったが、文政九（一八二六）年ふたたび幕領支配となった。延宝八（一六八〇）年の家数は一五五七軒、人口は七一八〇人（家持四九七〇人・借家一〇三八人・下人一一七二人）であった。町政は、惣年寄を中心に六六町から各一人宛選ばれた年寄によって運営された（『滋賀県八幡町史』下）。

日野は、天文三（一五三四）年ころ、蒲生定秀が中野城をきずき、城下に町割を実施し成立したといわれる。日野川に沿い東西に開かれた町で、東西筋に五三町、南北筋に二六町の七九町があったと伝える（『近江日野町志』上）。

天正十（一五八二）年十二月二十九日、蒲生氏郷《うじさと》は「当町」へ宛て一二カ条の定書を発給し、楽市楽座《らくいちらくざ》の安堵《あんど》をはじめとする商業の育成をはかっている（「日野尋常高等小学校所蔵文書」）。しかし、同十二年六月、蒲生氏郷は伊勢松ヶ嶋（三重県松阪市）へ転封となり、多くの住民がしたがった。日野町は、右の定書で「当町地子《じし》・加地子共不可有之事」と、諸役免除を安堵されていたが、文禄四（一五九五）年長束正家（甲賀郡水口城主）の領地となるに及んで、諸役免除の特権は破棄された。日野町は、村井村・大窪村・松尾村の三カ村に村切りされ、年貢が徴収されるようになった。

その後、寛永四（一六二七）年、伊予松山藩（蒲生忠知）の飛地となり、日野町はふたたび町の扱いとなり、以後「郷帳」のなかで「日野村井町」などとして記載されることとなった。町の規模を知る史料は伝来していないが、宝暦六（一七五六）年日野大火のとき、一〇二七軒が消失していることから、少くともこれ以上の家数があったものと推察される。日野町には、百姓方庄屋と町方庄屋のそれぞれ二人の庄屋がおかれ（日野大窪町は三人）、この七人の庄屋のうえに二人の惣名代がおかれ町政を差配した。

長浜町は、天正二年、羽柴秀吉が居城を今浜より長浜へ移したことにはじまる。秀吉時代、そして慶長期の町の規模などについては、よくわからない。最初四九町であったものが、のちに五二町に増加し、そのうち三六町が地子免除となった。

天正十年六月、長浜城は柴田勝家にあたえられ、甥の勝豊がはいった。翌年の賤ヶ岳の戦い後、秀吉支配下にあり、同十三年山内一豊《やまのうちかずとよ》にあたえられた。同十八年山内一豊が遠江《とおとうみ》へ移ったのちの長浜城主については未詳である。

慶長十一（一六〇六）年北国の押さえのため内藤信成が封ぜられ四万石を領有した。元和元（一六一五）年、長浜城主内藤信正が摂津高槻へ転封となって以降、彦根藩領のもとで長浜は高付けされ五四五石余（内、高三〇〇石は御免許地）の在郷町の景観を保っていた。町の規模については表のとおりで、江戸時代を通じて大きな変化は認められない。町は五町宛組合せ、神戸町組・魚屋町組・大手町組・田町組・宮町組・北町組・呉服《ごふく》町組・船町組・瀬田町組・御堂前町組の一〇組を編成し、一組に一人の町年寄をおき、町の支配にあたらせた。また、一町ごとに町代・横目・組頭がおかれた。

以上、八幡・日野・長浜の町は、いずれも城下町から発展してきたもので、江戸時代にはいると今度は在郷《ざいごう》町として商業を中心に大きく発展してきた。とりわけ、八幡・日野は、五個荘とならび称される「近江商人」輩出の町として全国的

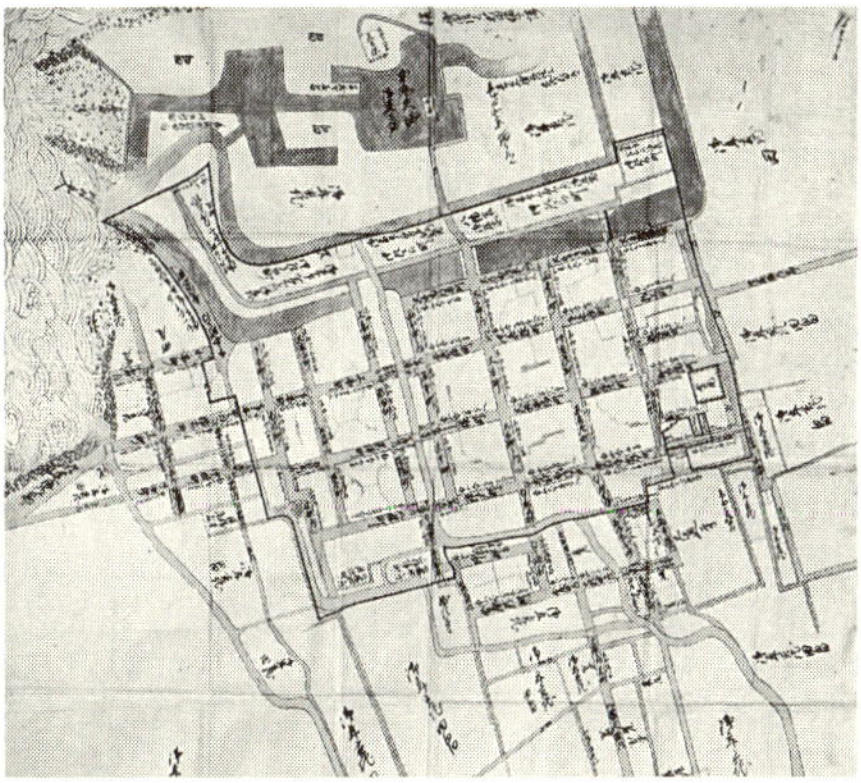

「近江国長浜絵図」

江戸時代長浜の戸口数

年　　代	戸数	人　口	
	軒	人	
元禄8	1,084	4,723	男2,366
(1695)			女2,357
享保15	1,224	4,707	男2,422
(1730)			女2,285
文化3	1,284	4,833	男2,456
(1806)			女2,377
天保9	1,280	5,027	男2,650
(1838)			女2,377
安政4	1,361	4,639	男2,294
(1857)			女2,345

『滋賀県市町村沿革史』四による。

に知られた。城下町ゆえの諸役免除、商業の育成などの優遇策に基づき城下に集められた商人たちはその庇護のもとで販路を拡大させた。八幡は、八幡城が破却され、城下に集められた商人たちがあらたな活路を求めるべく、遠く南蛮貿易や蝦夷地との交易にのりだした。

移りゆく村●

十六世紀にはいると近江は、天下一統をもくろむ武将たちの戦場と化し、度重なる戦火をくぐりぬけてきた、といって大過ない。天下の主が織田・豊臣・徳川へと移り替ることにより近江の村や町は、どのようにその景観を支配者向けにかえたのだろうか。

すでにふれられているように室町時代以降、近江では「惣村《そうそん》」がすぐれて発展しており織田・豊臣両政権にとってこれらの「惣村」をいかに取り込むかが課題であった。そのための政策として「太閤検地」があった。村で農業をいとなむものを検地帳に記載することにより、彼を百姓として把握することに成功した。ついで個々の百姓の経営規模を石高に換算し、それを集計して村高とした。その村高に租率（年貢率）を乗ずることにより自ずと年貢の高（量）が確定する社会的システムを確立させた。そして重要なことは、年貢は村として直接領主へおさめるシステム（村請制《むらうけせい》）を確立させたのである。

「惣村」の発展が著しかった近江の村々は、これら一連の政策の過程でみずからを領主のための村へとかえていったのだろうか。かえたとすれば、村のどこがどのように変化していったのか。かわらなかったとすれば、どの部分が、なぜかわらなかったのか、検討していく必要性を感じる。以下に事例をあげてみていこう。

近江国栗太郡志那《しな》村（草津市志那町）は、琵琶湖岸に面する半農半魚の村で、中世では対岸坂本や大津

❖コラム

村の身代り

中世社会においては、村が危機に遭遇したさいに村の身代りとなり一命を捧げた存在が、村でかかえられていたことが知られている。彼は、普段は村のなかで扶養され、いざ危難が差し迫ったとき、我が身を差しだしたのである。この代償には、たとえば残された家族にかかる諸役の免除などがあった（藤木久志『戦国の作法』）。

元亀元（一五七〇）年十一月十七日、神崎郡伊庭《いば》村（東近江市）では、信長侵攻にさいして「人質三人」を差しだしている。人質にでた一人の助右衛門尉《すけえもんのじょう》へは、「永代諸役仕間敷候」と、村の惣代六人が保証している（「川原崎文書」）。天正十七（一五八九）年八月十九日、浅井郡中野村（長浜市中野町）と青名・八日市村（ともに長浜市湖北町）との井水《ゆみず》相論では、「喧嘩《けんか》御停止《ごちょうじ》」を無視したとして三人が成敗《せいばい》された。中野村清介は、死に望み「屋敷二ケ所」を所望し、領主から屋敷・畠を跡目の岩女《いわめ》に扶助してもらった。また、中野村惣中からは「夫役之儀、永代惣村中ゟ除中候」と、村の犠牲に対して夫役免除をもって購《あがな》っている（「清水次松氏文書」）。文禄二（一五九三）年四月十六日、野洲郡安治《あわじ》村（野洲市安治）では隣村野田村との「魞葭《えりよし》」相論《そうろん》の使いに立った彦四郎が殺されたため、その子宰相へ役儀などを免除している。

村のため犠牲となったものへは、諸役を免除することで残された家族を救済する慣行は、江戸時代の村掟《むらおきて》にも散見される。伊庭村の事例と中野村・安治村とでは、質的に違いはあるが、これを惣なり村の自治の賜物としてみなすか、あるいは個は惣や村に従属するものとみるか速断はできない。

へわたる港として、また蓮の花の名所として都の縉紳家《しんしんか》たちの目を楽しませたところである（口絵参照）。江戸時代以前の史料はあまり残されていないが、断片的な史料をつなぎあわせながら戦国末期以降の村の姿を紹介しよう。

志那村が最初に文献にあらわれるのは、寿永二（一一八三）年の源平騒乱にさいし港のひとつとして記録されている。その後長享元（一四八七）年九月二十日、坂本から渡海した細川氏の被官らにより村は焼かれ（『實隆公記』二）、さらに永禄六（一五六三）年、戦火をさけるべく村の「帳箱」を坂本の彦五郎へ預けておいたところ、火事にあい失ったとある（「春日力氏所蔵文書」）。このため古い史料は伝来していない。

戦国期、村は六角氏家臣であった市川氏が支配するところで、志那の港を支配し、「政所《まんどころ》」と称していた（「市川健次家文書」）。市川氏による支配の実態は不明だが、永禄年間（一五五八〜七〇）のものと推定される「定　志那庄御神事之条々事」という志那神社の神事を取決めたこの文書には、一六人（市川氏八人、中西氏二人、中嶋氏一人、その他出家者五人）が加判している。市川氏が八人と半分を占めている。出家者のうち蓮光房は市川源介のことであり、志那神社の祭祀は市川氏を中心にとり行われたことがうかがわれる（「春日力氏所蔵文書」）。

つぎの史料は、村の性格を知るうえで重要なものなので全文を掲げたい。

志那広座敷直目次第事

一しんしちの子息無之仁躰ゆう子之事、当所村人之内を可被仕之事、正躰無之仁躰ハかなゐ中間敷事、

一慥《たしかなる》成侍之子息おゐいてハ無是非之事、

一拾壱人御談合之事、多分ニ可被付、六人ノ分別之方江可有定沙汰之事、

右、皆々談合上にて定所如件、

天正拾壱年三月三日

一和尚　道　永（略押）

浄　永

善　文（花押）

（以下八人略）

第一条で子どもがいない場合の猶子（養子）の迎え方、第二条では身元確かな「侍」の子息でないと認めない。そして第三条で村の運営は一一人の合議制でのぞみ、多数決でことが決められていたことが知られる。

第二条にみられる「侍」とは地侍《じざむらい》のことで、ここに加判した一一人は志那村の地侍であったと考えられる。戦国末期近江の惣村は、右のような地侍を核とする「村人《もろと》」＝長老衆《おとな》により運営されている場合が多くみられた。しかし、地侍たちは、統一政権のもとで給人の被官として村から離れるか、村に残るかの選択をせまられ、志那村の一一人は村に残った。時代はくだるが文久三（一八六三）年四月の「拾一人侍中行跡帳」には市川氏六人・中嶋氏二人・稲岡氏二人・藤田氏一人が記載されている（前掲）。

彼らにより志那神社の宮座は運営されていたが、領主に対し村を代表するものは必ずしも彼らではなく、ほかのものが村役人についていた。一一人の長老衆を中心とする共同体と、領主に対し年貢諸役を負担する志那村という二重構造的な村が成立していた。

6章

湖国に生きた人びと

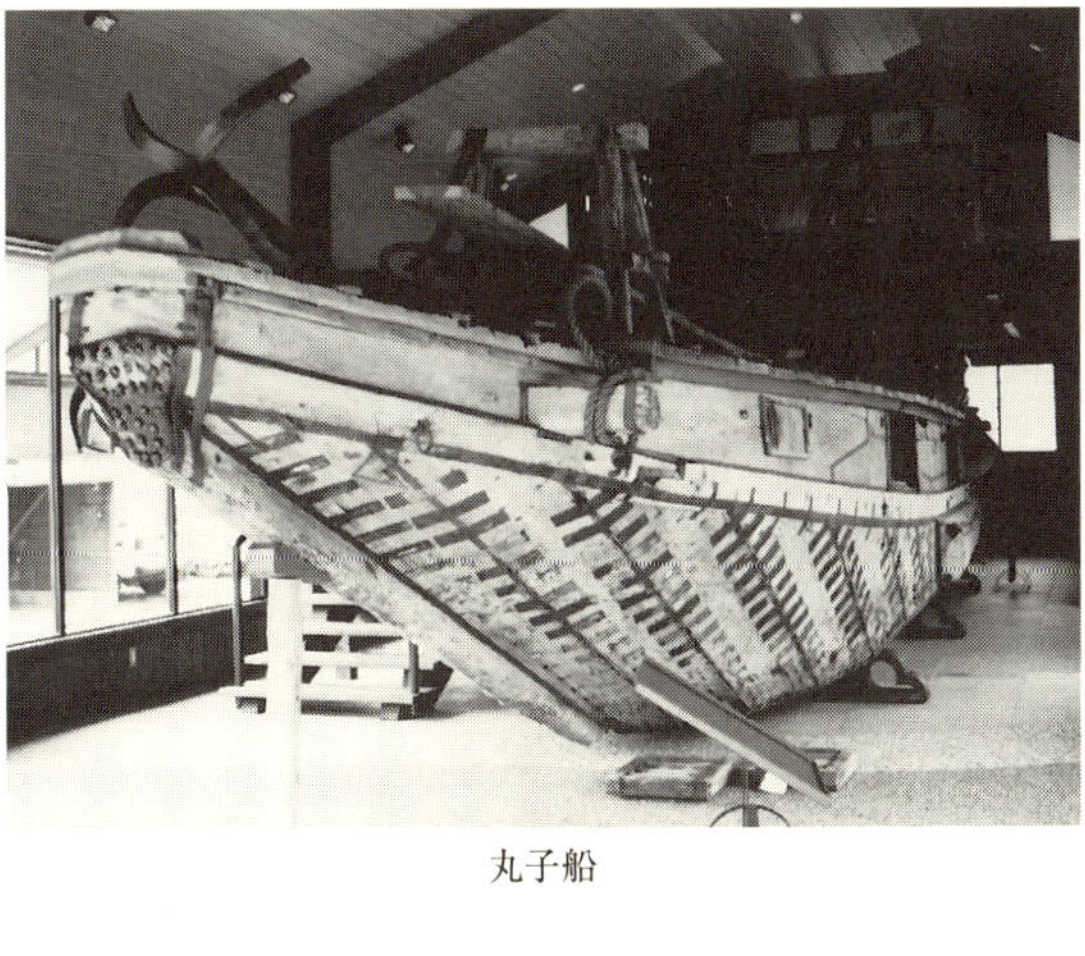

丸子船

1　湖国に生きた武士たち

財務吏僚長束正家●

豊臣政権をささえた武将には、近江出身者が多いことはよく知られている。石田三成《みつなり》・長束正家《なつかまさいえ》・片桐且元《かたぎりかつもと》・駒井重勝・増田長盛《ましたながもり》・蒲生氏郷《がもううじさと》・藤堂高虎《とうどうたかとら》らである。石田・長束の両人は関ヶ原の戦いで、増田は大坂夏の陣後、それぞれ没落した。駒井は関ヶ原の戦い後、前田利長に召しかかえられ、蒲生は寛永十二（一六三五）年無嗣断絶となった。藤堂のみ家康昵懇《じっこん》の大名として近世を通じて伊賀上野の城主として存続した。

なかでも石田・長束・片桐の三人は、政権の実務吏僚として頭角をあらわし、財政をささえる検地奉行として各地の検地を実施している。彼らに共通することは、在地領主の系譜を引くわけでもなく、わが身一代で秀吉に抜擢《ばってき》され、頭角をあらわしていったことである。

ここでは、長束正家をとりあげてみたい。栗太郡長束村の出身と伝えるものの、その経歴については不明なところが多い。はじめ丹羽《にわ》長秀・長重につかえたとする。天正十三（一五八五）年七月ころ、秀吉家臣としてあらわれ、秀吉の関白就任にあわせて従五位下大蔵少輔に叙任されている（岩波文庫版『太閤記』上）。文禄四（一五九五）年六月、五万石を領し、水口城にはいった。のち一二万石に加増されたとあるが定かではない。のち従四位下侍従に叙任され、慶長三（一五九八）年ごろ設けられた五奉行のひとりとなった。

彼は算勘に長《た》け、年貢所務に手腕を発揮したといわれ、天正十五年の九州攻め、同十八年の小田原攻め、そして天正二十年からの朝鮮出兵では兵粮担当の奉行として裁量している。また、検地奉行として近江・越前・河内などを担当している。

政権の奉行のひとりとしての足跡は、多くの史料により関東から九州にわたっていたことが知られるが、近江でのものはあまり伝わっていない。年次は不明だが、四月十三日付で「奥村之井水《ゆみず》」を神崎郡建部《たてべ》木《き》流《ながせ》村が切り落としたことを沙汰のかぎりであると申し渡している（「奥村共有文書」）。村の相論に単独で裁許したためずらしい事例である。

豊臣政権の蔵入地《くらいりち》の管理や知行の算用など、今日でいうと財政畑にすぐれた人物であったが、武士としての経歴は伝わらない。関ヶ原の戦いでは、南宮山《なんぐうさん》に駐屯したもののたたかわずして水口へ帰り、のち池田長吉に包囲され、十月三日、日野の桜井谷で自殺した。享年は不明である（二〇〇頁参照）。日野町中之郷の安乗寺《あんじょうじ》に墓がある（『東櫻谷志』）。

茶人小堀遠州●

小堀遠江守正一《こぼりとおとうみのかみまさかず》、通称遠州《えんしゅう》は、近江出身で全国的に今日まで知られている武将である。彼は江戸幕府のもと、外様の一小大名ではあるが、遠州流茶道の創始者で、作事、作庭、華道、名物の鑑定などに長けていたのみならず、近世前期に上方支配を担当する有能な奉行として敏腕をふるった。

このことから彼の交流範囲は、お茶を基軸として将軍（徳川秀忠・家光）、徳川義直（名古屋）、伊達政宗《だてまさむね》（仙台）、前田利常（金沢）、浅野長晟《ながあきら》（広島）、藤堂高虎（津、正一の義父）などの大大名をはじめとし、酒井忠勝・堀田正盛・松平信綱のような幕閣の要職者などとも親交をもった。かたや京都では「寛永文化人」グループの本阿弥光悦《ほんあみこうえつ》、松花堂昭乗《しょうかどうしょうじょう》などと交流し、妻の妹婿中沼左京《さきょう》（松花堂昭乗実兄）が奈良興福寺一乗院（門跡尊勢、近衛《このえ》前久《さきひさ》次男）諸大夫家出身であったため五摂家筆頭の近衛家とも誼《よしみ》を通じ、烏丸光広《からすまるみつひろ》・日《ひ》野資勝《のすけかつ》などの堂上《とうしょう》家とも親交をもち、また後水尾《ごみずのお》天皇、八条宮智仁《としひと》親王などとも接触していた。一方、寛永四（一六二七）年の紫衣《しえ》事件にかかわる沢庵宗彭《たくあんそうほう》・玉室宗珀《ぎょくしつそうはく》・江《こう》月宗玩《げっそうがん》など臨済の禅僧、あるいは大坂の淀屋个庵《かあん》、敦賀の糸屋良貞などの豪商、文人（安楽庵策伝《あんらくあんさくでん》・藤村庸軒《ようけん》など）、職人（塗師《ぬし》屋道志）など幅の広い交流をもっていた。

従来の研究は、お茶と作事・作庭を中心に進められてきた。このため彼の幕府の奉行人のひとりである面については十二分に検討されてきたとはいいがたい状況である。名前はよく知られているにもかかわらず、近江での足跡については意外と知られていない（森蘊『小堀遠州』）。

ここでは、寛永・正保年間（一六二四～四八）「近江の国奉行」としての動きをみておくことにしたい。まず、最初に簡単な経歴を紹介しておこう。天正七（一五七九）年、父正次と母（磯野丹波守員正《かずまさ》の娘）の嫡子として坂田郡小堀村で生まれたと伝え、通称は作助という。慶長九（一六

小堀遠州画像（松花堂筆）

○四）年、父の死後、遺領をつぎ備中国内で一万二四六〇石を領有した。同十四年のはじめ、従五位下遠江守に叙任された。元和五（一六一九）年九月備中から近江国浅井郡へ転封《てんぽう》となり、同郡の小室《こむろ》へ陣屋をおいた。この間、名古屋城作事をはじめとし、さまざまな作事に奉行としてかかわっている。同八年「近江の国奉行」、翌九年「伏見の奉行」、寛永十一（一六三四）年から「上方《かみがた》の公事」を担当するようになる。

ところで、この「国奉行」とは近世前期に畿内周辺の、いわゆる非領国地域におかれた個別領有権を超えた支配を貫徹させるためにおかれた暫定的なシステムである。近江国は彦根藩領をのぞくと、その所領支配は錯綜しており、一国を単位として幕府の政治意思を伝達するためには、個別領主支配を超える権能を必要とした。当該地域は、このため「国奉行」を必要とし、小堀は近江の「国奉行」として幕府の政治意思の伝達などにつとめたのである。小堀には、また近江の幕領を統括する仕事があり、近江幕領の代官である観音寺《かんのんじ》や小野氏などを支配下においていた（藤田恒春「近世前期上方支配の構造」『日本史研究』三七九号）。

寛永十九（一六四二）年十月に江戸へ下向し、正保二（一六四五）年四月に上洛するまで江戸詰めとなった。伏見へ帰ってのちは、茶会三昧《ざんまい》のような暮らしを続け、同四年二月死去した。

在地型代官小野氏・多羅尾氏・観音寺●

近江出身で在地化していた江戸幕府代官についてみよう。幕府の代官は、一般的には旗本《はたもと》や御家人《ごけにん》から取り立てられ、江戸在住が原則であったが、近世初期上方では織田・豊臣政権以来の代官が任用され現地に住まうものを中心とした。

小野氏は、大津惣年寄の一人である十四屋《じゅうしや》の元祖宗立《そうりゅう》の子、次男立慶《りゅうけい》を祖とする商家の出身であった（次頁系図参照）。この立慶の養子となったのが『新訂寛政重修諸家譜《かんせいちょうしゅうしょかふ》』にのせる初代宗左衛門貞則であ

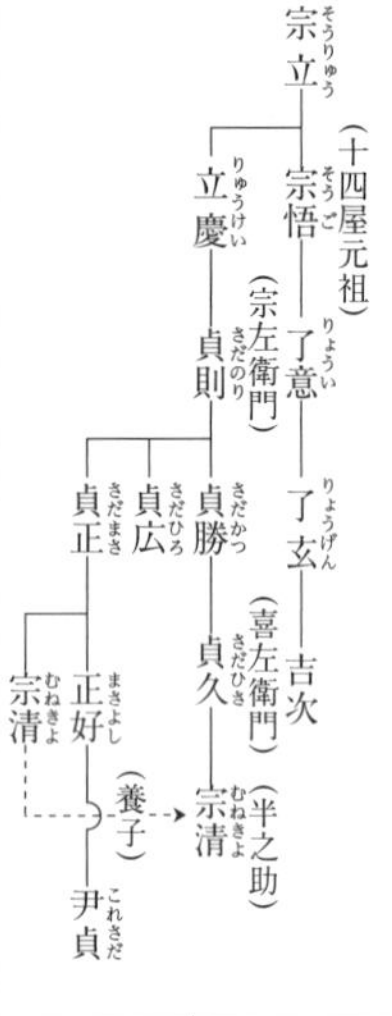

小野氏略系図（『新修大津市史』三による）

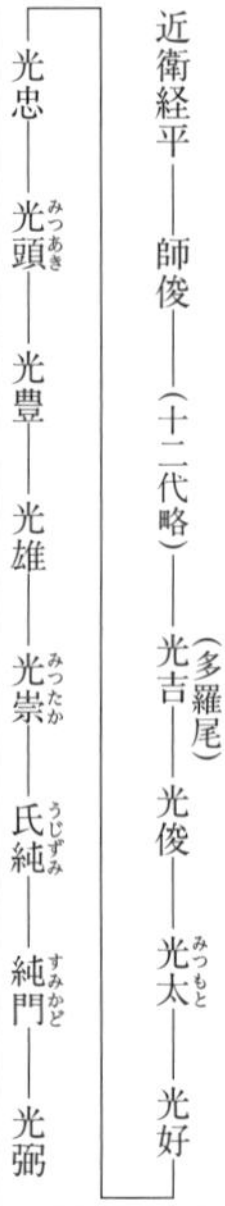

多羅尾氏略系図（『新訂寛政重修諸家譜』十五による）

る。宗左衛門は、京都の豪商で近江の代官として「守山馬飼領支配」をした茶屋四郎次郎清延《ちゃやしろうじろうきよのぶ》の一類といわれ、茶屋の推挙により代官となったとのことである（『新修大津市史』三）。近世初期にみられた摂津の末吉《すえよし》氏・平野氏・藤林《ふじばやし》氏、山城の茶屋氏・角倉《すみのくら》氏・上林《かんばやし》氏らと同じ豪商型代官の一人であったことが知られる。このような出身の小野氏が代官に取り立てられた理由は、前章でみたように大津の市場育成のためであったと考えられる（一九八頁参照）。

しかし、元禄十二（一六九九）年七月、半之助宗清が死去するにおよび四代にわたり世襲化してきた宗左衛門家の大津代官職は消滅した。宗左衛門貞則の三男貞正もまた近江の代官となり、正好・尹貞と続いたが、元禄十年十一月、貞頼のとき、勘定不正の責任を問われ追放となった。十七世紀後期、幕府農政の転換期に初期豪商型代官は粛清されていくが、小野氏もこの荒波をこうむったものといえる。ここに在地型代官小野両家はともに終焉を迎えたのである（森杉夫「代官所機構の改革をめぐって」『大阪府立大学研究紀要』一三）。

多羅尾《たらお》氏は、家伝によれば近衛経平《このえつねひら》（文保二〈一三一八〉年没）の男師俊《もろとし》が高山を称し、のち甲賀郡信楽《しがらき》庄を領し、多羅尾を姓としたと伝えている（系図参照）。光俊のとき、織田信長につかえ、天正十（一五八二）年六月、本能寺の変にさいし和泉《いずみ》の堺から帰途についた徳川家康を居宅に保護し、いわゆる「伊賀越え」を導いたことで同十二年三月家康から上山城三郡のうちで知行を宛行《あてが》われた（「古文書」四）。のち、秀吉につかえたが、文禄四（一五九五）年七月の秀次事件に連座して改易となった。

慶長元（一五九六）年、子の光太《みつもと》のとき、家康につかえるようになり、関ヶ原の戦い後、代官となった。知行は弟光雅《みつのり》が拝領した三八〇〇石のうちから一五〇〇石を分割してもらった。以後、幕末まで世襲代官として信楽を本拠とし、信楽に代官所をおき、近江・伊勢・播磨などの幕領支配を担当した。天保十（一八三九）年の支配地と支配高は、近江・伊勢・美濃の三カ国で五万五三五五石であった。家臣は江戸詰め九人、信楽詰め二二人、伊勢四日市出張陣屋詰め二人の三三人がいた（『県令集覧』）。

なお、多羅尾氏の知行高一五〇〇石は幕府代官の知行として類例がない高いものである。「家康を救った」という、由緒によるものかもしれない。

光俊の三男光雅も秀吉につかえたが、勤め方不首尾で知行を没収された。しかし、慶長十九年四月に家康から甲賀郡信楽で知行三八〇〇石を宛行われ、家康につかえるようになった。天和三（一六八三）年六月、光之《みつゆき》のとき、いったん知行召しあげとなったが、許されて甲賀郡内で五〇〇石を拝領した。以後、旗本として幕末まで続いた（『新訂寛政重修諸家譜』十五）。

観音寺は、白鳳時代創建と伝える古刹で、その後退転していたが、応永年間（一三九四～一四二八）歓《かん》雅《が》（寺の由緒書では第一世）が再興した。享徳二（一四五三）年九月二十六日、足利義政の命をうけ細川勝元が寺領を安堵しており、このころから寺の由緒も明らかとなってくる（次頁系図参照）。

観音寺住持略系図（「芦浦観音寺文書」による）

1 歓雅——2 了源——3 栄忠——（了忠）——4 清俊——5 興瑣——6 秀範——7 慶順——8 賢珍——9 詮舜——10 朝賢——11 舜興——12 豊舜——13 朝舜——14 智周（以下略）

注　数字は歴代を示す。

秀範以降は、西川氏（観音寺坊官）から住職をだすようになり、あわせて織田・豊臣・徳川の代官として貞享二（一六八五）年まで続いた。この観音寺が寺院でありながら俗権力に取り込まれた事由は、五世興瑣《こうさ》（永正十二〈一五一五〉年寂）のとき、管領《かんれい》細川勝元から湖上船の管理を命じられたと伝えていることから、十五世紀末から十六世紀初期のあいだに琵琶湖の湖上交通の管理にかかわったことによる。

七世慶順は信長に、八世賢珍は信長・秀吉に、九世詮舜《せんしゅん》は秀吉に、十世朝賢は家康につかえた。偶然のことではあるが、歴世がみごとにときの権力者に取り込まれている。なかでも九世詮舜は、秀吉の知遇を得、信長により焼き払われた延暦寺の再興や朝鮮出兵の前線基地である名護屋《なごや》城山里台所・山里御座之間の作事にかかわっている（『太閤記』下）。慶長五年に示寂したが、以後の寺観をととのえた傑僧であった。

関ヶ原の戦いでは西軍に属したが、その罪を問われることなく「湖水船奉行」としてまた幕領の「代官」として取りたてられた。徳川氏にとって琵琶湖の湖上交通の確保が軍事的にものちには米市場の形成にとっても必要だったからで、このため前政権以来の既特権を安堵するかたちで観音寺に湖上交通の管理をまかせたのである。代官としては、近江と大和の幕領を支配した。元和・寛永期（一六一五〜四三）で多いときは二万五〇〇石ほどで、天和元（一六八一）年には三万四〇〇石余を支配した。また、寺領として観音寺がある芦浦《あしうら》村五五〇石を宛行われ、在地領主として村を支配した。

寺院でありながら幕府代官であったため観音寺は堀をめぐらされ、百姓からの訴訟を寺のなかで聞いており一種の陣屋的景観さえあわせもつこととなった。また、大津の観音寺町には「湖水船奉行」としての役所をおいて船改めや湖上交通にかかわる訴訟を取り扱っていた。しかし、観音寺もまた綱吉政権下の代官粛清の荒波に抗しきれず、先にみた小野氏と同様に貞享二（一六八五）年職を奪われたうえ閉門となった。その後、観音寺は、無本寺無末寺の天台宗の「院家格《いんげ》」の独立寺院として幕末に至った。

以上、小野氏・多羅尾氏・観音寺をとりあげ近世前期の在地型代官をみてきた。小野氏は豪商型代官、多羅尾氏は土豪型代官、観音寺は寺院代官で、近世前期に上方でみられた幕府代官の特徴をそれぞれ利用かつ活用されることとなった。小野氏・観音寺がになった歴史的役割は、十七世紀後半に至り喪失していき、勘定不正などの理由で淘汰されていった。

2 湖国をきずいた人びと

百姓の暮らし●

近江は肥沃な土地にめぐまれ、他地域にくらべ自然災害なども少ない環境のもとで生産力の高い国であった。もちろん、湖南・湖東と湖北では自然環境は大きくちがい、一様に論じきれないものの、米作に適した土地柄であった。元禄十（一六九七）年に成立した原田蔵六の『淡海録《たんかいろく》』の「江州海陸土産《みやげ》」のなかに郡別の米の作柄がつぎのように記されている。

志賀郡　米中上　高島郡　新米早出ハ中　神崎郡　米下下

栗太郡	米上上	野洲郡	米上上	甲賀郡	米中
蒲生郡	米上	愛智郡	米下下	犬上郡	米中下
坂田郡	米中	浅井郡	米中上	伊香郡	米中下

彦根藩領の郡の評価が他郡より低いのは、原田が膳所《ぜぜ》藩士のためかもしれない。このことはともかく、「大津　北国米　近江米」とあり、蔵屋敷があったためとはいえ、十七世紀末には「近江米」が銘柄として成立していたことが判明する。

文政五（一八二二）年に上梓された農学者大蔵永常《ながつね》の『農具便利論』には「近江国栗田郡辺に此鋤《すき》を用ゆ、余国に用るとハ形いさゝか大いにして京鋤に類し少しくゞミあり……予諸国の鋤の利方《りかた》を考へあハするに此鋤田畑ともに用ひてもつとも便利なると覚ゆる」と、全国的にみてすぐれていることを指摘している。日々孜々《しし》として田畑に立ちむかい培ってきた百姓的営為の成果である。

江戸時代後期、各地の篤農家や右の大蔵永常などにより農書があらわされ、合理的かつ効率的な農業経営が説かれるようになった。近江においても農書を残した人たちがいる。浅井郡難波《なんば》村（長浜市難波町）出身と伝える成田重兵衛は、文化九（一八一二）年に『蚕飼絹篩《こがいきぬぶるい》』を、同十一年ごろには『蚕飼絹篩大《たい》成《せい》』をあらわしている。成田の経歴については不明なところが多いが、養蚕技術に関する詳しい記述から長年養蚕にかかわった百姓ではないかと推定されている。彼は、『蚕飼絹篩大成』のなかで「養蚕ハ風土に不応ゆへ難育と思ふは、蚕の性質を不知ゆへなり」と、地域に応じた養蚕の可能性を指摘するなど、自己の経験に基づいた合理的な判断を示している。ことに、「万物を選んで推量《おしはか》るに、凡《およそ》養蚕より所務多ハなし」と、養蚕による利益の追求を指摘している。経験に基づいた営農観より殖産興業的思想に展開して

❖コラム

近江牛

第二次世界大戦後、日本の食生活は猛烈ないきおいで欧米化してきた。なかでも、牛肉の需要の伸びは、めざましいものがある。牛肉の普及は、もちろん明治以降であるが、近江では江戸時代でも牛が少なからず生産され、日本における牛肉の普及の基礎は近江人がきずいた、といっても過言ではない。

蒲生郡寺村（東近江市蒲生寺町）の医者であった角信筆《すみのぶふで》は、文化十二（一八一五）年十二月十三日「夜、牛肉を食う、百目三匁」と、日記に記している。牛肉を食べたことがわかる早い事例である。年末の寒い夜、牛肉に舌鼓をうちながら連《つ》れあいの酌《しゃく》で一杯を楽しんでいたのかもしれない。

また、天保三（一八三二）年閏十一月二日、越前国新道野《しんどうの》の豪商西村孫兵衛から長浜の回漕問屋大坂屋新次へ宛てた書状のなかに「牛肉　三貫三百目　右之通乍御世話、御調被遣可被下候、むらさきいろハ大ニよろしからす候間、あかきいろのうし御頼申候、御吟味被成御調可被下候」とあり、牛肉を一〇キロちかく注文している（吉田忠「先進的技術と流通革命で広まった彦根牛肉と近江牛」『江戸時代　人づくり風土記25滋賀』）。ここでは、牛肉の品質にまで言及しており、商品として入手できるルートがあり、そしてかなりの範囲で食べられていたことが推察される。書状で「ねぎ」もあわせて注文しているのが面白い。名物近江牛の味噌漬とは別に庶民が口にできる食肉の生産が進行していた。明治二（一八六九）年ころには、年間七〇〇〇頭もの牛を東京へ送っていたとあり、文明開化の食文化に寄与したことがしのばれる（平川正行『近江牛の沿革』）。

いる（日本農書全集25『養蚕秘録・蚕飼絹飾大成・蚕当計秘訣』）。

また、天保十一（一八四〇）年ころ、神崎郡北庄村（東近江市宮荘町）の野村清左衛門により「農業心得書」があらわされている。彼は、寛政六（一七九四）年に北庄村に生まれ、九州を中心に商業をいとなんだ近江商人のひとりである。この書は、北庄村の地味に応じ合理的な農業を一所懸命にすれば利益を生みだす、という観点で書かれている。北庄村の各小字《こあざ》ごとの地味に基づいた作付けの心得を記したもので、北庄村の状況に適した深浅耕法・播種・植付け・施肥・除草などを書いている（『五個荘町史』二）。

両書に通じているのは、合理的な営農による利益の追求という点であり、このことが取りもなおさず国益に叶う（成田重兵衛）とするところに特徴がある。生産力の上昇に伴い貢納を中心とする段階より剰余労働と剰余生産物を利益としてたくわえようとする流れがこのような営農観を創出してきたものといえよう。

つぎに、ひとりの百姓の経営をみておきたい。

蒲生郡西生来村《にしょうらい》（近江八幡市西生来町）の岩越《いわこし》家は、江戸時代前期から（寛保二〈一七四二〉年から天明三〈一七八三〉年の四二年間をのぞき）明治まで庄屋をつとめた家である。初期では通称を八郎兵衛と称していたが、天和元（一六八一）年ころから弥助と称している。西生来村は相給地で、岩越家は「西方」伊達氏分の庄屋であった。岩越家の経営規模は、天保期（一八三〇～四四）以降、三〇石を所持していた。岩越家には、庄屋をつとめていなかった寛保二年から明和元（一七六四）年までの二三年間書き綴られた「作方仕付覚」という農作の記録が残されている。これは、裏作を中心とする季節ごとの農作物の播種量や施肥量を事細かに書き留めたものである（滋賀大学経済学部附属史料館寄託「岩越家文書」）。

麦・稗《ひえ》・粟《あわ》・黍《きび》の穀物類、大豆《だいず》・小豆《あずき》の豆類、大根・蕪《かぶ》などの根菜類、水菜などの葉菜類の栽培がみられる。この記録のなかで一貫して栽培されていたのは麻のみで、ついで粟・唐黍《とうきび》・蕎《そば》・大根である。大麦・小麦は断続的に栽培されているが、休作の年もある。麦については、白小麦・房主小麦・六方小麦・かちかた麦・饅頭《まんじゅう》麦・茶筅《ちゃせん》麦・日野麦などの品種がうまれていることが知られる。大豆にも指大豆・目黒大豆・岡本大豆がみられ、地域内での品種改良や良種を他地域に求めていたことが推察される。

しかし、これらの作物はいずれも自家消費分の量で、裏作をもって商品作物化にまで至ってはいなかった。ことに、菜種は宝暦二（一七五二）年のみで、木綿作は八年間確認できるが連作はさけている。木綿・菜種という商品作物の栽培が進展しなかったのは、西生来村内を貫流する蛇砂《へびすな》川の氾濫による恒常的水害をうけていたためと考えられる。これらの作物栽培が江戸時代後期にどのようにうけつがれていったか不明である。岩越家は枝郷《えだごう》とのあいだで地主経営を成立させているが、他村におよぶこともなく百姓経営としては自作中心の中規模経営であった。

最初にみた農書の段階とは、大きなズレがある。それは、地域的な事情によるものであり、近世中期の農民の食生活の多様化を想定できるさまざまな自家消費の作物を栽培していたことを知ることができる。

近江商人の展開●

「近江泥棒、伊勢乞食」「近江商人は転《こ》けてもただではおきない」など近江商人へ対する他国の人びとからの蔑《さげす》みにも似たこれらの言葉は、江戸時代中期以降の近江商人の全国への進出を物語っているといえよう。天秤棒《てんびんぼう》と両足を駆使し、東国を中心に「商い」を展開し、巨万の財をきずきあげても、なお本拠は出身地におき、生活は質素倹約を旨とした、近江商人についてみていきたい。ただ、近江商人に関する先行研究は膨大なものがあるため、詳しくはそれらにゆずることとして、ここでは彼らの行動規範やものの考え方に焦点をあてて考えていきたい。

近江商人は出身地によりそれぞれ特徴がみられる。⑴八幡商人、⑵日野商人、⑶五個荘商人、⑷愛知川商人、⑸高島商人などで、⑴は前章でふれた城下町の商人として早くから活動を展開した。安南《あんなん》（ヴェトナム）へわたり、帰国を願う絵馬を奉納した西村太郎右衛門も八幡商人のひとりである。⑵も城下町の商人として発展していくが、蒲生氏の伊勢松坂への転封さらに遠く会津若松への転封にしたがっていくものもみられ、商業活動を拡大化していった。⑶と⑸は江戸中・後期以降に展開し、⑷は明治以降に発展していった。近江商人の数は、⑶五個荘商人が他地域を圧倒している。このほかに蒲生・愛知郡を中心とする蝦夷地交易商人が一つのグループを構成していた。おもに八幡・薩摩《さつま》・柳川（彦根市）出身の商人たちで「両浜《りょうはま》商人」とよばれていた（江頭恒治『近江商人』）。

近江商人の商業活動は、天秤棒による行商で、近江の産物（麻布・蚊帳《かや》・合薬《ごうやく》・漆器・呉服・木綿・古手《ふるて》など）を東北や関東へ運ぶ「持下《もちくだ》り商い」のかたちをとり、また帰路には現地の産物（生糸《きいと》・青苧《あおそ》・紅花《べにばな》・蠟《ろう》・漆など。〈登荷〉という）を上方《かみがた》へ運ぶ「鋸商《のこぎりあきな》い」を展開する営業であった。ある程度の資産を得たとき、要地に出店を構え、つぎはそこを拠点に行商を続け販路を広げていくやり方をとっていた。

その一方で、関東から東北にかけ醸造業を発展させ、商業活動による利潤のすべてを国元へ運びこむことなく、各地域の産業の発展に少なからず寄与している。今日、茨城・栃木両県における酒造業者の多くは近江商人出身者で占められていることは、このことを裏付けている（小倉栄一郎『近江商人の経営』）。

さて、近江商人には家訓や店則のようなものを作成している場合が多くみられる。なかでも日野の中井

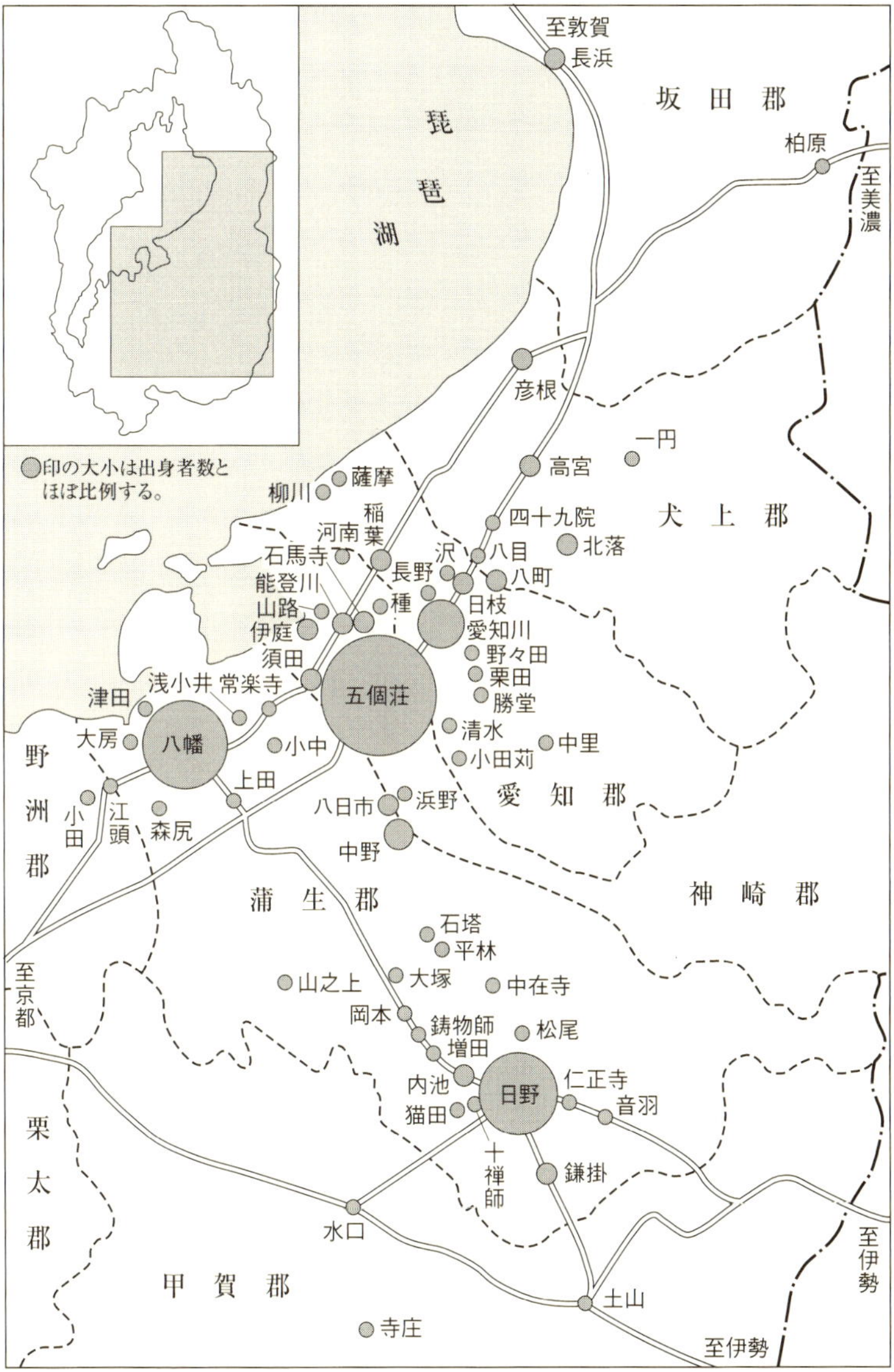

近江商人の出身地(江頭恒治『近江商人』による)

近江商人と蝦夷地開拓

寛永二（一六二五）年ころ、遠く安南《あんなん》（ヴェトナム）まで乗りだした西村太郎右衛門は鎖国令に拒まれ、故郷に錦を飾れず、日牟礼《ひむれ》八幡宮への絵馬の奉納を人に託して、安南へ戻らざるをえず、慶安四（一六五二）年かの地で客死した。

これより以前、波濤をこえ船を北へむけた人びとがいる。柳川村（彦根市柳川町）の建部《たてべ》七郎右衛門や八幡の岡田八十次・西川伝右衛門らは、蝦夷地へわたった。当時の蝦夷地は先住民族であるアイヌ民族と松前氏が支配する渡島《おしま》半島の松前・江差《えさし》などに和人《わじん》が生活していた。この蝦夷地には、多くの海産物があり、これを上方《かみがた》へ持ち込めば巨利を得られることはいうまでもない。利をみきわめることに機敏な近江商人のうち八幡・柳川（両浜商人）の人たちは稼ぎの場を北にむけた。西廻航路が成立する以前に日本海を北上していった。航海技術の未熟な時代において彼らを北へ向かわせた事由は区々であろうが、冒険心や進取の気性が底流にあったことと推察される。

近江商人の進出は、米作未成立の蝦夷地における松前藩の特殊な知行制度にかかわって成立していった。もちろん、他国の商人たちも進出していたが、近江商人たちは松前藩で信用を獲得することができ、天明六（一七八六）年の記録では富商一七人のうち一一人までが近江商人で占められていたとのことである（小倉栄一郎『近江商人の経営』）。

蝦夷地へ米・酒・麴《こうじ》・塩などの生活必需品を運び、鯡《にしん》・鱈《たら》・鮭《さけ》・海鼠《なまこ》・鮑《あわび》・昆布《こんぶ》などの海産物を上方へ運んだ。このうち鯡は、魚肥として摂津《せっつ》・河内《かわち》などの棉作生産をささえ、また近江湖東平野

❖コラム

の米作を豊饒《ほうじょう》なものとした。上方へ運ばれる海産物は「俵物《たわらもの》」とよばれ、なかでも煎海鼠《いりこ》・干鮑《ほしあわび》などは、長崎経由で中国へ輸出された。

一方、もたらされた鯡・鱈・昆布などは、上方の生活や食文化に大きな変化をあたえた。数の子や棒鱈《ぼうだら》などは、正月の節会《せちえ》に供され今日に至っている。鯡は身《み》欠鰊《がきにしん》として食用に広く利用され、京都の「にしんそば」はこれに由来している。昆布は、さまざまな加工品として用いられるとともに、上方の味覚の根底をなすダシの素材として利用されていった。

北海道の主要な都市である函館《はこだて》・小樽《おたる》・札幌《さっぽろ》などは、近江商人により開かれた、といっても過言ではない。渡島半島の日本海側の町や小樽周辺の町を正月に歩くと京都や滋賀でも少なくなった形の松飾りが軒先や室内にみられる。近江商人がもちこんだ生活習慣がそのまま根付いたものである。しかし、このことが結果として、アイヌ民族固有の伝統文化をとりあげていくことになったことをわれわれは忘れてはならない。

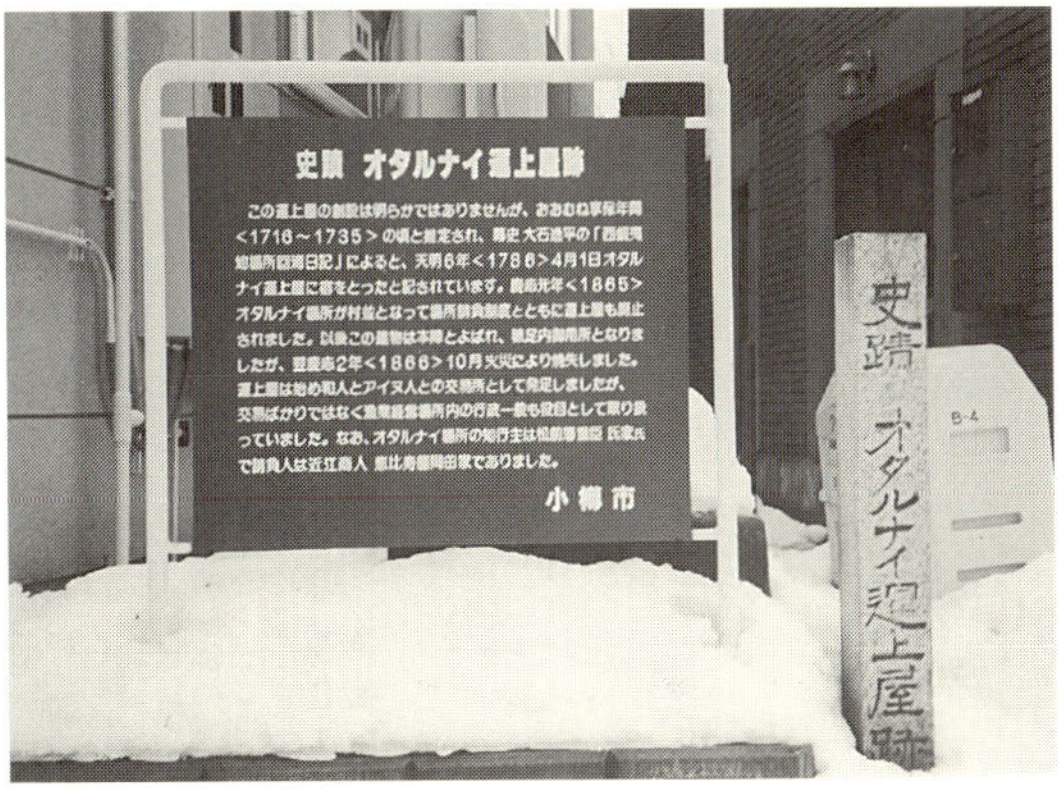

オタルナイ運上屋跡(北海道小樽市)

源左衛門が文化二（一八〇五）年に書き残した「金持商人一枚起請文」はよく知られている。これは家訓とはやや趣は異にするが、商人の道や心がけを子へ説いたものとして、近江商人の意識や考え方を知るうえで重要なものである（江頭恒治『近江商人中井家の研究』）。

神崎郡金堂《こんどう》出身で布商人として財をきずき今日に至っている外村《とのむら》与左衛門家と分家の外村宇兵衛家・外村市郎兵衛家には、幕末以降の家訓や店則が多く残されている。弘化三（一八四六）年、外村与左衛門は「家之掟」二十四カ条を定めている。倹約・質素を心がけ、忠孝・孝行につとめ、分にふさわしい日常生活にみずからを律することを求め、奥書に「財は世の中に至れる宝なれとも悪く用ゆる時は身を害し家をほろほす、誠は天の道なり、誠を思ふは人の道なり、只忠信を主として常に古風を慕ひ御国恩を忘れす、銘々身の分限に応し質素節倹を守り家業無油断入精、何事も堪忍の二字を深く弁ふへし」と、書き残した。

安政三（一八五六）年に作成された「作法記」は、一四五カ条もあり、相続・分家の方針、営業方針から奉公人の規定、給金の取決め、冠婚葬祭の勤め方、食事の差配にいたる細々としたことを定めている。さらに慶応四（一八六八）年六月には「追作法記」が作成されている。激動の時代をのりきっていくべく「作法記」に追加したものである。

しかし、「家之掟」にみられた「主人え忠誠」、安政三年に作成された「心得書」（「作法記」と対のもの）の「忠誠怠りなく」といった、奉公人へ求めていた規範が、この「追作法記」では消え去り、「奉公ハ其身の行末まで安穏ニ過候終《ついのてだて》行ニ候得バ、一廉《ひとかど》勤功無之而ハ何を以、生涯全からさる」と、奉公で「勤功」をあげることが人生を左右することだと言い切っている。当該期、もはや奉公人を主人への忠誠という封建的イデオロギーでは繋ぎとめることは困難になっていたことをうかがわせる。奉公への価値観や意味を提示しなければならない時期に直面していたのである（藤田貞一郎『五個荘町史資料集』I解題）。

ところで、近江商人のひとつの生き方を知るうえで興味深い話を紹介したい。安永七（一七七八）年七月五日、愛知川筋村々騒動の責任をとらされ、壱岐《いき》島へ遠島となった神崎郡簗瀬《やなせ》村の猪田清八《いのだせいはち》は、島から肉親へ宛て多くの手紙を送った。結果としては赦免されることなく天明五（一七八五）年五月十一日、子どものこと、商売のことに気をもみながら玄界灘《げんかいなだ》に浮かぶ孤島で五六歳を一期に生涯を閉じた。同元年の正月朔日《ついたち》付で三人の息子へ宛てた長文の書状の一節は感動的である（「猪田家文書」）。

一替り候商内すゝめ申候人御座候共、是ハ無用、ん（う）まい事申候人ハあく(悪)なり、とかく是まて有きたり候商は(売)いせい(精)出シ可申候、とかく此よニてハ何方へ参り候ても金てなけれハひかり不申候間、
つい分三人共ニ申合、せい出シたいせつニあきない可仕候

目先の儲けをしりぞけ、家業をまもることが第一とさとし、金がなければ現実社会はどこも通用しないことを教え、そのためには三人協力して商いにつとめるよう申し聞かせたのである。壱岐島に流人の身として極限状態で書かれたものとはいえ、今日の社会でも通用するところがある（宇佐美英機「商人の軌跡」『五個荘町史』二）。

地誌の編纂●

地誌とは、ある地域の自然・社会・文化などの地理的現象をのべ、その地域の特色を記したもので古代の『風土記』は著名なものである。

江戸時代、近江ではすぐれた多くの地誌が編纂された。近江全体の地誌や郡単位の地誌があらわされたのが特徴的である。このことが大正期（一九一二〜二五）、滋賀県では全国的にみても出色の『郡志』が多

く編纂されたことにつながるものと考えられる。
膳所藩士原田蔵六の編纂とされる「江州土産《みやげ》」は、現在彦根市立図書館に巻九・十の二巻だけ伝来しており、元禄以前のもので近江の地誌としては古いものである。ついで元禄二（一六八九）年正月、原田蔵六により『淡海録』二五巻が上梓された。近江の始まりから各郡の石高、私領・御領の内訳、船数、海陸行程、武将家記、古今城記山川水石記、年中行事などが叙述されており、一国の地誌の体裁をとっている（増田忠雄「近江古地誌解題」『彦根旧記集成』）。

享保八（一七二三）年、膳所藩主本多康命《やすのぶ》は儒臣寒川辰清《さむかわたつきよ》に国史編纂を命じた。同十九年三月に上梓されたものが『近江輿地志略』一〇一巻である。本書の構成は、序文・凡例・総目録と続き、以下に引用書、目次、建置沿革、藩封、道路、湖水そして各郡の地誌沿革、さらに人物、土産となっている。膳所藩の官選によるため藩領の中心である志賀・栗太両郡に叙述が集中し、他郡について、とくに彦根藩領の多い郡は軽く書き流した観がある。

これに対して明和二（一七六五）年、彦根の人で余江山珉《よえさんみん》・青湖田包教《かねのり》により「江左三郡録《ごうささんぐんろく》」三冊が編纂された。彦根藩領が集中する犬上・愛知・坂田三郡の地誌である。

また、彦根藩の御鷹餌割奉行塩野義陳《しおのよしつら》の私撰で、寛政四（一七九二）年二月、彦根藩士田中信精《のぶきよ》が校訂を加えて上梓した『淡海木間攫《おうみこまざらえ》』一二巻がある。彦根藩領である犬上・愛智・神崎・坂田・浅井の五郡について『近江輿地志略』を補っている。

一方、草津の人で田中貞昭（号適斎。一七六七〜一八二一）があらわした「栗太志」二一冊は、一郡のみの地誌として注目されるもので、文政四年膳所藩へ献納された。郡内一カ村ごとの地理と歴史を詳述したもので、写本も少なく貴重である。

文政七（一八二四）年、大溝《おおみぞ》藩士の前田梅園は、高島郡の藩領のみならず郡内の村々の地理・歴史・風俗などを集め「鴻溝録《こうこうろく》」三巻をあらわしている。

近江の地誌編纂には、彦根藩への遠慮のような領国支配の限界をまぬがれない事情があり、結果として『近江輿地志略』は大部のものにもかかわらず膳所藩領が中心で、「淡海木間攫」は彦根藩領を中心とする構成となっている。近江には、正保・元禄・天保の幕府による郷帳のほか良質のものはなく、この事由の一端はこれらのことと関連するだろう。

地域教育と寺子屋●

江戸時代の百姓の多くは文字の読み書きができなかった、と考えられがちである。しかし、少なくとも十八世紀後期から十九世紀の日本は、世界史的にみても比類ないまで識字率は高いものであったと考えられる。これには理由がある。

江戸時代の村は年貢を村で請ける「村請制」社会として成立したため、ここの百姓は文字を読み書きできないと自己に不利益な問題が生じても、それを鵜呑みにしなければならなかった。十七世紀段階では戦国期以来の土豪の系譜をひく村役人たち主導の村運営がなされていたが、十八世紀以降生産力の増大とそれによる百姓たちの生活にゆとりなどが生じてくるにつけ、みずからの権利を主張するのみならず、それまで年貢勘定を独占していた村役人たちに対して、その帳簿類の公開を求めるようになった。自己の持ち高に対して不正な年貢がかけられていないかを確認するには、文字を読めることが必要であった。また、領主は法度《はっと》・触書《ふれがき》・高札《こうさつ》・五人組帳前書などを村役人を通じて百姓へ読み聞かせ、幕藩体制社会の維持につとめた。これらのことは、結果として百姓が文字を読み、書くことの契機と場を提供することとなった。文化・文政期（一八〇四〜一八三〇）、江戸では膨大な絵草紙《えぞうし》類が刊行され、それ以前から都市における出版物の多くは庶民向けのものであった。このことは、取りもなおさず文字を読むことができる人口が確実に増大化していたことを意味する。

すでに前章でふれたが、近江の村は中世以来の惣村の伝統を残し、他地域より自立的意識が高かった。蒲生郡などの村々では、村役人が年番的に代わっているところがある。庄屋は、世襲的に有力百姓が独占しているものと思われがちだが、一方では持ちまわり的につとめている。

庄屋をはじめとする村役人には、読み書きはもちろん、年貢の勘定や村入用などの複雑な計数能力が求められた。これができなければ、村役人としての職責を果たすことはできない。にもかかわらず、村役人を持ちまわりでつとめていることは、その責務を全うできるほどの教養を身につけていたこととなる。

ここに教育の場としての寺子屋の存在が浮上してくる。文部省が明治十六（一八八三）から数年をかけ全国的に調査した『日本教育史資料』には、明治初年を含め近江には四五〇の寺子屋があったと報告されている（次頁表参照）。時期的特徴は、天保から嘉永年間（一八三〇〜一八五四）にかけ倍増している。それに対して天保以前の数はわずかであり、十八世紀の数は二一にしか過ぎない。特徴として、読みとれることをあげるとつぎのとおりである。

(1)彦根・大津が群を抜いている。

(2)近江商人を輩出した日野・五個荘・八日市・秦荘・能登川に多くの寺子屋がつくられた。

(3)中山道沿いの草津・守山・近江八幡にはあまりみられなかった。ことに、近江商人を多く輩出した近

近江国寺子屋一覧表(天保期)

市町村名	石高	町村数	寺子屋数	寺子数			市町村名	石高	町村数	寺子屋数	寺子数		
				男	女	計					男	女	計
	石			人	人	人		石			人	人	人
大津市	48,166	97	32	1,529	944	2,473	湖東町	14,758	28	6	372	138	510
栗東町	21,715	40	5	179	83	262	秦荘町	14,438	26	17	507	135	642
草津市	28,676	36	4	207	91	298	豊郷町	8,463	12	6	282	105	387
石部町	2,472	3	3	60	18	78	甲良町	10,395	11	16	592	191	783
甲西町	9,096	13	15	335	104	439	多賀町	9,732	45	7	320	187	507
信楽町	7,165	18	13	492	145	637	彦根市	62,288	111	43	2,220	1,198	3,418
水口町	21,493	34	27	605	231	836	山東町	16,199	35	9	460	67	527
甲南町	13,845	22	13	465	141	606	伊吹町	5,942	18	1	20	5	25
甲賀町	16,596	21	16	445	94	539	長浜市	44,421	70	6	406	202	608
土山町	7,329	24	8	144	39	183	浅井町	20,535	53	2	154	18	172
野洲町	19,689	27	4	131	25	156	高月町	20,790	31	11	279	18	297
中主町	14,287	17	2	43	12	55	木之本町	9,451	16	16	341	31	372
守山市	34,303	44	6	279	98	377	余呉町	6,005	24	5	240(?)	0	240
日野町	30,636	55	26	830	396	1,226	西浅井町	9,204	19	4	33	2	35
蒲生町	16,368	26	11	214	48	262	マキノ町	14,131	24	1	25	5	30
安土町	10,319	12	1	50	20	70	今津町	13,734	32	5	143	47	190
近江八幡市	46,852	74	8	228	74	302	新旭町	15,246	25	10	275	88	363
							安曇川町	18,744	32	4	88	42	130
能登川町	15,000	20	31	892	336	1,228	五個荘町	11,157	23	10	715	388	1,103
五個荘町	11,157	23	10	715	388	1,103	高島町	10,066	15	5	145	87	232
永源寺町	10,162	22	16	297	57	354	朽木町	2,885	28	1	5	0	5
八日市市	25,997	53	23	725	254	979							
愛東町	8,889	16	1	49	25	74	計	852,868		450	15,821	6,189	22,010

柴田純「近世近江の寺子屋」『ふるさと大発見』(平成８年度)より抄録。

竜王町・愛知川町・米原町・近江町・虎姫町・びわ町・湖北町・志賀町は寺子屋記載がないため削除。

江八幡の数の少なさが気になる。

(4)全体としての特徴は、湖東を中心に街道沿いに多くの寺子屋がみられる。東海道のうち甲西・水口・甲南・甲賀そして信楽に多くみられ、湖北の北国街道沿いの高月・木之本にも多くみられる。

調査の精粗を勘案しなければならないが、全体としての傾向は把握《はあく》できる。とくに寺子屋の所在が街道に沿っている事実は、いままでの研究で着目されていない新知見である。これが意味するものは、街道なり宿場がたんなる往還の場としてのみでなく、文化・情報のネットワーク的なものとしてあり、したがってその周辺に寺子屋の立地条件が求められたのかもしれない。

つぎに数は一〇カ所と少ないが、神崎郡五個荘町（現東近江市）内の寺子屋についてみてみよう。ここは近江商人をもっとも多く輩出したところだけに寺子屋の開校時期が全国的にみても突出している。ひとつは木流《きながせ》村のもので寛永十七（一六四〇）年開校している。いまひとつは北庄《きたのしょう》村に元禄九（一六九六）

時習斎・中村義芳顕彰碑(東近江市)

年開校した「時習斎」（『論語』学而篇から）がある（柴田純「近世中後期近江国在村一寺子屋の動向」『日本社会の史的構造』）。この「時習斎」は、もと水戸藩の医師中村義通が旧友で大和郡山《やまとこおりやま》藩金堂（東近江市五個荘金堂）陣屋代官八代権右衛門の勧めで、ここを住処《すみか》とし、寺子屋を開いたものである。中村義通は、病気のため水戸藩を致仕し、儒者三宅観瀾《かんらん》に漢学を学んでいる。「門人録」が残されており、明和二（一七六五）年から明治六（一八七三）年に至る一〇九年間の入門者が書きつがれている。これを分析したデータによれば、一〇〇余年間におよぶ入門者総数は四二七〇人にのぼり、入門者は「時習斎」がある北庄村を中心に旧五個荘町（現東近江市）域を越えた広範囲から集まっている。なかには京都や伊香郡・浅井郡など遠方からの入門者もおり、「時習斎」の名が遠くにまで知られていたことがうかがえる。明治初年段階、北庄村で「時習斎」で教育をうけたものは、人口の九割におよんでいる。近代公教育成立以前の段階で民衆教化のための場として「時習斎」が果たした歴史的役割は大きなものがある。

湖国のおんなたち●

江戸時代の女性は、武家と庶民では立場は異なるものの、一般的に社会的経済的に低い立場におかれ、「三従」という封建的倫理に縛られていたとされている。しかし、時期や所属する社会によりさまざまな生き方を獲得した場合もみられることから、従来の固定観念的な見方は克服すべきであろう。十六世紀末から十七世紀初頭に生き、天下の去就にかかわった近江の女性をみてみよう。

まず、次頁図をみてほしい。信長の妹の市は、浅井長政に嫁ぎ、三人の娘をもうけたものの再嫁した柴田勝家とともに死を選んだ。残された三人の娘たちもまた、おのが意思どおりとまではいかなくとも激しく揺れ動く時代の荒波を生きぬいていった。長女の茶々（淀殿）は秀吉に嫁ぎ、世子秀頼を生んだ。次女

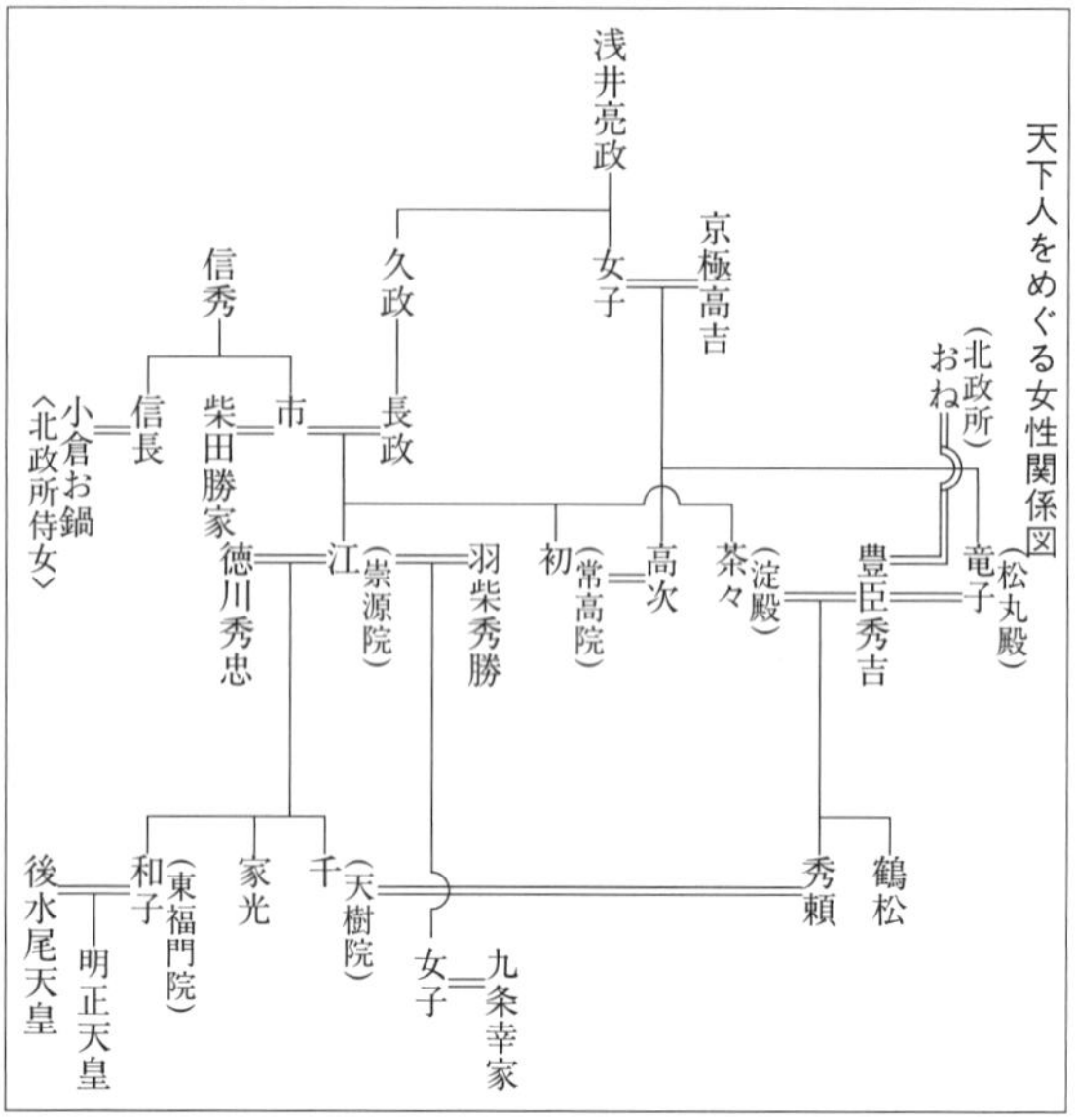

の初は、浅井氏の主家にあたる京極《きょうごく》高次《たかつぐ》に嫁ぎ、関ヶ原の戦い後、高次が若狭小浜城主（九万二〇〇〇石余）となったこともあり平穏に一生を送ることができた。三女の江《ごう》は、はじめ佐治与九郎、ついで羽柴秀勝（秀吉の養子）に嫁ぎ娘を生んだが死別し、さらに徳川秀忠に嫁ぎ、千（政略結婚として秀頼に嫁がされた）・三代将軍となる家光・後水尾天皇の中宮となる和子《まさこ》（東福門院と称した）を生んだ。和子は明正天皇（女帝）を生んでいる。

　浅井長政と市とのあいだにできた三人の娘たちは、秀吉の世子を、かたや秀忠世子を生むこととなった。そして三女の江が羽柴秀勝とのあいだにもうけた娘は摂家のひとり九条幸家に嫁ぎ、また孫は天皇（九世紀ぶりの女帝明正天皇）となった。近江守護大名の血が天下人に継承されるとともに天皇家と堂上にもたらされたのである。まさに朝幕をつなぐ絆に近江出身の女性が深く身をもってかかわっていたといえる。戦国末期を生きた悲劇的なタイプとしてみるよりも、天下の帰趨をわが身で見届けた、たくましい女性としてみることが大事であるように思われる。

つぎに、豊臣の時期に生きた二人の女性を紹介してみたい。小倉お鍋《なべ》と孝蔵主《こうぞうす》である。

小倉お鍋は、生没年は未詳である。父は高畠源兵衛尉、母は妙慶禅尼。愛智郡高野城主小倉右京亮の室となり、甚五郎・松千代の二児をもうけた。しかし、小倉右京亮は信長に内通したため六角承禎《ろっかくじょうてい》（佐々木義賢《よしかた》）により自殺に追いこまれ、二児も蒲生氏の館に囚われた。お鍋は信長をたのみ岐阜へ身を寄せ、信長の七男信高・八男信吉と振姫の二男一女をもうけた。甚五郎・松千代両人は、信長から本領を安堵され、松千代はその恩義に感じ、本能寺の変にさいして寺内へ駆けこみ討ち死にした。一六歳であった。

そののち、お鍋は秀吉に召され、北政所《きたのまんどころ》（秀吉正室、おね）につかえるようになった。天正十一（一五八三）年八月一日、愛智郡小椋《おぐら》などで一八〇石を、翌年十一月十日四〇〇石に加増され、同十九年十月二十一日には五〇〇石に加増された。関ヶ原の戦い以降、秀頼と高台院《こうだいいん》（北政所）から知行をもらって余生を送ったと伝えている。信長側室としてまた北政所の侍女として揺れ動く政権を目のあたりにしてきたであろうが、詳しい述懐をなにも残していない。菩提寺は京都の大徳寺総見院である（中村孝也『新訂徳川家康文書の研究』中）。

つぎに孝蔵主であるが、父は蒲生下野守定秀につかえた川副《かわぞえ》伊賀守《いがのかみ》勝重《かつしげ》である。尼となって秀吉の侍女としてつかえた。くわしい経歴は不明だが、徳川幕府が編纂した『徳川実紀』によれば「太閤の時より後閤に仕へ、当家の事をあつかひし尼」とか「神祖豊臣家にわたらせ給ふ度々、表にては浅野弾正少弼長政、奥にては孝蔵主とて、この二人なに事をもとり申ければ、年頃したしみ思召れけり」と、評しているように豊臣家の奥向きのことにつき隠然たる勢力をもった女性であった（『徳川実紀』二）。のちに徳川秀忠につかえ、寛永二（一六二五）年十月二十三日河内国深井村で知行二〇〇石を宛行われている。翌年四月十四日死去した（『新訂寛政重修諸家譜』七）。豊臣政権が秀吉と秀次との二重の権力構造になったとき、両者の橋渡し的存在として、また禁裏、公家社会、本願寺そして徳川家康とも近しい関係をもっていた。

小倉お鍋・孝蔵主ともに佐々木庶流の小倉・川副氏の出身で、お鍋は北政所に、孝蔵主は秀吉の側近くつかえた。近江の在地領主の娘が縁あって大坂城で暮らすこととなったのである。城内で顔をあわせる機会もあっただろう。ともに豊臣氏につかえ、権力の中枢をみてきた、当時としては上層の女性である。残念ながらなにも書き残していないが、男性中心の政権を側でささえたといえようか。

つぎに、生臭い政治の舞台ではなく、信仰に生きた女性を紹介してみたい。

慈門尼《じもんに》は、元禄十三（一七〇〇）年、彦根藩士武居次郎左衛門正景の娘として生まれた。彼女は、一一歳で母を、一五歳のとき父を亡くし、仏門へはいろうとした。一八歳のとき、彦根城下近くの里根村の広《こう》慈庵《じあん》の一枝《いっし》禅師から得度をうけた。その後は修行と歌を詠む毎日を送り、宝暦五（一七五五）年、五六歳のとき里根村に庵を結び修行、詠歌、読書そして花鳥風月を愛《め》で、みずから律することを忘れず、安永四（一七七五）年他界した。死後、彦根藩の藩校稽古館の創設者である佐々木海量《かいりょう》は、彼女の死を悼《いた》み、彼女の残した歌を集め「松風集」一巻をまとめた（柴桂子「尼として生きた歌人慈門尼と心学者慈音尼」『江戸時代　人づくり風土記25　滋賀』）。

慈音尼《じおんに》は、享保元（一七一六）年、栗太郡吉田村（草津市吉田町）の白井半兵衛の娘として生まれた。出家して慈音尼と称し、号を蒹葭《けんか》と称した。実名は伝わらない。八歳のとき母を亡くし、神仏へ心を寄せるようになり、一六歳のとき家を出、京都薬師山（京都市北区）の尼寺へ身を寄せ、自秀《じしゅう》の弟子となった。しかし、ここでは彼女の思いを達成することはできず、さらに彦根の正法寺村の南泉庵の桃谷《とうこく》尼の弟子となった。ここできびしい修行を重ねたが、自性得心をすることはできなかった。そこで京都六角通下るに居を構えていた石田梅岩の噂《うわさ》を聞き、弟子入りを果たした。石田の門弟木村南冥《なんめい》宅に身を寄せながら心学の研鑽につとめた。延享元（一七四四）年九月梅岩が死去すると、師の徳を広めるべく、同四年ころ江戸へ下り心学《しんがく》の普及につとめた。

　彼女の布教は、江戸での心学（石門《せきもん》心学）発展の基礎をきずくこととなったが、その後病気となり京都へ帰り、宝暦六年十一月『蒹葭反古集《けんかほごしゅう》』三巻を出版した。さらに、安永三年正月、復刻改題して『道得問答』を出版した。心学は、梅岩存命のときは京都・大坂を中心とするものでその布教地域は限られたものであった。まして近江への布教は、慈音尼晩年のときで、彼女の手によるものではなかった。故郷での民衆教化ではなく、さきに江戸での布教を企図した目的はなにで

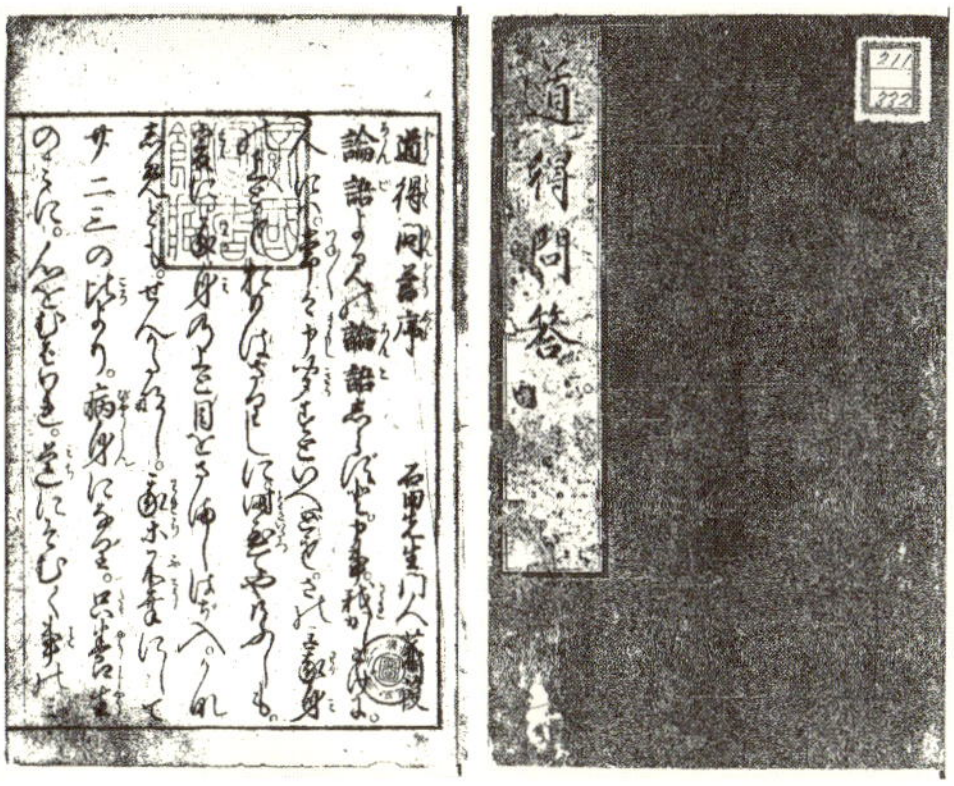

慈音尼の著作『道得問答』

あったのだろうか。安永七年七月十二日六三歳で死去した（『草津市史』二）。

慈門尼に対して慈音尼の生き方は、当時にあっては好対照的に活動的で、女性に課せられていた規範のそとでみずからの生き方を達成したといえる。

3　湖とともに生きた人びと

大津百艘船と彦根三湊●

近世の琵琶湖水運の歴史を考えていくうえで大津百艘船《おおつひゃくそうぶね》の成立は、それまで水運や漁業に関する湖上支配の特権を保有していた堅田にかわり、豊臣政権があらたな秩序をもって湖上水運を編成しようとしたことを意味する。

坂本城の浅野長吉が大津へ移され、大津城の築城と城下の整備の一環として港の整備も進められた。天正十五（一五八七）年ころ、秀吉は坂本・堅田・木浜の港から船一〇〇艘を集めさせた。これが大津百艘船のはじまりで、彼らには五カ条の「定書」が交付され、諸役免除の特権を公認した。これは、大津百艘船仲間の特権を語る典拠とされた。大津百艘船仲間を組織化させた秀吉の目的は、琵琶湖の水運を蔵米《くらまい》回漕に利用するという経済的側面と船および加子（水夫）を軍事動員体制に組み込むという軍事的な側面の二点があげられる（一九七頁参照）。

大津百艘船を組織化させたのち、同十九年五月、秀吉は江州諸浦へ宛て五カ条の定書をだし、琵琶湖の船はすべて船奉行の判形をもつことが義務づけられた。琵琶湖の水運を大津百艘船に中心をおき、水運と船の支配を船奉行の直接支配下においた。ついで、水運にかかわる法の整備として「艫折廻船《ともおりかいせん》」仕法を定めた。艫折とは、「船積のために二艘の船が同時に着津したときには、先に艫を浜に着けたほうから、船積みを行わなければならないという、船積みの順番に関する規定」であった（『新修大津市史』三）。そして、大津・堅田・八幡の三浦の船に琵琶湖の廻船業の優先権を公認した。この一連の施策により琵琶湖水運は、豊臣政権の船奉行支配下に属するようになった。この船奉行には、すでにのべた芦浦観音寺の詮《せん》舜《しゅん》が任ぜられ大津に役宅をおいていた。慶長三（一五九八）年六月十八日、秀吉は五カ条からなる「江州湖上往還之船定条々」を観音寺へあたえ、船運賃などを定めさせた（「芦浦観音寺文書」）。これをうけ観音寺は、同二十七日、さらに細かな運賃の定め一八カ条をだしている（「居初寅夫家文書」）。

豊臣政権で再編された琵琶湖水運の秩序は、江戸幕府も観音寺を通じて踏襲化させている。琵琶湖の諸浦と総称されるなかで、右の大津・堅田・八幡と湖北の塩津・大浦・海津・今津は、湖上水運のなかで重要な位置を占める港であった。ところが、関ヶ原の戦い後、井伊氏が彦根へはいるにしたがい、彦根藩の保護をうけ、藩の御用をつとめる船を繫留する港として松原・長浜・米原（三湊という）の船が、右にみた大津百艘船と競合あるいは軋轢《あつれき》を生じるようになった。

彦根藩は、「皇都非常之節は三湊とも上下荷運漕指留め、船数不残大津表へ相廻」という、京都守護の役割をになっているため、その前進基地として大津へ屋敷を拝領していた。この屋敷のなかに商人を住まわせる一角があり、そこを「沢山他屋《さわやまたや》」とよんでいた（『彦根市史』中）。「他屋」のものたちは、彦根藩の庇護のもとに同じ場所で廻船を行うため大津百艘船の特権に抵触する場合が多く、十七世紀初頭から相論が生じている。

大津百艘船側の主張は、商人の荷物や大名の荷物であれ大津から積み出す場合は、他浦の船には積ませず大津百艘船が扱ってきた、ということである。しかし、度重なる衝突も享保五（一七二〇）年三月、京都所司代《しょしだい》松平伊賀守忠周《ただちか》は大津から彦根へ積みおろす荷物は一切大津百艘船へ積ませないことを申し渡した。同時に京都町奉行は、大津百艘船へ「彦根領分荷物只今迄百艘方にても積来る儀有之候得共、自今者一切積申間敷候事」と申し渡した。より上級権者を引きだし、古来の由緒・既特権を破るかたちで彦根三湊側が勝訴したのである（『彦根市史』中）。

彦根三湊側に屈伏させられた大津百艘船は、以後漸減し復活することはなかった。湖上を回漕する荷物の絶対量が激減していくなかで、彼らの拠り所とする特権すら失うに至り、琵琶湖水運の歴史的役割が転換をせまられていた、といえる。

北国を結ぶ湖上水運●

前章の大津港の整備でふれたように、元禄十三（一七〇〇）年には二〇棟あった御蔵のうち一四棟が廃止になり、残された六棟の米収容能力が一万五八〇〇石となっている（『京都御役所向大概覚書』下）。このことから単純に推計すると大津では米五万石余を収容できたと考えられ、元禄期には幕府をはじめとして津軽氏（弘前）・伊達氏（仙台）・酒井氏（鶴岡）・牧野氏（長岡）・前田氏（金沢）・酒井氏（小浜）・井伊氏（彦根）などの米蔵が立ち並んでいた。

これだけの藩米を大津へ湖上を輸送するには丸子船（丸船ともいう。二〇七頁写真参照）の組織化と秩序だった運航を確保しなければならなかった。丸子船を中心とする琵琶湖の船は、どのようなものがあり、どのように編成されていったのかを先にみておきたい。

江戸時代，琵琶湖の船数

年　次	船　数	出　典
慶長 6 (1601)	艘 1,546(猟船308，艜船1,238) 422(佐和山御城付艜船)	「芦浦観音寺文書」
慶安 2 (1649)	1,854(丸子・猟船1,007，艜船847)	「芦浦観音寺文書」
延宝 5 (1677)	2,977(丸子・猟船1,177，艜船など1,800)	「芦浦観音寺文書」
元禄 2 (1689)	3,939(丸船1,348，艜船2,591)	『淡海録』
正徳～享保年間(1711～35)	2,078(丸子船 115，艜船など1,963)	『彦根市史』中，彦根領内分
享保年間(1716～35)	3,662(丸船1,224，艜船2,438)	『近江輿地志略』

琵琶湖の船は、おおよそ二つに分けられる。一つは底が平らで細長い形をした艜《ひらた》船で、いまひとつは丸木を縦に割ったような形状から名付けられた丸子船で、物資や人員の輸送に用いられた。このほかに通称としての猟船や田船などがあった。船改めなどで運上金の上納対象として掌握されるものは、艜船・丸子船・猟船であった。琵琶湖の船数を示そう（上表参照）。彦根藩領分は別枠として考えなければならないが概数は把握できる。十八世紀初期まで確実に増加しているが、寛政二（一七九〇）年には一四六八艘（丸船五五九、艜船九〇九）と大幅に減少している。理由は明確ではないが、西廻海運航路開削後の藩米輸送の減少によるものといえる。

十八世紀中期以降の大津への為登米《のぼせまい》の変化と大津へどのような物資が回漕されたのかをみてみよう（次頁左表参照）。安永二（一七七三）年以降、大津着米は確実に、しかも大きく減少していく。これは右の船数の減少とも軌を一にし、とりもなおさず湖上水運の衰退とあわせて大津の衰微につながっていく事態であった。

次頁右表では、安永七年から天明二年までの五カ年の合計を示しており、一年平均になおしてもその凋落ぶりがうかがわれる。日本海から敦賀を経て大津へ至る湖上交通が、その時代的役割を終えつつある

大津着米と為登米量の推移

年　　次	大津着米	為登米	大津潰米
	万俵	万俵	万俵
明和 8 (1771)	100.0		
安永 2 (1773)	140.0		
天明 4 (1784)	90.0		
6 (1786)	72.0		
7 (1787)	33.0		
寛政 2 (1790)	75.0	60.0	15.0
3 (1791)	69.0	54.0	15.0
4 (1792)	74.0	59.0	15.0
文政 9 (1826)	71.0	54.0	15.3
10 (1827)	90.0	73.5	15.3
11 (1828)	79.0	62.0	15.3
天保 6 (1835)	(77.6)	61.3	
8 (1837)	(29.6)	23.4	
13 (1842)	(71.5)	56.5	
安政 2 (1855)	(75.4)	59.6	
3 (1856)	(90.6)	71.6	
6 (1859)	(55.7)	44.0	
万延 1 (1860)	(44.3)	35.0	
文久 2 (1862)	(75.0)	59.0	
元治 1 (1864)	(54.4)	43.0	
慶応 1 (1865)	(48.1)	38.0	

『新修大津市史』4 による。

敦賀から大津着荷の種類と量

品　名	数　量	品　名	数　量
米	54,750石	白絹	450駄
四《あ》十《い》物《もの》	10,062駄	薬種類	334
昆布	8,046	木地	310
鯡《に》干《し》鰯《ん》	5,885	鉛	239
苧《からむし》	3,233	多《た》葉《ば》粉《こ》	236
紅花	3,110	黄柏	230
菜種	2,611	蓑	126
加賀笠	2,553	午房種	125
布	2,296	鳥子紙	116
鹿皮	1,669	燈油	108
鰊《かず》鯑《のこ》	1,564	竹皮	101
烏《い》賊《か》	1,398	大豆	80
笹目	1,298	干《ほし》鮭《さけ》	75
棒《ぼう》鱈《だら》	744	蠟《ろう》	36
串貝	695	油粕	20
銅	563		
奉書紙	523	計	54,750石 47,472駄
煎《い》海《り》鼠《こ》	515		
狗背	469	1 年平均	10,950石 9,494駄

安永 7 (1778) ～天明 2 (1782) 年までの 5 カ年合計数を示す。

ことを実感させられる。しかしながら、十七世紀の前期において湖上水運は、東北・北陸を敦賀を経由して京都へ結ぶ大動脈としての歴史的役割をになったのであり、各地の大名経済や都市の繁栄の基礎をきずいたのである（『新修大津市史』四）。

湖のさかなと漁法●

明治以前、琵琶湖にはどのような魚介類がいたのだろうか。彦根藩主井伊直中《なおなか》の命をうけた戸田次郎右衛門と小林義兄の二人は、文化三（一八〇六）年十一月、「湖魚考」二巻を上梓した。これには、たとえば「こひ」をあげ、そのなかに「はらミ・とんほくひ・ちごひ・すごひ・えこひ」をあげ、また「ふな」にも「まぶな・たちやう・へらにころ・ちやうこ・もうず・なまがね・ひわら・もみち・つかふな・よごふな」をあげるなど、形や色あるいは所の呼び名などの違いで区分しており、列記された魚介類は一〇〇種以上にのぼる（『彦根市史』中）。また、安政二（一八五五）年二月、浪華《なにわ》の奥野純による「湖魚譜」には、鯽《ふな》・鯉《こい》・麻茲加《まじか》・鱒《ます》・鰻《うなぎ》・黄鯝魚《わたか》など三一種類の魚介類があげられている。

魚類は漁獲される地域で呼び名が異なるため大きく数字に違いがある。「湖魚考」は、彦根藩領における呼び名を中心としたものと思われるのに対して、「湖魚譜」では「湖水産水族極多、不レ得二一々識別一之、今挙レ所二見聞一録レ之、粗漏之譏固所レ不レ辞」とし、湖北・湖南では同じ魚でも呼び方が違うことを指摘している。

江戸時代、琵琶湖湖岸の漁村でも漁業を専業とした村は少ないため、漁獲高などに関する記録はなく、具体的な水揚げの記録はわからない。ただ、明治二十三（一八九〇）年編纂された『琵琶湖漁業沿革誌』に添えられた同十九・二十一年の水産収獲表がある。ここでは参考のため価格は捨象して魚別と郡別に漁獲高のみを示した表（次頁参照）を掲げる。

この表からわかることは、琵琶湖の漁業は、滋賀・栗太・野洲・蒲生・神崎・坂田・東浅井・高島郡が中心であったことである。なかんずく、湖南三郡が漁業の中心であったことをうかがわせる。水深が浅いこと、琵琶湖の北に棲息する魚たちが湖南へ回遊してくることによると考えられる。犬上・伊香両郡の漁獲高が少ないのは、遠浅の湖岸が少なく、ヨシ原の生育地帯も少なかったことによるものである。

つぎに、この豊かな水産資源を江戸時代の人びとはどのように漁獲していたのだろうか。漁具と漁法は、時代により地域により異なるものの、基本的には定置的なものと、非定置的なものの二つに大きく分ける

明治19(1886)・21(1888)年の魚別・郡別漁獲表

魚貝名		滋賀	栗太	野洲	蒲生	神崎	愛知	犬上	坂田	東浅井	伊香・西浅井	高島	合計
鯉《こい》	明治19	628	752	1,552	1,903	1,645	60	115	435	38	80	312	7,520
	21	351	654	1,725	1,473	1,660	1,050	169	283	822	48	356	8,591
鮒《ふな》	明治19	3,871	1,833	2,452	1,925	5,091	1,448	180	826	1,937	719	2,729	23,011
	21	4,099	2,431	2,758	2,660	5,567	2,468	250	1,107	5,892	1,226	2,756	31,214
鯎《うぐい》	明治19	1,008	209	39	20	112	—	19	382	538	—	1,861	4,188
	21	4,938	304	42	22	458	—	30	250	2,857	25	6,028	14,954
鰣《はす》	明治19	1,380	363	298	16	197	—	104	2,087	412	318	71	5,246
	21	4,093	282	352	59	875	—	75	1,645	1,454	99	2,140	11,074
黄鯝魚《わたか》	明治19	1,765	1,683	1,875	2,520	6,581	—	28	327	—	25	179	14,983
	21	1,975	1,892	2,026	1,979	10,257	—	33	—	—	57	136	18,355
鰕《えび》	明治19	926	26	213	1,306	1,080	9	80	285	14	1	—	石 3,940
	21	435	32	415	1,200	644	10	80	85	171	46	427	3,545
鮗《いさざ》	明治19	190	石 51	201	1,500	5	—	8	165	18	100	137	2,375
	21	1,124	41	石 258	1,400	石 5	—	石 9	280	146	127	128	—
鰻《うなぎ》	明治19	863	761	682	346	583	—	57	120	16	73	53	3,554
	21	987	803	782	260	625	—	60	139	70	119	507	4,352
鯰《なまず》	明治19	671	554	725	1,255	2,551	694	129	440	335	136	645	8,135
	21	521	415	892	693	1,684	1,166	55	594	624	140	298	7,082
貝類	明治19	2,753	石 1,815	石 1,525	702	石 95	—	5	380	—	23	32	—
	21	300	1,672	1,324	704	430	—	7	380	70	—	7	4,894

『滋賀県漁業沿革誌』所収の「水産収穫表」を抄出。

単位は貫(1貫=3.75kg)で，明治19年の鰕は石である。鮗と貝類は，郡によって石高で表示されている。

ことができる。

定置的なものとして、

(1)簗《やな》　河川に設置する漁具で流れの一部か全体を遮断して漁獲する、漁具のなかで古代以来確認できる古いものである。瀬田川・野洲川・姉川・天の川・安曇川などでは簗漁が盛んであった。野洲川下流の吉川簗は、中世以来、吉川を含む一八郷の惣社兵主《ひょうず》神社の供祭簗《くさいやな》としてのもので、神社と村人とのあいだでその特権をめぐって長く争われている(アチック・ミューゼアム『近江国野洲川簗漁業資料』)。

(2)魞《えり》　湖中に竹杭をたて、これに簀《す》を張って迷路状の魚道をつくり壺と称されるところへ魚を誘い込む大がかりな仕掛けである。今日、簀はプラスチックで編まれるが、以前は竹であり、明治以前はヨシが利用されていた。魞は琵琶湖固有の漁法で、古歌にもとりあげられるほどの近江の風物のひとつであった。この魞には、川や内湖に建てられる小型のものから、湖岸にたてる延長数キロにおよぶものがあった。鯉や鮒を対象とする「粗目」と小魚(鮎やもろこなど)を対象とする「めせぎ」のふたつのタイプがある。

魞(高島市安曇川町近江白浜)

(3)漬柴《つけしば》　冬期、活動を休め物陰にひそむ魚の習性を利用した漁法。内湖や入江など静かな水路に柴などを漬けておき、漁獲するときには柴の周囲を簀で囲み網で掬《すく》いあげるものである。

非定置的なものとして、

(1)地引き網　細長い帯状の網で、中央に漁獲する袋がつくられている。網の両端に引き綱をつけ半円形にいれた網を陸地に引き上げる漁具である。長いものでは一キロ以上になる。特定の魚種を対象としたものではない。尾花川村《おばながわ》（大津市尾花川町）は、琵琶湖で最初に大網をひいた伝承がある。

(2)小糸網《こいとあみ》　刺し網の一種で、あらかじめ水中に張っておき網の目に魚がかかったものを取りあげるものである。湖底近くに張るものや水面近くに張るものなどがあり、漁獲できる種類が異なった。また網の目の大きさにより大型の魚を獲るものから小魚を獲る小さな目のものがあった。明治以前は網は麻で編まれていたが、今日では化学繊維のものが用いられている。

(3)魦網《いさざあみ》　トロール漁法に似たもので、網を船で曳き、船上へ引き上げるもので、琵琶湖の漁業は湖岸を主としているなかで、比較的沖合で行う漁法であった。

(4)たつべ　円筒形の籠状のもので円筒部分に漏斗《ろうと》状の戻りをつくり（入り口）、ここからはいった魚はでられない、魚の前へ進む習性を利用した漁具である。竹でつくられる。「えび」専門のものと鮒や鯉などを対象とするものがある。

以上、あげたものは今日もみられる漁具であり漁法である。このほか鵜飼《うかい》・釣り漁・鳥猟そして有機肥料として藻の採取など地域によりさまざまなものがあった（『滋賀県漁業史』上〈概説〉）。

7章

ゆらぐ湖国の村・町・人

御蔭参り絵馬

1　災害と領主の対応

寛文二年、文政二年、安政元年の大地震●

平成七（一九九五）年一月十七日早朝、人びとの眠りをおそった大地震は、関西には地震がないと盲信されてきた夢を破った。この「阪神淡路大震災」は、人と自然とのかかわりあいを改めて問いなおす機会をもたらしたともいえる。江戸時代、近江でも何度か大きな地震におそわれている。しかし、近江では何よりも水害におそわれることが頻繁であった。これらの自然災害の被害状況を知るとともに、そのときどきの領主などの対応についてみていこう。

寛文二（一六六二）年五月一日、湖西をおそった地震はマグニチュード七・六と推定されており、高島郡を中心に大きな被害をもたらした。震源地は比良山の東麓であった。被害状況は次頁表のとおりである。大溝《おおみぞ》藩では「城幷家中町在にいたるまで一軒も残らす潰れ……二万石潰れ」、彦根城・膳所《ぜぜ》城も傾いたとある（『新収日本地震史料』二）。記録されていない地域を考えれば被害はもっと大きくなるだろう。地震学者は、この地震を「琵琶湖西岸地震」と命名している。江戸時代、内陸型地震として最大規模のものであった（寒川旭『地震考古学』）。

鎌倉時代以来、朽木《くつき》の名族で江戸時代も朽木に知行所をおいていた朽木宣綱《のぶつな》は、この日の地震で横死している（『新訂寛政重修諸家譜』七）。この地震での人的・物的被害は、田地を含む土地そのものが陥没するなどの被害をもたらしている。近年、伝承の「三矢《みつや》千軒」（高島市）の一部が湖底で確認されている。

また、高島郡鵜川《うかわ》村（高島市鵜川）に鎮座する白鬚《しらひげ》大明神の鳥居は、もともと陸地にあったものがこの地震で湖中に陥没したと伝えている（『近江輿地志略』）。

文政二（一八一九）年六月十二日八つ半（現在の午後三時ころ）、尾張《おわり》・美濃《みの》・伊勢《いせ》・近江・京都などを大きな地震がおそった。地震の規模は、マグニチュード七・四と推定されている。この地震は、湖東の彦根や八幡に甚大な被害をもたらした。記録により数字に大きな相違がみられるが「西川記録」によれば「本潰家弐百十軒余、半潰家五百軒余」とあるが、死傷者は少なくすんでいる（『新収日本地震史料』四）。十六日、役所（当時八幡は天領で幕府代官支配となっていた）より罹災《りさい》し、住居できないものに対し「御救壱俵より壱斗五升」が下された。当時としては、比較的手際のよい救済の手が差しのべられたといえる。八幡では、以後「地震休日《やすみび》」が設けられている。地震の記憶を共有しようとしたものと考えられ、このことは現在のわれわれが過去から学ぶべきことのひとつである。蒲生《がもう》郡寺村（東近江市蒲生寺町）の医者角《すみ》信筆《のぶひで》は、「河水為濁堂塔及土蔵破倒多シ、実二百年以来也ノ

白鬚神社鳥居（高島市）

寛文2年地震の被害状況

村名	倒壊家屋数	死者
	軒	人
倉川榎村	50	300
辛崎	1,570	?
倉川川村	50余	260
彦根	1,000余	30
大溝	1,022	38
合計	3,692余	628

『新収日本地震史料』2による。

地震」と日記に記している（滋賀大学経済学部附属史料館寄託「角家文書」）。

ついで嘉永七（一八五四）年十一月四日、大地震がおそった。六月十五日に続いての大地震で各地で地震が頻発した。六月は上方《かみがた》を中心とするものであったが、このときは東海地方を中心に大被害がでた。地震の規模は、マグニチュード八・四と推定されている。この地震は、翌安政二年十月の江戸大地震へと連動していく。十一月四日発生した地震は、余震が長く、翌年五月まで続いている（『新収日本地震史料』五）。彦根藩は、幕府へ「修復向之救方手当」のため三万両の拝借を願いでている（『大日本維新史料　井伊家史料』三）。ただ、人的被害は少なくすんでいる。

嘉永六年六月のペリーの浦賀来航以来、七月、プチャーチンの長崎来航、翌七年四月、禁裏炎上など、引き続いての幕藩体制社会をゆさぶる凶変であり、まさに内憂外患の時代への幕開けであった。嘉永七年十一月二十七日、改元して安政元年となった。

このほかにも、文化十（一八一三）年一月から二月、四月四日、五月二十二・二十三日、閏十一月十二日、同十一年一月六日、二月五日、五月二十八日、十月十一日、同十二年一月二十一日、五月十九日、同十三年二月二十九日と、文化末年に地震が頻発している。これは、文政二年の大地震につながる予兆と考えられ、今日に生きるわれわれが過去から学ぶべき点であろう（「信筆日記」）。

水　害●

滋賀県の面積の六分の一を占める琵琶湖には、外へ流れだす川は瀬田《せた》川以外にはない。大雨が降れば湖辺の村々は、すぐ水に浸かってしまう。ことに琵琶湖の南湖は面積が小さいだけに増水時に影響をうけやすい。これの防止には、瀬田川の流路を円滑なものにしておかねばならなかった。

大雨による災害は、危険を予測できるだけに比較的人的被害は少ないが、田畑を泥の海とかえるため穀物への被害は甚大なものがあった。ことに梅雨のころと二百十日前後の大雨は、農作物への影響は避けられなかった。

蒲生郡鏡村（竜王町鏡）の米商人で庄屋もつとめた玉尾《たまお》家には、寛保四（一七四四）年から明治十二（一八七九）年まで五代にわたり書きつがれた「永代帳」が残されている。この日記の体裁をもつ「永代帳」には、多くの自然災害が記録されている。鏡村を中心とした被害状況から近隣の情報などを書き留めている。これをてがかりに江戸時代中期以降の水害についてみていく。

(2)と(4)は、全国規模の天候不順によるものだが、ほかは近江をはじめ畿内を中心とした風水害である。これ以外に文化四（一八〇七）年、嘉永元（一八四八）年にも大水害に見舞われている（『滋賀県災害誌』）。順をおって被害状況をみておこう。

(1)では、野洲《やす》川・愛知《えち》川の堤が切れ、田地は湖水のごとくなり、「矢橋《やばせ》浦を往来」するような状態であったと記している。また、彦根藩領では芹川が氾濫するなど四万九〇〇〇石分が被害をうけている（『彦根市史』下）。

(2)では、商人らしく自然災害そのものより諸物価の高騰に関心をよせている。鏡村では、困窮にて領主

江戸時代中期以降の水害

(1)宝暦6(1756)年	9月16〜17日
(2)天明6(1786)年	春より
(3)享和2(1802)年	6月28〜29日
(4)天保7(1836)年	土用以降
(5)弘化3(1846)年	7月7日
(6)同　5(1848)年	8月12〜13日
(7)万延1(1860)年	5月下旬
(8)慶応4(1868)年	閏4月

史料館叢書10『近江国鏡村玉尾家永代帳』(国立史料館, 1988年)による。

市橋氏へ拝借米を願いでている。六月一日には、大津や大坂で打ちこわしがあったことを記録している。米価高のため彦根領分・八幡・水口領分・日野・八日市などで津留めが行われたとあり、困窮の村方はいっそう困難をきわめたものと思われる。

⑶は、この年は二度の風水害に見舞われた。六月二十八日から二十九日にかけての大風雨は、近江のみならず淀川水系の山城・摂津の村々に多大の被害をもたらした。鏡村をはじめ近隣の村々でも「家々不残水入」というありさまであった。彦根藩領では死者二三人、膳所藩領でも溺死四二人、高島郡の安曇《あど》川では堤が決壊して七人の死者がでている（『滋賀県災害誌』）。

⑷は、この年は、五月中旬より八月まで雨空が続いた。このため琵琶湖の水位は、常水よりも七尺余りも増水し、八幡町中では二カ月ばかりも水中にあったと記している。このため凶作となり米価の高騰となった。鏡村あたりで米二俵につき金四両と暴騰している。高島郡の比良山系では、九月十三日に初雪があり、下旬には四方の山々が真っ白となった。このためこの地域では、米作は三分五厘作（三割弱）となった（『高島郡誌』）。他国に比べ比較的被害の少ない近江でも野山の植物を拾い集め、露命をつなぐような惨状となった。天保の飢饉である。

⑸は、七月七日、大風雨となり、近くの横関《よこぜき》川と野洲川が「大満水」となった。ただし、近江での被害はほとんどなかったようだが、京都・伏見・淀・大坂では大洪水となっている。これは、次項でふれるが、瀬田川浚《ざら》えが功を奏したものといえる（次頁参照）。

⑹は、八月十二日から大風雨となり、横関川と野洲川が「大満水」となった。しかし、このときも近江では大きな被害はでなかった。

⑺は、三月より降りはじめ、五月下旬ころには「湖水存外大高水」という状況になった。常水よりも八尺余りの増水となり、彦根では「四十九町より浜手の方は皆水つき、大手橋まで水つき、其のほか、湖の周りはみな床上まで水つく」状態であった（『滋賀県災害誌』）。

⑻は、閏四月十七日より降りはじめ五月二十二日まで降り続いた。万延元年のときよりもさらに二尺余り増水した「誠ニ珍敷高水」となった。この水害による損害は、一八二万六八五四円であったことがわかっている（『滋賀県史』四）。

大雨による堤防の決壊と琵琶湖の満水により引きおこされる洪水とでは被害の規模は異なるだろうが、琵琶湖を擁した近江にとって水害は避けられない大きな災害であった。

琵琶湖の保全●

琵琶湖から外へ流れだす唯一の瀬田川は、淀川を経由して大坂と結ぶための河川交通と琵琶湖湖岸に新田を開発する観点からたびたび川浚えが実施されてきた。また、川浚えの実施が琵琶湖の水位を安定化させることもあり、水位の保全（水位の上昇による田畑の冠水をさけるため）からも川浚えは、国役普請《くにやくふしん》・自普請《じ》にかかわらず継続されねばならなかった。

慶長十九（一六一四）年、幕府の儒者である林羅山《らざん》は瀬田川の通船計画を考え、川筋を開削《かいさく》すれば琵琶湖の水位は三尺さがり、二〇万石分の新田を開くことができると発案している（『新修大津市史』四）。しかし、これは実現されることはなかった。

寛文十（一六七〇）年、同十二年には湖辺の村々から百姓が動員され瀬田川浚えが実施された。元禄十一（一六九八）年から幕府主導で瀬田川浚えが実施された。これは海運や治水に業績を残した河村瑞賢《ずいけん》が担当し、川中の島（中洲《なかす》）を除去し流れを安定化させた。この工事の費用は、湖辺の村二〇九カ村（一六万石余）に対して一〇〇石につき銀一〇五匁の負担が課せられた。

ついで、享保七（一七二二）年五月、高島郡内の一一カ村より京都町奉行へ瀬田川浚えを願いでている。その後、たびたび瀬田川浚えは出願されるが、経費の負担方法や川浚えによる下流域での障害などが問題となり、積極的には取りあげられなかった。

天明五（一七八五）年には、高島郡深溝《ふかみぞ》村（高島市新旭町深溝）の庄屋太郎兵衛が惣代となり、自普譜（湖辺の村々の水損高に応じて経費を負担する方法）で施行された。琵琶湖の水位を低くすることは、取りもなおさず湖辺に新田を開く可能性がでてくるのであるが、反面下流域に水量の増加という不安をあたえることになり、宇治川筋・淀川筋の村々からの反発をこうむることとなった。

さらに約五〇年後の天保二（一八三一）年正月、ついに幕府の認可するところとなり、全長七九七六間（約一四・四キロ）におよぶ本格的な瀬田川改修が実施された。人足

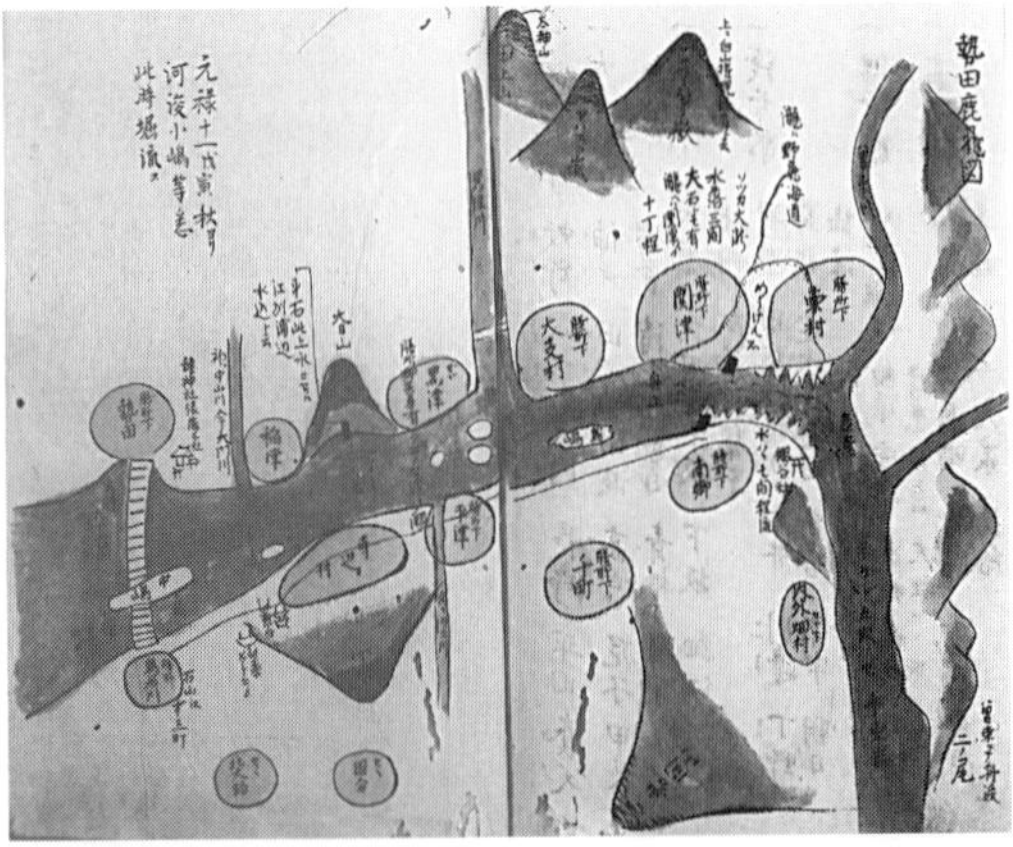
瀬田川浚え図（『淡海録』）

三一万一〇〇〇余人、銀三四七貫余を要した大工事であった。しかし、経費負担の方法をめぐり、この改修工事の惣代にたった人びとと湖辺の村々とのあいだで紛糾することとなった。今日のような受益者負担の考え方が未成熟な社会では、たとえ水害を回避できるようになったとしても、それに要した経費の負担増については、惣代たちの責任としたのである（『琵琶湖治水沿革誌』）。

この瀬田川浚えについて記憶すべき人物がいる。右にふれた深溝村の庄屋藤本太郎兵衛直重（初代）は、瀬田川浚えに尽力したことにより名字帯刀を許された。享和二（一八〇二）年十一月、初代太郎兵衛が死去した。二代太郎兵衛直勝は、父親のあとをうけ川浚えに東奔西走したが、そのため文化四（一八〇七）年一月に急逝した。三七歳であった。このとき、五歳の幼児であった三代太郎兵衛清勝は、同志の人たちにより名義人としておかれ、川浚えの訴願運動は続けられた。天明二年、初代太郎兵衛が瀬田川浚えの惣代に選ばれてから半世紀、三代にわたる粘り強い運動が天保二年の大改修として結実した（石田弘子「湖の治水の瀬田川浚えに命をもやした藤本家」『江戸時代　人づくり風土記25 滋賀』）。

しかし、川浚えは継続的に続けられねばならない性格のものであったが、これ以降幕末政情に制約され実施されることはなかった。前項でみたように、弘化年間（一八四四〜四八）は大きな被害がでていないにもかかわらず、嘉永元（一八四八）・万延元（一八六〇）・慶応四（一八六八）年の三度、湖辺の村々は大洪水に見舞われている。川浚えの継続の必要性を物語っている事実である。

近江の百姓一揆等年期別件数

期間	百姓一揆	村方騒動	都市騒擾
1600年以前	1		
1601～1650	9	3	
1651～1700	5	5	2
1701～1750	7	13	1
1751～1800	13	16	3
1801～1850	22	16	4
1851～1871	13	7	6
合計	70	60	16

青木虹二『百姓一揆総合年表』による。

2　立ちあがる民衆

柳川騒動・八幡町会所不正騒動●

幕藩体制社会のシステムが経済の進展に対応できなくなりつつあった十八世紀中期以降その諸矛盾は、日本各地で百姓一揆、しかも広域闘争のかたちで表出した。百姓一揆を総合的にまとめられた青木虹二氏の研究によれば、近江においても上表のように一揆や村方騒動がみられる。近江は他地域に比べ百姓一揆の件数は少ないが、それでも十八世紀中期以降は同様に増加の傾向がみられる。一九七〇年代以降、自治体史編纂が盛んとなっているので、この数字はさらに上回るものと思われる。ここでは、三つの事例をあげてみたい。

まず柳川《やながわ》騒動であるが、この騒動については全容はよく知られていない。ことの発端は、宝暦十一（一七六一）年十月、愛知川南筋（彦根藩は、領内を北筋・中筋・南筋の三つに分け、筋奉行をおいて支配していた）の百姓が彦根藩が実施しようとした「積銀《つめん》仕法」に反対して立ちあがったものである。「積銀仕法」とは、備荒のため頼母《たの》子《も》講《しこう》のかたちで銀をたくわえさせたものである。その集まった積銀を藩財政補塡《ほてん》（米札引換えのための資金）のため転用しようとしたために、彦根藩の郷士である柳川新助をおそったのである。「暴民彦根ニ向フヤ途中其勢加ハリ拾日払暁平田村ニ迫リシ時ハ五万余人、藩兵恐喝叱責シ之ヲ退ケントスルモ暴民恐レス」と、五万余人が彦根城下に押し寄せたのである。柳川新助は、自宅の倉庫などを打ちこわされ、そのうえ藩より謹慎を命じられた。五万余人とは、少し誇張と思われるが、彦根藩政に対する領民のあからさまな反対運動であった。藩は「積銀仕法」を廃止することによって、この騒動に決着をつけるが、彦根藩の財政難の糊塗策が領民の反対運動によって挫折したことになる（『彦根市史』中）。

つぎに八幡町会所不正騒動であるが、戦前刊行された『滋賀県八幡町史』で紹介され、注目されるようになった都市騒擾《そうじょう》の一つである。八幡は、前章でふれたとおり豊臣秀次《ひでつぐ》によりきずかれた城下町であったが、その後、在郷町へと変化をとげ、蚊帳《かや》・畳表・麻布などの地場産業が成長するなど、近江商人の拠点のひとつであった。商業の発展とともに各種の仲間が組織され、町人たちによる自律的な結合のもとに町運営がはかられていた。

ところが、天明六（一七八六）年十月、八幡町惣年寄の会所の会計不正について指弾する事件が勃発した。八幡では各町内に年寄が選出され、会所で町運営がはかられ、そのうえで町全体の運営を惣年寄が行っていた。

当時、八幡は旗本朽木長綱の知行所で、町に代官所がおかれていた。旗本の財政窮乏とあいまって町会所へ高い掛り金が賦課され、町中では不平が充満しつつあった。この騒動について八幡池田町四丁目の川《かわ》端前宣《ばたさきのぶ》（薬屋五兵衛）が日記「池井蛙口記」を残しているので、これによりながら騒動の顚末《てんまつ》をみていこう（富井康夫ほか「池井蛙口記」『文化史学』二一・二三・二五号）。

十月二十日夜、各町中の年寄へ善住寺《ぜんじゅうじ》で寄合を開く旨の連絡があった。翌日、集まってきた年寄たちに対して池田町三丁目の畑屋源右衛門は、惣年寄の不正を指摘し、会所の会計を吟味するように求めた惣町中からの「口上」を年寄たちへ示した。ここでは「惣年寄町方へ応対、甚押（横）柄成ル趣、一統不平之思ニ候、以後惣年寄相止メ候事」と、惣年寄と町方が対立化しつつあったことがうかがわれる。

閏十月一日、町人三〇〇〇人余りが詰め寄せ、惣年寄から会所の帳面一六冊をうけとることに成功した。この会所の勘定帳六年分を吟味した結果、不審分として金三八三両二歩余を摘発し、惣年寄村井金右衛門・内池甚兵衛から返還させている。同月二十二日、役所が実施した「丁（町）々難渋之者」調査に対して、惣町中より一三〇三軒あることを届けでた。二十五日、困窮者救済のため町中惣代一三町から地子減免・三分一米価値段・八朔御礼の簡素化・振替銀の下付を役所へ願いでた。

十一月一日、この町中惣代からの要求に対して役所は、すべての要求を聞き入れることとなった。このすばやい対応は、ことを穏便にすませようとする朽木氏の役人たちの意向が働いたものと思われる。

しかし、翌年一月二十八日、畑屋源右衛門が病気で亡くなると、領主朽木氏の攻勢がはじまった。二月九日、町中から惣代を選ぶことの禁止、町方会所を廃止し御用会所の設置と直訴の禁止などを申しわたした。二十五日には、役所から河内屋卯兵衛・酒屋金七・馬淵屋五兵衛・手習師半治・薬屋五兵衛の五人が召喚され、手鎖押込《てじょうおしこめ》などの処分をうけた。また、畑屋源右衛門の家族も追放された。

急転直下の情勢に対して年寄たちは、五人の赦免を願いでたが許されなかった。このため、知らせを聞きつけた町人たちが蓮照寺《れんしょうじ》へ集まりはじめ、誰いうとなく町の金方の梅村と井狩両家を打ちこわすことが発議され、一触即発の状況となった。「実や竜吟ズレハ雲起リ、虎嘯《ウソブケ》ハ風生ス、狂人クルヘハ不狂人ノ町中東西ニ駈違、人音鯨波《トキ》ニアラネトモ、物音コタマニ響キ、如何成ル事トモ分カラネト、我モ々ト蓮照寺へ駈集」と、川端前宣は日記に記している。この町人たちの運動のなかに都市の日傭層などと思われる「アフレ者」たちが打ちこわしの主役をになっていることが注目され、「襤褸《ランル》ノ伴ンテン（半纏）ニ身ヲ堅メタル者共五三人」という形容のなかに身分の枠を超えた民衆運動が展開されたことがうかがわれる。

この結果、五人は赦免され、二十九日には卯兵衛と半治の両人が惣代に選ばれた。

八幡町会所不正騒動は、近世都市史や民衆闘争史のうえから着目されてきた。原田伴彦氏は、この運動を「中小町民を抵抗の主体とする世直し的性格をもつ」と評価し（『日本封建都市研究』）、林基氏は「市民的反対派の指導のもとに平民的・前期プロレタリア的要素が行動力となり、一時的には市政をにぎる、都市コンミューンの闘争」と評価した（「宝暦・天明期の社会状勢」『歴史学研究』）。いずれも、一九六〇年代の社会情勢を反映した評価ではあるが、中小の八幡町民が特権的上層町人による町政を拒否し、町政を刷新しようとした運動であったとみなすことができよう。

なお、日記の「池井蛙口記《ちせいあこうき》」は、「治政悪口」をもじったもので、いわゆる田沼時代（一七六〇～八六）の社会を揶揄《やゆ》したものであろう。

天保の一揆●

天保十三（一八四二）十月、甲賀《こうか》・栗太《くりた》・野洲三郡の村の人びとが立ちあがったこの一揆は、明治にはいり自由民権運動の高揚のなかで義民碑の建設運動として伝承されていった。しかし、一揆の性格や具体的な運動については、十分な研究は進んでいない。歴史学者佐々木潤之介氏が提起した「世直し状況論」では、当該期は「農民闘争の到来期・革命的情勢の昂揚期」にはいったと指摘している。事実、天保年間（一八三〇〜四四）以降、全国的な一揆・打ちこわしが続き、なかでも同八年、大坂町奉行所の与力大塩平八郎《おおしおへいはちろう》と門人がおこした「大塩平八郎の乱」は、幕閣中枢を震撼《しんかん》させるには十二分すぎた。

財政逼迫や海防問題に直面する幕府にとって、まさに内憂外患への幕開けであった。このような状況のなか大坂に引き続きまた、天保の改革に着手したばかりのときに近江の民衆が立ちあがったのである。前述の三郡は、いわゆる非領国地域であり、所領支配が錯綜し、村々の利害関係も複雑であった。にもかかわらず、一揆を結集させた原因は、何であったのか。

財政補塡策として検地による増高をもくろんだのが、この一揆を引きおこさせた一因である。一般的には「検地反対一揆」と通称されているが、当時の史料類には「検地」の言葉はなく「検分」である。検地は竿《さお》入れを伴うが、検分は文字通り田地のようすをみて歩くだけのことである。

天保の義民供養塔（甲賀市大徳寺）

このことはともかく、一揆の蜂起にいたる原因と過程および結末についてみていこう。

天保十二（一八四一）年十一月、京都西町奉行柴田康直は仁保《にほ》川・野洲川・草津川などの川筋および湖辺の村々の庄屋を召喚し、川筋・湖辺の空き地などを検分する旨を申しわたした。公儀による直々の検地であるため反対などの訴願は、うけつけないことをつけたしている。

検分役人は幕府勘定役市野茂三郎、普譜役大坪本右衛門・藤井鉄五郎、介添役多羅尾《たらお》久右衛門手代柴山金馬、大津代官石原清左衛門手代山下五四郎など四十数人であった。同年十二月中旬、野洲郡野村へはいった市野たちは、以後野洲郡内の村々をまわり、翌十三年蒲生郡の村々を巡見した。このさい、市野たちは、井伊・伊達《だて》・尾張徳川家領の村は素通り、あるいは金銭により見逃すなど、公平さを欠いていた。

この検分に対して野洲郡三上村庄屋土川平兵衛は、甲賀郡杣中《そまなか》村庄屋黄瀬《きのせ》文吉・平三郎父子を訪ね、窮状を救うべく協力を求めた。九月二十六日、甲賀郡では七〇余カ村の庄屋が水口宿の万屋《よろづや》伝兵衛・丸屋金兵衛宅で、栗太・野洲両郡では六〇余カ村の庄屋が戸田村の立光寺《りゅうこうじ》に集まり寄合をした。寄合の結果は、甲賀郡の百姓は横田川原に、栗太・野洲の百姓は野洲川原に集結し、代表が市野たちと検分の中止を直接交渉し、もし聞きいれられない場合は、強訴《ごうそ》におよぶというものであった。

天保十三年十月十一日、検分をおえた市野たちは野洲郡三上村の大庄屋大谷治太郎宅を本陣としてはいった。十四日夜、甲賀郡深川市場《ふかわいちば》村の矢川《やがわ》神社の鐘が鳴らされるや、「法螺貝《ほらがい》を吹き、鯨波《とき》を作り、其声天地」をゆるがさんばかりの事態となった（河邨吉三『天保義民録』）。甲賀郡の一揆勢は、三上村をさして北上し、栗太・野洲両郡の一揆勢と合流し、三上村の本陣に逗留《とうりゅう》している市野たちをおそった。

ところで、この地域には膳所城に本多氏（六万石）、水口《みなくち》城に加藤氏（二万五〇〇〇石）、三上には遠藤氏

（二万石）が陣屋を構えていたが、一揆にさいして直接的な鎮圧行動にでていないばかりか、一揆側に協力姿勢さえとっている。これは、さきに指摘したようにこの地域が非領国地域であり、利害関係が錯綜していたためと思われる。

多勢に無勢の市野は、「見分之儀者為相見合候」と譲歩したが、一揆勢を納得させることはできず、ついにつぎのような一札を書くに至った（松好貞夫『天保の義民』）。

一今度野洲川回、村々新開場見分之儀に付、願筋も有之候間、十万日之間、日延之義相願候趣、承届候事

天保十三年寅十月　　市野茂三郎（印）

（後略）

これにより一揆勢は、一〇万日日延べを勝ちとったのである。しかし、同二十日には、京都町奉行所より一揆首謀者や参加した人びとに対する取調べが開始された。あわせて膳所藩や三上藩らによる取調べも進み、ご法度の一揆ゆえに多くの犠牲者をだすこととなった。首謀者土川平兵衛・市原村治兵衛・杣中村平治郎など一一人は江戸送りとなり、途中で病死したものを含め、ふたたび故郷をみたものはいなかった。甲賀・栗太・野洲・蒲生四郡で取り調べられた総数は、二〇〇〇人を超えたといわれ、そのきびしさが推察される。このことは、一年におよぶ京都町奉行所での取調べなどにおける費用の分担問題で村々に亀裂を生じさせることとなる（『新修石部町史』通史篇）。

ところで、この一揆のとき、蒲生郡西生来《にしょうらい》村（近江八幡市西生来町）庄屋の弥助は、「免割帳」の表紙の端に「天保十三年十一月ゟ《より》元暦元年改」と書いている。また、甲賀郡隠岐村の浅五郎は、この一揆の記

録「近江田畑御見分ニ付騒動写」の年次を「亀光元年」としている（「岡山大学附属図書館所蔵文書」）。ちなみに「元暦元年」とは、源頼朝に平氏追討の院宣《いんぜん》がくだされた寿永三（一一八四）年四月に改元された年号である。庄屋弥助は、この故事を知っていたうえで、改元により太平の世が招来することを期待したのであろうか。一揆にさいして私年号が個人的にせよ企図されたことは、庶民の世直しへの希求をみてとることができる。

また、膳所藩の郡奉行所の日記に「天保十四卯年二月朔日朝ゟ同月晦日迄《みそか》、毎夜暮六ツ時半ゟ五ツ半迄、毎夜無中絶如斯白雲ニ而出候」とあり、つづけて「世間ニ而ハ色々ニ唱、人気《じんき》ニ依而ハ此世乱世ニ相成るとか、「大坂陣有之候年ニ如此之白雲」がでたとの噂を書き留めている。

この一揆をきっかけに乱世になるかもしれない。取りもなおさず徳川の世がかわると危惧《きぐ》し、あらたな時代がくることを一時的にせよ、この地域の人びとは夢みたものと思われる。少なくとも、この現象が領主側の日記に記録されていることは重要である。近江におけるこの世直しへの期待は、あと四半世紀待たねばならなかった。

3　庶民の近江

近江の文化●

かつて、朝日新聞が連載した「新人国記」のなかで、近江は通りすがりの地で、文化は根づかないと評されていた。なるほど、近江出身で歴史に名を残した人物でも生活し、活動したところは、他国での場合がほとんどである。

しかしながら、文化とは必ずしも著名な人物により導かれるだけのものではなく、村や町の生活に根ざしたなかから生みだされるものもある。たとえば、近江国は平安時代から知られた薬草の宝庫であった。この薬草から製造されたもののなかで「伊吹もぐさ」は全国的に知られたもののひとつであった。この薬草にめぐまれた近江から博物学の先駆者である木内石亭《きのうちせきてい》（諱《いみな》は重暁《しげあき》）がでたのは、まったく縁がないわけではないと思われる。

あるいは、別の視点からみるとつぎのような指摘もできる。日本史研究者のなかでは、近江は古文書の宝庫――とくに中世文書が多量に伝来していることを含め――といわれる。大きな自然災害や戦災にあわなかったためといわれるが、それだけの理由で残るものではない。惣村の発展にささえられた近江の村では、古文書を証拠史料として後世へ伝えていくべく庄屋などの個人管理におくだけでなく、村の会所へ保管するところが多くみられた。したがって、年々作成される厖大《ぼうだい》な文書を取捨選択するなどの文書管理がなされていた。村の文書は村が管理していた。このことは、村役人には文字が読め、計算能力が求められた、というだけにとどまらず、日々作成され累積されていく文書のなかから処分すべきもの、後世に残すべきものなどをみきわめる管理能力をもつものが求められたと推察される。

反面、これは生活権の防衛（領主との関係で）という側面をもつのであるが、無目的に保管されてきただけではないこと、すなわち文書を読み、思考し、そのなかから後世へ引き継ぐべきものを選択する能力があったためと考えることができる。

このようにみた場合、江戸時代、近江では着実に地域レベルで文化の基礎をなす文字文化が涵養《かんよう》されていた、と考えられる。前章でみた時習斎（二三一頁参照）などは、全国的にみても早い事例であり、読み書き、算盤《そろばん》といわれる庶民的教育の場と機会が十七世紀に成立していたのである。

一方、活躍の場は近江ではないが近江出身の儒者や文人たちの足跡についてもみておきたい。

近江聖人として知られる中江藤樹《なかえとうじゅ》は、慶長十三（一六〇八）年高島郡小川村（高島市安曇川町上小川）に生まれた。元和二（一六一六）年九歳のとき、祖父中江吉長の養子となり、祖父とともに伊予国大洲《おおず》へ移った。一五歳のとき相続し、大洲藩につかえ、郡方役人として一〇〇石を知行した。一七歳のとき、京都からきた禅僧に触発され『四書大全』を学び、さらに朱子学を研究した。寛永十一（一六三四）年、近江の生母につくすべく、脱藩して帰郷し、その後、学問に励むのみでなく、地域で講学などもした。同十七年、陽明学系の『性理会通』や『王竜渓語録』などを学び、朱子学を克服し、晩年、『陽明全集』に没頭し、日本の陽明学を樹立した。彼の思想のひとつに、人の道は「孝」が根本であるとし、「知行合一」と「致良知」を主張した。平易な文章で「孝」を説いた『翁《おきな》問答』は代表作である。慶安元（一六四八）年三月、自宅の隣に同行の講堂と部屋を完備した藤樹書院を建てたが、八月二十五日死去した。今日、そのあとに再建された藤樹書院がある。

江戸時代の日朝関係に大きな業績を残した雨森芳洲《あめのもりほうしゅう》は、寛文八（一六六八）年伊香《いか》郡雨森村（長浜市高《たか》月《つき》町雨森）で生まれた。一八歳のとき江戸にて、儒学者木下順庵《じゅんあん》に学び、のちに新井白石《はくせき》・室鳩巣《むろきゅうそう》らとともに木門《ぼくもん》十哲と称せられた。元禄二（一六八九）年二七歳のとき、師の推挙により対馬《つしま》藩につかえることとなり、ここで中国語・朝鮮語を学び、対馬藩の文教と外交に力をふるった。正徳元（一七一一）年第八回の朝鮮通信使来聘《らいへい》にさいし、応対をめぐっては同門の新井白石と対立した。享保四（一七一九）年、近江は、近世初期から俳諧の盛んなところであった。

寛永元（一六二四）年十二月、野洲郡北村（野洲市北）に生まれた北村季吟《きぎん》は、松永貞徳《ていとく》（一五七一〜一六五三、貞門俳諧の創始者）の門下のひとり安原貞室《ていしつ》（一六一〇〜七三）に入門し、のち正保二（一六四五）年松永貞徳の門に移り、やがて貞門のなかで頭角をあらわし、中心的存在となった。松永貞徳没後、明暦二（一六五六）年、俳諧の宗匠として独立し、多くの門人と俳書をあらわしていった。寛文七（一六六七）年、山崎宗鑑《そうかん》にならい『新続犬筑波《しんぞくいぬつくば》集』二〇巻一〇冊を上梓した。また、季吟は古典の研究にもひかれ、数多くの注釈書を残している。なかでも『湖月抄《こげつしょう》』（源氏物語湖月抄）は代表作で、江戸時代を通じて広く読まれた。天和二（一六八二）年、あとを子の湖春《こしゅん》へゆずり、京都松原五条の新玉津島《しんたまつしま》神社の社司となり、古典の研究に没頭し、さらに元禄二（一六八九）年十二月、湖春とともに幕府歌学方に召しかかえられた（野洲市立歴史民俗資料館編『北村季吟』）。

ところで、多くの門人のなかに松尾芭蕉《ばしょう》がいた。彼と芭蕉の関係は、延宝二（一六七四）年三月、芭蕉が書写した季吟の俳書『誹諧埋木《はいかいうもれぎ》』に「此書雖レ為二家伝之深秘一、宗房生（芭蕉）依二誹諧熱心不レ浅一免二書写一而且加二奥書一者也、必不レ可レ有二外見一而已」と、奥書を寄せていることから、その親密さがうかがわれる。のちに、芭蕉は大津をたびたび訪ねているが、近江とのかかわりは、師匠とも称すべき季吟との交流のなかでつちかわれてきたものといってよい。元禄二年三月、「奥の細

❖コラム

道」の旅にでた芭蕉は、十二月に大津へ至り、以後同四年九月まで大津に拠点をおき活動している（『新修大津市史』三）。

芭蕉十哲といわれた一人に彦根藩士の森川許六《きょろく》（一六五六〜一七一五）がいる。通称は五介で、許六は号である。元禄二年、三〇〇石の家督をつぎ、同五年からの江戸在勤中、芭蕉の謦咳《けいがい》にふれ、以後俳諧に傾倒していった。彼は、また狩野《かのう》派の画技にもすぐれ、芭蕉に絵画の師と仰がれ、芭蕉の面像を残している。俳文集『本朝文選《ほんちょうもんぜん》』や『許六集』などをあらわし、彦根藩中級武士により構成されていた彦根俳壇を主導した（尾形仂「森川許六」『俳句講座』）。また、許六は画人として狩野探幽《かのうたんゆう》の弟安信《やすのぶ》（一六一三〜八五）に学び、彦根藩の菩提寺《ぼだいじ》である臨済宗龍潭寺《りょうたんじ》方丈の襖絵《ふすまえ》を残している（彦根城博物館編『森川許六の襖絵』）。

近江の俳壇は、これらの人びとともに芭蕉が大津に逗留中に広くその種を播き、形成されていった。大津は、商業都市として形成されていっただけに、初期富裕町人などのなかに俳諧をたしなむ人が多く輩出した。

故あって尾張藩士をやめ、芭蕉を慕い大津にきて、芭蕉没後、随筆『寝ころび草』をあらわしたのは、内藤丈草《じょうそう》（一六六二〜一七〇四）であった。三年のあいだ、喪《も》に服し、芭蕉の遺風をまもり、のち『猿蓑《さるみの》』をあらわした。俳諧の文化的サークルの基点として大津があった。

第九回の朝鮮通信使来聘のときには、使節を応対する役である真文役《しんもんやく》についている。朝鮮語会話の入門書というべき『交隣須知《こうりんすち》』をあらわしたほか、朝鮮との外交の心得を示した『交隣提醒《ていせい》』をあらわし、「朝鮮交接の儀、第一人情、事勢を知り候事肝要にて候」と、今日にも通用する外交の心得を示している。宝暦五（一七五五）年正月、死去した。墓は対馬厳原《いづはら》の長寿院《ちょうじゅいん》にある（上垣内憲一『雨森芳洲』）。

幕末の尊皇論に大きな影響をあたえた垂加神道《すいかしんとう》を創唱した山崎闇斎《あんさい》に入門した浅見絅斎《あさみけいさい》は、承応元（一六五二）年高島郡太田村（高島市新旭町太田）に生まれた。二八歳のとき入門したが、のちに師の神道説に反対して破門された。生涯仕官をこばみ京都で私塾錦陌《きんぱく》講堂を開いた。『靖献遺言《せいけんいげん》』を編纂し大義名分を説いた。著作として『忠孝類説』や『大学講義』などを残している。崎門《きもん》三傑の一人と称され、正徳元（一七一一）年十二月死去した。

伴蒿蹊《ばんこうけい》は、享保十八（一七三三）年十月、京都で生まれ、八歳のとき本家で八幡の伴庄右衛門家の養子

雨森芳洲画像

となり一八歳で家督をつぎ、商売の畳表・蚊帳《かや》などの商いに専念したが、明和五（一七六八）年三月、養女の婿に家督をゆずり、みずからは髪をきり、法体《ほったい》の身となり国学者としての道を歩みはじめた。『近世畸人傳《きじんでん》』『続近世畸人傳』を編纂し、また「閑田耕筆」「閑田次筆」などの随筆を残している。

休み日、御蔭参り●

江戸時代の農民たちは、一年をひたむきに生きていたが、毎日毎日を野良《のら》仕事にあてていたわけではない。きびしい肉体労働だけに体を休める、休息のときと場が求められた。時期や地域により異同はあるが、村には休み日（遊び日ともいう）があった。産土神《うぶすながみ》の祭礼や檀那寺《だんなでら》の仏事、田植えや稲刈後の農休み、正月・盆・五節句などで、年間二〇〜三〇日の休み日があった。これらの休み日には、ハレの食事が饗せられ、酒や肴《さかな》が食卓にのぼった。祭礼には芝居などが興行され、ひとときのくつろぎと娯楽を提供した。蒲生郡は、芸能が盛んな地域であり、さまざまな芝居が演じられた（古川貞雄『村の遊び日』）。

蒲生郡鏡村の『玉尾家永代帳』と寺村の角信筆の「信筆日記」（「角家文書」）によりながら文化・文政年間（一八〇四〜三〇）のようすをみてみよう（次頁表参照）。鏡村を中心とした周囲の村で興行された芸能が書き留められている。笹踊りは、雨乞で降雨をみたことへの返礼にあたるもので、雨のあとに一般的に興行されるものである。

表をみてわかることは、七・八・九月の三カ月に集中していることである。これは、取入れをまえにした農閑期にあたるためで、盆とも重なるところがある。『玉尾家永代帳』では文政末期以降、漸減していく。当主玉尾藤左衛門親宣《ちかのぶ》の高齢化などによるものと思われる。

また、旧八日市市域における村々においても芝居興行が盛んで、都市の役者を招いての興行から十九世

蒲生郡鏡村周辺における興行(文化1〈1804〉～文政10〈1827〉年)

年　月　日	種　類	場所と目的
文化1年8月15日	芝居	鏡村真照寺大破奉加のため，10日間
3年8月19日	?	八幡山八幡宮雨乞返し
8月27日	狂言	北村にて，晦日まで
8月	かぶき芝居	岡屋村
9月1日	狂言	弓削村雨乞返し，4日まで
6年8月	俄狂言	鏡村大宮社内
9月15日	狂言	信濃村又市追善のため
7年8月	狂言	小堤村の稲荷大明神棟上げのため
8年7月中旬	大相撲	八幡山社内
8月1日	かぶき芝居	川守村雪野寺開帳，21日まで
8月5日	狂言	大篠原村稲荷大明神造工のため
9年8月	かぶき芝居	入町村にて3日間
9月	かぶき芝居	橋本村にて10日間
11年8月6日	かぶき芝居	羽田村光明寺門前にて10日間
8月16日	子供芝居	川守村野寺河原にて10日間
*12年5月21日	麦神楽	寺村にて
*13年閏8月11日	狂言	二俣村の狂言，下小房村に至る
*　閏8月15日	芝居	八日市にて
14年7月22日	笹踊り	雨乞返し
8月29日	狂言	雨乞返し
文政1年7月	芝居，狂言	順気よいため。9月まで
9月	狂言	菅田大明神造作のため
3年8月1日	かぶき芝居	川守村野寺薬師如来御法会のため14日まで
4年7月8日	笹踊り	雨乞返し
5年7月17日	人形芝居	紺屋町領屋棟川にて常念寺興行
7月20日	笹踊り	雨乞返し
6年7月16日	人形芝居	紺屋町領屋棟川にて10日間，常念寺興行
7月20日	笹踊り	雨乞返し
*　9月24日	芝居	小房川河原にて
9年8月25日	笹踊り	雨乞返し
10年8月27日	笹踊り	雨乞返し

*は角信筆の「信筆日記」，ほかは『玉尾家永代帳』による。

紀には農村歌舞伎として民衆がみずから演じかつみるように進展している。村で芝居を創作し、鑑賞するまでになっていた。こうした農村歌舞伎は、民衆文化のひとつであり、これを積極的にささえたのが「若連中」という若者の組織であった（『八日市市史』三）。芝居興行は一日だけでなく、一〇日や二週間余りにわたるものもあり、興行される村だけでなく広い地域から見物客を集めたと思われ、もはや休み日だけでなくとも仕事の合間に楽しむことができたのではないかと推察される。

『玉尾家永代帳』には、このほかに寺院の出開帳《でがいちょう》が頻繁にあったことを記録しており、信仰心を前提としつつも、娯楽のひとつとして出開帳が人びとの関心を買っていたことを示している。休み日などを通して民衆が余暇を楽しむ時代が到来していたのである。

一方、民衆の集団的伊勢神宮への参詣である御蔭《おかげ》参りは、宝永二(一七〇五)・明和八(一七七一)・文政十三(一八三〇)年の三度のものが著名であり、道中を歌い歩くなど日常的規範から開放されたように自由に振るまうことが多かった。文政十三年三月下旬、阿波《あわ》国にはじまった御蔭参りは、翌閏三月から六月二十日の約四カ月間に四二七万六五〇〇人の参宮者にのぼった。このとき、参加した地域は薩摩《さつま》・大隅《おおすみ》(鹿児島県)から東は武蔵《むさし》・信濃《しなの》国におよんでいる。参宮者は、手に手に「ひしゃく」をもち、道中での報謝の銭や施行のものをこれへうけた(藤谷俊雄『「おかげまいり」と「ええじゃないか」』)。

近江には東海道・中山道の主要街道があり、沿線の村人たちを刺激したものと思われる。野洲郡久野部《くのべ》村や小堤《こづつみ》村(ともに野洲市)からも多くの人たちが御蔭参りに参加している。閏三月十六日に出立した久野部村の油屋三四郎・富田作右衛門らが道中に持参したと思われる「ひしゃく」が残されている。また、小堤村では、御蔭参りを終え無事帰ったことを感謝して絵馬を奉納しており、裏面には道中安全・家運長久を期して一六九人が連署している(野洲町立歴史民俗資料館編『燃える近江』)。

東海道石部宿では、閏三月、一日の通行人数は二万人にものぼろうとしていた。膳所藩や水口藩も旅籠《はたご》銭をむさぼることのないように触れている。たとえ、安くしたとしても宿泊に応じきれないまでの参宮者が押し寄せた状況では、「旅籠屋共はおうもうけのよし」といった大盛況をみせた(『新修石部町史』通史篇)。栗太郡目川《めがわ》村(栗東市目川)でも伊勢講を組織していたなかから一一人が参宮している(『栗東の歴史』二)。

御蔭参りは、旅籠屋をはじめとして交通にかかわる人びと、旅籠に食物などを提供する人びとにとってまたとない経済効果をもたらしたといえる。反面、宿場周辺に物価高騰の弊害をもたらしたであろうことも推察される。

慶応三(一八六七)年七月中旬から翌年四月ころまで江戸以西の地域でおこった民衆の乱舞ともいうべき「ええじゃないか」は、伊勢神宮などのお札が降ることによりはじまった。幕府の崩壊目前にしての「ええじゃないか」は、世直しを要求する民衆運動が宗教的要素を取り込むかたちで表現されたものであった。

草津宿でのエピソードを紹介しておこう。お札が降り「ええじゃないか」の踊りがはじまった宿屋へ、その日宿泊予定の武士たちが到着した。彼らは「おかげ踊り」を知らず制止しようとしたところ「たちまち其手下す事叶わずして、外の侍もぎよてん」したというありさまであった。踊る人びとの勧めで「せん方なしに踊をはじめ、半時斗りも踊に、振上し手は上より元の如く下り、皆々ぎよふてんし、ま事に大神宮の御利生難有」い、という不思議の奇瑞《きずい》があったことが記録されている(日本思想大系『民衆運動の思想』)。

『玉尾家永代帳』には、「鏡村八十一月十五日ゟ廿頃迄大おとり仕候」とあり、村でもお札を契機に乱舞がはじまったことが知られる。ここの庶民が世直しを希求していたかどうかはともかくとして、刹那《せつな》の時に酔いしれていた。江戸幕府の崩壊は目前であった。

庶民がみた幕末●

十九世紀前期の近江は、地震・水害など自然災害に見舞われ、また天保十三（一八四二）年の一揆をはじめとする村方騒動が頻発するようになり（二五四頁表参照）、幕末の渦中に巻き込まれていった。

嘉永三（一八五〇）年十一月、井伊直亮《なおあき》のあとをつぎ十三代彦根藩主となった直弼《なおすけ》は、安政五（一八五八）年四月、大老に就任し幕末のむずかしい政局をになっていくこととなった。直弼の政局への参加は、彦根藩のみならず近江の諸藩や領民あるいは藩に出入りをしている商人たちに少なからず影響をもたらした。大老として幕政を主導した直弼の仕事への回答は、万延元（一八六〇）年三月三日、みずからを犠牲とし、尊皇攘夷《そんのうじょうい》運動をより激烈化させる方向で決着をみた。

江戸時代後期、麻布・呉服などを扱い近江商人を代表する豪商にまで成長した「丁吟《ちょうぎん》」こと丁子屋吟右衛門は、彦根藩の財政に関与していたため桜田門外の変は、まさに店の浮沈にかかわる大問題であった。幸い、彦根藩は減封ですみ、井伊家の家督も許されたため丁吟は、憂き目をみることなくすんでいる。

この事件の知らせは、藩の正規のものよりも早く江戸店から丁吟の京店へ伝えられ、京店より本店（愛智郡小田苅村《おだかり》〈東近江市〉）へ伝えられた。彦根藩領の近江商人の古文書のなかには江戸からの急報が残されている場合がみられ、これは彦根藩財政に関与していた商人たちにとって危急存亡の事態として認識されたものと思われる（末永國紀「近世後期を代表する近江の豪商二世小林吟右衛門」『江戸時代　人づくり風土記25 滋賀』）。

このように彦根藩に深くかかわっていた商人たちだけでなく、この時期をさまざまなかたちで領主経済にかかわらざるをえなかった商人たちの幕末をみてみよう。

安政四（一八五七）年九月十一日、信楽《しがらき》代官多羅尾氏は、「御国恩為御冥加」という名目で八幡町民に対し献金を自主的なかたちで求めた（「森日記」『滋賀県八幡町史』下、以下同書）。文久三（一八六三）年三月には、将軍家茂《いえもち》上洛のため五〇〇両を上納し、還御のさい、巻鮨一万五〇〇〇本と菓子一万包を差しあげることを申しでている（「内池文書」）。また、慶応元（一八六五）年正月には、八幡で一万五〇〇〇両の調達を申しつけられ、一万一〇〇〇両の負担をのみ込んでいる（「市田日記」）。引き続き、閏五月には、第一次長州戦争にそなえ「御国恩冥加わきまえ」五四〇〇両余りの上金を求められている（「内池日記」）。さらに、同三年八月十三日、一万両の調達を命じられ、八〇〇〇両を上納している（「市田日記」）。

八幡は「身元の者有之」という理由でつぎつぎと献金を強いられている。応じることにより得られる代償は、たとえば「為御褒美《ごほうび》其身一生之内増御扶持《ごふち》方壱人」を宛行われるか、名字帯刀を許されるぐらいであった（「市田文書」）。これらは、八幡町の幕府への上納金であって、ここの商人たちの個別大名への調達金は含まれていない。常套語句《じょうとうごく》としての「国恩冥加《みょうが》」を名目に莫大な金銭が八幡から醵金《きょきん》されたものと推察される。

神崎郡位田《いんで》村（東近江市五個荘《ごかしょう》竜田町）出身で、商いで諸国を歩きまわった小杉元蔵は、慶応三年五月十一日、調達金の断りをしている。位田村は、嘉陽宮《かやのみや》（朝彦親王）領となっており、二万両の調達を命じられていた。この時期、宮家の領地であれば断りはしづらいものと思われ、「世間のことはうたてきもの」と、日記に記している（佐藤誠朗『近江商人幕末維新見聞録』）。翌年四月八日、元蔵は日記に「町人・百姓の汗油で夜が日に次いで儲けた金銀を、御用金よ、調達よと言ってやみくもにお引き上げのことばかり、御叡慮《ごえいりょ》があるならば、万民塗炭《とたん》の苦しみをのぞくこお企て遊ばされる」と、思いの丈を書きつけている。

とこそが何よりも肝腎である、といいきっている（佐藤誠朗同書）。

これが庶民のいつわらざる本音であったといえよう。尊皇も攘夷も天下国家云々よりも民の暮らしを安定させることこそ「君の恵み」なのである。激動の時代をくぐりぬけ、将来した新しい時代は、なお庶民の期待するものとは程遠かった。

4 湖をめぐる政治

船の管理

古来、琵琶湖は都と北国を結ぶ湖上交通のうえから、また湖岸に住まう人びとの生活の場として利用されてきた。東国の覇者たちが上洛するにあたり、陸路をさけ、湖上をわたり大津へでるのは、彼らにひとときのくつろぎをあたえることともなった。また、安土《あづち》に城を構えた織田信長が早船をつくらせたのは、湖上交通の利便性を知ったがうえのことであった（『信長公記』）。永禄十一（一五六八）年九月、信長は志那《しな》村（草津市志那町）の渡《わたし》より大津三井寺《みいでら》へとわたっている。江戸時代には、志那に幕府御用船「弁才丸」が繋留され、将軍上洛にそなえさせている。陸路を進むよりか幾分かの労力の節約になったためである（「芦浦観音寺文書」）。

かつて堅田《かたた》は、「諸浦の親郷」として湖上を行き交う船をとりしきり、漁業のみならず水運においても特権を有していた。元亀元（一五七〇）年十一月、本願寺・朝倉氏・浅井氏の包囲網に苦戦を強いられた織田信長は、堅田の地侍である「猪飼甚介《いかいじんすけ》・馬場孫次郎・居初又次郎《いそめまたじろう》」の三人を取り込むことに成功している（『信長公記』）。彼らを水軍として編成することにいち早く目をつけたのである。

琵琶湖の浦々に繋留《けいりゅう》されていた船には、運送を主とするものから漁業や農作業に用いるさまざまな大きさのものがあった。これら湖辺の浦々の船と船乗りを統一政権としてはじめて掌握し利用しようとしたのは、秀吉による朝鮮出兵のときであった。

天正二十（一五九二）年正月、秀吉は琵琶湖の加子の徴発を命じ、大津からは加子二〇〇人中三五人を動員し、近江一国では一二九人が「高麗へ被遣」ている（「芦浦観音寺文書」）。この年三月、豊臣秀次は全国に「人掃令《ひとばらいれい》」をだし、戸口調査を命じているが、これに先立ち琵琶湖の加子を朝鮮出兵に動員したことが知られる。この加子徴発にかかわったのは、早川主馬首《しゅめのかみ》長政・石川久五郎・観音寺の三人である。とりわけ、観音寺（二一三頁参照）は、織田信長のときの「船奉行」であった猪飼甚介にかわり、秀吉から「船奉行」に任命されていた。

観音寺が取り込まれた理由は、明確なことは不明だが、室町幕府のとき以来、「湖水船奉行」として琵琶湖の舟運にかかわってきたことによる（前掲文書）。永禄十一年ごろと推定される六月付信長判物で寺領を安堵され、ついで天正八（一五八〇）年十一月七日には寺領と「志那渡船」を安堵された。観音寺は、代官として「湖水船奉行」として貞享二（一六八五）年まで琵琶湖の船の管理にあたったのである。

慶長六（一六〇一）年六月、観音寺は「湖水船奉行」として近江の諸浦の「れう舟・ひらた船」を改めている。ただし、井伊家分については「さわ山御城付分ひらた舟之帳」として別帳が残されており、近江のなかでも彦根藩領については別扱いであったようだ。

帳面の表紙には「御前之跡書」とあり、家康へ差しだされたものの控である。帳面は検地帳と同じ記載方法で浦ごとに、持ち船の数と持ち主を左表のように記載している。調査時点における船の状態を中・下・水入と記載なしの四段階に分け、また漁（猟）船・艜船以外に川舟・丸舟・鵜飼《うかい》舟・伝馬・魚売舟・網舟・肥買舟などが記載され、諸浦のすべての船が調査対象となった。

この船改めの目的は、たとえば高島郡大溝村では一〇艘のうち「但九艘之役儀仕分也」、あるいは蒲生郡南津田村では三七艘のうち「弐拾七艘御役儀仕候分」とあり、「大工・大鋸引《おがひき》　ひらた舟　此分ハ御役儀御除也」とみえ、公儀の役負担可能な船改めであった。時期的に勘案するとき、軍事動員可能な琵琶湖の船を改め、かつ持ち主であり「役」負担可能な「人」をも改めたものである。

慶長六年六月という軍事的緊張関係にあるなかでの船改めのもつ意味は、琵琶湖の舟運と船および加子が公儀の「役」のなかに取り込まれたことを物語っており、五章でみた膳所城の普請ともあいまって徳川

かた田れう舟
二艘　孫右衛門
水入一々　七郎右衛門
一々　甚介
一々　新兵衛
（中略）
以上八拾六艘
（中略）
惣高都合千五百四拾六艘
三百八そうハ　れう舟内　三拾艘水入舟
内千弐百卅八そう　ひらた舟内　下ノ舟　百七拾六そう
中ノ舟　六拾七そう
水入舟　百四そう

氏の大坂へのそなえの一環とみなすことができるのである。

海年貢をおさめる村●

蒲生郡沖島村《おきのしま》（近江八幡市沖島町）は、淡水湖内にある島に人が住み生活をしている珍しいところである。周囲一二キロ、面積一・五平方キロで、琵琶湖にある島のうちで最大である。集落があったことを確認できる最古の文献史料は、寛正四（一四六三）年九月二十七日付「大島神社鳥居奉加日記」で、「五百文をきの島」とみえる（『大島奥津島神社文書』）。十六世紀初期には、琵琶湖湖上交通にかかわる廻船警護料を徴収する関所が設置された。また、十六世紀中期の史料では「惣」が確認される（「沖島共有文書」）。

江戸時代の沖島村は、彦根藩と対岸の白部《しらべ》村にある天台宗伊崎寺《いさきじ》との相給地であった。正保郷帳では、村高二五石で彦根藩が一五石余、伊崎寺が一〇石となっていた。文化二（一八〇五）年八月、伊能忠敬《ただたか》の測量隊に差しだした届書によると、家数四三軒・人数一九四人となっている（前掲文書）。

村の生業《なりわい》は、高付《たかつけ》はされているものの「御年貢米地面取

沖島（近江八幡市沖島町）

上ケ上納難仕村方」で、湖に糧《かて》を求める漁猟を中心とする村であった。したがって、年貢免状には毎年「定納海年貢《じょうのうみねんぐ》」が賦課されていた。海年貢の高「拾石壱斗六升」に対して「十ヲ成」とあり、一〇割の年貢率であった。これは、小物成《こものなり》に対する代銀納を前提としたものといえるが、漁猟を生業とする村人にとってはきびしいものであった。

漁業は漁場とその漁業権をめぐる他村との出入《でいり》がつきまとい、沖島村もたびたび大きな相論をたたかっている。安永二(一七七三)年、堅田西の切の漁師による沖島村の漁場への不法侵入に対する出入は、奉行所の内済の勧めにもかかわらずもつれ込み、同九年三月に京都町奉行の裁許を勝ちとるまでたたかっている。

これには「沖之島村之儀者、大網小網を以、年中漁猟ニ而渡世《て》いたし、誠に海年貢之儀十ヲ免ニ而米拾石壱斗六升つゝ年々相納」という、切羽《せっぱ》詰まった事情があった。もっとも、彦根藩領という暗黙の了解にも似た強みのようなものがあったことは否めない事実である(前掲文書)。

しかし、漁場を公権力に保障されたとしても不漁の場合はなすすべもなく、飯米を買い求めることすらできなくなり、安政二(一八五五)年、対岸の「奥之嶋御山裾宮ケ浜」の土地を拝借し、新田を開きたいと願いでている(前掲文書)。

沖島は、漁業を中心としながら廻船にもかかわっていた。沖島村がもつ船数は、次頁表のとおりである。延宝五(一六七七)・元禄十(一六九七)年の船数は、丸子(丸)船を調査対象としているため漁猟関係の船数は不明である。五十石積の丸子船二艘あれば、大津と湖北のあいだを廻船として十二分に運用できたものと思われる。

江戸時代沖島村の船数

年　　次	船数	(内訳)
慶長 6 (1601)年	9艘	茶舟 4，水入 5
慶安 2 (1649)年	7艘	
延宝 5 (1677)年	8艘	丸子舟(5 ～45石積まで)
元禄 2 (1689)年	10艘	丸舟 2，50石 丸舟 1，40石 丸舟 1，10石 丸舟 6， 6 ～ 8 石

「芦浦観音寺文書」，『淡海録』による。

小さな島のなかに肩を寄せあうように成立した集落だけに、その結束力は強く、独特の習慣などを培ってきたが、この島でいつまで漁業を生計の主として暮らしていけるかは、つぎの世紀への滋賀県の課題であろう。

湖とともに●

過去数千年来、そのかたちをかえながら琵琶湖は、周辺に生活する多くの人びとの生活をささえてきたといっても過言ではない。水資源として、食料採集の場として、あるいは交通の便として利用されてきたし、今後ともにさまざまなかたちで利用されていくだろう。とりわけ、江戸時代より喧伝《けんでん》されはじめた名所遊覧の場としての琵琶湖は、リゾート地としての価値観にウエイトをおく今日の琵琶湖をめぐる社会情勢と重なりあうところがある。安易な利用一元論的なかかわり方は、琵琶湖を共用し、後世にその景観を伝えていかねばならない滋賀県に住まう人びとに警鐘を鳴らすものである。

江戸時代、琵琶湖と海とを結びつける運河の計画があった。これは、西廻り航路の成立に対する輸送ルートの確保という立場からと、湖辺に新田を開発するためには水位を下げなければならないという必然性からだされたものであった。江戸時代だけで一三回の計画がだされているが、水位の低下に伴う用水・漁業への直接的被害が懸念され、すべて実現には至らなかった。従来は、輸送ルートの確保を中心に考えられてきたが、この「湖水掘割」計画は、新田開発こそが本質であったと指摘されている（杉江進「享保改革と琵琶湖の新田開発計画」『近江の歴史と文化』）。

また、安政二（一八五五）年にだされた計画は、「京都為御備従御公儀様被仰出」れたものといわれていたが、その実、若狭小浜藩主酒井忠義の発起によるものであるという京都の風聞を、彦根藩御用懸《がか》りで伊香郡中之郷《なかのごう》村の田中治右衛門と川並《かわなみ》村の桐畑善四郎両人は入手している。京都所司代《しょしだい》在任中の酒井忠義が自領の国益をもくろんだものだが、できた場合、陸路輸送に携わってきた人びとのプラスにはならず、むしろ小浜藩にとって損失となることを指摘している（「彦根藩井伊家文書」）。

湖の領域は、公儀に属するものであった。土木技術の進歩は、開発をより可能なものへと推し進めていくが、一己の利益を優先させての開発は公許されるものでない。そこに住まう多くの人びとの生活と生業を維持させることこそ琵琶湖に対する公儀の姿勢であったといえよう。

琵琶湖と日本海、あるいは伊勢湾とをつなぐ構想は現代に引き継がれている。技術的に可能な時代においては、たんに経済的価値観のみで考えるべきでなく、歴史的景観や長期にわたり培われてきた社会慣習などをも考慮にいれ、琵琶湖に生きる動植物とともに生きていく方向性と可能性を導きだすことが求められている。

8章

近代滋賀の様相

南郷洗堰

1　明治新政と滋賀

神仏分離●

王政復古によって成立した明治政府は、「祭政一致」を政治理念に掲げ、神道国教化政策を推進した。明治元（一八六八）年三月二十八日には神仏分離令がだされて、神社から仏教勢力を排除する措置がとられるが、そのなかで一部の地域では廃仏毀釈《はいぶつきしゃく》行動が発生することになった。

神仏分離令の布告まもない四月一日、日吉《ひよし》大社社司で政府の神祇《じんぎ》事務局事務掛《がかり》となっていた樹下茂国《じゅげしげくに》が、京都の吉田神社配下の神官で組織された神威隊員をひきつれて坂本（大津市）に到着した。さっそく樹下は、同じく社司の生源寺希徳《しょうげんじきとく》とともに、日吉大社神殿の鍵《かぎ》の引き渡しを延暦寺《えんりゃくじ》の三執行代《しぎょうだい》に要求した。しかし、三執行代が天台座主《てんだいざす》より神仏分離の布告が通達されていないとして要求を拒否したために、樹下らは神威隊員や坂本の一部農民約一〇〇人を動員して社殿に乱入し、仏像・仏具・経典など一二四点を焼却、四八点の金具類をもちさった。大般若経《だいはんにゃきょう》六〇〇巻、法華経八巻が一点に数えられている場合もあるので、破壊されたものの総数は莫大な量にのぼる。

日吉社は、これまで千有余年にわたって延暦寺の鎮守神として、また比叡《ひえい》山麓各村の惣氏神として厚い信仰をうけてきた。そのうえ、天台宗は真言宗とともに、神仏習合《しゅうごう》を信仰の基本としてきたから、廃仏毀釈を行おうとする人びとにとって、同社は格好の攻撃目標だったのである。

日吉社の廃仏毀釈は、全国の先駆けであり、かつ非常に激しく進められたため、政府にも大きな衝撃をあたえた。事件直後に、神仏分離行為は、所轄の府藩県の許可を得て、平穏に行うようにとの布告がだされている。さらに、政府は翌二年から事件そのものに対する調査を開始し、三年十月に樹下茂国らの行為を断罪する裁決を下している。だが、延暦寺や坂本の農民たちが強く望んだにもかかわらず、日吉社は延暦寺の管理下には戻らず、山王《さんのう》祭の執行権も延暦寺の手を離れることになった。

　日吉社での事件の影響をうけて、明治元年四月十九・二十日には高島郡北部において廃仏毀釈が発生し、波爾布《はにふ》神社（高島市新旭《しんあさひ》町）や日置《ひおき》神社（同市今津《いまづ》町）など数社で、地元の神官が仏像・仏具類を破却している。

　つづいて、神仏分離の波は、琵琶湖北部に浮かぶ竹生《ちくぶ》島にもおよぶことになった。明治二年大津県は、宝厳寺《ほうごんじ》住職峯覚《みねかく》以《い》を出頭させ、『延喜式』に式内小社として都久夫須麻《つくぶすま》神社の記載がある旨を指摘して、縁起や古記録類の提出を命じた。さらに四年二月には、縁起の記述などを根拠に、弁才天《べんざいてん》社の都久夫須麻神社への改称を命令した。これに対して宝厳寺は、大津県の命令はかえって神仏混淆《こんこう》の事態を招くと反論、弁才

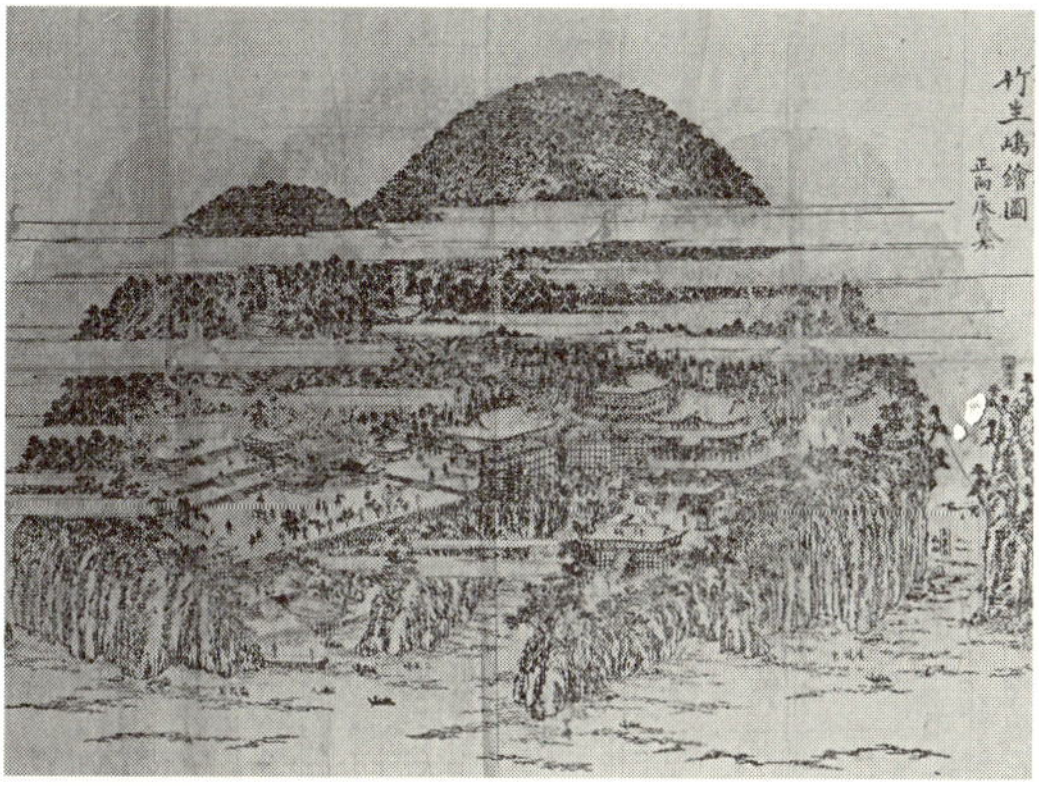

竹生島絵図

天社の仏堂としての存続と都久夫須麻神社の新設を嘆願した。しかし、大津県の態度は強硬であり、あくまでも拒否すれば、坂本日吉社における廃仏毀釈のような事態が発生するともかぎらないと宝厳寺を威嚇《いかく》して、改称命令のすみやかな実行を要求した。このため、宝厳寺はやむなく改称命令をうけいれ、弁才天像は観音堂(のちに宝厳寺塔頭《たっちゅう》妙覚院座敷)に移され、常行院覚潮《じょうこういんかくちょう》が還俗《げんぞく》・神勤するようになって、竹生島の神仏分離はいちおう終了したのである。

竹生島は神仏一体の聖地であり、神仏分離以前には妙覚院など宝厳寺の四つの塔頭によって管理されており、明確に神事といえるものさえ行われていなかったようである。このなかで、大津県は神社を〝強行創出〟したのであり、同島にさまざまな混乱をひきおこすことになった。混乱のうちで最大のものは、竹生島最大の祭礼である蓮華会《れんげえ》の執行権帰属問題と、弁才天像および観音堂敷地の移管問題であった。明治二十年代なかばになっても、宝厳寺と都久夫須麻神社は対立をするが、結局蓮華会は民俗化した仏教行事として宝厳寺に残り、弁才天像の移管も実現をみなかった。

膳所城の廃城●

明治三(一八七〇)年四月膳所《ぜぜ》藩知事本多康穣《やすしげ》は、全国にさきがけて廃城願いを政府に提出した。その理由を、城自体がもはや近代戦には不向きな「無用ノ長物」であると指摘したうえで、とくに膳所城は湖中に突きでた水城であり、毎年莫大な修理費を必要とするためとしている(『本多康穣家記』)。江戸時代において、城とはたんに藩主の居住場所あるいは藩庁の所在地であっただけでなく、いわば藩のシンボルだった。その城が消え去ろうとしているのである。

当時膳所藩の収入は金銭に換算して二一万八〇〇〇両余だったが、明治四年末段階での累積債務は約三

膳所藩の帰田法

	士	族		卒	
	帰農希望者	墾田希望者	商業希望者	農業希望者	商業希望者
明治3年中に出　　願	山地5段歩(3年間免税)と金50両	地所3段歩まで	金 100両	金　50両	金　50両
明治4年6月までに出願	山地3段歩(2年間免税)と金30両	地所2段歩まで	金　60両	金　30両	金　30両
明治4年12月までに出願	山地2段歩(1年間免税)と金10両	地所1段歩まで	金　30両	金　10両	金　10両

『新修大津市史』第4巻による。

〇万両にものぼり、まさしく財政破綻《はたん》の状態にあった。債務のうち約二〇万両は明治元~四年までに生じた分であり、なかでも戊辰《ぼしん》戦争のときの戦費が大部分を占めていた。こうした状況は膳所藩だけでなく、全国の諸藩においても共通しており、藩体制そのものが解体に瀕していたのである。

膳所藩も極度の財政危機に対して、ただ手をこまねいていたわけではなく、藩経費の削減や藩士からの家禄《かろく》の借りあげ、あるいは茶の専売事業を行ったりして、財政再建につとめた。また、藩内の各村から調達金を徴収している。たとえば栗太《くりた》郡野路《のじ》村（草津市）は、慶応元（一八六五）年から明治三年までのあいだに、一一六五両余の金銭を用立てたが、返金されたのはわずか二三%ほどにすぎない。だが、このような努力も、膨大な債務の前には所詮「焼け石に水」であった。

膳所藩の廃城願いは、明治三年四月二十五日に政府の許可をうけ、本丸から石垣まで一二〇〇両で売却されたといわれている。ただ城門の多くは藩内の神社に移築され、大津市の膳所神社や篠津《しのつ》神社、草津市の鞭崎《むちざき》神社などの表門として現存している。

つぎに膳所藩は、禄制改革と藩士を帰農させる帰田《きでん》法に着手することになる。すでに膳所藩は明治二年八月に、それまでの藩士の複雑な等級を整理して、一門・士族・卒（足軽《あしがる》などの下級士族）に区分し、一門は二五石、士族は一二石、卒は六石を一律に支給する均禄《きんろく》法を実施していた。つづいて三年十月にも禄制改革を行って、今度は慰労扶持《いろうふち》として士族に三〇俵、卒には一五俵を支給するようになった。実質的な支給額は以前とかわらないが、慰労扶持とは藩知事の恩恵的な一時金という意味であるから、永続的な家禄とは大きく性格が異なってくる。

さらに、明治三年十一月になると帰田法が実施された。概要は藩士が慰労扶持を返上したら、代わりに土地や金銭を支給しようというもので、前頁の表に示したように帰農商の出願時期が遅くなるにしたがって、土地の広さや金銭は減額された。帰田法により膳所藩では明治四年末までに、士族・卒総戸数約七〇〇戸のうち四〇戸を残して帰農商を出願している。こうして、膳所藩からは城だけでなく、藩士までも消えていこうとしていた。

湖北の大藩彦根藩においても事情はおなじで、約一四〇万両もの債務に苦しんでいた。彦根藩では藩士家禄の大幅な削減を行ったうえで、明治四年六月に禄券《ろっけん》法を施行した。これは、従来の家禄制度を改めて、家禄をもつものには禄券をあたえてそれぞれの家産とみなし、一定の税を課するほか、禄券の売買も認めるという制度であった。また、三年五月からは士族らの帰農商を許可する政策を実施し、かつ神崎《かんざき》郡市原野（東近江市市原野町）など近江国内の藩領各地だけでなく、北海道にも士族らを移住させて原野の開墾にあたらせた。だが、彦根藩でも膳所藩でも、士族の帰農商政策は結局失敗におわることになる。

高島町に藩庁があった大溝《おおみぞ》藩が、明治四年六月二十三日に自発的に廃藩をしたおもな理由も財政難であった。このようななかで、同年七月十四日廃藩置県が断行され、諸藩は名実ともに解体したのである。

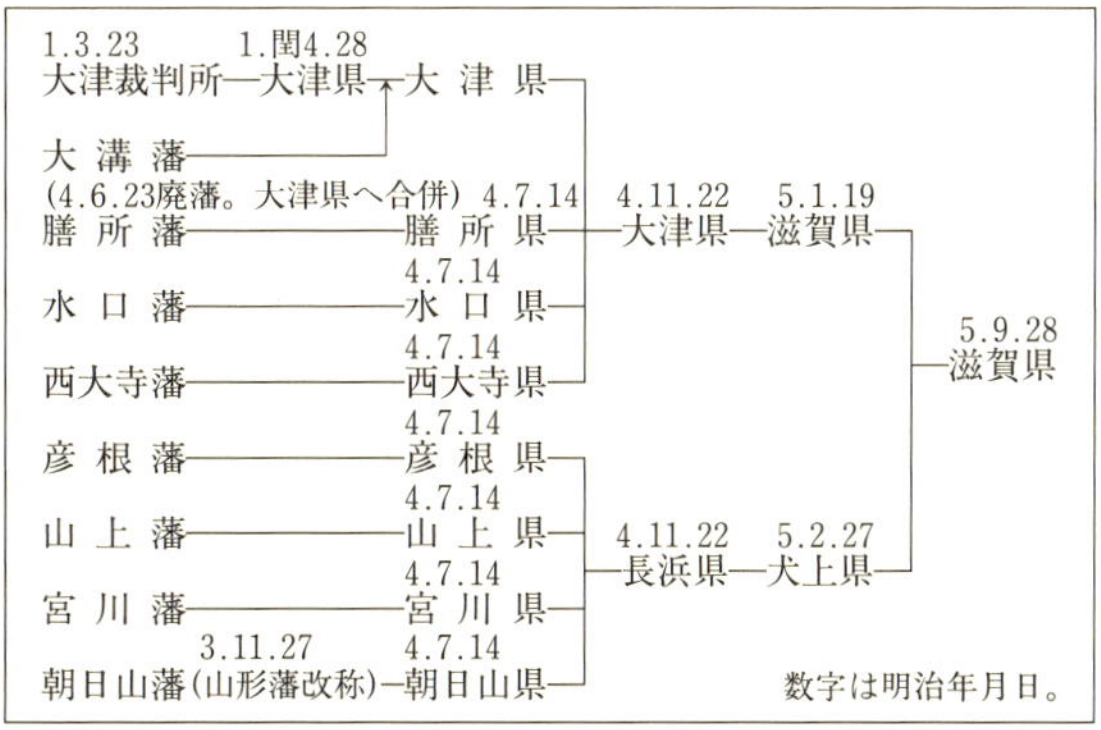

滋賀県の成立過程　朝日山藩は出羽国山形藩が浅井郡内に移封されたもの。

滋賀県の成立●

廃藩置県により旧来の藩体制は完全に廃棄され、日本全国は政府の統一的な行政方針のもとにおかれることになった。当初三府三〇二県を数えた府県の数も、統廃合が進むなかでしだいに減少し、現在の姿に近づいてくる。

ところで、近江の領有関係は、きわめて錯綜した状態にあった。第二代滋賀県令（知事）の籠手田安定《こてだやすさだ》は、『牧民偉績《ぼくみんいせき》』（「鉅鹿《おおが》敏子家文書」）においてつぎのようにのべていた。

政治一ニ帰スル所ナク、諸藩ノ封地各所ニ犬牙《けんが》シ、三十有余藩ノ多キニ至リ、其ノ他旧幕府麾下《きか》ノ采邑《さいゆう》幾千百ナルヲ知ラズ、甚シキハ合給《あいきゅう》ト称シ一村ニシテ四、五乃《ない》至《し》六、七ノ領主アリ。

この複雑な領有関係が、しだいに整理されていく。

明治元（一八六八）年一月、政府は大津代官所支配地を接収して直轄地とし、三月には大津裁判所をおいた。裁判所といっても今日のような司法機関ではなく、地方行政機関だった。さらに、同年閏四月二十五日大津裁判所が廃止となり、閏四月二十八日に大津県が設置された。

成立当初大津県の管轄地はわずかだったが、その後公家領・社寺領・旧旗本領などを接収していき、明治四年末段階になると旧諸藩領も加えて、湖南六郡（滋賀・栗太・甲賀《こうが》・野洲《やす》・蒲生《がもう》・神崎郡）を管轄するようになった。これに対して、湖北六郡（愛知《えち》・犬上《いぬかみ》・坂田・浅井《あさい》・伊香・高島郡）を管轄したのが長浜県であった。明治五年初めに大津県は滋賀県に、長浜県は犬上県にそれぞれ改称となり、同年九月二十八日には滋賀県と犬上県が合併して、ほぼ現在の県域をもつ滋賀県が成立したのである。なお、明治九年八月現福井県下の敦賀《つるが》郡など四郡が、滋賀県に編入となったが、十四年二月に分離されている。

初代滋賀県令に任命されたのは、旧鳥取藩出身の松田道之《まつだみちゆき》であった。松田は開明的な人物で、内務卿《ないむきょう》大久保利通《おおくぼとしみち》の信頼も厚く、その後内務大丞《だいじょう》に抜擢《ばってき》されて、地方自治に関する政策や法令の制定にたずさわり、地方三新法の起草にもあたった。

初期の滋賀県政において注目すべき施策として、全国に先駆けた地方議会の萌芽ともいうべき「議事所」の設置があげられる。明治五年一月滋賀県は、大津の顕証寺《けんしょうじ》内に議事所を設置するとともに、一四カ条からなる「議事大意条例」を定めた。

それによると、「議者」（議員）は県令などの県当局者や豪農・豪商らによって原則的に構成されるが、「小民」や「士卒・神職・僧侶等」のなかで見込みのあるものは五人以下にかぎって出席できる規定が設けられていた（『府県史料滋賀県史』九）。議事所では、土地開拓、道路修築、水利や運輸に関すること、物産の興隆、授産所の設置、窮民救済、学校や病院の建設などについて論議できたが、政府の施政にかかわることは厳禁されていた。議事所は毎月二回各郡の代表者を二分して開催されたようであるが、具体的な論議の内容については不明である。しかし、滋賀県の施策は全国的に注目を浴び、入間《いるま》県（現埼玉県）

❖コラム

彦根博覧会

明治政府は殖産興業《しょくさんこうぎょう》政策の一環として、海外の万国博覧会《ばんこくはくらんかい》にしばしば参加し、国内でも博覧会・共進会を開催した。明治六（一八七三）年のウィーン万国博覧会には、滋賀県からも彦根や高宮《たかみや》の麻織物、水口《みなくち》の籐細工《とうざいく》などが出品されて、世界の目をおおいに引きつけたようである。国内では五回にわたって大規模な内国勧業博覧会が開催されるが、第一回目は明治十年八月から十一月にかけて東京の上野公園で開かれ、多くの見学者でにぎわった。

ところで、あまり知られていないことだが、この第一回内国勧業博覧会に先立つ一年前の明治九年に、彦根において地方都市では初めての博覧会が開催されている。会期は五月三日から翌月一日までの三〇日間、会場には彦根城天守閣・諸櫓・旧御殿などがあてられた。旧藩主直亮《なおあき》愛蔵の横笛や、笙《しょう》・和琴《わごと》・琵琶《びわ》といった雅楽器《ががっき》をはじめとする井伊《いい》家伝来の名器・宝物類のほか、彦根町のみならず犬上・愛知《えち》・坂田三郡の寺院、旧家から集められた書画・骨董《こっとう》・文書類が出品された。さらに、当時としては珍しい妊娠各時期の胎児《たいじ》のアルコール漬け、人体模型・医療器械・西洋薬種などの科学関係品、羽根細工団扇《うちわ》類・籐細工・絹縮緬《ちりめん》織業場・陶器細工場など、最新の産業を代表する製品や設備も展示された。期間中会場は盛況をきわめ、彦根の産業振興に大きく寄与した。

彦根博覧会の開催には、井伊家の多大な支援があったようである。その背景として幕末に攘夷をとなえた明治政府の重臣たちが、維新後一転して外国との交流を進めるなかで、開国の先駆者大老《たいろう》井伊直弼《なおすけ》の存在を誇示しようとする彦根の人びとの心意気があったといわれている。

は議事所の開設にならいたいとしている。

明治五年十月には松田県令の強い指示により、大津欧学校が開校した。最初の入学者は男子一〇〇人余・女子三〇人（一説では五〇人）で、女子生徒のなかには松田県令夫人の姿もみられた。外人教師を含めて数人が教育にあたり、一般教養のほか外国語が教えられ、実用科目として男子の商業と女子の裁縫《さいほう》があった。試験では英語・地学・数学などが試問され、優秀者には書籍がわたされている。欧学校の建設費や運営費は、県内の寺院や篤志家《とくしか》からの寄付によりまかなわれた。しかし、外国人教師の給料が高額だったこともあって、維持に苦しんだようであり、明治七年八月に廃校となっている。

明治新政下の村●

明治維新後しばらくのあいだ「旧慣維持」の政策がとられ、町や村の行政上の変化はほとんどみられなかった。このなかで政府は、明治四（一八七一）年四月に戸籍法を公布し、戸籍事務遂行のために区という地域単位を新しく設定した。滋賀県では翌五年四月に区制を施行している。滋賀県の区制は、郡の下にいくつかの町村を組み合わせて区とし、町村をそのまま行政単位として残した点に大きな特徴がある。他府県ではいわゆる大区小区制がとられ、全県をいくつかの大区に分け、そのもとに数個の小区をおいて、町村名を廃止した場合が多かった。

区制の施行に伴い、滋賀県は区に戸籍事務担当者として戸長《こちょう》・副戸長をおくとともに、各村の従来からの庄屋・年寄・百姓惣代《そうだい》も存続させた。その後明治五年八月に庄屋を戸長に、年寄を副戸長に、これまでの戸長を総戸長と改称した。さらに、六年三月になると、総戸長は区長と改称され、町村には行政職としての戸長・副戸長がおかれるようになった。

区戸長の選出は、公選入札（投票）が原則であった。正副区長は区内の町村戸長による入札、つまり間接選挙制で、正副戸長は当該町村の「小前ニ至ル迄入札」という直接選挙制になっていた（『府県史料滋賀県史』三八）。つづいて明治八年に区戸長の「撰定条例」が定められ、区戸長ともに資格を認められた選挙人による直接選挙制となるが、正副区長の場合得票数の多い者五人のなかから県庁が一人を任命する形式をとり、正副戸長は最高得票の者が選出されて、県庁はそれを追認した。

ただ、公選入札といっても、神崎郡金堂村《こんどう》（東近江市五個荘《ごかしょう》金堂町）のように、明議社《めいぎしゃ》とよばれる組織に所属していた村内の有力者たちが、実質的に正副戸長を決めたうえで、正式な入札にのぞむという村もあった。同様の方法をとる他町村も多かったと思われる。区戸長の給料は民費から支弁されたが、準官吏として扱われ、県庁の末端組織に位置づけられた。

区戸長の職務内容は、かなり広い範囲におよんだ。また、この時期は戸籍の編成・地租改正事業・徴兵令の制定など、政府の新政策がつぎつぎに実施されていったため、彼らの生活は多忙をきわめた。そのようすを栗太郡矢倉村《やくら》で庄屋助役（のち副戸長）をつとめた金沢次郎右衛門の『役中日記』（明治四年九月〜七年二月）をもとに、かいまみてみよう。

明治五年においてまず目につくのが「壬申戸籍《じんしん》」の編成作業で、金沢は四月後半から約一カ月間連日にわたって、各戸ごとに屋敷番号をつける作業をはじめ、村高明細帳の作成や各戸主を招集しての人別改め《にんべつ》などに没頭している。つづいて九月からは地租改正事業の前提となる地券《ちけん》発行のための準備作業が開始となり、田地関係書類の調査や測量などにおわれたあと、十一月に村中一同で地価決定の衆評を行って、翌年一月に地券野帳（土地台帳）を県に提出した。しかし、これに不備がみつかって再調査を命じられ、結局地券発行のための調査が完了したのは明治六年三月のことであった。

さらに、明治六年にはいると徴兵令制定に伴う、兵役該当者の年齢調べがはじまった。基本的な調査は五月におわったが、政府の方針の変更や県の指示の不備などもあって、二度の再調査を命じられ、十一月末まで徴兵関係書類の作成に従事している。

金沢はこのような激務の一方で、旧来の村役人的な職務も果たさなければならなかった。それも村民の苦情のうけつけのほか、寄合《よりあい》とよばれる村内合議機関での意見の取りまとめや、決議事項が遵守《じゅんしゅ》されるよう村内を監視することなど、多岐《たき》にわたっていた。金沢は村民の先頭に立って、雨乞《あまごい》祈願を行ったりもしている。

明治初期に政府の新政策がつぎつぎに展開されていくなかで、各村において金沢次郎右衛門ら区戸長の果たした役割はたいへん大きかったのである。

2　滋賀の自由民権運動

民権運動の様相●明治十三（一八八〇）年八月二十七・二十八日に、栗太郡片岡村（草津市）の西念寺《さいねんじ》で政談演説会が開かれた。演説会を企画したのは同村の片岡伍三郎《かたおかごさぶろう》・片岡米太郎《よねたろう》らで、当時大阪に滞在していた著名な民権運動家植木枝盛《うえきえもり》が招かれて演説をした。二十七日は雨天だったにもかかわらず約一〇〇人の聴衆があり、二十八日にも約一五〇人の人びとが集まった。植木は両日の印象を「頗《すこぶ》る感動する所あり」と、日記に記している（『植木枝盛日記』）。

自由民権運動は、明治十年代にはいると活発化し、滋賀県にもその波がおよぶようになった。明治十三年三月の愛国社大会には、二府二二県八万七〇〇〇余人の代表一一四人が集まったが、滋賀県の代表者として東浅井《ひがしあざい》郡上野村（長浜市）の伏木孝内《ふしきこうない》ほか一人の名前がみえている。同年十一月の大会にも、伏木孝内や伊香《いか》郡東柳野《ひがしやなぎの》村（同市）の藤公治《ふじこうじ》らが参加した。なお、この年滋賀県下の演説会は一一七回を数え、前年の五回から驚くほどの増加を示した。

また、明治十三年には全国各地から国会開設請願書の政府への提出があいつぐが、滋賀県関係者からも三点の請願書がだされている。そのうちの一つが、片岡伍三郎ら草津地域の民権家が提出したものであった。片岡らの請願書をみると、不平士族とは異なる農民的立場が強調されており、かつ内容的には先の西念寺における植木枝盛の演説と密接な関係があると思われる。つまり、この請願書は植木の指導下に作成されたのであろうが、一方で草津地域の民権家の盛んな学習意欲の成果といってよく、全国的にも高いレベルのものであった。請願書に名前を連ねた一三人の多くは豪農で、戸長などをつとめた地元の有力者でもあり、それぞれ親戚関係にある人もいた。

翌十四年にはいっても、滋賀県内の演説会は七六回と多くを数えた。片岡伍三郎らも、三月二十・二十一日にふたたび植木枝盛を招いて守山の常行寺で演説会を開き、両日で四〇〇人以上の聴衆を集めた。また、九月二十五日には、大津丸屋町の演劇場松の家で京阪津自由党大演説会が開催されて、五六〇〇人もの聴衆があったといわれている。

ところで、明治十四年の滋賀県会は、従前と異なって緊迫した空気につつまれた。県当局と議会が、政府の求めた地方税増徴と県庁舎修膳費や監獄費の地方税負担をめぐって、激しく対立したためであった。このなかで県会議員たちは自由民権運動に強い関心を示し、十月に大津で開かれた第一回近江自由大懇親会に県会議長川島宇一郎らが出席、十二月の彦根での第二回懇親会においては運営の主体的役割を果たしている。さらに、同年末京都で開催された関西府県議員懇親会にも六人の議員が出席して、他府県議員との連携強化をはかる動きを示した。

明治十五年二月になると、大津自由党が結成された。結成の中心となったのは大津の代言人《だいげんにん》（弁護士）酒井有《さかいゆう》で、湖南地方の民権家が参加したと思われる。大津自由党は、前年末に結成された大阪の立憲政党（板垣退助《いたがきたいすけ》を総理とする自由党の友好政党）の影響をうけて活動をした。また、湖北では伏木孝内が自宅に滋賀県自由党の看板を掲げたが、活動のようすは不明である。

しかし、滋賀県内の自由民権運動は、しだいに退潮にむかっていく。演説会の回数は、明治十五年以降低い数字を示している。大津自由党も、演説会の開催以外にはあまり活動を行えなかったようである。退潮の直接的な原因は、政府の自由民権運動に対する弾圧の強化や、松方デフレ政策に起因する不況の波に農村がのみこまれたことに求められるが、一面において個々の民権家の努力にもかかわらず、滋賀県内の

県下の演説会開催状況

年次	演説度数	演説人員
	回	人
明治12年	5	19
13年	117	139
14年	76	80
15年	21	55
16年	24	79
17年	18	45
18年	5	16
19年	15	53
20年	20	57
21年	22	36
22年	27	89
23年	30	85

演説度数と人員は延べ回数と延べ人員である。『滋賀県統計書』(明治16～23年)より作成。

民権運動の民衆的基盤がさほど広がっていなかったためとも考えられる。県内でつぎに自由民権運動が高まりをみせるのは、帝国議会開設直前におきた大同団結運動期になる。

大津事件●

明治二十四（一八九一）年五月十一日、日本中を震えあがらせた大津事件が発生した。事件の概略は、つぎのとおりである。

ロシア皇太子ニコライ＝アレクサンドロヴィッチ（のち最後のロシア皇帝ニコライ二世となる）は、政府の国賓《こくひん》として長崎・鹿児島などを訪問後、大津へ遊覧にやってきた。大津では三井寺《みいでら》を見物したのち、汽船で下阪本村唐崎《からさき》へわたり、ふたたび大津に戻って県庁で昼食、午後二時ごろ京都に帰るために大津町京町筋下唐崎町を人力車で通行中、警備にあたっていた巡査津田三蔵《つださんぞう》に襲撃された。津田はサーベルでニコライの右後頭部二カ所に傷を負わせたが、人力車夫らによって取り押さえられた。ニコライはハンカチで傷口を押さえて、近くの呉服商永井長助《ながいちょうすけ》宅に避難した。永井家では店にあった晒木綿《さらしもめん》で応急手当てをするとともに、寝床を用意した。し

ニコライ皇太子が避難した永井長助家

かし、ニコライは案外元気で、ロシア人医師の手当てがおわると、煙草《たばこ》を吸いはじめるほどであった。

犯人の津田三蔵は、伊勢国（三重県）津の藤堂《とうどう》藩の藩医の子として生まれ、西南戦争に従軍、勲七等の勲章をうけた。その後滋賀県巡査に採用され、守山署三上駐在所（野洲市）に勤務していた。

ところで、当時奇妙なうわさが、日本中を飛びかっていた。西南戦争で死んだはずの西郷隆盛《さいごうたかもり》がロシアで生きており、ニコライとともに帰国するというもので、当時の新聞や錦絵《にしきえ》などで盛んに報じられた。うだつのあがらない平巡査だった津田にとって、西南戦争での戦功は、生涯唯一の誇りであった。津田は西郷の帰国により、その誇りが否定されることを恐れた。西郷生存説がまったくの偽りであることが判明したのちも、釈然としない思いをいだいていたようである。さらに、事件当日三井寺境内の西南戦争記念碑を警備中、ロシア人随行官がみせた記念碑に対する態度を無礼と感じ、怒りをつのらせたのであった。

事件の発生を知った政府は驚愕《きょうがく》した。なにしろロシアは北方の大国、一方日本は二年前に憲法を制定して、近代国家への道をたどりはじめたばかりの小国だったからである。ただちに御前《ごぜん》会議が開かれ、大臣だけでなく明治天皇までもがニコライを見舞うために京都へむかった。着任したばかりの滋賀県知事沖《おき》守固《もりかた》は免官となり、のちには外務大臣青木周蔵《しゅうぞう》らも引責辞任した。また、滋賀県内の町村や各種団体のみならず、全国各地から見舞状や見舞品がぞくぞくとニコライのもとに送られた。政府は、大津事件に対する世界各国の反応をたいへん気にした。それは、外務省外交史料館所蔵の『露国皇太子滋賀県大津ニ於テ遭難一件』に綴られた、各国駐在外交官宛の往来信にうかがわれる。

津田三蔵の犯罪はまさしく重大なものだったため、政府はロシアへの配慮から大逆罪（最高刑死刑）を適用しようとし、かつ裁判を急いだ。しかし、大審院長児島惟謙《こじまこれかた》は、政府の処刑方針を司法権の独立に対する干渉ととらえて、刑法の規定通りに謀殺未遂罪を適用することを主張し、公判担当判事の説得にあたった。

裁判は、五月二十七日に大審院が大津に出張して行われた。大津在住で津田の弁護人となった谷沢《たにざわ》龍蔵《りゅうぞう》は、検事の論告に対して、大逆罪の適用はできないときびしく反論した。こうしたなかで、同日夕方に判決がだされ、津田は謀殺未遂罪により無期徒刑《とけい》となったのである。

大津事件裁判は司法権の独立をまもったものとされ、なかでも児島惟謙はのちに「護法の神」とまでの評価をうけるようになった。だが、近年では児島が担当判事に自分の意見への同意を求めた点や、緊急勅令を発して津田三蔵を死刑にするという妥協意見をもっていた点などに、疑問や批判がだされるようになった。また、萬《よろず》良一《りょういち》校注の『廻瀾録《かいらんろく》』は、児島の主張の背後には大阪地方裁判所判事斎藤龍《りょう》の意見があったとする史料を掲載しているが、その評価については見解がわかれている。

県庁移転騒動●

明治二十四(一八九一)年は、滋賀県にとって激動の年であった。大津事件の記憶もまだ生々しい十二月十六日に、一通の建議書が通常県会に提出され、ふたたび大騒動となった。

提出者は神崎郡選出議員の磯部《いそべ》亀吉《かめきち》で、彦根への県庁移転を提案した。おもな理由として、大津は県南端にあるため湖北地方の人びとにとり往来が不便なこと、これに対して、彦根は県中央に位置し、県下各地との交通の便がよいことなどをあげていた。また、旧彦根藩の地という大藩意識ものぞかせていた。

湖北地方の人びとは、滋賀県の成立以来県庁の位置に関して、不満をいだき続けてきた。かつて県庁の新築案がだされたのを契機に、県庁を彦根へ移そうとの運動もみられた。磯部の建議書提出は、こうした背景をもつものだったが、一方で大津事件や、同年十月二十五日の愛知郡御幸橋《えちみゆきばし》落成式のさいに橋が陥落して、多くの死傷者がでたことを県当局の失政として糾弾《きゅうだん》し、移転実現の突破口にしようとする政治的な動機もあったのである。

磯部の建議書が上程されると、県会は蜂の巣を突ついたような騒ぎとなった。彦根近隣の蒲生・神崎・犬上・愛知郡などの選出議員はただちに賛意を示したが、高島郡選出の中田長茂《ながしげ》らは「我高島郡地方ヨリ言ヘハ彦根ハ決シテ中央ニ非ス」と反論した（『滋賀県議会史』第二巻）。

当時の県庁は、三年前に約一二万円をかけて新築されたばかりで、二階建てレンガ造りのモダンな装いを誇っていた。反対派はその点も取りあげて、県庁移転建議書をあまりにも軽率だと批判したが、賛成派は移転にあたっては費用を地元有力者からの寄付に求め、決して県費を使わないと一蹴《いっしゅう》した。そして、激しい論戦のすえに、移転建議書は過半数の採決で可決されたのであった。

このような事態に対し、大津側は町の命運を左右するものとして、すばやい反応を示した。まず町会が緊急招集されて、内務大臣に県庁移転の不当性を訴えることを決定し、十二月十九日には代表が東京へむかった。彼らの出発にさいしては、数百人の有志が紅白の幟《のぼり》を立てて、馬場《ばんば》駅（現ＪＲ膳所駅）まで見送った。また、小川町の大黒座では「非移庁演説会」が開催され、ただちに満員盛況となった。会場内には移転反対の大旗が立ち並び、周辺一帯には紅灯がつるされて、たいへんな熱気だったという。大津商業会議所などの各種団体も、移転反対意見書を採択したり、栗太・野洲など六郡に委員を派遣して、署名集めに奔走した。さらに、滋賀・甲賀・高島郡の有志からも、内務大臣や知事宛の反対請願書がだされるようになった。

❖コラム

フェノロサの墓碑

大津市の三井寺《みいでら》法明院《ほうみょういん》の墓地の一角に、「玄智院明徹諦信居士《げんちいんめいてつていしんこじ》」と戒名《かいみょう》が彫られた小さな五輪塔がたっている。日本美術研究家のアメリカ人アーネスト＝フェノロサの墓である。フェノロサは明治四十一（一九〇八）年旅先のロンドンで急死したが、遺志によって翌年遺骨がシベリア鉄道経由で日本に運ばれ、法明院に改葬された。

フェノロサが大津を第二の故郷とまで愛した理由は、法明院第八代住職桜井敬徳《けいとく》との深いつながりによるものであった。フェノロサは、明治十一年に東京帝国大学（現東京大学）に招かれ、哲学などを講義する一方で、岡倉天心《てんしん》らとともに日本美術復興運動を推進するようになり、古美術の発掘や保護を指導したり、日本美術の海外紹介に尽力した。また、日本の伝統文化の基盤をなす仏教思想にも傾倒していくようになった。

このようななかで、フェノロサは明治十八年九月、関東布教の途中に東京の元帝室博物館長町田久成宅に立ち寄った桜井敬徳に、友人のビゲローとともに仏教の教えを乞い、受戒したのである。以後フェノロサは桜井敬徳に深い崇敬の念をいだき、法明院にもたびたび訪れるようになった。明治二十三年フェノロサはいったん帰国して、ボストン美術館東洋部長の要職につくが、二十九年には二度目の妻メアリーを伴って再来日した。このときメアリーも法明院で受戒している。

なお、法明院にはイギリス製の地球儀やアメリカ製の石油ランプなど、フェノロサの遺品が現存している。

十二月十七日からはじまった臨時県会においては、大津町選出議員が先の県庁移転決議の取り消し動議を提出した。県会ではこれを審議すべきかどうかという形式論と、動議内容そのものに関する議論が錯綜した。傍聴者《ぼうちょうしゃ》からも多くの声があがって、議場は混乱をきわめたあげく、今回は移転取り消し動議が賛成多数で可決となった。しかし翌二十五年一月の県会になると、賛成派の巻き返しにより、事態は三転して、再度県庁移転決議が可決されたのである。

あまりの県会の混乱ぶりに、知事大越亨《おおこしとおる》は一月六日に県会の中止命令をだして、事態の収拾をはかった。さらに、二月八日には内務大臣品川弥二郎《しながわやじろう》の異例の命令により、県会自体が解散を命じられて、県庁移転問題も立ち消えとなってしまったのである。

だが、昭和十一（一九三六）年になって県庁の改築計画がもちあがると、移転問題は再燃して、彦根には移転期成同盟会が結成された。県会でも白熱した議論が行われている。湖南との風土の違いもあって、現在でも湖北地方の人びとの県庁所在地に対する思いはあついようであり、滋賀県内のいわば南北問題の象徴ともいわれている。

北米・カナダ移民●

和歌山県三尾《みお》は多くの移民を輩出した、いわゆる「アメリカ村」として有名だが、滋賀県でも明治中期以降犬上郡磯田村《いそだ》（彦根市）を中心に、「アメリカ村」（実質は「カナダ村」）が形成されていった。

これまで滋賀県移民の先駆けとなったのは、明治十八（一八八五）年に第一回官約移民としてハワイにわたった磯田村の西村善次ら三人であるとされてきた。しかし、近年の諸研究によって、第一回官約移民となった滋賀県人五人のなかに磯田村出身者は存在せず、西村善次らは同年の第二回官約移民でハワイに渡航したことが判明した。その後滋賀県移民は増加の一途をたどり、とくに明治二十九年九月の大水害を契機に急増するが、そのなかで犬上郡出身者の数がもっとも多い。また、犬上郡のなかでは磯田村出身者が断然多く、北青柳村・南青柳村（いずれも彦根市）が続いている。

官約移民は渡航費給与、月収一五円、三年後の契約終了時には土地の無料下付という条件で、農業や砂糖製造に従事したが、滋賀県移民はハワイにはあまり定着しなかったようである。ハワイで金をたくわえたあと、より賃金の高いアメリカ本土やカナダにわたる人が多かった。明治三十年時点の調査で、海外在住滋賀県民のうち、カナダ在住者が一五九人と最高で、アメリカ本土五五人、ハワイ二二人となっている。

滋賀県からの最初のカナダ移民は、明治二十三年に渡航した磯田村大藪《おおやぶ》の堀善次郎と辻勘三郎であった。ついで翌年から一三人、二二人、四〇人と、ぞくぞくとカナダにわたるが、そのほとんどは磯田村出身者で占められていた。移民の形態は、当初家族を郷里に残したままの出稼ぎが多かったが、ある程度経済的な余裕ができると妻子などを呼び寄せて、現地に根を下ろしていった。また、独身者の場合「写真花嫁」といって、郷里から送ってもらった女性の写真だけで、生涯の伴侶を決めることもあった。

カナダにわたった移民は、まず太平洋岸のブリティッシュ＝コロンビア州に住んだ。同州のなかでもバンクーバーには、多数の滋賀県出身者が居住しており、都市集中型の生活をいとなんだことがわかる。明治四十二年当時の在バンクーバー滋賀県人四一人の職業をみると、旅館および下宿経営、食糧品・雑貨店経営、飲食店経営、製材所の人夫長が中心である。このうち、使用人をかかえているものが一八人、自分の住居以外に土地を所有しているものも九人いた。とくに製材所人夫長は、日本人全体一一人のなかで、九人までを滋賀県出身者が占めた。製材業は、ブリティッシュ＝コロンビア州の主要産業で、州内には多くの製材所があった。

カナダにわたった滋賀県移民は、まず同県人の経営する旅館や下宿や製材所人夫長のもとに居住して、製材所で働いた。そしてたくわえた資金をもとにして、自営業をはじめるのが一般的な形態だったようである。しかし、日本人移民の生活は、すべてが順調に推移したわけではない。明治末になるとアメリカやカナダにおいて排日運動が高まり、四十年九月にはバンクーバーの日本人街が焼き打ちをうける事件が発生した。さらに翌年には日本・カナダ間の移民制限協定である「レミュー協定」が締結されている。このようななかで、滋賀県人の数は、二世の誕生もあって、大正中期にはカナダ在住日本人のなかで最多数を占めるようになった。

移民は、現地での自分たちの生活安定につとめる一方、郷里に残した家族への送金も怠らなかった。このため、大正十（一九二二）年に第百三十三銀行（滋賀銀行の前身の一つ）が、磯田村八坂《はっさか》に支店を開設している。同銀行としては、県内で三番目の支店であった。また、移民は郷里の社寺に対しても鳥居や鐘楼・石垣などを寄進し、その立派さが評判になったといわれている。

3　琵琶湖をめぐる諸相

湖上汽船の登場●

明治二（一八六九）年三月、琵琶湖に新時代の到来を告げる出来事が発生した。日本で最初の湖上汽船一番丸が進水したのである。建造者は加賀国（石川県）大聖寺《だいしょうじ》藩士石川嶂《しょう》と大津百艘船仲間の一庭啓二《いちばけいじ》で、ともに長崎でオランダ人ボーゲルに航海術や造船術を学び、陸用の古汽罐を購入、造船工を雇って大津に帰り船体を組み立てた。一番丸は五トン・一二馬力の木造外輪船で、後ろに丸子船を曳いて、大津・海津《かいづ》（高島市）間を時速七・四キロで結んだ。

さらに、明治四年に大津百艘船仲間をはじめとする旧来の湖上運輸制度が解体され、かつ滋賀県も汽船運航を推奨するようになると、大津ばかりでなく、彦根・海津・長浜・飯之浦《はんのうら》（長浜市）などでも、ぞくぞくと汽船が建造されることになった。これらの汽船は建造港と大津のあいだを結んだが、なかでも大津と湖北の海津・塩津・飯之浦航路には多くの汽船が就航した。

しかし、汽船の増加は、乗客や貨物の激しい争奪や、スピード競争、過重積載などの弊害をうむようになった。明治八年には汽船満芽丸が小松（大津市）沖で過重積載のために転覆《てんぷく》して、四七人の犠牲者をだす事故がおこっている。さらに明治十三年に大津・京都間に鉄道が開通し、長浜・敦賀《つるが》間の建設（明治十七年開通）も進んでいくなかで、大津・長浜間に鉄道連絡船を就航させる計画が持ちあがり、その営業権利をめぐる獲得競争が熾烈《しれつ》をきわめた。

このようななかで、滋賀県は汽船の運航や機械の修理・点検などに関する規則を定めたり、汽船取締会所を設置するなどして指導・監督にあたっていたが、やがて乱立する汽船会社の整理・統合をはかる方針を打ちだした。そこで、明治十五年に大阪の大資本家藤田伝三郎を頭取とし、彦根の江州丸《ごうしゅうまる》会社と大津汽船会社を参加させて、太湖《たいこ》汽船会社を新しく設立した。太湖汽船は堅田《かたた》以北を営業区域とし、翌年九月には鉄道連絡船として第一太湖丸（五一六トン）・第二太湖丸（四九八トン）を就航させている。わが国最初の湖上鋼鉄船であった。つづいて明治十九年には紺屋関《こんやがせき》汽船と山田汽船が合併して、湖南汽船会社が設立され、堅田以南を営業区域とした。

しかし明治二十二年七月に東海道線が全通すると、物資の輸送ルートとしての琵琶湖水運の地位は、格段に低下することになった。とくに北陸方面からの貨客輸送に営業の重点をおいていた太湖汽船のうけた打撃は大きく、鉄道連絡船の廃止や、湖東・湖北航路の大幅な減少を余儀なくされた。

一方湖南汽船のうけた打撃は、太湖汽船にくらべれば軽微だったが、いち早く時代の趨勢《すうせい》を読みとって、貨客輸送から湖上遊覧に営業の主力を移すようになった。明治二十七年から石山や坂本への遊覧を開始、三十六年には大阪で開かれた第五回内国勧業博覧会にあわせて、「近江八景めぐり」遊覧船を就航させ、観光客の誘致に成功した。さらに明治末以降鉄道院や京津電気軌道会社と連携して観光客の誘致宣伝を行い、遊覧船もつぎつぎに新造している。

湖南汽船の成功をみた太湖汽船も、湖上遊覧営業に本腰をいれはじめ、明治四十年以降遊覧専用船八景

水泳船ポスター

丸・多景島丸などを建造して、おもに湖北方面への観光客誘致につとめた。また、大正三（一九一四）年からは、日曜・祝日にかぎって竹生島や長命寺への定期遊覧船を就航させている。こうしたなかで、「びわ湖納涼船」あるいは「湖国は船にのって」などと題したポスターのほか、県内の名所旧跡を取りあげた絵葉書や版画がつくられ、いっそう多くの観光客が琵琶湖を訪れるようになった。

琵琶湖疏水●

現在京都市の上水道のほとんどは、琵琶湖第一・第二疏水《そすい》をとおって運ばれる琵琶湖の水によりまかなわれている。このうち第一疏水が総工費一二五万円をかけて完成したのは、明治二十三（一八九〇）年四月で、大津三保ヶ崎《みほがさき》から三井寺下をとおり、山科《やましな》北の山麓を経て、京都の蹴上《けあげ》に至る全長約一一キロの運河となっている。

大津と京都を運河で結ぼうという計画は、江戸時代から何度かあった。明治にはいっても京都や大津の有力者などが、それぞれ具体的な計画をたてたが、実現をみなかった。疏水計画が本格的に動きだすのは、明治十四年二月に北垣国道《きたがきくにみち》が京都府知事に就任してからである。北垣は、東京遷都《せんと》によって一地方都市に転落し、地盤沈下のはなはだしかった京都の再生の切り札として、疏水の実現に執念をもやした。

北垣は、府知事就任早々から予備調査を開始する一方、翌十五年四月には上京して参議伊藤博文《ひろぶみ》ら政府要人に疏水工事の許可を求め、内諾を得た。そのさい内務卿山田顕義《あきよし》に対し、本音をのべている。

北垣は、京都にもたらす疏水の三大効用として、生活用水の確保、水車動力の使用、水運の利用をあげた。だが、この三点はたんに羅列的にあげられたのではなく、当時京都が直面していた問題をふまえた優先順位だったようである。実際に京都はつねに水不足に悩んでいた。そこで、従来の疏水計画では最大目的であった水運の利用がうしろにしりぞき、かわって生活用水の確保が第一位に掲げられることになる。また、北垣は京都にとって琵琶湖の水を利用するのは「無価ニシテ無尽蔵ノ石炭山」を開発したのと同じだとものべており（『塵海《じんかい》』）、水源地である滋賀県に対して、まったく配慮を払っていなかったといえるだろう。その後も疏水計画は極秘に進められ、滋賀県側に正式な説明が行われたのは、明治十六年十一月になってのことであった（佐々木克「琵琶湖疏水の政治的背景」『滋賀近代史研究』第二号）。

滋賀県側は突然の計画発表に対して、きびしく反発した。明治十六年十一月末大津知人会が、滋賀県令籠手田安定《こてだやすさだ》に建言書を提出し、慎重に事を運ぶように要望した。翌年二月には蒲生郡船木村（近江八幡市）の岡田修蔵が疏水の得失について県令に建言、直接工事の影響をうける滋賀郡藤尾村（大津市）の戸長松井重吉も、村民一同疏水は有害だと認識していると訴えた。また、三月に開かれた滋賀県勧業諮問会でも、籠手田県令みずからが熱弁をふるって反対を表明したのをはじめ、参加者から否定的な意見があいついだ。さらに、籠手田は三月十九日付で内務卿・農商務卿宛に上申書を提出、疏水は滋賀県にとって利益となるものは一つもなく、かえって湖水の減少や飲料水に支障をきたす恐れがあるとして、適当な対策がたてられるよう要望した。

しかし、籠手田安定は、明治十七年七月突然滋賀県令を更迭《こうてつ》され、元老院議官への転出を命じられた。形のうえでは昇進だが、現実には疏水計画実現の阻害要因を取りのぞいたことを意味し、北垣京都府知事の裏工作の結果だともいわれている。籠手田は、明治元年に大津県判事試補として赴任以来、一貫して滋賀県政に尽力してきた。琵琶湖の景観をこよなく愛し、のちに永眠の地を大津錦織《にしこおり》に定めたほどの人物である。内心忸怩《じくじ》たる思いがあったであろう。

❖コラム

淡海水産翁中川源吾

明治にはいって漁業に対する規制が撤廃されると、琵琶湖においても魚類の乱獲が顕著になりはじめた。そこで、滋賀県は明治十一（一八七八）年に湖川漁魚採藻規則などを定めて、水産資源の保護につとめるようになった。また、前年には坂田郡枝折《しおり》村（米原市）に県営鯇《かん》養魚試験場を設置している。

このようななかで、かねてから水産増殖事業の必要性を認識していた高島郡知内《ちない》村（高島市）の中川源吾は、明治十四年に同志とともに高島郡水産蕃殖会《はんしょくかい》を結成した。つづいて地元知内村に養魚場をつくり、十七年には早くもビワマスの稚魚一万二〇〇〇尾を放流している。さらに、第一回水産博覧会や第三回内国勧業博覧会などにも、簗《やな》の模型や養魚場の図面を出品して褒状をうけている。その後、近江水産組合取締役に選任され、犬上郡福満村（彦根市）に養鯉場を、野洲郡兵主《ひょうず》村（野洲《やす》市）に養魚場を設置したり、琵琶湖水産十一年計画の立案にも参加した。

明治三十五年、近江水産組合が知内村に新しいビワマスの孵化場《ふかじょう》を設けると、中川源吾はいっそう増殖事業にはげむようになった。そして、四十年にはビワマスの卵一〇〇〇万粒の採卵に成功して、国内はもとよりアメリカやフィリピンへも、求めに応じて卵や稚魚を移出したのである。

その後も高島郡教育会の委嘱《いしょく》により『琵琶湖水産誌』を刊行したりして、水産教育にも尽力し、まさに〝淡海水産翁〟と称賛されるにふさわしい生涯を送って、大正十二（一九二三）年に七六歳の生涯を閉じた。

かわりに滋賀県令となったのは工部省大書記官中井弘で、後年滋賀県庁を新築したことに示されるように、土木好きの人物として有名であった。こうしたなかで、疏水工事は、明治十八年一月に着工された。三つの大きなトンネルを掘削するなど難工事の連続だったうえに、大津の飲料水の水脈を切断したりもしたが、ようやく五年余の歳月をかけて完成をみた。また、外国人技師の手を借りずに、すべてが田辺朔郎《たなべさくろう》ら日本人技師により工事が完遂された、明治土木史上の一大金字塔であった。

ただ、疏水の目的の一つであった水運の利用に関しては、鉄道の発達によって衰退の道をたどった。なお、第二疏水は、明治四十五年に完成している。

南郷洗堰の完成●

明治三十八（一九〇五）年三月、滋賀郡石山村南郷《なんごう》（大津市）の瀬田川に、巨大な堰《せき》が竣工した。総延長約一七三メートル、約三・六メートル間隔に堰柱三一本が取り付けられていた。堰柱壁面には縦溝があり、ここに角材を落としたり、引き上げたりして、瀬田川の流量を調節した。現在の技術水準からみればまことに稚《ち》拙《せつ》なものだったが、当時としては画期的な施設で、以後琵琶湖の

大津閘門《こうもん》

水位調節に大きな役割を果たすようになった。

通常ならば琵琶湖は湖国の人びとに多くの恵みをあたえるが、ひとたび豪雨が降れば水害の元凶となる厄介な存在でもあった。滋賀県下のおもな水害は、明治時代四五年間だけでも一六回を数える。なかでも明治二十九年の水害は特筆すべきものであった。

この年一月から八月にかけて、すでに一六三七ミリと平年の一年分に相当する雨が降ったが、さらに九月三日から十二日にかけて一〇〇八ミリという、現在までの観測史上最高の雨量を記録した。このため琵琶湖の水位は驚異的に上昇し、石山村鳥居川の量水標は九月十一日に約四・一メートルの水位を示した（同所の常水位は約八三センチ）。水位の上昇によって、湖辺の村々は甚大な被害をうけた。たとえば、滋賀郡下阪本村《しもさかもと》（大津市）では、全村七〇〇戸が水没し、高島郡今津村（高島市）では五〇〇〇余の戸数のうち浸水をまぬがれたのはわずか二〇戸、彦根町でも全町の八〇％が浸水している。県下全体の被害は死傷者一〇〇人以上、流失家屋一七四九戸、全半壊家屋七三八七戸などにのぼった。

頻発する水害の原因は瀬田川にあった。つまり、瀬田川は巨大な水がめ琵琶湖から流出するただ一つの河川であるうえに、南郷付近に田上山系《たなかみ》から流出した土砂が堆積し、通水力を大きく弱められていたためであった。当時田上山系は一面のハゲ山であった。その原因については、古代の藤原京・平城京造営に伴う木材の伐採に求める説もあるが、同山系の地質そのものに最大の原因があるのだろう。

こうしたなかで、瀬田川の治水対策が課題となってくる。まず田上山系の砂防工事は、明治十年代にはいって本格化し、内務省土木局お雇い外国人のオランダ人技師ヨハネス＝デ＝レーケの指導によって、いくつかの砂防ダムがつくられた。現在オランダ堰堤《えんてい》と称されている大津市上田上桐生町の砂防ダムも、その一つである。また、植林事業も明治二十年代後半からはじまり、現在も続けられている。

一方瀬田川の浚渫《しゅんせつ》工事は、古くから湖国の人びとの悲願であった。しかし、江戸幕府の軍事政策によって、大規模な工事は数回にとどまっていた。明治期になってもなかなか工事は行われなかったが、明治二十二年に東海道線瀬田川鉄橋が架設されると、浚渫問題があらたな論議をよぶことになった。明治二十二年八月県内各地の有志が集まって、琵琶湖水利委員同盟会を結成し、鉄橋橋台が瀬田川の通水に支障をきたす恐れがあるとして、翌年橋台の三分の二の撤去を求める請願書を滋賀県と内務省に提出したが、請願はしりぞけられ、同盟会は内容を浚渫工事に切り替えて再度請願を行い、今度は認められた。そこで明治二十六年に工事が実施されるが、鳥居川量水標付近のみの一時しのぎ的なものにすぎなかった。

ついで瀬田川改修工事は、明治二十九年三月に河川法・淀川改良工事予算案が帝国議会を通過すると、ようやく本格化する。明治三十三年から浚渫と川幅拡張工事がはじまり、大日山の切り取りなどの難工事を経て、四十一年に終了した。先にみた南郷洗堰の完成も、改修工事の一環であった。こうして滋賀県の水害による被害は、大きく軽減されることになったのである。

4 滋賀の教育と文化

明治初期の小学校●

明治五（一八七二）年八月、政府は欧米の教育制度を参考にした「学制」を公布した。これは全国を八大学区に分け、一大学区を三二中学区、一中学区を二一〇小学区とし、各学区に一つずつの大学校・中学校・小学校を設立しようとするものであった。

ところで、滋賀県では「学制」公布に先立つ明治四年九月に、長浜で小学校が設立されていた。同地の篤志家浅見又蔵《あさみまたぞう》が、西本町（長浜市元浜町）の下村藤右衛門《しもむらとうえもん》宅を本校とし、近くの五つの寺子屋を支校として開設、県令松田道之《みちゆき》によって滋賀県第一小学校と命名された。ついで同校は明治七年に神戸町に洋風木造三階建て、四階に鼓楼《ころう》をおくたいへんモダンな校舎を新築して移転し、開知《かいち》学校と校名を変更している。当時設立された小学校は従来の寺子屋を転用したものもあったが、一部においては文明開化の影響をうけて、洋風校舎を建てたところもあった。高島郡新旭《しんあさひ》町太田（高島市）の柳原学校が、県内最古の校舎として近江八幡市の近江風土記の丘に移築され、往時の姿を今にとどめている。

明治五年までにわずか五校（犬上郡・坂田郡各二校、高島郡一校）であった県内の小学校も、翌年二月松田県令が設立を奨励する告諭をだすと、しだいに増加していき、明治七年度には二九二校を数えるようになった。しかし、「学制」による県内の小学校区は七四七であるから、基準の約四〇％を満たしたにすぎず、全国的にも低い水準を示していた。当時校舎の建設費や教師の給料など、学校に関わる費用はすべて地域住民の負担であり、学校の設立には困難を要したからであった。そこで滋賀県は明治六年二月に、芝居興行や髪結床《かみゆいどこ》・料理屋などをいとなむものから利益の一部を拠出させて、小学校の運営費の補助にあてるようにとの布達をだしている。こうした努力もあって、県内の小学校は急増し、明治十一年には七九三校となった。

開校した当初の小学校では、江戸時代の寺子屋とあまりかわらない教育が行われたが、明治七年十月滋賀県最初の小学校教則が布達され、新しい教育内容が示された。「学制」により小学校は下等小学（六

〜九歳）と上等小学（一〇〜一三歳）に分けられたが、この小学校教則は下等小学の科目として綴字・習字・単語読み方・単語書き取り・算術など一四科目を、上等小学では物理学輪講《りんこう》・地理輪講・歴史輪講などの一〇科目をあげている。教科書としては福沢諭吉《ふくざわゆきち》の書いた『童蒙教草《どうもうおしえぐさ》』や『世界国尽《くにづくし》』をはじめとする啓蒙書・翻訳書が多く使われる一方、若干ではあるが『近江国郡村町名』『近江風土志』といった滋賀県の地誌類もみられた。つづいて明治八年には、「滋賀県上下等小学教則」が布達となり、下等小学の科目は読物・算術・作文・問答・体操などの八科目にかわっている。

初期の小学校においては、教員数の増加とともに質の向上が大きな問題だった。当初寺子屋の師匠《ししょう》や僧侶《そうりょ》が多く教員となったが、新しい教科に不慣れなこともあって、十分な授業をできないものもいたのである。そこで、滋賀県は明治七年十二月に大津仮伝習所を設け、教員の養成をはかるようになった。大津仮伝習所は翌年五月廃止となるが、すぐに小学校教員伝習所が大津にでき、八年には滋賀県師範学校と改称している。また、短期間だが、彦根や長浜にも教員養成のための伝習所・講習所が設けられていた。

明治十二年に文部省が、いわゆる「自由教育令」を公布すると、地方の実情にあった小学校教則の作成や、独自の教科書づくりが行われるようになった。滋賀県でも十二年に「滋賀県小学普通・高等教則」を、十三年にはその改正版である「滋賀県小学模範教則」を作成している。教科書も、奥田栄世『滋賀県管内地理書』、同『小学読本農業初歩』、大島一雄『作文初歩』、河野通宏『滋賀県管内小学読本』などが編纂された。だが、このような動きは、政府が教育に対する国家統制を強めていくなかで、消え去ることになる。

近江商人精神の継承●

小学校教育に続いて、中等教育の振興がはかられるようになり、明治二十（一八八七）年前後から彦根と大津に中学校や高等女学校が設立された。

ところで、滋賀県は江戸時代以来多くの近江商人を輩出した土地であることから、中等教育の主力は普通科教育よりも、商業教育におかれた。明治十七年に県令に就任した中井弘は、商家子弟の中等教育機関の設立に積極的であり、さっそく商業学校設立の件を民間から通常県会に提出させた。これは否決されてしまったが、翌十八年に再度提出、今回は県内の有力実業家らの後援もあって認可となり、明治十九年五月一日に、滋賀県商業学校（現八幡商業高等学校）が大津船頭町の仮校舎で開校した。県下の商業教育の始まりであり、全国でも一〇番目の開校であった。

滋賀県商業学校の入学資格は、高等小学校三年修了程度の一二（二十二年から一三歳）〜二四歳まで、修業期間は予科一年、本科三年で、別に期間六カ月の別科（のち専修科）も設けられた。しかし、開校当初入学者は少なく、かつ中途退学者も多くでたので、明治二十二年の卒業生は合計一七人にすぎなかった。「商人に学問は不要」という旧来の風潮が、根強く残っていたためであろう。そこで同校は、卒業生や県内の実業家などから構成された近江尚商会《しょうしょうかい》の後援をうけて、二十五年から商業の実地学習として、夏季休業中の生徒による行商をはじめるようになった。行商は、生徒に金銭の貴さを身をもって知らせ、浪費を強く戒めることを目的にしていた。

このような教育の実践と、日清戦争後の経済発展とがあいまって、卒業生はしだいに業界に迎えられるようになり、生徒の定員も明治三十一年度には三〇〇人に増加している。生徒数の増加に伴い、収容能力の大きな新校舎が必要となり、大津市・蒲生郡・神崎郡などで誘致合戦が繰り広げられたが、結局六〇〇〇坪（約一万九八〇〇平方メートル）の土地を用意した八幡町に落ち着き先が決まり、三十四年に移転した。そして、四十一年には県立八幡商業学校と校名を改称し、以後〝八商〟の名で親しまれるとともに、伊藤忠商事の創設者伊藤忠兵衛をはじめ、多くの優秀な人材を経済界に送りだすようになった。

八商の移転によって実業教育機関を失ってしまった大津市では、日露戦争の時局記念事業の一つとして、明治三十八年四月に大津実業補習学校を創設した。同校は当初大津尋常高等小学校に併設されて、男子部と女子部に分かれ、男子部では普通学科と商業が教えられた。その後女子部は別地に移転、男子部は明治四十五年に市立大津商業学校に改組された。さらに大正九（一九二〇）年に県立大津商業学校（現大津商業高等学校）となった。

大津商業学校でも八商と同じく、商業実習で夏季休業中の生徒に行商をさせた。はじめられた時期は明らかではないが、大津実業補習学校設立当初から行われていたとも考

大津商業行商隊の出発風景

えられる。また、少し時期が下るが、大正十五年度の行商のようすを知ることができる史料が、同校の『学窓会誌』第一号に掲載されているので、紹介しておこう。

この年の行商は、生徒二四人を六班に分けて、大津市近郊から湖西・湖南方面へ一週間の日程で行われた。生徒は、事前に校長や生徒監から、押し売りをせず暴利を貪《むさぼ》らないこと、商品の点検ならびに取り扱いに注意することなどの訓示をうけて、行商にのぞんだ。

販売する商品は自分たちで仕入れた日常雑貨や安い缶詰などで、大八車に「大津商業行商隊」と記した幟《のぼり》を立てて、炎天下の田舎道《いなかみち》をまわった。定まった宿舎もなく、各地の学校や同窓生の家に泊めてもらったりして、行商を続けている。また、生徒だからといってすべての人が好意を示してくれるわけでもなかった。こうした苦労は、かつての近江商人の天秤棒行商《てんびんぼうぎょうしょう》の追体験であり、かつその堅忍《けんにん》力行精神の継承だったのである。

ヴォーリズと近江兄弟社●

明治三十八（一九〇五）年二月二日、一人のアメリカ人青年が東海道線近江八幡駅に降りたった。彼の名はウィリアム＝メレル＝ヴォーリズ、滋賀県にキリスト教の神の国をつくろうとして、八幡の滋賀県商業学校の英語教師として赴任《ふにん》してきたのであった。

県内のキリスト教（プロテスタント）の伝道は、明治十年代からはじまり、彦根・八日市・長浜で教会が設立された。さらに、明治二十年代にはいると、京都同志社の人びとなどによっても伝道が行われている。このなかで、明治二十九年に栗太郡笠縫《かさぬい》村（草津市）で創設された基督同胞《キリストどうほう》第二教会は、同教派にとって全国で二番目の教会であり、信徒には神社のもと神官という異色の経歴をもつものもいた。だが、全体的にみると、仏教勢力の強い滋賀県にあって、キリスト教の教勢不振は否めなかった。

ヴォーリズは、着任早々下宿でバイブルクラスをはじめた。最初出席者は少なかったが、しだいに数を増して、ついには商業学校生徒の三分の二以上が出席するようになり、受洗するものまであらわれた。しかし、ヴォーリズの活動に対する学校側や八幡の人びとの反発が強まり、かつ県当局の圧力も加わって、明治四十年三月突然商業学校教師を解職されたのである。

逆境のなかでもヴォーリズは八幡を去らず、県内の伝道活動にいっそう励むことになった。まず、明治四十三年に活動資金を得る目的で、八幡にヴォーリズ合名会社を設立した。彼はハイスクール時代から建築設計にすぐれた知識をもち、コロラド大学在学中にキリスト教の海外伝道を決意する以前には、建築家になるのが夢であった。のちには大阪にも出張所を設けて、学校・教会・病院など多くの建築設計を手がけた。このうち、彦根高商同窓会館である陵水会館《りょうすい》（滋賀大学経済学部構内）などが現存しており、大正期の風情を残す建築として注目を浴びている。また、ヴォーリズ合名会社も、一粒社《いちりゅうしゃ》ヴォーリズ建築事務所（本社は大阪市）と名をかえて、現在も存続している。

つづいてヴォーリズは、明治四十四年に教え子の吉田悦蔵らの協力を得て近江ミッションを結成（昭和九年近江兄弟社と改称）、翌年には現在も刊行中の伝道誌『湖畔の声』を創刊して、活動を強化していった。大正三（一九一四）年になると、伝道船ガリラヤ丸を建造して、湖西方面への伝道をはじめ、今津や堅田に教会が設立される基礎をきずいた。

一方事業のほうでは、大正九年近江セールズ株式会社を設立し、家庭常備薬メンソレータムの輸入販売をはじめ、のちには製造するようになった。メンソレータムは、現在商標がメンタームとかわっているが、多くの家庭で今も使用されている。

　このような活動とともに、ヴォーリズは福祉や教育文化事業にも力をそそいだ。大正七年に、当時不治の病いといわれた結核患者治療のために、近江療養院（現ヴォーリズ記念病院）を開設した。十一年には夫人の一柳《ひとつやなぎ》満喜子《まきこ》の手で清友園幼稚園が開園、現在は幼稚園から高校までの近江兄弟社学園となっている。さらに、昭和十五（一九四〇）年近江兄弟社図書館（現近江八幡市立図書館）を設けて、広く地域住民に開放した。

　ヴォーリズは、昭和十六年に帰化し、夫人の姓を名乗って一柳《ひとつやなぎ》米来留《めれる》となった。しかし、同年末太平洋戦争がはじまると、敵性外国人の扱いをうけ、近江八幡の地を離れて、長野県軽井沢で特高警察の監視下におかれることになった。軽井沢滞在中は東京帝国大学などで教えたほか、敗戦直後には近衛《このえ》文麿《ふみまろ》の依頼により、GHQのマッカーサー元帥のもとへいき、戦後工作にもあたっている。また、音楽を愛し、詩作も多く、とくに同志社カレッジソングの作詞は有名である。近江八幡名誉市民第一号となり、昭和三十九年に永眠した。

ガリラヤ丸での伝道風景

9章

琵琶湖をめぐる工業化と環境

琵琶湖と瀬田川〈建設省国土地理院の撮影〈平成7年〉による空中写真)

1　戦争と県民

レーヨン工場の進出●

明治期の滋賀県の産業構造をみると、農業が果たした役割はたいへん大きい。農産物の生産額が県内総生産額に占める割合は、明治二十年代初めにおいて約八〇%、明治四十一（一九〇八）年時点でも約六二%となっていた。農業のなかでは米が最大の生産品で、繭《まゆ》・生糸《きいと》と続いていた。繭と生糸は、おもに坂田・東浅井・伊香郡で生産された。

このようななかで、明治二十年代中ごろから、滋賀県でも会社組織の工場生産がしだいに発達してくるようになる。設立された工場の大部分は製糸工場で、県内で生産された繭の半分を消費した。また、設立者は近江商人や県内実業家で、地域的には湖東・湖北地方に集中していた。さらに、売薬は明治三十年代に甲賀郡に製薬会社があいついで創設されたことにより、急速に生産額をふやし、信楽《しがらき》陶器も同じころから急成長を遂げるようになる。

しかしながら、工業の面において滋賀県の名を一躍有名にしたのは、大津南部地区へのレーヨン（人造絹糸《けんし》）工場群の進出であった。大正末期から昭和初期にかけて、レーヨン生産に必要な大量の質のよい軟水を求める、旭絹織・東洋レーヨン・昭和レーヨンが工場を設立した。このうち最大規模を誇ったのは東洋レーヨンの工場で、敷地は膳所《ぜぜ》・石山地区にまたがる一五万坪にもおよんでいた。技師長のイタリア人ミネリーをはじめ、多くの外国人技術者を招いて、昭和二（一九二七）年からヴィスコース法による生産を開始した。当初日産三トンだったが、四年には八トンになり、八年になると工場が増設されたこともあって、日産六五トンという、まさに東洋一のレーヨン工場に発展した。

これに伴い滋賀県のレーヨン生産高は昭和八年に四三九八万ポンドとなり、全国の生産高の約四五%を占めるに至った。また、日本全体の生産高もしだいに増加し、昭和十一年には二億七〇〇〇万ポンドを超えてアメリカと肩を並べ、翌年にはついに追い抜くこととなった。製品は日本の最重要輸出品で、中国やインドのほか、オーストラリア、南米などへも輸出された。

レーヨン工場の進出は、地元の膳所や石山に活気をもたらしたばかりでなく、県内の労働者雇用、なかでも農村部からの男子労働者雇用に大きな役割を果たした。ちなみに、昭和十一年末における東洋レーヨンの労働者数は七八六二人、うち滋賀県出身者は二五四四人となっている。

だが、一方でレーヨン工場の進出は、琵琶湖の水質汚染を引きおこした。とくに東洋レーヨン進出のさいには、工場の計画当時から公害問題が懸念されていたが、誘致に熱心だった高橋守雄知事の裁断によっ

産業別生産額と構成比

(明治41年)

種類	生産額	比率
	円	%
農産物	27,426,174	62.32
工産物	13,448,068	30.55
林産物	2,094,260	4.76
畜産物	616,543	1.40
水産物	414,766	0.94
鉱産物	13,531	0.03
合計	44,013,342	100.00

滋賀県内務部編『滋賀県之農工業』(明治43年)より作成。

て、設立認可となった経緯があった。

昭和三年ごろから瀬田川の魚介類に被害が出はじめたため、沿岸の漁民は翌年二月に工場排水問題に関する大会を開いたり、県にたび重なる陳情を行ったりした。そこで、滋賀県はようやく重い腰をあげ、一年間の本格的な継続調査を実施した結果、深刻な水質汚染の実態が明らかとなったのである。

さらに、昭和九年六月には東海道線瀬田川鉄橋付近で、無数の魚が白い腹をみせて死んでいるのが発見されるという、ショッキングな事件も発生した。当初レーヨン工場側は、排水の浄化装置は万全であるとして、責任を認めようとしなかった。このため、激怒した漁民は抗議デモを計画したが、出発寸前に警察の説得により断念、かわりに浄化装置の充実を求める申し入れをレーヨン工場に行った。滋賀県は、事態の重大性を再認識し、排水対策の根本的改善を厳命している。また、県警察部も、工場課を独立させて監督の強化に乗りだしたので、以後状況は改善にむかうことになった。

戦時体制の強化●

昭和六（一九三一）年九月の満州事変勃発以降、日本は一五年にもわたる長い戦争に突入することになった。昭和十二年七月には中国との全面戦争に発展し、十六年十二月からはアメリカ・イギリス両国とも開戦して、戦争は拡大の一途をたどった。

このようななかで、滋賀県においても軍事基地の強化など、戦時体制が強化されていった。八日市沖野《おきの》ケ原《がはら》は、大正の初めに県下最初の飛行が行われた場所であり、民間飛行場が設けられていた。大正十（一九二一）年同地に陸軍第一六師団航空第三大隊（のち飛行第三連隊となる）が進出し、飛行場も当初の約一〇倍に広がった。さらに戦争がはじまると、この部隊は八日市飛行第三戦隊に改組となり、ここで多くの戦闘部隊が編成されて戦地におもむいた。また、昭和十三年には飛行機の修理や整備を行う陸軍航空分廠《ぶんしょう》が設置されたほか、敗戦に至るまで多くの部隊が駐屯するようになった。

軍事基地化は、大津でも進行していく。昭和十六年四月大津連隊区司令部が復活した。大正末に陸軍歩兵第九連隊が京都深草へ移転したさいに廃止となって以来、一六年ぶりの復活であり、県下の徴兵事務を担当した。つづいて、昭和十七年から十九年にかけて、大津海軍航空隊、大津陸軍少年飛行兵学校、滋賀海軍航空隊があいついで設置された。この三つはいずれも飛行兵の教育機関だったが、昭和二十年には大津海軍航空隊で特別攻撃隊が編成されて、アメリカ軍爆撃機への体当り攻撃が行われている。

戦争の激化に伴い、政府は昭和十五年十月に大政翼賛会《たいせいよくさんかい》を設立させて、総力戦体制の確立をめざした。大政翼賛会の最末端における下部組織となったのが、部落会・町内会である。同年九月の内務省訓令により、村落に部落会、市街地に町内会を設置して、市町村の補助的下部機構とするとともに、その下に隣保《りんぽ》班《はん》（隣組《となりぐみ》）をおくことが定められた。

隣保班は一〇戸ほどで構成されるが、「五人組・十人組等の旧慣中尊重すべきものは成《な》るべく之《これ》を採《と》り入ること」とされた（『戦後自治史』）。この規定の作成にさいしては、滋賀県の五人組制度がある程度の影響をあたえたと思われる。『大阪朝日新聞滋賀版』昭和十三年二月十九日付は、国民精神総動員中央連盟などが滋賀県の制度に注目し、調査を進めて全国に紹介すると報じた。さらに、同紙は同年の六月十四日付でも、滋賀県ではすでに町内会・隣保班の整備が検討されており、隣保班の組織は県内の五人組制度にならったものとも報じている。

こうしたなかで、滋賀県においては昭和十六年初頭から部落会や町内会の設置が本格的にはじまり、定期的な常会の開催も義務づけられて、国策の徹底がはかられた。また、国民の組織化は、学校や職場などを通じても行われた。大津市では小学校に子供町内会がつくられて、担任教師の指導のもとに軍人遺家族の慰問《いもん》や風紀取り締りにあたっている。

ところで、昭和十五年は「皇紀二六百年」、つまり明治初期に政府の定めた『日本書紀』の建国神話に基づく紀年法によると、初代神武天皇の即位から二六〇〇年目にあたる年とされた。国民の愛国心をあおるために、全国で多くの祝賀行事が行われたが、滋賀県で最大の事業は大津市の近江神宮創建だった。もっとも創建運動は案外古く明治期からはじまるが、昭和にはいって戦争が進むなかで、紀元二六〇〇年事業としての位置づけを明確にした県当局の姿勢が効を奏して、実現をみたのであった。敷地の開墾・整地作業には、多くの人びとが連日勤労奉仕をした。とくに、大津市および近隣地域の中学校や師範学校の男子生徒は、奉仕を義務づけられたようである。鎮座祭は、十一月七日盛大に開催された。公式参加者二〇〇〇人のほか、市内の児童や各種団体員も多数動員され、海軍予備航空団大津支部などによる飛行もあって、戦時下の奉祝行事を盛りあげた。

戦時下の暮らし●

戦争の激化に伴って、政府は経済に対する統制も強化し、資源や労働力を軍需産業へ優先的にむけるようになった。昭和十七（一九四二）年には企業整備令が公布されて、戦争の遂行とは直接関係のない中小製造業者は、軍需産業への転業か廃業の選択を余儀なくされている。

事情は大企業においても同様で、県内のレーヨン工場などもぞくぞくと軍需工場に転換していった。当時東洋レーヨンは、大津市石山に滋賀工場を、栗太郡瀬田町（大津市）に瀬田工場を有していたが、滋賀

四高ボート遭難

高島郡高島町（高島市）萩の浜に「四高桜」と刻まれた石碑がたっている。この石碑は昭和十六（一九四一）年四月六日に発生した、旧制第四高等学校（現金沢大学）ボート部員らの遭難を悼《いた》んで建立されたものである。

当時四高はボート競技の名門校で、この年もインターハイの連続制覇をめざして、三月下旬から大津の瀬田川で合宿訓練をしていた。その仕上げとして、京大のボート「賀茂号」（七人乗り）にOBをまじえた一一人が乗り込んで、二泊三日の予定で試みた今津までの往復遠漕の帰路に、萩の浜沖一・五キロの地点において比良山系からの吹雪《ふぶき》まじりの突風のために遭難したのであった。遭難の報が伝えられると、町当局・警察・地元の漁師・四高関係者らが懸命の捜索を行ったが、悪天候により難航し、全遺体が収容されたのは、実に約二カ月後の六月十日だった。

事故の直後、「琵琶湖哀歌」（奥野椰子夫《やしお》作詩、菊地博作曲）という追悼歌が、東京のレコード会社からだされ、関西地方を中心にヒットした。これは、明治四十三（一九一〇）年に神奈川県逗子《ずし》開《かい》成《せい》中学のボートが沈んださいに歌われた「七里ケ浜哀歌」と「琵琶湖周航の歌」をミックスしたようなメロディーになっている。ただ、四高関係者は「琵琶湖哀歌」を商業サイドのものとして嫌い、独自に「四高漕艇班遭難追悼歌」をつくった。昭和十七年五月の合同慰霊《いれい》祭では石碑のほか、一〇〇〇本の桜の苗木が植樹されたが、のちに枯れはててしまった。そこで、昭和五十九年に全国の四高同窓生が四高桜保存会を結成して、復活に乗りだすようになった。

工場では昭和十八年三月から魚雷《ぎょらい》や魚雷弾頭《だんとう》の生産をはじめた。瀬田工場は三井精機に売却され、軍需関係の精密機械工場にかわっている。また、彦根や長浜でも、近江絹糸が落下傘《らっかさん》用布の生産を開始したり、中辻絹織工場が山岡内燃機（現ヤンマー）に買収されて、飛行機部品やエンジンの製造を行うようになった。さらに戦争末期になると、信楽で陶製の地雷や手榴弾《しゅりゅうだん》もつくられている。

軍需工場では、企業整備令によって職場を失った労働者らが徴用されて働いたが、やがて中学校の生徒なども動員されることになった。もっともこれまで生徒は、学校で軍事教練をうけたほか、〝勤労奉仕〟で夏休み期間中に農作業に従事したりしてきた。それが昭和十八年六月の学徒戦時動員体制確立要綱の決定によって、〝勤労動員〟に強化されたのである。滋賀県では、翌十九年五月から国民学校（従来の小学校）高等科児童を含む生徒の勤労動員がはじまり、軍需工場での労働や農作業のほか、松原内湖・入江内湖・安土内湖などの干拓にも従事

長浜農学校報国隊の入江干拓地導水路の掘削（昭和19年，米原町）

した。なお、干拓事業には連合国の捕虜《ほりょ》も動員されている。

アメリカ軍の本土空襲が激化するなかで、昭和十九年六月政府は、大都市の児童を比較的安全な地域に集団疎開《そかい》させることを決定した。滋賀県へは八月三十一日から九月二日にかけて、大阪市内の国民学校初等科児童一万人以上が疎開してきた。同市内児童の疎開先としては二番目の多さで、県下各地の寺院や学校・集会所などで集団生活をし、近くの国民学校に通学した。児童の受入れにさいして、県下の市町村はいろいろと苦心をし、当時の新聞も温かく迎えようという記事を多く掲載している。

だが、幼くして親から引き離された疎開児童の淋しさや、食料不足に伴う食生活の貧しさはいかんとも

滋賀県内のおもな空襲の被害(昭和20年)

月　日	おもな空襲の被害
5月14日	野洲郡速野村(守山市)などに焼夷弾が投下される。甲賀郡南部で農作業中の女性3人が機銃掃射をうけて負傷する。彦根市の国民学校児童5人が機銃掃射をうけて重軽傷を負う。
5月17日	愛知郡稲枝村(彦根市)高田工場付近に焼夷弾が投下される。
6月26日	アメリカ軍爆撃機B29に日本軍の戦闘機が体当りしたため，B29から爆弾が彦根市内に落下し，死者8人，重軽傷者12人(そのうち2人は数日後死亡)をだす。
7月24日	大津市石山の東洋レーヨン滋賀工場にB29が爆弾を投下し，兵器部品倉庫付近に命中，死者16人，負傷者104人をだす。
7月25日	アメリカ軍の艦載機6機が彦根市の近江航空西馬場工場，鐘紡長曽根工場，小野田セメント彦根工場を爆撃する。また，国鉄列車や近江鉄道電車が機銃掃射をうける。被害は死者6人，重軽傷者35人。
7月28日	朝6時すぎに，彦根市の近江航空西馬場工場，鐘紡長曽根工場が爆撃と機銃掃射をうける。昼すぎには両工場に焼夷弾が投下され，近江航空の女子寮9棟が全焼し，その残り火で工場3棟が全焼する。
7月30日	野洲郡守山町(守山市)の守山駅に停車中の列車が機銃掃射をうけ，死者3人，重軽傷者24人をだす。彦根市の近江航空外町工場，同西馬場工場，鐘紡長曽根工場，花田国民学校，彦根駅が爆撃や機銃掃射をうける。彦根駅の待機中の列車は，ロケット弾が投下され，負傷者2人をだす。大津市の大津陸軍少年飛行兵学校にロケット弾が投下され，死者1人をだす。滋賀郡下阪本村(大津市)の滋賀海軍航空隊にロケット弾が投下される。
7月31日	彦根市，犬上郡河瀬村(彦根市)，同郡豊郷村(豊郷町)に爆弾が投下される。
8月6日	長浜市の鐘紡長浜工場に小型爆弾が数個投下され，死者1人をだす。

できず、健康上の障害も発生した。児童の健康対策には、滋賀県医師会の活動が大きな役割を果たした。また、のちになると、滋賀県も地域によっては必ずしも安全な場所とはいえなくなってきた。このため大津、近江八幡、八日市に疎開していた児童の一部は、県内の別の地域に再疎開させられている。

昭和二十年にはいり、空襲はいっそう激しくなった。滋賀県でも五月以降たびたび空襲があり、前頁表に示したような被害をうけた。地域的には、軍事基地や多くの軍需工場が設けられていた大津市や彦根市に集中している。このうち、最大の被害をだしたのは、七月二十四日の大津市東洋レーヨン滋賀工場に対する空襲であった。午前七時四七分ごろB29一機が五〇〇キロ爆弾を投下、兵器部品倉庫付近に命中して、死者一六人、負傷者一〇四人をだし、同倉庫をはじめ八〇〇坪（二六四〇平方メートル）の建物が全壊、寄宿舎などが半壊している。

最後になるが、いわゆる十五年戦争における滋賀県出身の軍人・軍属の戦没者は三万二五九二人であった。時期的にみると太平洋戦争による戦没者が二万九二一二人と大部分を占め、地域的にはフィリピン・中国・インド・ビルマ（ミャンマー）・タイ・南太平洋と続いている。こうして、アジア諸国に甚大な損害をあたえ、自国民にも大きな犠牲を強いた戦争も、八月十五日に日本の無条件降伏により終わりを告げた。

2　琵琶湖環境問題の発生

占領軍の進駐と戦後改革●

敗戦によって、日本は連合国の占領下におかれることになり、アメリカ軍を主体とする占領軍が全国各地に進駐した。

滋賀県下への本格的進駐は、昭和二十（一九四五）年十月四・五日に、アメリカ第六軍第一三六連隊が大津へきたのにはじまる。つづいて第一三三連隊の小部隊が、民間所持の武器接収や隠匿物資の摘発を目的に、草津・貴生川《きぶかわ》・近江八幡・彦根・今津など県内一一カ所に進駐した。占領軍の進駐に先立って、滋賀県は九月十日付で「連合軍進駐地附近の住民心得帳」を配付して、アメリカ兵とのトラブル防止をよびかけた。とくに、女性は服装に注意して、ひとり歩きや夜間の外出を避けるようにとしている。だが、一方では彦根警察署のように、市内の遊郭の経営者と従業員をよんで、一般女性をまもるために身を犠牲にしてほしいという、人権を無視した要請を行ったところもあった。

このようななかで、新しい支配者への同調性の強い日本人の性質を反映して、アメリカ軍を歓迎する動きがあらわれてくる。栗太郡志津村（草津市）では、昭和二十一年一月に、進駐中のアメリカ兵を招待し

栗太郡志津村における占領軍歓迎会の費用(昭和21年1月)

品目	数量	金額
冷凍豚肉	2箱	円 1,080
牛肉		540
清酒(1級酒)	18本	270
ビール	5ダース	113
ミカン	1箱	120
米	10	6
醬油	2升	4
砂糖	2斤	2
玉ねぎ	7メ	28
ねぎ・白菜	16メ	210
リンゴ	16個	80
漁師払金		180
酌女礼金		600
人夫賃		20
物品借入料		14
予備費		33
合計		3,300

『草津市史』第4巻による。

草津地域の自作地・小作地面積の変化

町村名	昭和20年11月23日現在 農地面積			昭和25年8月1日現在 農地面積			変化率	
	自作地①	小作地②	計	自作地③	小作地④	計	自作地 ③/①×100	自作地 ④/②×100
	町	町	町	町	町	町	%	%
草津町	95.4000	135.8416	231.2916	190.6206	40.4600	231.0806	199.8	29.8
志津村	176.5027	158.9811	335.4908	300.5925	34.8913	335.4908	170.3	21.9
老上村	337.0814	175.5707	512.6521	485.8719	27.7802	513.6521	144.1	15.8
山田村	227.6000	196.2012	423.8012	379.7003	48.2205	427.9208	166.8	24.6
笠縫村	285.1610	238.5320	523.7000	450.5826	72.3800	522.9626	158.0	30.3
常盤村	257.8127	242.0803	499.9000	439.0725	60.8205	499.9000	170.3	25.1
合計	1.379.5718	1.147.2209	2.526.7927	2.246.4614	284.5525	2.531.0209	162.8	24.8

『草津市史』第4巻による。数値は資料のままとした。

て、三三〇〇円の費用をかけて宴会が開かれている。

　敗戦後の占領行政を担当したのは、マッカーサーを頂点とするGHQ（連合国最高司令官総司令部）で、地方に進駐した各軍内にも地方軍政部をおいて、民政に関与した。GHQは日本の非軍事化・民主化のために、多くの改革を進めていくが、なかでも滋賀県は軍政部の圧力が格別にきびしかった。

　戦後改革のうち、農地改革と教育改革についてみておこう。農地改革は、明治以降日本の農業の基本となっていた地主・小作関係を解体する画期的なものであった。滋賀県では、昭和二十二年三月から小作地の買収がはじまった。まず不在地主の所有地から手がつけられ、ついで在村地主の保有限度（滋賀県は〇・七町歩＝七〇アール）を超える小作地の買収に移っていき、二十三年度までに一万六八〇七町歩もの農地が買収されて、小作農民に格安の値段で売り渡された。こうして、農地の所有状況は、大きく変化することになった。草津地域の諸町村における様相は、上表のとおりである。滋賀県全体では、全農地の約九〇％が自作地となり、自作農家は六一％増加、反対に小作農家は六八％減少している。

つぎに、滋賀軍政部民間情報教育課が行った教育改革は、たいへん急進的なものだった。同課の課長はウォルター゠マートン中尉で、その下に日系二世のジョージ゠カワグチ（のち課長に昇格）がいた。マートン中尉らは、教員人事の刷新、実験学校の設置、ＰＴＡの育成、学校五日制の実施など、多くの改革を行った。だが、しばしば高圧的な態度でのぞんだうえに、少しでも軍国主義的教育が温存されていると聞けば、ただちに飛んで行き容赦なく摘発したため、県教育界からは「マートン施風」の名で恐れられた。

昭和二十一年九月二十七日に発生した石部《いしべ》国民学校事件は、代表的な事例の一つであった。この日マートン中尉は、突然同校を視察して、全校児童に今まで教師から体罰をうけたことがあるかどうかを申告させた。そして、体罰を行ったと思われる教師五人を学期途中にもかかわらず転任させ、校長を停職、追放としたのであった。

一方、マートン中尉らは、社会教育にも力をそそいだ。大津市に働きかけて、昭和二十二年五月に市民の文化活

英会話を教えるジョージ゠カワグチ

動の拠点として大津公民館を開設させるが、その一角に滋賀県立図書館が併設された。県立図書館は十八年六月に大津市三井寺下の旧商品陳列所に開館、その後二度の移転を経て、併設に至ったのであった。この措置の背景には、「公民館は図書活動が第一」というマートン中尉の強い命令があったといわれている。県立図書館は、全国で最初の全面開架方式を採用し、一〇日間の館外貸出しを行った。

高速道路の開通と工業化●

昭和二十年代後半にはいると、日本は独立を回復し、経済の状況も朝鮮戦争の発生に伴う特需景気により、本格的に再建の途をたどりはじめた。滋賀県の生産所得総額は、昭和二十九年には五二一億円余となり、二十五年の二倍以上に拡大している。

県民の生活が落ち着きを取り戻しつつあった昭和二十九（一九五四）年六月、近江絹糸彦根工場において大規模な労働争議が発生した。当時近江絹糸は日本十大紡績の一つに数えられる大企業で、資本金一〇億円、従業員一万二〇〇〇人をかかえ、彦根・長浜のほか県外に五つの工場を有していた。だが、たいへん非民主的な労務管理を行っていた。

従業員は六月初めに新組合を結成し、結婚・外出の自由、信書開封・私物検査の即時停止など二二項目の要求を会社側に提出、彦根工場では六月七日から無期限ストライキに突入した。この争議は「人権争議」ともよばれて全国から注目を浴び、ぞくぞくと支援が新組合側に集まった。さらに、会社側に雇われた暴力団の介入によって、組合員に自殺者や多数の負傷者などがでたため、会社側に対する非難はいっそう強まることになった。こうしたなかで、会社側は中央労働委員会の斡旋案をうけいれ、九月十六日に争議は終結したのであった。

昭和三十年代初めから四十八年にかけて、日本は経済高度成長期を迎えた。滋賀県でも工業化が一段と進展して、それまでの産業構造を大きく変化させるが、そのきっかけとなったのが名神高速道路の開通であった。昭和三十三年建設ルートが発表されると、県内の市町村の態度は二つに分かれた。インターチェンジ設置により発展の予想される栗東町《りっとう》（栗東市）や彦根市、バス停留所の設置を期待した秦荘町《はたしょう》（愛荘町）・多賀町は協力的であり、用地買収も比較的スムースに進んだ。一方、八日市市をはじめ、野洲《やす》（野洲市）・竜王町《りゅうおう》・蒲生町《がもう》（東近江市）・愛東町《あいとう》（同市）などでは激しい反対運動が発生している。

県内での建設工事は昭和三十三年九月栗東町（栗東市）において着工され、三十八年七月栗東・尼崎間が開通、翌年四月には栗東・関ヶ原間が開通した（西宮・小牧間全線開通は四十年七月）。県下のインターチェンジは、大津・栗東・旧八日市市・彦根に設けられ、のちに大津市瀬田と竜王にも設置されている。

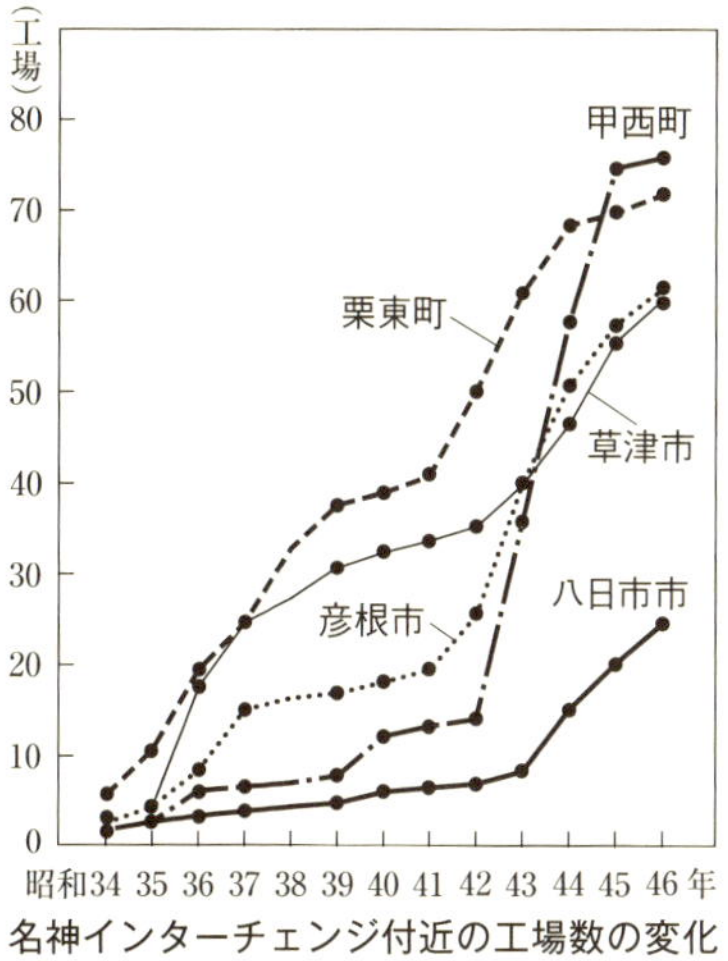

名神インターチェンジ付近の工場数の変化
『滋賀県史昭和編』第2巻による。

名神高速道路の開通によって、まず栗東インターチェンジ付近を中心に京阪神からの工場進出がはじまり、しだいに湖南・湖東地方一帯へ広まっていった。昭和三十年代の工場立地件数は約三五〇件、四十年代は約七七〇件以上にものぼった。昭和四十八年のオイルショック以後、この動きは鈍化するものの、県内の工業化の動きは依然としてとどまらなかった。地域的には、当初の湖南・湖東に加えて、やがて湖北や湖西地方にも工場が設置されるようになった。また、工場の内容をみると、電気機械・輸送用機械・鉄鋼金属・化学など内陸工業型の業種が多く、それまで湖国を代表した繊維産業の地位の後退がめだつ。

工場進出の動きに対応して、滋賀県は、大規模な工業団地の開発に着手するようになった。昭和四十三年三月甲賀郡甲西町《こうせい》（湖南市）に、総面積二八九・六ヘクタールにおよぶ湖南工業団地が完成した。これは、日本住宅公団との協力による関西で初めての職住接近のニュータウンで、昭和四十八年三月までに三三社が操業をはじめた。さらに、草津工業団地（六八・九ヘクタール）や、水口《みなくち》工業団地（六八ヘクタール）なども開発されている。こうしたなかで、昭和四十三年から四十六年にかけて、県内の製造業出荷額の伸び率は、全国で第一位となったのであった。

一方、国鉄（現JR）の整備も飛躍的に進んだ。昭和三十一年米原《まいばら》・京都間が電化、四十五年草津・京都間の複々線化が完成し、四十九年には湖西線も開通した。これに伴い、沿線各地で宅地開発が行われて、滋賀県は京阪神のベッドタウンとしての様相をみせることになる。そして昭和五十一年に人口が一〇〇万人を超え、平成元（一九八九）年には一二〇万人を突破したのであった。

琵琶湖保全活動●

琵琶湖の水は、かつてはたいへん清らかだった。透明度は昭和初期北湖中央部で一〇メートルを超えており、沿岸の町や村では湖水をそのまま飲料水とするところも多かった。だが、昭和三十年代以降琵琶湖の水質は急速に悪化し、四十六年ころになると、北湖の透明度は約四メートル、南湖では二メートル以下にまで低下した。

水質悪化の原因は、県内の本格的な工業化による工場の設置や宅地開発に伴う自然環境の破壊、大量消費型生活様式の登場、農薬や化学肥料を多量に使用する機械化農業の進展にあった。下水道が未整備だったため、工場や家庭からでた排水の大半は、琵琶湖に流れこんだ。また、湖岸の内湖、渚《なぎさ》や葦《あし》の群生地がつぎつぎに埋めたてられたことは、琵琶湖の自浄能力を大きく失わせて、水質の悪化に拍車をかけたのである。

昭和三十年代後半から、プランクトンの増殖による水道ろ過障害や臭い水の発生、水草類の大量繁茂などの現象があいついであらわ

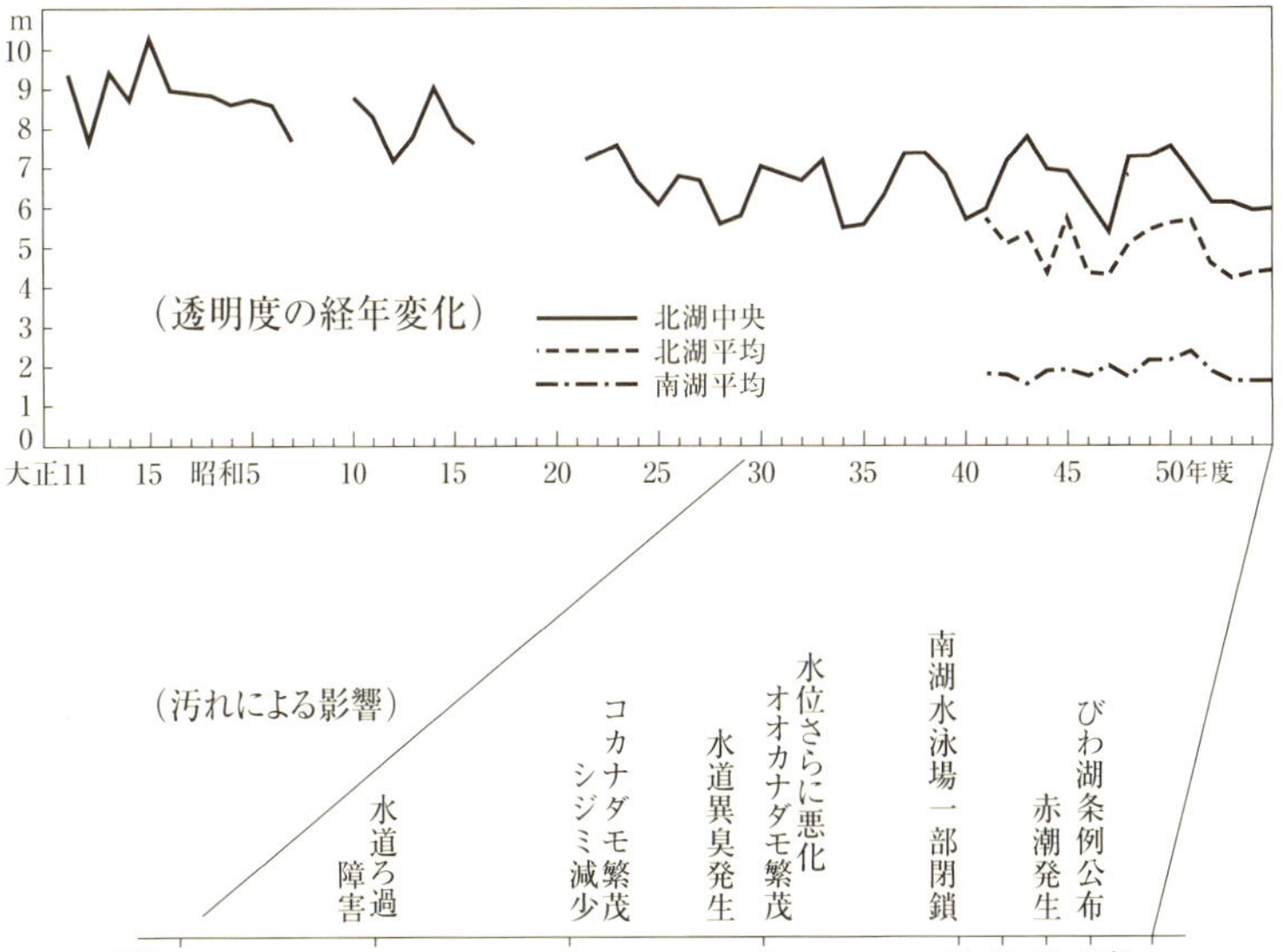

琵琶湖の透明度の経年変化と水質汚濁（『琵琶湖―その自然と社会―』による）

れたうえ、五十二年五月二十七日には、ついに赤潮が発生した。大津市におの浜沖では長さ二キロ、幅三〇〇メートルの湖面が赤く染まったほか、比較的水がきれいとされてきた北湖の滋賀郡志賀町（大津市）北小松沖や高島郡今津町（高島市）浜分《はまぶん》沖でも発生し、今津の養魚場では稚アユ約一万匹が死んだ。赤潮は以後毎年発生し、昭和五十八年九月二十一日には、より汚染の進んだ状態を示すアオコまでみられるようになった。赤潮はプランクトンの一種クスダマヒゲムシ（ウログレナ）、アオコはミクロキスティスの異常発生により引きおこされるが、これらの増殖は窒素《ちっそ》やリンなど栄養塩類の増加に起因していた。窒素やリンは、工場や家庭からの排水に多く含まれており、琵琶湖に流入・蓄積されて、富栄養化を進行させたのであった。

琵琶湖の汚染が進むなかで、昭和四十五年ころから消費者グループ・婦人団体・労働団体などが中心となって、合成洗剤追放、粉せっけん使用運動をはじめた。昭和五十年代にはいると、運動の輪はいっそう広がって、県漁業協同組合連合会や農業協同組合などの支持をうけるようになっ

琵琶湖岸の一斉清掃活動

た。一方滋賀県も、ほぼ同時期から本格的に富栄養化防止対策に取り組み、合成洗剤追放の動きを強めていった。これに対して、大手洗剤メーカーで構成される日本石鹸《せっけん》洗剤工業会は、大規模な反対キャンペーンを展開したが、県民世論の流れをかえることはできなかった。

昭和五十四年十月十六日、県議会においていわゆる「琵琶湖富栄養化防止条例」が可決となり、翌年七月一日から施行された。この条例は、きわめて特徴的な内容をもつもので、工場排水のなかに含まれる窒素やリンの量を一定基準以内に規制したほか、有リン合成洗剤の使用・贈答・販売を禁止していた。条例制定後には、各家庭から有リン合成洗剤の回収が行われている。

さらに、滋賀県は、条例制定と同時に、琵琶湖の環境保全のための総合的対策を定めた「びわ湖ＡＢＣ作戦」（新琵琶湖環境保全対策）を策定した。昭和五十六年三月には「滋賀県環境影響評価に関する要項」も制定されている。このようななかで、五十七年の琵琶湖総合開発計画延長にさいしては、農村下水道整備などの事業が付け加わるなど、国レベルの対応もはかられた。また、毎年七月一日は「よみがえれ、碧いびわ湖の日」と決められ、沿岸の住民らによって湖岸や河川の一斉清掃が行われるようになり、現在も続けられている。

しかし、条例施行直後は七〇％を超えていた県内の粉せっけん使用率は、年々低下していった。洗剤メーカーが、無リン合成洗剤の開発に成功したためであった。現在では粉せっけんを買おうにも、売っている店は少なくなっている。残された課題は多いのである。

最後になるが、琵琶湖の水質は最悪の状態を脱したが、まだとてもきれいとはいえないのが現状である。私たちは、碧い水を取り戻して、次代に伝えていかなければならない。

あとがき

山川出版社が〈旧県史シリーズ〉のなかで、原田敏丸・渡辺守順両氏執筆による『滋賀県の歴史』を刊行したのは昭和四十七（一九七二）年のことである。滋賀県を一地域として概観できる通史としては『滋賀県史』（昭和三年刊）や『滋賀県市町村沿革史』（昭和三十五〜四十二年刊）が有名であるが、当代の研究動向をふまえて簡明・平易に叙述された（旧）『滋賀県の歴史』もまた名著の名にふさわしいものであった。

さて以来二五年たって今回新しく企画された新シリーズの一冊として、年長者ということで執筆者の選定を依頼された。わたくしが選定の基準と考えたのは二つある。第一に滋賀県（近江）のそれぞれの時代における個別分野において、すぐれた研究を発表され、かつその業績が全国的な学会で承認されていること。第二に研究領域で自分の意見を持っていられることである。また滋賀県下では、一九七〇年代後半から八〇年代にかけて、『新修大津市史』をはじめ、あいついで市町村史が発刊された。そのさい膨大な史資料が発掘されていて、それらに目の行き届いた方として、各分野五人の若手研究者にお願いすることとし、幸い御本人の快諾を得て、ことを進める次第となった。五人の共著者とその執筆分担は次の通りである。

井戸庄三　　風土と人間

林　博通　　1章、2章1〜4節、5節1・2、年表（原始・古代）

中井　均　　2章5節3・4、3・4章、年表（古代・中世）
藤田恒春　　5〜7章、年表（近世）
池田　宏　　8・9章、年表（近代・現代）、沿革表

なお、近世の分野を担当いただいた藤田恒春氏には、予期せぬわたくしの長期入院があり、連絡がほかの方より大幅に遅れ、短期間で困難な時代分野の執筆にも拘らず、見事にまとめていただいた。氏の力量のおかげである。深く謝意を表明したい。また、付録のうち祭礼・行事については、和田光生氏（大津市歴史博物館）に作成していただいた。なお、紙数に限りがあるので、近代・現代についてては傳田功氏による『滋賀県の百年』（山川出版社、一九八四年刊）を、併読して補っていただければ幸いである。

五人の共著者は、いうまでもなく専攻する領域や考え方も異なり、叙述の仕方もそれらを反映していると考える。また、紙幅も制限され、どれほど原稿を削除されたことで苦痛を感じられたか。しかし、わたくしは年長者として執筆者の選考責任を感じてはいるが、あえて文体の統一や調整することはしていない。むしろそのことによって通史としては、個性あふれる出来栄えとなったと感じもしているのである。

執筆された方々、また山川出版社ならびに編集部の方々には多大の迷惑をおかけした。この点、全面的にわたくしに責任のあることを銘記し、かつ本書成立の事情を記した次第である。

一九九七年七月

畑　中　誠　治

滋賀県全図

都道府県界
市郡界
町村界
JR線
高速道路
有料道路
国道
県庁
1:400,000
0 4 8km
N
若狭湾
敦賀湾
徳山湖
敦賀市
つるが
あわの
みはま
小浜線
美浜町
野坂岳 914
岩籠 765
福井県
雲谷山 787
みかた
若狭町
とむら
三国山 876
824
赤坂山
小浜市
三十三間山 842
かみなか
箱館山 547
百里ヶ岳 931
おおい町
三国岳 959
白倉岳 950
902
蛇谷ヶ峰
高島市
武奈ヶ岳 1214
あどがわ
湖西線
安曇川
琵琶湖
竹生島
多景島
ながはら
おうみしおつ
きのもと
長浜市
北陸本線
ながはま
米原市
まいばら
ひこね
米原Jct
おうみながおか
北陸自動車道
三周ヶ岳 1292
横山岳 1132
墓谷山 738
金糞岳 1317
己高山 923
岐阜県
揖斐川町
徳山富士 925
本巣市
花房山 1190
池田山 924
池田町
伊吹山 1377
垂井町
せきがはら
関ケ原町
大垣市
笙ケ岳 908
養老町
霊仙山 1094
8
27
161
303
365
367
417
21

滋賀県《しがけん》の歴史《れきし》　　県史　25

1997年7月25日　第1版第1刷発行　　2022年7月30日　第2版第3刷発行

著　者　畑中《はたなか》誠治《せいじ》・井戸《いど》庄三《しょうぞう》・林《はやし》博通《ひろみち》・中井《なかい》均《ひとし》・藤田《ふじた》恒春《つねはる》・池田《いけだ》宏《ひろし》

発行者　野澤武史

発行所　株式会社　山川出版社　　〒101-0047　東京都千代田区内神田1-13-13
電話　03(3293)8131(営業)　03(3293)8135(編集)
https://www.yamakawa.co.jp/　　振替　00120-9-43993

印刷所　明和印刷株式会社　　製本所　株式会社ブロケード

装　幀　菊地信義

ISBN978-4-634-32251-6

畑中　誠治　はたなかせいじ

1931年，熊本県に生まれる
1958年，広島大学大学院文学研究科博士課程満期退学
元滋賀大学教授
主要著書・論文　『近世近江の農民』（滋賀県同和問題研究所，1994年），「村方騒動と村方地主」（『滋賀大学教育学部紀要』24号，1974年）

井戸　庄三　いどしょうぞう

1934年，滋賀県に生まれる
1960年，京都大学大学院文学研究科修士課程修了
元滋賀医科大学教授
主要著書・論文　『南海道の景観と変貌』（共編著，古今書院，1984年），「明治前期の市町村制度にみられる『統治』の論理，『行政』の論理，『自治』の論理」（『歴史地理学紀要』第30集，1988年）

林　博通　はやしひろみち

1946年，高知県に生まれる
1968年，京都教育大学卒業（日本考古学専攻）
現在　滋賀県立大学名誉教授
主要著書　『近江の古代寺院』（共著，近江の古代寺院刊行会，1989年），『古代近江の遺跡』（サンライズ出版，1998年），『大津京跡の研究』（思文閣出版，2001年），『尚江千軒遺跡―琵琶湖湖底遺跡の調査・研究―』（サンライズ出版，2004年），『幻の都大津京を掘る』（学生社，2005年）

中井　均　なかいひとし

1955年，大阪府に生まれる
1979年，龍谷大学文学部史学科卒業
現在　滋賀県立大学名誉教授
主要論文　「城が語る湖国の中世」（渡辺誠編『湖の国の歴史を読む』新人物往来社，1992年），「上平寺城とその城下町－遺構と絵図からの再検討－」（共著，『近江地方史研究』第29・30合併号，1994年）

藤田　恒春　ふじたつねはる

1952年，滋賀県に生まれる
1979年，関西大学大学院文学研究科博士課程前期課程修了
現在　関西大学・京都橘女子大学など非常勤講師
主要著書・論文　『増補駒井日記』（校訂，文献出版，1992年），「近世前期上方支配の構造」（『日本史研究』379号，1994年），『豊臣秀次の研究』（文献出版，2003年）

池田　宏　いけだひろし

1953年，滋賀県に生まれる
1979年，中央大学大学院文学研究科博士課程前期課程修了
現在　滋賀県立図書館主任主査
主要論文　「近江国竹生島における神仏分離をめぐる史料」（『中央史学』第７号，1984年），「基督同胞第二教会設立期の史料」（『滋賀近代史研究』第２号，1986年）

付　　録

■ 索　　引

● あ 行

● か　行

●さ　行

● た　行

● な　行

● は　行

● ま　行

● や　行

● ら・わ行

■ 年　表

年代	時代	事項
前6500年ころ	縄文早期	瀬田川河畔の石山貝塚，粟津湖底遺跡，赤野井湾遺跡，奥琵琶湖の葛籠尾湖底遺跡などで押型文土器を使用し，貝塚などを残す。
前3200年ころ	前期	琵琶湖尻に粟津第1・2貝塚を残す。
前2500年ころ	中期	粟津第3貝塚を残し，守山市下長遺跡や浅井町醍醐遺跡などで住居跡などを残す。
前1400年ころ	後期	能登川町正楽寺遺跡・今安楽寺遺跡，大津市穴太遺跡など各地に大集落をいとなみ，近江八幡市水茎遺跡の丸木舟などで琵琶湖を縦横に行き来する。
前800年ころ	晩期	今津町北仰西海道遺跡や大津市滋賀里遺跡などに大集団墓地をいとなみ，長命寺湖底遺跡の丸木舟も活躍。
前3世紀ころ	弥生前期	守山市小津浜遺跡や長浜市川崎遺跡など湖岸や低湿地に稲作を主体とした農耕集落が出現。
前1世紀ころ	中期	大中ノ湖畔にも木製農耕具を多用する農耕集落がいとなまれ(大中ノ湖南遺跡)，守山市下之郷などでは環濠集落が成立。草津市烏丸崎遺跡や中主町湯ノ部遺跡では木偶を用いる埋葬儀礼が行われる。
3世紀前半ころ	後期	守山市伊勢遺跡や栗東町下鈎遺跡，新旭町針江川北遺跡などでは，地域首長の居館が出現し，彼らを葬る前方後円型・前方後方型周溝墓が浅井町五村遺跡や長浜市鴨田遺跡，近江町法勝寺遺跡などでいとなまれる。野洲町大岩山に銅鐸24個が埋められる。
4世紀ころ	古墳前期	新秩序による古墳社会がはじまり，八日市市雪野山古墳や安土町瓢簞山古墳，大津市皇子山古墳などがきずかれる。
5世紀ころ	中期	鉄の需要が飛躍的に増大し，地域首長もその保有力を強めた。鉄製武具・武器を多量に副葬する栗東町新開古墳や余呉町黒田長山4号墳などがきずかれ，栗東町野尻遺跡では首長居館も造営された。
5世紀末ころ〜	後期	大津北郊に渡来系集団による横穴式石室の造墓がはじまり，大群集墳を形成。平野部には渡来人集落もいとなまれる。野洲町丸山・甲山古墳，中主町木部天神山古墳，高島町鴨稲荷山古墳など大型石室や石棺を伴う首長墓が目立つ。

西暦	年号	事項
584	(敏達13)	鹿深臣(甲賀臣)百済から弥勒石像を将来。
600	(推古8)	このころ能登川町小川に近江で最初の寺院が建立されたとみられる。
602	(　10)	***10-*** 滋賀郡の大友村主高聰，来朝した百済僧観勒から天文遁甲を学ぶ。
607	(　15)	***7-3*** 滋賀郡出身の小野妹子，第1次遣隋使として派遣される。
614	(　22)	***6-13*** 犬上郡出身の犬上御田鍬，第5次遣隋使として派遣される。

630	（舒明２）	***8-5*** 犬上御田鍬，第１次遣唐使として派遣される。このころ大津市穴太で初期寺院がつくられる。
640	（　12）	このころ大津市横尾山古墳群が形成される。
645	大化　1	***9-3*** 愛知郡出身の朴市秦造田久津，古人皇子らと謀反を企てる。
656	（斉明２）	***9-*** 犬上郡出身の犬上君白麻呂，遣高句麗使の一員として派遣される。
661	（　７）	***11-*** 百済の遺臣佐平鬼室福信が献上した唐人106人を近江国の墾田に移す。
663	（天智２）	***8-28*** 白村江の戦いで，百済王豊璋を援護してたたかった朴市秦造田久津が戦死。
665	（　４）	***2-*** 百済の遺民男女400人余を近江国神前郡に移し，３月に田をあたえる。
667	（　６）	***3-19*** 近江に遷都する(大津宮)。
668	（　７）	***1-3*** 中大兄皇子即位(天智天皇)。***1-*** 大津宮の北西の山中に崇福寺を建立。***5-5*** 天智天皇をはじめ皇族，重臣こぞって蒲生野に猟をする。
669	（　８）	***10-16*** 中臣鎌足，大津京内の自宅で没する。百済の遺臣佐平餘自信，佐平鬼室集斯ら男女700余人を近江国蒲生郡に移住させる。
670	（　９）	***2-*** 全国規模の戸籍，庚午年籍を作成。***2-*** 天智天皇，蒲生郡匱迮野に宮地を視察。
671	（　10）	***1-2*** 大友皇子を太政大臣とし，５重臣を大臣・御史大夫に任命。***1-6*** 近江令を施行。***4-25*** 漏刻を新台におき，はじめて時を知らせる鐘鼓を打つ。***10-19*** 大海人皇子，僧形となって吉野に隠遁。***12-3*** 天智天皇，大津宮で没する。
672	（天武１）	***6-24*** 壬申の乱勃発。***7-22*** 勢多橋での最後の決戦で近江朝廷軍大敗し，大友皇子自殺。冬，飛鳥浄御原宮に遷都。
676	（　５）	***11-*** 湯ノ部遺跡で出土した「牒文書木簡」がつくられる。
700	（文武４）	このころ官営の製鉄工房，木瓜原遺跡がいとなまれる。このころ栗太郡衙(岡遺跡)が運営されはじめる。
703	大宝　3	***9-*** 近江国の鉄穴(鉄生産地)が四品志紀親王にあたえられる。
708	和銅　1	***3-13*** 近江守に多治比真人水守が命ぜられる(「近江守」の初見)。***7-26*** 近江国で銅銭(和同開珎)を鋳造させる。
740	天平　12	***12-*** 聖武天皇，藤原広嗣の乱の平定さなかに伊勢・美濃・近江・山背に行幸。近江では坂田郡横川頓宮(６日)・犬上頓宮(７日)・蒲生郡(９日)・野洲頓宮(10日)・志賀郡禾津頓宮(11日)に宿泊する。
742	14	***8-11*** 紫香楽宮の造営を開始。
743	15	***10-15*** 盧舎那仏造顕の詔が出され，甲賀寺の造営はじまる。
745	17	***5-5*** 紫香楽宮が廃される。***9-*** 藤原仲麻呂，近江国守に就任(～758)。
759	天平宝字3	***11-16*** 保良宮の造営を開始。
761	5	***10-28*** 保良宮を北京とし，宮に近い２郡(滋賀・栗太郡か)を「畿県」とする。
762	6	***1-*** 石山寺の大増改築のため良弁が石山寺にはいり，高島山や立石山，田上山作所などから木材を石山寺に搬入。***2-25*** 恵美押勝(藤原仲麻呂)に近江国浅井・高島両郡の鉄穴一処をあたえる。***5-23*** 保良宮が廃止される。

764	天平宝字 8	*9-11* 恵美押勝の乱がおこり，湖西を舞台に戦闘が行われたが，押勝は高島郡勝野で斬首される(*9-18*)。
767	神護景雲 1	この年，最澄，滋賀郡古市郷に生まれる(翌年説も)。
785	延暦 4	*4-6* 最澄，東大寺戒壇で受戒し，近江国分寺僧となる。近江国分寺(瀬田廃寺か)焼失。
786	5	*1-* 桓武天皇勅願により，滋賀郡の山中に梵釈寺を建立。
788	7	この年，最澄，比叡山に一堂を建立し，一乗止観院とする。
794	13	*11-* 桓武天皇，近江国の古津を大津宮にちなんで大津と改称。
804	23	*6-* 山城国山科駅を廃して近江国勢多駅に馬数をふやす。*7-6* 最澄留学僧として入唐。
806	大同 1	*1-* 最澄，天台宗を開宗。
818	弘仁 9	*5-3* 最澄，天台法華宗年分学生式を定める。
820	11	*11-* 石山にあった定額国昌寺を近江国分寺とする。
822	13	*6-4* 最澄没す。*6-11* 比叡山に戒壇設定の勅許がおりる。
823	14	*2-* 嵯峨天皇より比叡山寺に「延暦寺」の寺号があたえられる。
833	天長 10	*9-8* 栗太郡金勝山大菩提寺，定額寺となる。
838	承和 5	*6-* 円仁，入唐する。
847	14	*9-* 円仁，経典を多数持ち帰る。
853	仁寿 3	*7-15* 円珍，顕密修学のため博多より出航し入唐。
859	貞観 1	*9-3* 円珍，園城寺(三井寺)を再建。
862	4	この年，円珍，園城寺の別当職となる。
866	8	*5-* 園城寺，天台別院となる。
976	貞元 1	*6-18* 近江に大地震があり，近江国府などが倒壊。
981	天元 4	この年，円珍派の余慶，京都法性寺の座主となる。円仁派，これに反対し強訴。
993	正暦 4	*8-* 円珍派，比叡山より一掃され，天台別院園城寺に移る(山門と寺門の分裂)。
1017	寛仁 1	*12-* 近江国分寺・国分尼寺が焼亡。
1035	長元 8	このころから山門と寺門の抗争が激化する。
1051	永承 6	この年，朝廷より安倍氏追討の命をうけた源頼義，園城寺護法神新羅明神に戦勝を祈願する。
1081	永保 1	*4-28* 延暦寺僧徒，大津浦の神人の帰属をめぐり園城寺に火を放つ。
1095	嘉保 2	*10-* 日吉社の神輿を延暦寺の根本中堂へ振り上げる。
1120	保安 1	閏 *5-* 延暦寺僧，大津付近の領地をめぐり園城寺僧を殺害し火を放つ。
1180	治承 4	*5-15* 平氏打倒に挙兵した以仁王，園城寺にはいる。*12-1* 伊賀国平田入道家継，近江を攻め，甲賀入道義栄の砦を攻め落す。*12-13* 平知盛，馬淵城を攻め落す。
1184	元暦 1	*1-20* 木曽義仲粟津で戦死。*7-* 伊賀平氏が蜂起し，甲賀郡油日川をはさんで合戦となり，佐々木秀義戦死。
1185	文治 1	*10-11* 佐々木成綱に佐々木荘内本知行地が安堵される。
1187	3	このころ佐々木定綱近江守護(国惣追捕使)となる。
1190	建久 1	*12-14* 関東に帰る源頼朝，佐々木氏の小脇館に止宿。
1191	2	*3-* 佐々木荘の千僧供養料をめぐり，日吉社宮仕が佐々木定綱の居館をおそう。*4-26* 延暦寺，佐々木定綱の死罪を求め神輿をおしたてる。

		4-30 佐々木定綱ら，流刑に処せられる。
1201	建仁　1	***5-*** 柏原弥三郎，佐々木信綱に誅伐される。
1205	元久　2	***4-9*** 佐々木定綱没する。
1211	建暦　1	この年，慈円，法然らの念仏停止を上申する。
1214	建保　2	***4-15*** 山門衆徒による焼打ちにより園城寺の房舎100余が焼失。
1221	承久　3	***5-15*** 後鳥羽上皇，諸国の兵を召集し京都守護伊賀光季を攻める(承久の乱)。佐々木広綱，高重ら上皇方として参戦。***6-13*** 幕府軍北条泰時・時房ら，野路に進攻。
1227	安貞　1	***6-22*** 延暦寺衆徒，大谷の法然の墓を破壊。
1231	寛喜　3	***1-*** 佐々木信綱，近江守に叙せられる。
1238	嘉禎　4	***10-13*** 将軍藤原頼経，小脇の佐々木信綱の居館に止宿する。
1243	寛元　1	***11-1*** 佐々木(大原)重綱の訴訟により幕府は佐々木泰綱の相伝の所領を没収し，ほかの御家人に分与すると裁決。
1287	弘安　10	***2-18*** 朽木頼綱，子息義綱に朽木荘と常陸国本木郷を譲り渡す。
1295	永仁　3	***9-*** 菅浦の百姓，日差・諸河の田畠を苅り取り，大浦へ乱入する。
1305	嘉元　3	***8-*** 大浦荘民，菅浦へ乱入し供御人・山門公人を刃傷する。
1307	徳治　2	このころ佐々木頼綱，柿御園ならびに小脇郷の灌漑のために新井を設ける。
1317	文保　1	***7-*** 葛川の住人，伊香立荘民の炭焼き場へ進出し相論となる。
1326	正中　3	***3-*** 京極高氏出家して，導誉と号する。
1330	元徳　2	***3-*** 後醍醐天皇，南都の春日社，興福寺，東大寺，北嶺の延暦寺，日吉社を歴訪する。
1332	正慶　1 (元弘 2)	***5-3*** 京極導誉，幕命により北畠具行を柏原で斬首する。
1333	2 (　3)	***5-9*** 六波羅探題北条仲時以下432人，番場一向堂の前庭で自害する。
1334	建武　1	***10-*** 日差・諸河の相論について紀業弘注進状が証拠として取り上げられる。乾元１銘の「菅浦与大浦下庄境絵図」もこのころ作成されたと考えられる。
1335	2	***11-*** 北畠顕家，佐々木氏頼のこもる観音寺城を攻める(翌年正月落城)。
1338	5 (延元 3)	***4-14*** 京極導誉，近江守護に任ぜられる。
1339	暦応　2 (　4)	***10-4*** 光厳天皇，青木大梵天本社(山津照神社)を修造。
1340	3 (興国 1)	***10-*** 京極導誉、妙法院を焼打ちする。
1345	貞和　1 (　6)	***4-2*** 足利尊氏，京極導誉に甲良荘および河内国甲斐荘の地頭職をあたえる。
1351	観応　2 (正平 6)	***9-10*** 石塔頼房ら，六角直綱がこもる観音寺城を攻める。***9-12*** 足利尊氏・義詮と足利直義方の細川顕氏，東浅井郡八相山で合戦におよぶ。***9-12*** 京極導誉，蒲生野で足利直義軍に敗れる。***12-1*** 足利義詮，京極導誉に佐々木大惣領の地位をあたえる。
1352	文和　1	閏 ***2-*** 足利義詮，犬上郡四十九院まで落ちのびる。***7-24*** 幕府，近

	（正平７）	江・美濃・尾張に半済令を発する。
1361	康安　１ （　16）	*1-18* 六角氏頼に請われて，寂室元光永源寺を創建。
1373	応安　６ （文中２）	*8-25* 京極導誉没する。
1379	康暦　１ （天授５）	*6-13* 三津(坂本)の馬借，新関停止を訴え祇園社に乱入。
1405	応永　12	*6-19* 足利義満，葛川明王院に参詣し，参籠札をおさめる。
1433	永享　５	*7-19* 山門使節，山内の衆徒を総動員して幕府軍とたたかう。閏 *7-17* 馬借ら，草津で小笠原政康とたたかう。
1441	嘉吉　１	*9-3* 嘉吉の土一揆近江におこり，六角満綱の京宿所が放火される。
1445	文安　２	*1-13* 六角満綱・持綱父子と持綱の弟時綱が争う。*1-22* 満綱・持綱が自刃。
1446	３	*8-7* 幕府，六角時綱討伐の御教書を六角久頼に下す。*9-5* 時綱自刃。
1456	康正　２	*9-19* 坂本の土一揆，徳政を求めて日吉社に閉籠する。
1465	寛正　６	*1-9* 山門衆徒，大谷本願寺をおそい破却する。蓮如は親鸞絵像を野洲郡金森へ移す。
1466	文正　１	*11-* 蓮如，金森で報恩講を厳修する。*12-* 坂本の馬借，祇園社に閉籠して，京極持清，多賀高忠の京中宿所をおそう。
1467	応仁　１	*2-* 親鸞絵像，堅田本福寺へ移される。*5-* 応仁の乱おこる。六角氏は西軍に，京極氏は東軍に組する。
1468	２	*3-24* 幕府，山門衆徒に命じて堅田の真宗門徒を攻めさせる。
1469	文明　１	*2-* 蓮如，園城寺南別所に坊舎を建立し，親鸞の絵像を安置する(近松御坊)。*5-7* 京極持清，近江守護となる。
1475	７	*9-7* 観音寺城下において京極政経配下の多賀高忠と延暦寺衆徒が六角高頼とたたかう。
1487	長享　１	*5-1* 京極高清，国友河原で多賀宗直とたたかう。宗直は東浅井郡月ヶ瀬で自刃。*9-12* 将軍足利義尚，六角討伐の軍を率いて出陣。*10-27* 義尚，栗太郡鈎に陣を構える。
1488	２	*8-4* 京極政経・材宗父子，京極高清に敗れ，伊勢へ逃亡。
1489	延徳　１	*3-26* 将軍足利義尚，鈎陣中にて没する。
1491	３	*8-22* 足利義材，六角高頼追討の綸旨を請う。*11-18* 山内政綱，園城寺で謀殺される。
1492	明応　１	*3-29* 神崎郡簗瀬河原で幕府軍と六角高頼軍がたたかう。
1493	２	*9-23* 京極高清，美濃の斉藤利国の援助によって近江にはいり，京極政経は犬上郡八尾山城へ退却。*11-15* 坂本の馬借，徳政一揆をおこし日吉社に閉籠する。
1496	５	*9-* 土岐政房・斉藤利国，京極高清と連合して近江に進出し，蒲生貞秀の音羽城を攻める。
1502	文亀　２	*10-11* 伊庭貞隆，六角高頼とたたかう(第１次伊庭の乱)。*10-12* 貞隆，青地城・馬淵城・永原城を攻め落す。高頼，観音寺城を出て音羽城へ退却。
1505	永正　２	冬- 上坂家信の仲介により，坂田郡日光寺において京極高清と材宗の

			和議が成立。
1508	永正	5	***4-10*** 将軍足利義澄，長命寺から岡山城にはいる。
1510		7	***2-*** 足利義争，岡山城にこもる足利義澄を攻める。***8-14*** 義澄，岡山城内で没する。
1514		11	***2-19*** 伊庭貞隆・貞説父子が反乱(第2次伊庭の乱)。
1518		15	***4-4*** 六角氏綱没する。
1520		17	***10-21*** 六角高頼没する。
1523	大永	3	***3-*** 大吉寺梅本坊の公事をめぐり，浅井氏ら国人衆が上坂信光に反抗。京極高清父子は尾張へ逃亡。
1525		5	***5-24*** 浅井亮政，尾張より京極高清を迎える。六角定頼，江北へ出陣。
1527		7	***2-17*** 将軍足利義晴，細川高国とともに山中越えで京都を脱出し，近江坂本へ避難。
1528	享禄	1	***9-8*** 将軍足利義晴，朽木稙綱をたより朽木へ移る。
1531		4	***4-6*** 六角定頼，坂田郡箕浦において浅井亮政とたたかい，これを破る。
1534	天文	3	この年，浅井亮政，京極父子を居城小谷城で饗応する。
1538		7	***3-2*** 六角定頼，江北に出陣。多賀貞隆，佐和山城を攻める。***6-4*** 定頼軍，坂田郡鎌刃城を攻める。***9-12*** 定頼軍，小谷城を攻める。
1540		9	***8-19*** 出雲の尼子一門および諸将，竹生島に奉加する。
1542		11	***1-6*** 浅井亮政没する。
1550		19	***5-4*** 将軍足利義晴，穴太に没する。
1552		21	***1-2*** 六角定頼没する。
1559	永禄	2	***9-19*** 六角義賢，高野瀬秀澄を肥田城に水攻めする。
1563		6	***10-1*** 六角義弼，後藤賢豊父子を観音寺城内で殺害する(観音寺騒動)。
1567		10	***4-18***「六角氏式目」制定。
1568		11	***9-12*** 織田信長の近江進攻。箕作山城落城。***9-13*** 観音寺城陥落。六角承禎・義治父子，甲賀郡へ逃亡。
1570	元亀	1	***4-30*** 浅井長政，織田信長に反する。***6-12*** 信長，小谷城に長政を攻める。***6-28*** 姉川の合戦。***9-20*** 浅井・朝倉軍，宇佐山城の森可成を攻める。可成は戦死(志賀の陣)。***11-*** 志賀・高島・三浦の門徒，織田信長方の堅田砦を攻め落す。
1571		2	***2-17*** 佐和山城の磯野員昌，織田信長に降る。***8-18*** 信長，坂田郡横山城へ出陣。小谷城攻めで木之本，余呉に放火する。***9-1*** 信長，金森の一向一揆を攻める。***9-12*** 信長，比叡山を焼討ちする。
1572		3	***7-*** 佐久間信盛，金森・三宅両城の一向一揆を鎮圧する。
1573		4	***2-26*** 今堅田，石山に拠る光浄院暹慶ら，明智光秀，柴田勝家に討たれる。***4-7*** 信長，愛知郡鯰江城にこもる六角義治を攻め，百済寺を焼討つ。***8-28*** 信長，小谷城を攻める。浅井久政・長政父子，自害する。「江北浅井跡一職」の支配を羽柴秀吉にあたえる。
1576	天正	4	正月安土築城がはじまる。***2-1*** 織田信長，岐阜より安土に移る。
1577		5	***6-*** 織田信長，安土城下に掟書を下す(楽市楽座)。
1579		7	***5-*** このころ安土城の天守が完成。***5-27*** 安土城下浄厳院で宗論が行

			われる(安土宗論)。
1581	天正	9	この年，安土城下に神学校(セミナリヨ)が建設される。
1582		10	***6-2*** 本能寺の変。***6-5*** 明智光秀，安土城へはいる。***6-13*** 山崎の合戦。光秀，山科で殺される。***6-15*** 安土城炎上。***12-29*** 蒲生氏郷，日野町へ12カ条の条規を定める。
1583		11	***4-21*** 秀吉，賤ケ岳の戦いで柴田勝家を破る。***7-*** 秀吉検地を実施。
1584		12	***5-1*** 秀吉，比叡山の再興を許し，観音寺詮舜これに預かる。
1586		14	***6-*** 羽柴秀次，八幡山下町へ楽市など3カ条の条規を定める。
1587		15	***2-16*** 浅野長吉，大津百艘船へ3カ条の条規を定める。
1588		16	***4-15*** 秀吉，公家の領地を高島郡内であてがう。***6-15*** 秀吉，上杉景勝へ在京賄料地として1万石を近江であてがう。
1591		19	***4-23*** 秀吉，家康へ在京賄料地として9万石を近江であてがう。***5-*** 秀吉，江州諸浦へ5カ条の条規を定める。この年，秀吉，近江一国で検地を実施。
1592	文禄	1	***1-2*** 観音寺詮舜ら，朝鮮出兵のための加子を長浜村より徴集。
1595		4	***2-7*** 会津若松城主蒲生氏郷，死去。
1596	慶長	1	***2-*** 佐和山城普請。***3-1*** 石田三成，領地へ9カ条の条規を定める。
1598		3	***6-18*** 秀吉，湖上往還につき5カ条の条規を定める。
1599		4	閏 ***3-10*** 石田三成，大坂城を出，佐和山城へ退去。
1600		5	***2-19*** 観音寺詮舜死去。***9-14*** 京極高次がまもる大津城落城。***9-15*** 関ヶ原の戦い，東軍が勝利。***10-1*** 石田三成・長束正家ら，京都六条河原で斬首される。***10-*** 井伊直政，佐和山城へ18万石で転封する。この年，佐久間安政，高島郡内で1.5万石を拝領する。
1601		6	***2-*** 戸田一西，大津城へはいる。***6-*** 家康，膳所城普請を命じる。また，観音寺，琵琶湖の船数を改める。
1602		7	この年，家康，近江一国の検地を実施。
1603		8	***7-*** 井伊直政，彦根城普請に着工(元和8年完成)。
1606		11	***4-*** 内藤信成，近江で4万石を拝領し長浜城へはいる。
1607		12	***5-*** 幕府，国友鉄炮鍛冶へ鉄炮製作につき8カ条の条規を定める。
1608		13	***7-17*** 幕府，延暦寺へ寺領5000石を寄進し，7カ条の条規を定める。***11-*** 松平定勝，近江高島・志賀郡内で4万石を拝領。
1612		17	この年，米津親勝，近江国奉行となる。
1614		19	***1-20*** 幕府，大久保忠隣を栗太郡上笠村へ流罪とする。
1615	元和	1	閏 ***6-*** 内藤信正，長浜より摂津国高槻へ転封となる。また，佐久間安政も信濃国飯山へ転封となる。
1616		2	***5-*** 幕府，大津・矢橋間の渡海運賃を定める。***7-25*** 戸田氏鉄，膳所より摂津国尼崎へ転封となり，本多康俊が入部する。この年，喜多見勝忠，近江国奉行となる。
1619		5	***8-*** 分部光信，高島・野洲2郡で2万石を拝領し，大溝に陣屋をおく。***9-*** 小堀正一，浅井郡などで1万石余を拝領し，小室に陣屋をおく。
1620		6	***3-*** 市橋長政，蒲生・野洲2郡2万石を拝領し，仁正寺に陣屋をおく。
1621		7	***8-*** 本多康俊，転封となり，菅沼定芳が入部する。
1622		8	***8-18*** 最上義俊，蒲生・愛知・甲賀郡などで1万石を拝領し，大森に陣屋をおく。この月，小堀正一，近江国奉行となる。

1623	元和	9	*9-* 南光坊天海，坂本に東照宮を建立する。
1626	寛永	3	*4-14* 孝蔵主死去。
1630		7	*5-* 彦根藩，藩政につき53カ条の条規を定める。
1631		8	*11-21* 最上義俊死去につき領地召上げ，翌年 9 月26日義智が蒲生郡で5000石をあてがわれる。
1633		10	*3-20* 井伊直孝，5 万石を加増され30万石となる。
1634		11	閏 *7-* 菅沼定芳，転封となり，石川忠総が入部する。*8-2* 伊達政宗5000石を加増され，近江に 1 万石を領有し，蒲生郡上羽田に陣屋をおく。
1635		12	*4-8* 延暦寺の諸堂舎造営はじまる(寛永17年完成)。
1640		17	この年，神崎郡木流村で寺子屋開かれる。
1642		19	この年，西日本を中心に飢饉広がり，「江州の百姓つまる」。
1645	正保	2	*9-* 小堀正一，国絵図作成のため各村より差出を徴収。
1647		4	*2-6* 小堀正一死去。*3-* 八幡の西村太郎右衛門，「安南渡海船絵馬」を日牟礼八幡宮へ奉納する。この年，幕府，「正保国絵図」を作成。
1648	慶安	1	*3-* 藤樹書院設立。*8-25* 中江藤樹死去。
1651		4	*4-* 石川忠総転封となり，本多俊次が入部し，以後幕末まで続く。5藩領へ29カ条の条規を公布。
1662	寛文	2	*5-1* 高島郡を中心に大地震。
1668		8	この年，京都町奉行所の成立により，近江の公事訴訟を担当する。
1673	延宝	1	この年，北村季吟，『源氏物語湖月抄』をあらわす。
1679		7	この年，幕府，彦根藩・大垣藩へ命じ，近江の幕領の検地を実施。
1682	天和	2	*6-19* 加藤明友，近江で 2 万石を拝領し，甲賀郡水口へ入部。
1685	貞享	2	*6-26* 観音寺朝舜，幕府代官を罷免される。
1689	元禄	2	この年，原田蔵六，『淡海録』25巻を刊行。
1690		3	*8-* 芭蕉，『幻住庵記』をあらわす。
1691		4	*9-12* 観音寺智周，伊藤仁斎へ入門する。
1695		8	*5-15* 加藤明英，転封となり鳥居忠英入部。
1698		11	*3-7* 堀田正休，近江で 1 万石を拝領し，坂田郡宮川に陣屋をおく。*3-* 堀田正高，近江で 1 万石を拝領し，志賀郡堅田に陣屋をおく。稲垣重定，近江で 1 万3000石を拝領し，神崎郡山上に陣屋をおく。遠藤胤親，近江で 1 万石を拝領し，野洲郡三上に陣屋をおく。
1700		13	このころ，大津御蔵14棟廃止となる。
1704	宝永	1	*12-* 森川許六，『風俗文選』10巻を刊行する。
1705		2	*6-15* 北村季吟死去，82歳。
1711	正徳	1	*12-1* 浅見絅斎死去，60歳。
1712		2	*2-23* 鳥居忠英，転封となり加藤嘉矩，水口へ入部。
1715		5	*8-26* 彦根藩士で芭門十哲のひとり森川許六死去，60歳。
1720	享保	5	*4-* 彦根三湊，大津百艘船との相論に勝つ。*12-* 幸阿弥伊予，塩津掘割を願い出る。
1724		9	*3-* 柳沢吉里，郡山へ転封となり，近江で 5 万8000石を領有し，神崎郡金堂と高島郡海津に陣屋をおく。
1732		17	西日本を中心に蝗害・水害広がる。
1734		19	*3-* 寒川辰清，『近江輿地志略』101巻を上梓。

1755	宝暦	5	***1-6*** 雨森芳洲死去，88歳。
1756		6	***11-*** 慈音尼，『蒹葭反古集』3巻を刊行。
1761		11	***10-*** 彦根藩領で柳川騒動おこる。
1765	明和	2	この年，青湖田包教ら，『江左三郡録』3巻をあらわす。
1772	安永	1	この年，木内石亭，『雲根志』前篇をあらわす。
1775		4	この年，慈門尼死去。
1778		7	***7-12*** 慈音尼死去，63歳。
1781	天明	1	この年，膳所藩領で御用金反対の打ちこわしなどおこる。
1782		2	***6-1*** 大津で打ちこわしおこる。
1785		5	***6-*** 大溝藩，藩校修身堂を設立。
1786		6	***10-*** 八幡町会所不正騒動おこる。
1788		8	***6-*** 小堀政方，改易となる(小室藩廃絶)。
1792	寛政	4	***2-*** 塩野義陳，『淡海木間攫』11巻をあらわす。
1799		11	***11-*** 彦根藩，藩校稽古館(のち弘道館)を設立。また，国産方を設置。
1802	享和	2	***2-28*** 琵琶湖周辺大水害。
1805	文化	2	***8-*** 伊能忠敬，近江国中を測量する。この年，中井源左衛門死去。「金持商人一枚起請文」を書き残す。
1808		5	***3-11*** 木内石亭死去，85歳。***9-*** 膳所藩，藩校遵義堂を設立。
1811		8	この年，秋里籬島ら，『近江名所図会』を刊行。
1812		9	成田重兵衛，『蚕飼絹篩』をあらわす。
1816		13	***12-13*** 蒲生郡寺村の医師角信筆，牛肉を食べる。
1817		14	***12-*** 坂本で打ちこわしがおこる。
1819	文政	2	***6-12*** 湖東を中心に大地震。
1824		7	この年，前田梅園，「鴻溝録」3巻をあらわす。
1826		9	***10-*** 堀田正敦，転封となり堅田藩廃絶する。
1830	天保	1	御蔭参りはやる。
1831		2	この年，幕府50年ぶりに瀬田川浚えを認可。
1840		11	神崎郡北庄村野村清左衛門，『農業心得書』をあらわす。
1842		13	***10-*** 甲賀・野洲・栗太3郡で検地反対一揆おこり，10万日日延べを勝ちとる。
1846	弘化	3	***7-7*** 大水害。この年，外村与左衛門，「家之掟」24カ条を定める。
1850	嘉永	3	***11-*** 井伊直弼，彦根藩主となる。
1854	安政	1	***6-15*** 地震。***11-4*** 大地震。
1855		2	この年，水口藩，藩校翼輪堂を設立。
1858		5	***4-*** 井伊直弼，大老に就任。
1860	万延	1	***3-3*** 井伊直弼暗殺される(桜田門外の変)。***5-*** 大水害。
1862	文久	2	閏 ***8-*** 彦根藩，神崎・蒲生2郡で10万石減封となる。
1866	慶応	2	***6-7*** 元膳所藩士で尊攘派の川瀬太宰，処刑される。
1867		3	***10-*** 各地でお札が降り，踊りあり。
1868	明治	1	***3-23*** 大津裁判所開庁。***4-1*** 大津坂本の日吉大社で廃仏毀釈発生。閏 ***4-28*** 大津県設置。
1869		2	***3-3*** 蒸気船「一番丸」完成。
1870		3	***4-25*** 膳所城廃城願い，新政府より許可。***11-*** 膳所藩，「帰田法」を実施。

1871	明治	4	*6-23* 大溝藩，7月の廃藩置県を前に廃藩。*9-* 長浜に滋賀県第1小学校が創設。*11-2* 近江国北部に長浜県設置。
1872		5	*1-19* 大津県を滋賀県と改称。*1-* 滋賀県，議事所を開設。*2-27* 長浜県を犬上県と改称。*6-* 八木山村(大津市)村民の神社氏子入り問題で坂本村民と争論が発生(「解放令」をめぐる問題)。*9-29* 犬上県，滋賀県に合併。*10-* 県下初の新聞『滋賀新聞』創刊。
1873		6	*5-* ウィーン万国博覧会に水口の籐細工などが出品される。
1875		8	*3-8* 陸軍歩兵第9連隊，大津に駐屯。*6-1* 大津に小学校教員伝習所(滋賀大学教育学部の前身)設置。
1876		9	*5-3* 彦根で博覧会開催。*8-21* 滋賀県，旧越前国と旧若狭国の4郡を管轄(明治14年2月7日に福井県に移管)。
1877		10	*12-1* 県下最初の国立銀行，第二十一国立銀行が長浜に開業。
1878		11	*8-13* 旧彦根藩士族河上左右，政府に国会開設建白書を提出(明治14年までにほか4点の建白書が提出)。*9-5* 坂田郡枝折村(米原町)に県営鯇養試験場(醒ケ井養鱒場の前身)設置。
1879		12	*4-2* 最初の県会開催。*6-4* 彦根に県下最初のキリスト教会設立。*6-13* 滋賀郡錦村(大津市)でコレラ発生し，県内に拡大。
1880		13	*6-28* 東海道線旧逢坂山トンネル，初めて日本人のみの手で完成。*7-14* 東海道線大津・京都間開通。
1881		14	*8-20* 野洲郡小篠原村(野洲市)で，日本で最初に銅鐸が出土。
1882		15	*2-10* 大津自由党結成。*3-10* 北陸線長浜・敦賀間開通(柳ケ瀬トンネルは未開通)。*5-1* 太湖汽船会社創立。*10-1* 近江水産会(近江水産組合の前身)結成。
1883		16	*9-* 湖上最初の鋼鉄船第1・第2太湖丸進水。
1885		18	*3-* 犬上郡八坂村(彦根市)から滋賀県最初の移民がハワイに行く。
1886		19	*3-* 近江縮緬・絹縮緬同業組合設立。*5-21* 滋賀県商業学校(八幡商業高校の前身)大津に開校。*12-23* 湖南汽船会社創立。
1887		20	*5-1* 滋賀県立尋常中学校(彦根東高校の前身)開校。
1888		21	*7-17* 滋賀県米質改良組合(近江米同業組合の前身)設立。
1889		22	*7-1* 県内の東海道線全通。
1890		23	*4-9* 琵琶湖第1疏水完成。
1891		24	*5-11* 大津事件発生。*10-28* 県庁の彦根移転問題おこる。
1894		27	*5-18* 彦根城，井伊家に下賜。この年，湖南汽船会社，定期遊覧船の運行開始。
1895		28	*1-* 信楽陶器業組合設立。
1896		29	*9-* 県下に史上最大の大水害発生。
1897		30	*1-1* 県下最初の電灯が大津でともる。*7-18* 琵琶湖治水会設立。この年より滋賀県からのカナダ移民急増。
1898		31	*5-20* 天保義民碑，甲賀郡三雲村(湖南市)に立てられる(10月14日には三上山麓にも)。*6-30* 大東義徹，第1次大隈重信内閣の司法大臣に就任(県出身者初の大臣)。
1900		33	*4-15* 滋賀県水産試験場，犬上郡福満村(彦根市)に設置。
1901		34	*4-19* 滋賀県商業学校，蒲生郡宇津呂村(近江八幡市)に移転。
1905		38	*2-2* W・M・ヴォーリズ，近江八幡にくる。*3-31* 南郷洗堰竣工。

1907	明治	40	***9–15*** 太湖汽船会社，遊覧貸切り専用船「八景丸」を建造。この年，中川源吾，ビワマスの卵100万粒の採卵に成功。
1909		42	***8–14*** 姉川地震発生。***10–10*** フェノロサの墓碑ができる。
1912		45	***3–31*** 琵琶湖第２疏水完成。
1914	大正	3	***9–25*** 京都大学大津臨湖実験所開設。***10–22*** 荻田常三郎，八日市沖野原で県下初の飛行を行う。
1917		6	***11–*** 湖東・湖北地方で陸軍特別大演習実施。この年，小口太郎，「琵琶湖周航の歌」を作詩。
1918		7	***5–25*** W. M. ヴォーリズ，近江療養院(サナトリウム)を八幡町に開設。***8–13〜16*** 近江八幡と信楽で米騒動が発生。
1921		10	***3–15*** 江若鉄道，三井寺下・叡山間が開通。
1922		11	***3–3*** 京都で開かれた全国水平社創立大会で，滋賀県出身の南梅吉を初代委員長に選出。***4–28*** イギリス皇太子，琵琶湖を遊覧。***10–20*** 彦根商業学校(滋賀大学経済学部の前身)開校。
1923		12	***5–*** 甲賀売薬同業組合設立。この年，県内で小作争議が激増。
1925		14	***2–15*** 日本農民組合滋賀県連合会結成。***8–10*** 大津柳ケ崎に県下初の公衆水泳場開設。この年，マキノスキー場でスキー大会開かれる。
1926	昭和	1	***4–16*** 東洋レーヨン滋賀工場創設。***10–4*** 能登川奥田製油所で朝鮮人職工のストライキ発生(県内で初めての本格的な労働争議)。
1927		2	***3–15*** 比叡山坂本ケーブル開通。***4–18*** 金融恐慌により近江銀行休業。
1928		3	***4–1*** 県立聾話学校が草津に，県立盲学校が彦根に開校。***9–6*** 瀬田川の人絹工場汚水問題で，沿岸民が東洋レーヨンに抗議。
1930		5	***11–9*** 京阪電鉄京津線で電車転覆事件発生(労働争議中の事件)。
1931		6	***1–1*** 江若鉄道，浜大津・今津間全通。***5–1*** 県下初のメーデー，大津と彦根で開催。
1932		7	***4–3*** 旭絹織膳所工場争議で煙突男出現。
1933		8	***10–1*** 第百三十三銀行と八幡銀行が合併し，滋賀銀行創設。
1934		9	***9–21*** 第１室戸台風により，東海道線瀬田川鉄橋で列車が転覆。***10–27*** 琵琶湖ホテル開業。
1935		10	***4–10*** 琵琶湖対策審議会規則制定。***9–30*** 栗太郡志那村(草津市)に淡水真珠養殖株式会社設立(翌年，琵琶湖真珠株式会社と改称)。
1936		11	***5–7*** ふたたび県庁彦根移転問題がおこる。
1937		12	***3–9*** 満州農業移民第７次先遣隊に，滋賀県から30人の参加が決定。***5–7*** ヘレン・ケラーが来県，県内で講演。
1940		15	***11–7*** 近江神宮鎮座祭執行。
1941		16	***4–6*** 旧制第四高校のボート選手11人，高島郡大溝町(高島町)の琵琶湖沖で遭難。
1942		17	***4–1*** 大津海軍航空隊，正式に発足。***4–15*** 滋賀県の金属供出，全国４位となる。
1943		18	***6–20*** 滋賀県立図書館開館。
1944		19	***1–27*** 琵琶湖内湖の入江内湖・松原内湖など，干拓地に決まる。***9–1*** 大阪の学童疎開生徒，滋賀県にくる。
1945		20	***5〜8–*** 彦根・大津・長浜など県内各地に空襲。***10–4*** アメリカ占領軍，

		大津に進駐。以後長浜・八日市・草津などにも進駐。
1946	昭和　21	*5-5* 供米強権発動反対運動おこる。*11-5* 心身障害児の教育保護施設近江学園開設(昭和46年に石部町〈湖南市〉に移転)。
1947	22	*5-3* 大津公民館開館(全国最初の公民館)。
1949	24	*5-31* 滋賀大学設置。
1950	25	*7-24* 琵琶湖，日本最初の国定公園に指定。
1951	26	*4-1* 大型遊覧船「玻璃丸」就航。
1953	28	*5-27* 高島郡今津町で饗庭野軍事基地化反対実行委員会結成。*8-14* 甲賀郡信楽町で，豪雨による山津波発生。*10-4* アメリカ海兵隊饗庭野で演習。
1954	29	*3-15* 滋賀会館開館(日本の総合県民ホールの草分け)。*6~9-* 近江絹糸彦根工場で「人権争議」が発生。
1956	31	*10-11* 延暦寺大講堂焼失。*11-19* 東海道線米原・京都間の電化完成。
1957	32	*9-19* 大津からアメリカ軍撤退。この年より，大中の湖干拓本格的にはじまる。
1958	33	*4-18* 比叡山ドライブウエー開通式。
1960	35	*7-* 農薬 PCP の使用により琵琶湖の魚介類が大被害をうける。
1962	37	このころより，工場排水などを原因とする琵琶湖の水質汚染が拡大。
1963	38	*4-1* 重度心身障害児医療施設びわこ学園，大津に開園(昭和41年には野洲町〈野洲市〉に第２びわこ学園開園)。
1964	39	*4-11* 名神高速道路県内部分開通。*9-27* 琵琶湖大橋竣工。
1966	41	*7-4* 大中の湖干拓地入植式。
1968	43	*9-20* 大津市でびわ湖博覧会はじまる。*11-14* アメリカミシガン州との姉妹盟約調印。
1969	44	*11-1* 江若鉄道廃止。
1970	45	*4-9* 饗庭野自衛隊ナイキ基地反対集会開かれる。
1972	47	*3-10* 草津の日本コンデンサー工場から多量の PCB が検出。*4-1* びわ湖放送，本放送開始。*6-9* 琵琶湖総合開発特別措置法成立。
1973	48	*7-3* 彦根付近の琵琶湖で淡水赤潮発生。
1974	49	*7-20* 国鉄湖西線開通。*9-26* 近江大橋開通。*11-17* 知事選で保守と革新が激突し，武村正義当選。
1975	50	*3-* 滋賀県,財政危機で非常事態を宣言。この年,「上田金脈問題」発生。
1976	51	*7-17* 県人口100万人を突破。
1977	52	*5-27* 淡水赤潮により今津でアユ１万匹が死ぬ。*10-16・17* 大津で合成洗剤追放全国集会開催。
1978	53	*2-9* 滋賀県教育委員会，大津京宮跡を大津市錦織地区と断定。*8-23* 「びわ湖を守る粉せっけん使用推進県民運動」連絡会発足。
1980	55	*4-7* 北陸自動車道米原・敦賀間開通。*5-5* ブラジルのリオグランデ＝ド＝スール州と姉妹提携。*10-16* 琵琶湖富栄養化防止条例施行。
1981	56	*1-* 湖西・湖北地方で豪雪による大被害発生。*8-* 南湖域にアナベナが異常発生し，「臭い水」騒ぎがおこる。*9~10-* びわこ国体開催。
1982	57	*3-* 琵琶湖総合開発特別措置法の10年延長が決定。*4-29* 大型外輪船「ミシガン」就航。

1983	昭和	58	3-25 中国湖南省との友好提携に調印。4-1 愛東町大萩に障害者と健常者とが生活をともにする「茗荷村」が開設。9- 琵琶湖にアオコ発生。
1984		59	7- 大津で穴太廃寺跡発見。8-26 滋賀県立近代美術館開館。8-27〜31 第1回世界湖沼環境会議開催。
1985		60	7-1「ふるさと滋賀の風景を守り育てる条例」施行。
1986		61	2-2 国際湖沼環境委員会発足。
1987		62	5〜6- 比叡山開創1200年慶賛大法会行われる。
1988		63	11-2 びわこ空港の建設候補地に蒲生日野地区が正式決定。
1989	平成	1	4-26 八日市市雪野山で，4世紀後半の未盗掘古墳の発見が公表。6-3 宇野宗佑，県内出身者初の内閣総理大臣となる(8-10 辞任)。
1990		2	8-12 蒲生町綺田地区でびわこ空港反対集会開かれる。
1991		3	5-14 信楽高原鉄道で列車衝突事故発生。5-31 UNEP 国際環境技術センターの滋賀県設置が正式決定。
1992		4	5-12 大津市琵琶湖畔の通称「幽霊ホテル」が爆破解体。7-1「琵琶湖ヨシ群落保全条例」施行。
1993		5	1-6 日野町で，びわこ空港反対のための立ち木トラスト運動はじまる。6-9 琵琶湖，ラムサール条約に湿地として登録されることが決定。
1994		6	6-29 信楽町教育委員会，宮町遺跡をほぼ紫香楽宮跡と認定。
1996		8	10-1 滋賀県立琵琶湖博物館開館。
2000		12	4-7〜9 大津市で世界主要8カ国(G8)環境大臣会合開催。11-22 信楽町(甲賀市)宮町遺跡で，「朝堂院」の一部と見られる建物跡の発掘が公表される。
2001		13	2-1 能登川町の神郷亀塚古墳が3世紀前半の最古級前方後方墳と判明。
2002		14	3-31 米原町で，全国初の永住外国人の投票資格を認めた合併問題住民投票が行われる。8-3 大津市膳所高校グラウンドで聖武天皇の「禾津《あわづ》頓宮《とんぐう》」とみられる遺構が出土と，滋賀県教育委員会が発表。
2003		15	3-9 W.M.ヴォーリズが設計した豊郷小学校校舎解体問題で，町長のリコールが成立(4-27 出直し選挙で失職した前町長が当選)。4-1 外来魚の再放流禁止などを内容とする「琵琶湖レジャー適正化条例」施行。10-10 大津市が「古都」に指定される。

■ 沿 革 表

1. 国・郡沿革表

(2010年８月現在)

国名	延喜式	吾妻鏡 その他	郡名考 天保郷帳	郡区編制	現在	
					郡	市
近江	滋《し》賀《か》	滋賀 志賀	滋《し》賀《か》	滋《し》賀《が》		大津市
	高《たか》島《しま》	高島	高《たか》島《しま》	高島		高島市
	伊《い》香《かこ》	伊香	伊《い》香《かこ》	伊《い》香《か》		長浜市
	浅《あさ》井《い》	浅井	浅《あさ》井《い》	西浅井 東浅井		
	坂《さか》田《た》	坂田	坂《さか》田《た》	坂田		長浜市・米原市
	犬《いぬ》上《かみ》	犬上	犬《いぬ》上《かみ》	犬上	犬上郡	彦根市
	愛《え》智《ち》	愛智	愛《え》智《ち》 愛知	愛智	愛《え》知《ち》郡	
	神《かん》崎《さき》	神崎	神《かん》崎《ざき》	神崎		近江八幡市・東近江市
	蒲《かま》生《ふ》	蒲生	蒲《かま》生《ふ》	蒲生	蒲生《がもう》郡	近江八幡市(一部東近江市へ)
	甲《かふ》賀《か》	甲賀	甲《かふ》賀《か》	甲賀		湖南市・甲賀市
	野《や》洲《す》	野洲	野《や》洲《す》	野洲		守山市(一部近江八幡市へ) 野洲市
	栗《くる》太《もと》	栗本 栗太	栗《くり》太《もと》	栗太		草津市(一部大津市へ) 栗東市

2. 市・郡沿革表

(2010年８月現在)

大《おお》津《つ》市

明治22年４月１日　町制施行
明治31年10月１日　市制施行
昭和７年５月10日　滋賀郡滋賀村を編入
昭和８年４月１日　滋賀郡膳《ぜ》所《ぜ》町(明治34年７月20日町制施行)・石山町(昭和５年１月１

日町制施行)を編入
昭和26年４月１日　滋賀郡雄琴《おごと》村・坂本村・下阪本村・栗太郡下田上《しもたなかみ》村・大石村を編入
昭和42年４月１日　滋賀郡堅田町(明治34年７月20日町制施行，昭和30年４月１日滋賀郡仰木《おうぎ》村・堅田町・真野村・伊香立《いかだち》村・葛川村合体，堅田町を新設)・栗太郡瀬田町(昭和２年１月１日町制施行，昭和30年４月１日栗太郡瀬田町・上田上《かみたなかみ》村を合体，瀬田町を新設)を編入
平成18年３月20日　滋賀郡志賀《しが》町(昭和30年10月１日，和迩《わに》村・木戸村・小松村合体，志賀町となる，昭和31年９月30日，大字鵜殿を境界変更)を編入

彦《ひこ》根《ね》市

明治22年４月１日　町制施行
昭和12年２月11日　犬上郡彦根町・松原村(明治24年５月６日北青柳村大字松原を分割，松原村を設置)・青波村・北青柳村(明治35年10月１日犬上郡磯田村大藪を編入)・福満村・千本《ちもと》村合体，彦根市となる
昭和17年６月10日　犬上郡磯田村・南青柳村を編入
昭和25年４月１日　犬上郡日夏村を編入
昭和27年４月１日　坂田郡鳥居本村を編入
昭和31年９月30日　犬上郡河瀬村(明治23年８月16日川瀬村を改称)・亀山村(明治25年６月25日安水村を改称)を編入
昭和32年４月３日　犬上郡高宮町(大正１年９月10日町制施行)を編入
昭和43年４月１日　愛知郡稲枝《いなえ》町(昭和30年１月１日に稲枝村・稲村・葉枝見《はえみ》村〈明治31年４月１日神崎郡葉枝見村を愛知郡に編入〉合体，稲枝町となる)を編入

長《なが》浜《はま》市

明治22年４月１日　町制施行
昭和18年４月１日　坂田郡長浜町・神照《かみてる》村・六荘《ろくしょう》村・南郷里《なんごうり》村・北郷里村・西黒田村・神田村(明治30年３月１日坂田郡法性寺《ほうしょうじ》村大字加田・加田今を分割，神田村を設置)合体，長浜市となる
平成18年２月13日　東浅井郡浅井《あざい》町(昭和29年10月１日，湯田村・田根村・下草野村・七尾村合体，浅井町となる，昭和31年５月３日，上草野村を編入)・びわ町(明治23年３月15日，南福村を大郷村と改称，昭和31年９月25日，大郷村・竹生《ちくぶ》村合体，びわ村となる，昭和46年４月１日，町制施行)を編入
平成22年１月１日　東浅井郡虎姫《とらひめ》町(昭和15年12月10日，町制施行)・湖北《こほく》町(昭和30年１月１日，小谷村・速水村合体，湖北町となる，昭和31年９月30日，湖北町・朝日村合体，湖北町を新設)・伊香郡高月《たかつき》町(昭和29年12月１日，北富永村・南富永村・古保利村合体，高月町となる，昭和30年３月31日，七郷村を編入，昭和31年４月１日，木之本町大字高野を編入)・木之本《きのもと》町(大正７年４月１日，町制施行，昭和18年６月１日，木之本町・伊香具村合体，昭和23年５月10日，木之本町大字大音《おおと》・飯浦《はんのうら》・山梨子《やまなし》・西山・田居・北布施・赤尾が分かれて伊香具村を設置，昭和29年12月１日，杉野村・高時村・木之本町・伊香具村合体，木之本町新設，昭和31年４月１日，大字高野を境界変更)・余呉《よご》町(昭和29年12月15日，余呉村・

丹生《にう》村・片岡村合体，余呉村を新設，昭和46年４月１日，町制施行）・西浅井《にしあざい》町（昭和30年４月１日，塩津村・永原村合体，西浅井村となる，昭和46年４月１日，町制施行）を編入

近江八幡《おうみはちまん》市
明治22年４月１日　町制施行（八幡町）
昭和８年３月３日　蒲生郡宇津呂《うつろ》村を編入
昭和26年４月１日　蒲生郡島村を編入
昭和29年３月31日　蒲生郡八幡町・岡山村・金田村・桐原村・馬淵村合体，近江八幡市となる
昭和30年３月３日　野洲郡北里村を編入
昭和33年２月１日　蒲生郡武佐村を編入
平成22年３月21日　蒲生郡安土《あづち》町（昭和29年４月１日，安土村・老蘇《おいそ》村合体，安土町となる）を編入

草《くさ》　津《つ》　市
明治30年４月１日　町制施行
昭和29年10月15日　栗太郡草津町・志津村・老上村・山田村・笠縫村・常盤村合体，草津市となる
昭和31年９月１日　栗太郡栗東町大字渋川を編入

守《もり》　山《やま》　市
明治37年２月１日　町制施行
昭和16年７月10日　栗太郡物部村を編入
昭和30年１月15日　野洲郡守山町・小津村・玉津村・河西村・速野村合体，守山町を新設
昭和32年３月１日　野洲郡中洲村大字新庄・服部・立田・幸津川《さづかわ》・小浜を編入
昭和45年４月１日　市制施行

栗《りっ》　東《とう》　市
昭和29年10月１日　栗太郡治田村・葉山村・金勝村合体，栗東町となる
昭和31年９月１日　大字渋川を境界変更
平成13年10月１日　市制施行

野《や》　洲《す》　市
平成16年10月１日　野洲郡野洲《やす》町（明治44年10月17日町制施行，昭和17年５月20日野洲郡三上村を編入，昭和30年４月１日野洲郡野洲町・篠原村・祇王村合体，野洲町を新設）・中主《ちゅうず》町（昭和30年４月１日野洲郡兵主《ひょうず》村・中里村合体，中主町となる）合体，野洲市となる

湖《こ》　南《なん》　市
平成16年10月１日　甲賀郡石部《いしべ》町（明治36年６月１日町制施行）・甲西《こうせい》町（昭和30年４月10

日甲賀郡三雲村・岩根村合体，甲西町となる）合体，湖南市となる

甲《こう》賀《か》市

平成16年10月１日　甲賀郡水口《みなくち》町（明治27年８月18日町制施行，昭和30年４月15日甲賀郡水口町・伴谷《ばんたに》村・柏木村・貴生川《きぶかわ》村合体，水口町を新設）・土山《つちやま》町（大正５年４月１日町制施行，昭和30年４月１日甲賀郡土山町・大野村・山内村・鮎川村合体，土山町を新設）・甲賀《こうか》町（昭和30年４月１日甲賀郡佐山村・大原村・油日《あぶらひ》村合体，甲賀町となる）・甲南《こうなん》町（昭和18年２月11日甲賀郡寺庄町・竜池村・南杣村・宮村合体，甲南町となる）・信楽《しがらき》町（大正10年８月15日町制施行〈長野町〉，昭和５年11月３日信楽町と改称，昭和29年９月１日甲賀郡信楽町・雲井村・小原村・朝宮村・多羅尾村合体，信楽町を新設）合体，甲賀市となる

高《たか》島《しま》市《し》

平成17年１月１日　高島郡マキノ町（昭和30年１月１日，海津村・剣熊村・西庄村・百瀬村合体，マキノ町となる）・今津《いまづ》町（明治39年12月26日，町制施行，昭和30年１月１日，今津町・川上村・三谷村合体，今津町を新設）・朽木《くつき》村（明治22年４月１日，村制施行）・安曇川《あどがわ》町（昭和15年２月11日，町制施行，昭和29年11月３日，広瀬村・安曇川町・青柳村・本庄村合体，安曇川町を新設）・高島《たかしま》町（明治35年11月１日，町制施行〈大溝町〉，昭和18年４月29日，大溝町・高島村・水尾村合体，高島町となる，昭和31年９月30日，滋賀郡志賀《しが》町大字鵜川を編入）・新旭《しんあさひ》町（昭和30年１月１日，新儀村・饗庭《あいば》村合体，新旭町となる）合体，高島市となる

東近江市《ひがしおうみし》

平成17年２月11日　八日市《ようかいち》市（明治22年４月１日，町制施行，昭和29年３月21日，神崎郡八日市町・蒲生郡中野村合体，八日市町を新設，昭和29年８月15日，蒲生郡八日市町・平田村・市辺村・玉緒村・神崎郡御園村・建部村合体，八日市市となる）・神崎郡永源寺《えいげんじ》町（昭和18年４月１日，山上村・愛知郡東小椋村・高野村〈明治25年10月５日，東小椋村大字高野が分かれて高野村となる〉合体，永源寺村となる，昭和30年４月１日，蒲生郡市原村・神崎郡永源寺村合体，永源寺町となる）・五《ご》個荘《かしょう》町（昭和30年１月１日，旭村〈明治23年３月15日，東五ヶ荘村を改称〉・南五個荘村・北五個荘村・蒲生郡安土町大字清水鼻合体，五個荘町となる）・愛知郡愛東《あいとう》町（昭和30年２月11日，角井村・西小椋村合体，愛東町となる，昭和46年２月11日，町制施行）・湖東《ことう》町（昭和29年11月３日，東押立村・西押立村・豊椋村合体，湖東町となる）合体，東近江市となる

平成18年１月１日　神崎郡能登川《のとがわ》町（明治27年６月５日，八条村が分かれて能登川村〈能登川・北須田・南須田〉・伊庭村〈伊庭〉・五峰《ごほう》村〈佐生・佐野・猪子・山路・林〉となる，昭和17年２月11日，能登川村・伊庭村・五峰村・八幡《やわた》村〈明治30年８月15日，栗見村大字新宮・乙女浜の区域が栗見荘村となる，昭和２年11月８日，栗見荘村を八幡村に編入〉・栗見村合体，能登川町となる）・蒲生郡蒲生《がもう》町（昭和30年４月１日，朝日野村・桜川村合体，蒲生町となる）を編入

米《まい》原《ばら》市《し》

平成17年2月14日　坂田郡山東《さんとう》町(昭和30年7月10日，柏原村・大原村・東黒田村合体，山東町となる)・伊吹《いぶき》町(昭和31年9月1日，春照《すいじょう》村・伊吹村・東浅井郡東草野村合体，伊吹村となる，昭和46年2月1日，町制施行)・米原《まいはら》町(大正12年11月15日，入江村を改称，米原町となる，昭和31年9月1日，米原町・醒井村・息郷《おきさと》村〈明治24年4月1日，南箕浦村を改称〉合体，米原町を新設)合体，米原市となる

平成17年10月1日　坂田郡近江《おうみ》町(昭和30年4月1日，坂田村〈昭和17年4月1日，法性寺村・日撫《ひなで》村〈明治27年12月1日，息長《おきなが》村大字顔戸《ごうど》・高溝・舟崎の3地区が分かれて日撫村となる〉・息長村〈明治24年4月1日，北箕浦村を改称〉合体，近江町となる〉)を編入

蒲《がも》生《う》郡

日《ひ》野《の》町《ちょう》　明治22年4月1日　町制施行

昭和30年3月16日　蒲生郡日野町・東桜谷村・西桜谷村(明治27年5月12日桜谷村を分けて東桜谷村・西桜谷村とする)・鎌掛《かいがけ》村・南比都佐《ひずさ》村・北比都佐村合体，日野町を新設

竜王町《りゅうおうちょう》　昭和30年4月29日　蒲生郡苗村・鏡山村合体，竜王町となる

愛《え》知《ち》郡

愛荘町《あいしょうちょう》　平成18年2月13日　秦荘《はたしょう》町(昭和30年4月1日，秦川村・八木荘村合体，秦荘町となる)・愛知川《えちがわ》町(明治42年10月1日，町制施行，昭和30年4月1日，愛知川町・豊国村合体，愛知川町を新設)が合体，愛荘町新設

犬《いぬ》上《かみ》郡

豊《とよ》郷《さと》町《ちょう》　昭和31年9月30日　愛知郡日枝村・犬上郡豊郷村合体，豊郷村を新設

昭和46年2月11日　町制施行

甲《こう》良《ら》町《ちょう》　昭和30年4月1日　犬上郡甲良村・西甲良村合体，甲良町となる

多《た》賀《が》町《ちょう》　昭和16年11月3日　犬上郡多賀村・久徳《きゅうとく》村・芹谷村合体，多賀町となる

昭和30年4月1日　犬上郡多賀町・大滝村・脇ヶ畑村合体，多賀町を新設

■ 祭礼・行事

（2010年８月現在）

〔１月〕

1　**日吉《ひよし》大社大戸開**　➔大津市坂本５丁目・日吉大社(JR 湖西線比叡山坂本駅，京阪電鉄坂本駅下車)

元日早朝に行われ，観世流の能太夫が西本宮拝殿で「日吉の翁」を舞う。

7～9　**西市辺の宮座行事ならびに薬師堂裸おどり**　➔東近江市市辺町(近江鉄道市辺駅下車)

年末からはじまる西市辺の宮座行事のもっともはなやかな部分が８日夜からの薬師堂での裸おどりである。堂の梁に掛けられた大きなまゆ玉を褌《ふんどし》姿の若連中が奪いあう勇壮な神事。県選択無形民俗文化財。

第２土曜日　**火まつり**　➔守山市勝部町・勝部神社，浮気町・住吉神社(JR 琵琶湖線守山駅下車)

オコナイともよばれ，昔，大蛇を退治し焼き払った伝説に基づき，それぞれ大蛇に見立てた大松明《たいまつ》12本を若衆が境内へかつぎ込み，午後８時半ころ奉火される。境内いっぱいに並んだ松明の一斉奉火は，圧巻である。県選択無形民俗文化財。

9　**鮨切《すしき》り神事**　➔草津市下寺《しもでら》町下寺・天神社，津田江《つだえ》・天満神社(JR 琵琶湖線草津駅バス下物《おろしも》下車)

鮒鮓を作法にのっとり神前で切りわける真魚箸《まなばし》神事。この日，下寺ではヨボシゲ(烏帽子《えぼし》儀)が，津田江では弓射ちなどの行事があわせて行われる。

中旬　**山中町のお弓行事**　➔大津市山中町・樹下《じゅげ》神社(JR 湖西線西大津駅バス山中町下車)

裃《かみしも》姿の２人の青年が，弓取役をつとめる。神社境内に鬼と書かれた的をたて30m 離れた所に射座が設けられ，伝統の作法にのっとり厳粛に弓を射る。

中旬　**鬼ばしり**　➔湖南市東寺五丁目・長寿寺，西寺六丁目・常楽寺(JR 草津線石部駅より車)

天台宗の古刹の長寿寺・常楽寺で行われる修正会《しゅしょうえ》に，鬼ばしりが行われる。長寿寺では，儀礼の最後に子ども３人が鬼子となり，太鼓や法螺貝《ほらがい》が鳴らされるなか，堂内を３周走り回る。常楽寺でも，赤鬼と青鬼が「ランジョウ」の声とともに登場する。

〔２月〕

8・13・15　**オコナイ**　➔長浜市木之本町杉野(JR 北陸本線木之本駅バス杉野下車)

湖北地方では，１月から３月にかけ多くの集落でオコナイがあり，それぞれ特色をもつ。行事は，頭家《とうや》が潔斎《けっさい》して餅《もち》をつき，神社や堂へ奉納する形式。杉野では，上《かみ》(13日)，中《なか》(８日)，向《むかい》(15日)にそれぞれで行われる。中の場合は，薬師堂と八幡様に立餅《たてもち》をそなえる行事で，前日頭家でつかれた餅や造

花などをもって当日早朝に薬師堂へむかい，堂前で神儀合《じんぎあい》がある。道化役が即興で時の話題を風刺しながら場を盛り上げる儀式で，その後行列は堂内になだれこみ，喧騒《けんそう》のなかで立餅がそなえられる。

10～11　**華之頭《はなのとう》**　➔米原市志賀谷・志賀神社（JR 北陸本線長浜駅バス志賀谷下車）

盛大なオコナイの一つとして有名。欅《けやき》の木に餅を巻きつけたハナギや扇子《せんす》を細工したオンベイ（御幣）など，大鏡餅とともに特色ある御供があげられる。

13～15　**えとえと祭**　➔草津市下笠町・老杉《おいすぎ》神社（JR 琵琶湖線草津駅バス守山行下笠下車）

オコナイともいう。下笠町内に伝統的なムラが８つあり，交替で神事を担当する。12日は蛇縄を編み，13日に竈《かま》をきずく。その深夜には小豆《あずき》のはいった餅をつき，同時にさまざまな供え物がつくられる。たとえば銀葉《ぎんば》とよばれる米粉を練って短冊《たんざく》状に切り，積み上げた御供や雀など11種類ほど用意される。これらは，15日早朝に老杉神社に奉納され祭典となる。餅つきや社参に「エトエト」と唱えられるためこの名がある。

〔３月〕

1　**オコナイ**　➔長浜市川道《かわみち》町・川道神社（JR 北陸本線長浜駅バス川道南下車）

湖北地方オコナイのなかでももっとも大きな餅がそなえられることで有名。２月26日夜，７つの組でつかれた大鏡餅は，28日夜若衆にかつがれ太鼓で囃しながら川道神社に奉納される。１日午後一同が社参し祭典が行われる。

中旬の土・日　**左義長《さぎちょう》まつり**　➔近江八幡市宮内町・日牟礼《ひむれ》八幡宮（JR 琵琶湖線近江八幡駅バス大杉町下車）

豊臣秀次による八幡山城築城にはじまると伝えられる。八幡町の各町から，三角錐の松明にダシとよぶ干支《えと》にちなんだ作り物をつけた左義長が八幡宮に奉納される。土曜日は左義長の巡行，日曜日は夕方宮入りし，20時ころ，一斉に奉火される。国選択無形民俗文化財。

16日に近い日曜　**御河辺祭《みかわべ》**　➔東近江市神田町・河桁御河辺《かわけたみかわべ》神社（近江鉄道八日市駅バス愛東《あいとう》行御河辺神社前下車）

周辺６郷の祭礼。各郷の頭人が，乗馬して郷内を回る馬頭人《うまのとうにん》行列が特徴。各郷の頭人宅には，神をまつるオハケが庭に設けられる。

〔４月〕

3（不定期）　**茶碗祭**　➔長浜市余呉《よご》町上丹生《かみにゅう》・丹生《にゅう》神社（JR 北陸本線木之本駅バス中河内行橋本下車）

陶磁器を10m も積みあげた３基の曳山《ひきやま》が出る。陶磁器をつなぎ積み上げる技術は，秘伝のもの。稚児《ちご》の舞や若衆の花笠踊りの奉納など，静かな湖北の山村にはなやかな祭礼絵巻が繰り広げられる。県指定無形民俗文化財。

4・5　**沙々貴まつり**　➔近江八幡市安土町常楽寺・沙々貴《ささき》神社（JR 琵琶湖線安土駅下車）

近江守護佐々木氏の関係からはじまったとされる，沙々貴十二座の祭礼。宵

宮の大松明の奉火や，本祭にそなえられる古式の神饌など，変遷は大きいが古風を伝える行事。

4・12　**ほいのぼり**　➔蒲生郡日野町大窪・日枝神社，松尾町・井林《いばやし》神社(近江鉄道日野駅バス警察署前下車)

日枝神社が4日，井林神社が12日に，ホイノボリとよぶ幟《のぼり》を奉納する行事。竹竿の先に御幣《ごへい》をつけ，竹ヒゴを枝垂《しだ》れ桜のようにたらし，そこに沢山の造花をつけたもの。周辺の各地で類似の行事が，この前後行われる。

第1土・日　**最上《もがみ》踊り**　➔東近江市大森町・大森神社，尻無《しなし》町・八坂神社(近江鉄道八日市駅バス下大森下車)

当地は最上藩領で，元禄8(1695)年陣屋前で藩主に踊りを供したことにはじまると伝えられ，最上公にちなみその名がついた。大森神社の宮座行事の一部である。県無形民俗文化財。

第2日曜　**建部《たけべ》祭**　➔東近江市建部日吉町・日吉神社(近江鉄道八日市駅バス上日吉下車)，神崎郡五個荘町伊野部・建部神社(バス伊野部下車)ほか

五個荘町と八日市市にまたがる13カ村(以前は17)の郷祭礼。建部日吉町の日吉神社はじめ各郷に7社の社がある。当日午後，各社の神輿が日吉神社に渡御し御供が献じられ祭典が行われる。吉住池を水源とする水系の村々による祭といわれている。

12〜14　**山王《さんのう》祭**　➔大津市坂本5丁目・日吉大社(京阪電鉄石坂線坂本駅下車)

全国山王社の総本社である日吉大社で行われる山王祭は，3月初旬の神輿上げからはじまり，1カ月以上におよぶ祭礼である。12日夜には八王子《はちおうじ》山上に上げられていた2基の神輿が急坂を下る午《うま》の神事，13日午後には可憐な甲冑姿の稚児が参道を進む花渡り式，同日夜には宵宮場(大政所《おおまんどころ》)で4基の神輿を揺すり，一気に100m先の小祠まで競争する勇壮な宵宮落とし，14日は祭典につづき7基の神輿が湖岸まで巡行，それより船にのせ，唐崎沖で御供を献上する粟津御供《あわづのごく》があり，還御となる。湖国に春を告げる祭り。

13〜16　**長浜曳山《ひきやま》祭**　➔長浜市宮前町・長浜八幡宮(JR北陸本線長浜駅下車)

豊臣秀吉が長浜城主だったころ，男子の出生を喜び町内に砂金をふるまったことに町人たちがこたえ山車《だし》をつくり祭礼に曳きまわしたことにはじまると伝える。舞台をもった曳山は，豪華な装飾に飾られ，その上で子どもたちが可憐に歌舞伎を演じる。12基あるうち毎年4基ずつが出る。14日は午前が自《じ》町《ちょう》狂言，午後登り山(宮入り)子ども役者の夕渡りがあり，15日は八幡宮での子ども歌舞伎の奉納ののち，各所で歌舞伎が演じられ，夜に戻り山となる。16日も自町狂言が行われる。国指定無形民俗文化財。

14・15　**八幡まつり**　➔近江八幡市宮内町・日牟礼八幡宮《ひむれはちまんぐう》(JR東海道本線近江八幡駅バス長命寺《ちょうめいじ》・国民休暇村行大杉下車)

日牟礼八幡宮を中心とした13郷(現12集落)の郷祭。14日夜各郷の松明30本ほどが境内で奉火される。松明は，菜種殻《なたねから》や葭《よし》でつくった燭台《しょくだい》形の独特ので，周辺村落の祭礼にも類似した松明奉火がみられる。15日は，各郷の大

太鼓を奉納する。国選択無形民俗文化財。

15　**黒川の花笠太鼓踊り**　➔甲賀市土山町黒川・大宮神社(JR 草津線三雲駅バス黒川下車)

15　**山女原《あけびはら》の花笠太鼓踊り**　➔甲賀市土山町山女原・上林神社(同上)
県内には，中世末から近世初頭に広まったと考えられる太鼓踊りが広範に分布しており，雨乞い踊りとして伝承されている。それぞれに特色があるが，黒川の場合，大宮神社の祭礼として，山女原では上林神社の祭礼として奉納されるもので，鬼の面をつけた棒振りが特徴的。いずれも県指定無形民俗文化財。

18　**川上まつり**　➔高島市今津町酒波《さなみ》・日置神社，北仰《きとげ》・津野神社(JR 湖西線近江今津駅バス酒波口下車)
旧川上庄の祭礼で，２本の大幟と神輿が御旅所へ進む。神輿が御旅所におさまると，子どもたちがサンヤレ竹をもってカチアイ(竹の先につけた短冊を叩きあうこと)をしながら進み，この後を大幟(長さ約20m)が立てた状態でゆっくりと運ばれる。それを，鉦《かね》や太鼓が囃す。この後流鏑馬《やぶさめ》が行われる。県選択無形民俗文化財。

19・20　**水口祭**　➔甲賀市水口町宮の前・水口神社(近江鉄道水口城南口駅下車)
宿場町として栄えた水口の春祭には，曳山が16基あり，毎年６基ほどが巡行する。二層露天式四輪の曳山で露天部分に趣向をこらした人形を飾る19日が宵宮で，20日は曳山や纏田楽《まといでんがく》，神輿の渡御などがある。県指定無形民俗文化財。

20日に近い日曜日　**堅井之大宮の春祭**　➔愛知郡愛荘町岩倉・軽野《かるの》神社(JR 琵琶湖線稲枝駅バス堅井下車)
氏子集落から９基の曳山が出る。曳山は，中央に大太鼓を据《す》え，露天部に作り物の人形や松をつけたもの。激しく曳き廻し，曳山同士をぶつけたりする荒々しさは，周辺の曳山祭にみられない特色。

22　**古例大祭**　➔犬上郡多賀町多賀・多賀大社(近江鉄道多賀駅下車)
神輿，鳳輦《ほうれん》など400人余りの行列が栗栖の調宮《ととのみや》神社まで渡り，その後，馬頭人も加わり打籠の御旅所へむかう。ここで豊作を祈る富ノ木渡し式があり，還御となる。

23日に近い日曜日　**ケンケト祭**　➔東近江市蒲生岡本町・高木神社，上麻生・旭野神社，下麻生・山部神社(JR 東海道本線近江八幡駅バス麻生口下車)
７人の子どもによるカンカとよぶ囃子と，長刀組が，三つの神社に踊りを奉納する。国選択無形民俗文化財。

29　**海津《かいづ》力士まつり**　➔高島市マキノ町海津・海津天神社(JR 湖西線マキノ駅下車)
はなやかな化粧《けしょう》まわしを締めた若衆によって２基の神輿がかつがれ，町内を巡行する。港町として栄えた海津の町人たちが，駕与丁《かよちょう》の装いを競ったこと

にはじまるという。

29　**花ばい**　➔甲賀市甲南町竜法師《りゅうぼうし》・天満神社(JR 草津線甲南駅下車)
7月ころを中心に花ばいとよばれる行事が各地にみられ，竜法師の行事も，もとは6月に行われていたものが，祇園社《ぎおんしゃ》を天満神社に合祀したことから春祭に組み込まれた。9本の花笠を人びとが奪いあう。県選択無形民俗文化財。

〔5月〕

1　**油日《あぶらひ》神社の太鼓踊り**(不定期)　➔甲賀市甲賀町油日(JR 草津線油日駅下車)
雨乞い祈願の大踊りが毛牧《かびら》に，小踊りが油日・上野・五反田の各地区に伝えられている。大踊りは，地車にのせた大太鼓を花笠姿の2人が打ち，そのまわりを御幣を背にした踊り子が太鼓を叩きながら踊る。小踊りは，6人の踊り子が，胸に締太鼓をつけ，頭に鳥毛をさし，ボンデンを背負って踊る。これは油日祭の一環として不定期に行われるもので，祭では，5年に1度頭殿《とうどう》の行列に伴う奴振《やっこぶ》りなどもある。御旅所では，カヤ祭といって，蚊帳をつって宴が行われる。国選択無形民俗文化財。

1　**公家奴《くげやっこ》振り**　➔米原市長沢・熊野神社(JR 北陸本線田村駅下車)
福田寺に伝わる行事。江戸時代福田寺の住職へ京都の姫君がお輿入れされたとき，その優雅な行列と奴振りに感激した福田寺門徒衆がそのようすを再現したもの。春は熊野神社の例祭に，秋は，11月15日に近い土曜か日曜に行われる報恩講の一環で行われる。県選択無形民俗文化財。

初旬(5日の前)　**伊庭《いば》の坂下祭《さかくだしまつり》**　➔東近江市伊庭町・大浜神社(JR 琵琶湖線能登川駅下車)
繖山《きぬがさやま》山上の繖峰三《さんぽうさん》神社から3基の神輿が御岩場などのある急峻な斜面を下る。無事に下りた神輿は，大浜神社隣の芝原御旅所へ渡御し，そこで御供上げが行われ，古風な拝殿に神輿がすえられる。4日が宵宮，5日卯之刻祭が行われる。期間中，正位童《しょういどう》とよばれる稚児が神輿につきそう。県選択無形民俗文化財。

2～3　**日野《ひの》祭**　➔蒲生郡日野町村井・馬見岡綿向《まみおかわたむき》神社(近江鉄道日野駅バス日野ダム行綿向神社前下車)
4月20日に綿向山山頂に参拝する嶽祭から行事ははじまり，3人の神子(稚児)を出す上野田地区では4月から独自の行事がある。日野町内(大窪，村井，西大路)には，16基の曳山があり，二層露天式四輪で，露天部に趣向をこらした人形を据える。2日は宵宮，3日は，神調社《じんちょうしゃ》に警護された神子の行列に続いて，曳山が宮入り，祭典後3基の神輿が町内を渡御し，曳山も巡行する。県選択無形民俗文化財。

3　**仰木《おおぎ》祭**　➔大津市仰木・小椋《おぐら》神社(JR 湖西線堅田駅バス小学校前下車)
泥田祭ともよばれ，5社の神輿が集落内を渡御する。御旅所では，餅を広蓋にのせ神輿の屋根に投げ上げる(撥餅《ばんもち》)や広場に筵《むしろ》を敷いて幕を張り素襖《すおう》に烏帽子姿の年番総代たちが杯事を行う芝座敷などがあり，つづいて馬駆けが行われる。

3　**下笠のサンヤレ踊り**　➔草津市下笠町・老杉神社(JR 琵琶湖線草津駅バス守山行下出下車)

3月25日，当番村の本老長宅でお地盤《じばん》とよぶオハケ(神籬《ひもろぎ》)をきずき，4月1日にここで稚児を選ぶ籤《くじ》が引かれる。29日にはサンヤレの笹踊りが奉納され，ついで30日には本老長が鋤《すき》をもち稚児(お馬神)などが社参，3日には祭典が行われる。また，サンヤレという囃子詞をもつ踊りが奉納される。太鼓やササラ摺《ず》り，鉦摺りなどがはなやかな衣装で舞う。国選択無形民俗文化財。

3　**草津のサンヤレ踊り**　➔草津市西矢倉・若宮八幡宮，草津・立木神社［隔年］(JR 琵琶湖線草津駅下車)志那町・志那神社，志那吉田町・三大神社・志那中町・惣社神社，片岡町・印岐志呂神社，長束町・春日神社［3年ごと］

老杉神社ほか，草津市内の各地に中世から近世初頭にかけての拍子物風流の流れをくむサンヤレ踊りが伝えられており，同様に国選択無形民俗文化財となっている。

3　**三輪《みわ》神社例祭**　➔栗東市大橋・三輪神社(JR 琵琶湖線草津駅バス大橋下車)

前年9月に当番宅で漬けられた泥鰌《どじょう》と鯰《なまず》の馴《な》れ鮓《ずし》が，神饌としてそなえられる。近江を代表する伝統食品に鮒鮓があり，これを用いる神事は散見されるが泥鰌と鯰の馴れ鮓は，ここだけの特殊な神饌である。

3　**ケンケト踊り**　➔甲賀市土山町前野・瀧樹《たき》神社(JR 草津線三雲駅バス東前野下車)

前野，徳原と甲賀町岩室の3地区が行う。踊り子は，棒振り，中鉦，ヘイカギ(御幣)，小太鼓，ササラで8人の構成。頭上に孔雀《くじゃく》など山鳥の尾羽根を刺した冠をかぶり，踊るとき以外は肩車され地に足をつけない。踊りは，神社と御旅所で奉納される。このとき花笠も奉納され，神社で花ばいも行われる。国選択無形民俗文化財。

3　**ケンケト祭・長刀踊り**　➔蒲生郡竜王町山之上・杉之木神社，東近江市宮川町・八坂神社(JR 琵琶湖線近江八幡駅バス山之上下車)

山之上は，男子が長刀振りを行い(ケンケトとよぶ)，宮川は，大踊り・小踊りを踊る。山之上では前日の宵宮渡しに，フリコ(長刀振り)による振り込みがあり，3日は，各所で踊ったあと杉之木神社で宮川と山之上が出会い，踊りを奉納する。イナブロとよぶ巨大な鷺《さぎ》の鉾を踊りとともに渡す。国選択無形民俗文化財。

3　**鍋冠祭《なべかむりまつり》**　➔米原市朝妻筑摩《ちくま》・筑摩神社(JR 東海道本線米原駅下車)

少女8人が，鍋釜をかぶり，扇を手に行列する。伝説では，かつて氏子の女性が，関係した男の数だけ鍋をかぶったともいわれているが，神饌を運んだ名残ともいう。

3～4　**大溝祭《おおみぞまつり》**　➔高島市勝野・日吉神社(JR 湖西線近江高島駅下車)

大溝藩の城下町勝野の祭礼には，5基の曳山が出る。3日は宵宮，4日が本祭。二層屋根つき四輪の曳山で，町内を曳きまわして日吉神社に宮入りする。

4　**篠田《しのだ》の火祭**　➔近江八幡市上田町・篠田神社(JR 琵琶湖線近江八幡駅下車)

篠田神社大祭の宵宮行事。1カ月以上かけ制作された大画面の仕掛け花火がみごとである。毎年趣向をこらした題材が，美しい花火として暗闇の境内に浮かび上がる。県指定無形民俗文化財。

4　**七川祭**《しちかわ》　➔高島市新旭町安井川・大荒彦《おおあらひこ》神社(JR 湖西線新旭駅下車)
周辺8集落の祭礼で，奴姿の若衆による的練りや樽練り，そして馬場での流鏑馬が見物。花笠鉾も奉納され，神輿渡御がある。県選択無形民俗文化財。

5　**すし切り祭**　➔守山市幸津川《さずかわ》町・下新川《しもにいかわ》神社(JR 琵琶湖線守山駅バス小浜行幸津川南下車)
神前にすわった神職と区長の前で，裃姿の青年が作法にのっとり，鮒鮓をさばいていく真魚箸神事。この後，長刀振りやカンコの舞が奉納され，この行列は町内に練り出し各所で舞う。長刀振りなどは，国選択重要無形民俗文化財。

5　**小杖**《おづえ》**祭**　➔栗東市下戸山・小杖大社(JR 琵琶湖線草津駅バス灰塚下車)
周辺6カ村が毎年順繰りに踊りを奉納する。拍子物風流の流れを引く花笠踊りで，あでやかな衣装の太鼓打ちや花笠が祭を盛りあげる。県選択無形民俗文化財。

5　**長刀祭**　➔守山市杉江町・小津神社(JR 琵琶湖線守山駅バス杉江行終点下車)
氏子は，11の集落にまたがり，これを8つに分け順に踊り番と神輿舁きを担当。杉江・赤野井・矢島・三宅・山賀が踊り番の年，サンヤレ踊りと長刀振りがある。行列は大鳥居から練り込み笛・ササラなどの鳴り物も一緒に行列を組み，大宮の前で長刀の曲振り，太鼓のサンヤレ踊りなどが奉納される。国選択重要無形民俗文化財。

5　**兵主**《ひょうず》**祭**　➔野洲市五条・兵主大社(JR 琵琶湖線野洲駅バス吉川・あやめ池行兵主大社下車)
兵主郷16集落(かつて18郷)の祭礼。各郷より7社の神輿と大太鼓が威勢よくかつぎ込まれる宮入りは，圧倒的な迫力である。

第2日曜　**和邇**《わに》**祭**　➔大津市和邇中・天皇《てんのう》神社(JR 湖西線和邇駅下車)
和邇地区6集落の祭。早朝南浜の神輿が渡り5基が並ぶと，南浜・中浜から御供が献上される。宮上がりに先立ち七度半の使いなどがあり，神輿は湖岸の御旅所へ渡御する。

16～18　**千団子**《せんだんご》**祭**　➔大津市園城寺《おんじょうじ》町・園城寺(京阪電鉄三井寺駅下車)
園城寺の護法神である訶梨帝母《かりていも》(鬼子母《きしも》神)の伝説にちなみ，子どもたちの息災を祈る祭として多くの参拝者がある。期間中植木市が開かれ，境内は終日にぎわう。

第4日曜　**八日市大凧**《おおだこ》**まつり**　➔東近江市・愛知《えち》川河川敷(近江鉄道八日市駅下車)
愛知川河畔で開かれる。江戸時代中ごろ男子出生を祝い揚げられた凧行事が，工夫を重ね大凧行事となったもの。百畳敷の大凧が揚げられる。国選択無形

民俗文化財。

〔6月〕

第1日曜　**御田植祭**　➡犬上郡多賀町多賀・多賀大社(近江鉄道多賀駅下車)
多賀大社の御神田で盛大にお田植え行事が行われる。

〔7月〕

7　**花ばい**　➡甲賀市水口町和野・八幡神社(JR 草津線三雲駅バス岩上遊園地下車)
甲賀郡内には，七夕前後に花ばいとよばれる行事がある。色鮮やかな造花を挿した花蓋を宮に奉納し，参詣者がその花を激しく奪いあうという内容で，津島社や八坂社(祇園)に連なる行事である。これらは「甲賀の祇園花行事」として県選択無形民俗文化財となっている。和野の場合，津島神社の祭礼として行われる。

11　**黒滝の花笠太鼓踊り**　➡甲賀市土山町黒滝・惣王《そうおう》神社(JR 草津線三雲駅バス黒滝下車)
太鼓打ち，棒振りのまわりを側踊りが囲み，神社で9曲踊り集落内瑞雲寺《ずいうんじ》で3曲踊る。鬼面をつけた棒振りが神秘的な雰囲気をただよわす。県指定無形民俗文化財。

第3土・日　**祇園祭**　➡近江八幡市浅小井町・今宮天満宮(JR 琵琶湖線近江八幡駅バス浅小井下車)
各小路ごとに二層露天式の6基の曳山が出る。露天部には意匠をこらした人形を飾り，宵宮には松明の奉火もある。今宮天満宮の摂社津島神社の祭礼。

18　**太鼓まわし**　➡大津市葛川坊村《かつらかわぼうむら》町・息障明王院《そくしょうみょうおういん》(JR 湖西線堅田駅バス細川行坊村下車)
天台回峰行を開いた相応《そうおう》和尚《かしょう》の足跡をたどる蓮華会《れんげえ》の一つで，天台宗の僧侶によって，18日夜行われる。相応が葛川三ノ滝で生身の不動明王を感得した故事に習い，堂内で葛川の若者によってまわされる太鼓の上から次々と行者が飛び下りる。真っ暗な堂内で，滝の音をあらわす太鼓がまわる音と，行者の気合が響く神秘的な行事。

23・24　**大原祇園祭**　➡甲賀市甲賀町鳥居野《とりいの》・大鳥神社(JR 草津線甲賀駅下車)
甲賀郡の花ばいのなかでももっとも激しいことで有名。大原9郷の各祇園講が中心となり宵宮には灯籠《とうろう》を掲げ境内に躍り込み，激しくぶつけあう。本祭には，花笠をもって神社に集まり，別名けんか祭とよばれるほど激しく花ばいを行う。

〔8月〕

第1日曜　**伊崎《いさき》の竿飛び**　➡近江八幡市白王町・伊崎寺(JR 琵琶湖線近江八幡駅より車)
相応和尚ゆかりの伊崎寺には，岩場から湖にむかって角材が突き出しており，この日，その竿の先から7m下の琵琶湖に飛び込む行事が行われる。かつては修験者の捨身行であったが，現在では厄除けと度胸試しの行事となって

いる。

7　千草盆《ちくさ》　➔犬上郡甲良町金屋・金山神社(JR 琵琶湖線河瀬駅バス金屋下車)
男子の生まれた家が，この日ヤッサを金山神社に奉納する。ヤッサは麦藁《むぎわら》や干草で胴体をつくり，色とりどりの花を飾る。その正面に野菜や果物で細工した人形を飾ったもの。神社境内のヤッサイ石(道祖神《どうそじん》)の祭といわれている。

14・15　火ふり祭　➔蒲生郡日野町上野田・五社《ごしゃ》神社，口之宮《くちのみや》神社(近江鉄道日野駅バス高校前下車)
五社神社で祭典を行い，神火を奉じた松明の行列は，口之宮神社(ひばり野)に着き合図で一斉に松にめがけて松明を投げ上げる。多くの松明が掛かると豊作という。

14・15　マンドウ　➔東近江市市原野町・白鳥《しらとり》神社(近江鉄道八日市駅バス市原野下車)
子どもたち主体の盆の迎え火，送り火行事。まんどう山にいくつもの松明をすえ，神社の火で点火，これらをもって堂屋敷に下がり，一帯を松明が囲む。上がり松明は，もっとも大きなもので直径2m 近くの大きなもの。

15　清滝の大松明　➔米原市清滝(JR 東海道本線近江長岡駅下車)
長さ5m の松明2本をつくり，集落裏手の松明山中腹に上げておく。15日夕方，鉦や太鼓で囃しながら山頂に登った青年たちは，細い松明に火を灯し，大松明まで下り点火，大松明をもって墓地まで下りる。そこに松明を立て，僧が読経する。

15　顕教《けんきょう》おどり　➔米原市甲津原《こうづはら》・八幡神社(JR 東海道本線近江長岡駅より車)
湖北一向一揆に来援した顕如《けんにょ》・教如上人《きょうにょしょうにん》が，甲津原に身を隠したとき，村人がなぐさみに踊ったことにはじまると伝える。夜，八幡神社での盆踊りに1曲だけ踊られる。県選択無形民俗文化財。

16　中河内《なかのかわち》の太鼓踊り　➔長浜市余呉町中河内・広峰《ひろみね》神社(JR 北陸本線木之本駅バス中河内行終点下車)
太鼓打ちと鉦は，猛宗竹《もうそうちく》に無数の短冊をつけたものを背負って踊る。広峰神社に奉納したあと，能登の神を迎えるため集落のはずれまで行き踊る。この先導を奴振りが行う。県指定無形民俗文化財。

16　ちゃんちゃこ踊り　➔長浜市西浅井町集福寺・下塩津《しもしおつ》神社(JR 北陸本線近江塩津駅バス敦賀行集福寺下車)
奴振り行列に続いて太鼓(背に短冊を負う)・鉦・棒振りが宮入りし，太鼓踊りを奉納する。花笠をかぶった側踊りや音頭取りが，そのまわりを取り巻く。神社への奉納をおえると，集落内で休憩をはさんで夜まで踊る。県選択無形民俗文化財。

18　川合《かわい》の太鼓踊り　➔長浜市木之本町川合・佐波加刀《さわかと》神社(JR 北陸本線木之本駅バス杉野行川合下車)
夜，野神祭として太鼓踊りを奉納する。太鼓は，背に短冊を飾った青竹をつけ，鉦が踊る。まわりに女装姿の側踊りがある。県選択無形民俗文化財。

20日に近い日曜日　**下余呉の太鼓踊り**　➡長浜市余呉町下余呉・乎弥《おみ》神社(JR北陸本線余呉駅下車)
中央に大太鼓を据え，そのまわりを胸に締太鼓をつけた子どもたちが踊る。外側では，子どもたちが笛を囃し，唄を歌う。子どもたちだけの太鼓踊り。県選択無形民俗文化財。

21　**おはな踊り**　➡犬上郡甲良町北落・日吉神社(JR琵琶湖線河瀬駅バス学校前下車)
雨乞いの返礼踊で，太鼓打ちは，胸に太鼓，背に造花を沢山つけた母衣《ほい》を負って踊り，中央に歌い手がすわる。まわりを花笠をかぶった浴衣《ゆかた》姿の子どもがアヤ竹を振りながら踊り，花を添える。国選択無形民俗文化財。

最終日曜(不定期)　**古高の鼓踊り**　➡守山市古高町・大将軍神社(JR琵琶湖線守山駅下車)
子ども４人の太鼓を中心に中踊り，側踊りで構成され，19種類の踊りがある。県選択無形民俗文化財。

〔９月〕

1　**芋くらべ祭**　➡蒲生郡日野町中山・熊野神社(近江鉄道日野駅より車)
集落の東西で選ばれた里芋《さといも》の大きさを神前で競い，豊凶を占う野神行事。竹矢来で囲まれ石を敷きつめた祭場で，神事が執行される。国選択無形民俗文化財。

第１土曜　**上砥山の太鼓踊り**　➡栗東市上砥山・日吉神社(JR琵琶湖線草津駅バス上砥山下車)
夜，神社境内で行われる。中央にかがり火を焚《た》き，そのまわりで，胸に締太鼓をつけた太鼓持ちが踊る。県選択無形民俗文化財。

4　**日雲《ひぐも》神社の太鼓踊り**　➡甲賀市信楽町牧・日雲神社(信楽高原鉄道雲井駅下車)
上砥山同様，夜，神社境内にかがり火を焚いて踊られる。太鼓打ち14人，シンボウウチ１人という構成である。県選択無形民俗文化財。

13　**渋川《しぶかわ》の花踊り**　➡草津市渋川・伊砂々《いさき》神社(JR琵琶湖線草津駅下車)
灯明祭の夜，太鼓打ち，シンボウウチ，音頭とり各２人と造花をつけた一文字笠をかぶる側踊りによって踊られる。県選択無形民俗文化財。

23(５年ごと)　**春照《すいじょう》太鼓踊り**　➡米原市春照・八幡神社(JR東海道本線近江長岡駅バス春照下車)
御旅所から出発する行列は，奴振りや太鼓の一団，瓢振りなど総勢300人近くが，にぎやかに宮へ進む。太鼓の数も多く，境内いっぱいに円を描き迫力ある踊りが奉納される。県選択無形民俗文化財。

〔10月〕

1(５年ごと)　**伊吹山《いぶきやま》奉納太鼓踊り**　➡米原市上野・三之宮《さんのみや》神社(JR東海道本線近江長岡駅バス伊吹登山口下車)
春照同様の大規模な太鼓踊りが奉納される。伊吹山への雨乞いとその返礼踊

りで，夜遅くまで太鼓の音が響く。県選択無形民俗文化財。

体育の日前の土・日　**大津祭**　➔大津市京町２丁目・天孫神社(JR 琵琶湖線大津駅下車)

三輪二層屋根つきの曳山13基が秋の旧大津町をにぎやかに巡行する。９日は宵宮，10日は天孫神社を出発して終日の巡行となる。曳山にのるカラクリを途中で何度も演じ，厄除けの粽《ちまき》もまかれる。県選択無形民俗文化財。

９〜11　**米原曳山祭《まいばらひさやま》**　➔米原市米原・湯谷《ゆたに》神社(JR 東海道本線米原駅下車)

長浜同様の芸山が３基ある。宵宮，本祭，後宴と曳山が巡行し，子ども歌舞伎が各所で奉納される。県選択無形民俗文化財。

10　**豊年太鼓踊り**　➔甲賀市土山町青土《おうづち》・加茂《かも》神社(JR 草津線三雲駅バス国道線吉川下車)

花笠をかぶった太鼓打ちの子ども６人と棒振り，法螺貝《ほらがい》ふきなどで構成される。棒振りがジジ・ババの面をかぶり踊る点が特徴。県選択無形民俗文化財。

10　**朝日豊年太鼓踊り**　➔米原市朝日・八幡神社(JR 北陸本線長浜駅バス朝日下車)

雨乞いの返礼踊りとされる。緋色の弓籠手にカルサンをはき，背に金幣をつけた太鼓打ちが踊り，側踊り，瓢振りなども加わり奉納される。国選択無形民俗文化財。

10　**大野木豊年太鼓踊り**　➔米原市大野木・八相宮《はっそうぐう》(JR 東海道本線近江長岡駅バス大野木下車)

雨乞いの返礼踊り。朝日に似た太鼓踊りだが，締太鼓が大きく，音頭とりも婦人が加わる。拝殿前で返礼踊りと綾踊りが奉納される。県選択無形民俗文化財。

14　**ずいき祭**　➔野洲市三上・御上《みかみ》神社(JR 東海道本線野洲駅バス北山台団地行御上神社下車)

６つの宮座があり，各当家がズイキで神輿をこしらえ，御上神社に奉納する。14日夜には，楼門前で当家・公門などが杯を交わす芝原式《しばはらしき》があり，猿田彦が鉾をもって所作したり，子どもの儀礼的な相撲《すもう》があったりする。

25日に近い日曜　**上笠天満宮の講踊り**　➔草津市上笠町・上笠天満宮(JR 琵琶湖線草津駅バス上笠口下車)

太鼓打ち・シンボウウチ各２人と男女含めた多数の側踊りで構成される。行者堂に集合し，天満宮へ宮入りして踊りを奉納する。県選択無形民俗文化財。

〔11月〕

２　**しとぎ祭**　➔大津市小野・小野神社(JR 湖西線和邇駅下車)

菓子の神様として業界では信仰を集める小野神社の祭礼。シトギをいれた藁《わら》苞《づと》を多数用意する。集落内の道３カ所で，竹に渡した注連縄《しめなわ》に藁苞12本を掛けて張り渡し，長老が祈りを捧げる。

■ 参考文献

【滋賀県における地域史研究の現状と課題】

滋賀県の地域史研究は，1970年代後半から80年代前半にかけての『新修大津市史』の編纂をもって，新しい局面を迎えたといってよいであろう。これ以後県内の多くの自治体で，市町村史誌が刊行されるようになった。そこでは，若手の研究者が執筆に参加し，あらたな史料の発見があるなど，多くの研究成果があげられた。また，いくつかの市町村では，自治体史の刊行を契機に史(資)料館や博物館が建設され，収集した史料の保存・公開をしていることも大きな特徴である。現在でも編纂事業を行っているところが数カ所あり，その成果に期待が集まっている。

資料集の刊行では，滋賀県地方史研究家連絡会編集の『近江史料シリーズ』が8冊を数え，なかでも近刊の『近江の天保一揆記録集１』はたいへん有益なものである。膳所藩史料を読む会編集による『膳所藩郡方日記』も16冊目が刊行された。また，滋賀大学経済学部附属史料館に保管されている史料のうち，「菅浦文書」「大嶋神社奥津嶋神社文書」「今堀日吉神社文書」などが覆刻されて，中世の領主支配や惣村制研究の進展に多大な貢献を果たしている。『多賀大社叢書』も，文書編・記録編・典籍編など15冊が刊行されて，中世以降の同社に関する注目すべき史料が掲載されている。さらに，近代史料では，現在11冊を刊行中の『滋賀県議会史』に収録されているものが有益である。

続いて，時代別・分野別に現段階における地域史研究の現状を簡単にのべておこう。考古学関係では，1990年代初めころから行政発掘が盛んに進められ，湖南・湖東地域を中心として，弥生後期から古墳時代にかけて全国的にみて巨大な首長群の存在が指摘されている。中世の近江では，東山・東海という大動脈を利用した近江商人の活動が注目され，かつ中世村落の自治・生活・祭礼などが徐々に明らかになりつつあるが，とりわけ従来湖北中心であったと思われていた「おこない」が，湖南地方にも広がっていたことが指摘されている。ただ，近江における叡山領の研究はこれからであろう。

近世史の分野では，十数藩におよぶ諸侯領のほか天領・社寺領など領地錯綜をきわめた近江において，各領主の経済的支配機構や相給村落の展開などについて，若手研究者のメスがはいりつつある。また，近代史研究では，前近代と比較した場合，研究者の層が薄いが，市町村史誌などにより，着実な研究の進展がみられる。ただ，滋賀県を一つの地域としてみた場合，古代に「畿外の大国」といわれた近江について，各時代をとおして総合的に研究する必要もあろう。

最後になるが，部門別研究については，なんといっても近江商人研究が滋賀大学経済学部附属史料館などに保管されている史料を利用して圧巻である。また，教育史では1997年に滋賀県教育史研究会が設立された。

【県史・市町村史】　（＊印は編纂継続中，冊数は刊行予定数）

芦田博編『土山町史』1冊　土山町　1961
安土町史編さん委員会編『安土町史』2冊　安土町教育委員会　1983-85
安曇川町史編集委員会編『安曇川町史』1冊　安曇川町　1984
伊吹町史編さん委員会編『伊吹町史』5冊　伊吹町　1992-2000
近江町史編さん委員会編『近江町史』1冊　近江町　1989
蒲生町史編纂委員会編『蒲生町史』4冊　蒲生町　1996-2000
草津市史編さん委員会編『草津市史』7冊　草津市　1981-92
甲賀町史編纂委員会編『甲賀町史』2冊　甲賀町　1994
甲西町誌編さん委員会編『甲西町誌』1冊　甲西町　1974
甲南町史編纂委員会編『甲南町史』1冊　甲南町　1966
甲良町史編纂委員会編『甲良町史』1冊　甲良町　1984
五個荘町史編さん委員会編『五個荘町史』6冊　五個荘町　1992-94
山東町史編さん委員会編『山東町史』3冊　山東町　1986-91
滋賀県市町村沿革史編さん委員会編『滋賀県市町村沿革史』6冊　滋賀県市町村沿革史編さん委員会　1960-67
滋賀県史編さん委員会編『滋賀県史昭和編』6冊　滋賀県　1974-86
志賀町史編集委員会編『志賀町史』6冊　志賀町　1996-2002
信楽町史編纂委員会ほか編『信楽町史』1冊　信楽町　1957
新旭町誌編さん委員会編『新旭町誌』1冊　新旭町　1985
新修石部町史編さん委員会編『新修石部町史』2冊　石部町　1989-90
高島町編『高島町史』1冊　高島町　1983
多賀町史編さん委員会編『多賀町史』3冊　多賀町　1991-95
中主町教育委員会編『中主町史』1冊　中主町教育委員会　1978
長浜市史編さん委員会編『長浜市史』8冊　長浜市　1996-2004
能登川町高校町史研究委員会編『能登川町史』1冊　能登川町　1976
橋本鉄男編『朽木村志』1冊　朽木村教育委員会　1974
林屋辰三郎ほか編『新修大津市史』10冊　大津市　1978-87
彦根市編『彦根市史』3冊　彦根市　1960-64
藤川助三編『滋賀県豊郷村史』1冊　豊郷村史編集委員会　1963
マキノ町誌編さん委員会編『マキノ町誌』1冊　マキノ町　1987
水口町志編纂委員会編『水口町志』2冊　水口町志編纂委員会　1959-60
守山市誌編さん委員会編『守山市誌』＊20冊以上　守山市　1996-
野洲町編『野洲町史』2冊　野洲町　1987
八日市市史編さん委員会編『八日市市史』7冊　八日市市　1983-89
横田英雄編『湖東町史』2冊　湖東町　1979
余呉町誌編さん委員会編『余呉町誌』4冊　余呉町　1989-95
竜王町史編纂委員会編『竜王町史』2冊　竜王町　1983-87
栗東町史編さん委員会編『栗東の歴史』5冊　栗東町　1988-95

【風土・通史など】
秋田裕毅『開かれた風景—近江の風土と文化—』 サンブライト出版 1983
エッセーグループ編『近江の女』 白川書院新社 1979
「角川日本地名大辞典」編纂委員会編『角川日本地名大辞典25 滋賀県』 角川書店 1979
川勝政太郎『近江』 社会思想社 1968
木村至宏編『図説滋賀県の歴史』 河出書房新社 1987
京都新聞滋賀本社編『近江史を歩く』 京都新聞社 1984
小林博ほか編『近江の街道』 サンブライト出版 1982
柴田實監修『日本歴史地名大系第25巻 滋賀県の地名』 平凡社 1991
徳永真一郎『滋賀県人』 新人物往来社 1976
苗村和正『庶民からみた湖国の歴史』 文理閣 1977
苗村和正『日本史のなかの湖国』 文理閣 1991
中村芳三『湖のくらし』 現代創造社 1982
原田伴彦『近江路—人と歴史—』 淡交新社 1966
原田敏丸・渡辺守順『滋賀県の歴史』 山川出版社 1972
藤岡謙二郎編『びわ湖周遊』 ナカニシヤ出版 1980
水口町立歴史民俗資料館編『甲賀水口の歩みと暮らし』 水口町立歴史民俗資料館 1994
渡辺誠編『湖の国の歴史を読む』 新人物往来社 1992

【原始・古代】
青山均ほか『穴太遺跡(弥生町地区)発掘調査報告書』 大津市教育委員会 1989
足利健亮『日本古代地理研究』 大明堂 1985
井上満郎『渡来人』 リブロポート 1987
岩崎茂『伊勢遺跡発掘調査報告—守山市文化財調査報告書第12冊—』 守山市教育委員会 1983ほか
植田文雄『正楽寺遺跡』 能登川町教育委員会 1996
梅原末治『銅鐸の研究』 木耳社 1985ほか
雲林院治夫ほか『宮町遺跡発掘調査報告Ⅰ』 信楽町教育委員会 1989
大沼芳幸ほか『文化財調査出土遺物仮収納保管業務昭和62年度発掘調査概要』 滋賀県教育委員会・滋賀県文化財保護協会 1988
大沼芳幸・清水尚ほか『針江北・針江川北遺跡(Ⅰ)』 滋賀県教育委員会・滋賀県文化財保護協会 1992
大沼芳幸『唐橋遺跡』 滋賀県教育委員会・滋賀県文化財保護協会 1992
大橋信弥・山崎秀二ほか『服部遺跡発掘調査概報』 滋賀県教育委員会・守山市教育委員会・滋賀県文化財保護協会 1979
大橋信弥ほか『野路小野山遺跡発掘調査概報』 滋賀県教育委員会・草津市教育委員会 1984

大橋信弥・山崎秀二・谷口徹ほか『服部遺跡発掘調査報告書Ⅱ』『同Ⅲ』『同Ⅴ』 滋賀県教育委員会・守山市教育委員会・滋賀県文化財保護協会　1985–87
小笠原好彦・西田弘ほか『近江の古代寺院』 近江の古代寺院刊行会　1989
岡本武憲『文化財調査出土遺物仮収納保管業務昭和62年度発掘調査概要』 滋賀県教育委員会・滋賀県文化財保護協会　1988
小野山節ほか『粟津湖底遺跡―大津市晴嵐町地先―』 滋賀県教育委員会・滋賀県文化財保護協会　1992
小野山節ほか『琵琶湖周辺の６世紀を探る』 京都大学文学部考古学研究室　1995
景山春樹『比叡山』 角川書店　1966
景山春樹・村山修一『比叡山その宗教と歴史』 日本放送出版協会　1970
景山春樹『比叡山寺その構成と諸問題』 同朋舎　1978
木下良編『古代を考える　古代道路』 吉川弘文館　1996
葛原秀雄『今津町文化財調査報告書』第４集　今津町教育委員会　1985
群馬県埋蔵文化財調査事業団『三ツ寺Ⅰ』 1988
小竹森直子・岩間信幸『新守山川改修工事関連遺跡調査概要Ⅰ』 滋賀県教育委員会・滋賀県文化財保護協会　1986
小林行雄『女王国の出現』 文英堂　1967
塩入良道・木内堯央『日本名僧論集第二巻　最澄』 吉川弘文館　1982
滋賀県教育委員会・滋賀県文化財保護協会『木瓜原遺跡現地説明会資料』 1992
滋賀県教育委員会・滋賀県文化財保護協会『尼子西遺跡発掘調査現地説明会資料』 1996
鈴木良章ほか『宮町遺跡発掘調査報告Ⅱ』 信楽町教育委員会　1990
高谷好一『コメをどう捉らえるのか』 日本放送出版協会　1990
田中勝弘ほか『南郷遺跡発掘調査報告書』 滋賀県教育委員会・滋賀県文化財保護協会　1988
辻広志『西河原森ノ内遺跡第３次発掘調査報告書』 中主町教育委員会　1987
都出比呂志ほか『日本古代の葬制と社会関係の基礎的研究』 大阪大学文学部　1995
都出比呂志ほか『雪野山古墳の研究』 八日市市教育委員会　1996
直木孝次郎『壬申の乱』増補版　塙書房　1992
中井均『磯山城遺跡―琵琶湖辺縄文早期～晩期遺跡の調査―』 米原町教育委員会　1986
浜修・山尾幸久『湯ノ部遺跡発掘調査報告書Ⅰ』 滋賀県教育委員会・滋賀県文化財保護協会　1995
林博通ほか『美園遺跡発掘調査報告―古代地方官衙跡―』 滋賀県教育委員会・滋賀県文化財保護協会　1975
林博通『大津京』 ニュー・サイエンス社　1984
林博通ほか『錦織遺跡―近江大津宮関連遺跡―』 滋賀県教育委員会・滋賀県文化財保護協会　1992

林博通ほか『南滋賀遺跡』 滋賀県教育委員会・滋賀県文化財保護協会　1993
平井寿一ほか『岡遺跡発掘調査報告書Ⅱ』1次・2次・3次調査　栗東町教育委員会・(財)栗東町文化体育振興事業団　1990
平安学園考古学クラブ『石山貝塚』 1956
水野正好ほか『滋賀県文化財調査報告書』第4冊　滋賀県教育委員会　1969
水野正好ほか『史跡近江国衙跡発掘調査報告』 滋賀県教育委員会　1977
宮崎幹也・岡本武憲『ほ場整備関係遺跡発掘調査報告』XVI　滋賀県教育委員会・滋賀県文化財保護協会　1989
村山修一編『山岳宗教史研究叢書2　比叡山と天台仏教の研究』 名著出版　1976
野洲町教育委員会『平成7年度野洲町文化財教室・甲山古墳とその時代』 1995
山崎秀二・伴野幸一『横枕遺跡発掘調査報告―守山市文化財調査報告書第34冊―』守山市教育委員会　1989ほか
吉田秀則・造酒豊『文化財調査出土遺跡仮収納保管業務昭和63年度発掘調査概要』滋賀県教育委員会・滋賀県文化財保護協会　1989

【中　世】

秋田裕毅『織田信長と安土城』 創元社　1990
網野善彦ほか編『講座日本荘園史6　北陸地方の荘園・近畿地方の荘園Ⅰ』 吉川弘文館　1993
大津市歴史博物館編『企画展琵琶湖の船』 大津市歴史博物館　1993
小川寿一編『浄土宗本山蓮華寺史料』 蓮華寺寺務所　1983
奥野高広校訂『朽木文書』第一・第二　続群書類従完成会　1978-81
小和田哲男『近江浅井氏』 新人物往来社　1973
木村至宏編『近江歴史回廊近江戦国の道』 淡海文化を育てる会　1995
黒川正宏『中世惣村の諸問題』 国書刊行会　1982
国立公文書館内閣文庫編『内閣文庫影印叢刊　朽木家古文書』上・下　国立公文書館内閣文庫　1977-78
小島道裕『城と城下―近江戦国誌―』 新人物往来社　1997
児玉幸多監修『日本城郭大系　第11巻　京都・滋賀・福井』 新人物往来社　1980
滋賀県教育委員会編『大原観音寺文書』 滋賀県文化財保護協会　1975
滋賀県教育委員会編『滋賀県中世城郭分布調査』1-10　滋賀県教育委員会　1983-92
滋賀県立安土城考古博物館編『織田信長と安土城―信長の世界―』 滋賀県立安土城考古博物館　1992
滋賀県立安土城考古博物館編『観音寺城と佐々木六角』 滋賀県立安土城考古博物館　1995
滋賀県立安土城考古博物館編『元亀争乱』 滋賀県立安土城考古博物館　1996
滋賀県立琵琶湖文化館編『特別展近江の古文書展図録』 滋賀県立琵琶湖文化館　1988

滋賀大学経済学部附属史料館編『菅浦文書』上・下　滋賀大学日本経済文化研究所　1960-67
滋賀大学経済学部附属史料館編『大嶋神社・奥津嶋神社文書』 滋賀大学経済学部附属史料館　1986
滋賀大学経済学部附属史料館編『特別展惣村の自立と生活図録』 滋賀大学経済学部附属史料館　1995
高橋昌明『湖の国の中世史』 平凡社　1987
田中政三『近江源氏』第1－3巻　弘文堂書店　1980-82
千葉琢穂編著『佐々木氏族系図』第1・2巻　展望社　1990
千葉乗隆編『本福寺史』 同朋舎　1980
仲村研編『今堀日吉神社文書集成』 雄山閣　1981
仲村研『中世惣村史の研究』 法政大学出版局　1984
畑井弘『守護領国体制の研究』 吉川弘文館　1975
浜中光永編『金剛輪寺史伝』 金剛輪寺　1966
日吉文書刊行会編『今堀日吉神社文書』 日吉文書刊行会　1975
宮島敬一『戦国期社会の形成と展開』 吉川弘文館　1997
村山修一編『葛川明王院史料』 吉川弘文館　1964
野洲町立歴史民俗資料館編『佐々木六角氏と野洲』 野洲町立歴史民俗資料館　1990
野洲町立歴史民俗資料館編『中世集落を掘る』 野洲町立歴史民俗資料館　1992
横倉譲治『湖賊の中世都市近江国堅田』 誠文堂新光社　1988

【近　世】
浅香勝輔編『湖国の街道』 ナカニシヤ出版　1989
江南良三『朝鮮人街道』 近江八幡郷土史会　1986
近江麻布史編纂委員会編『近江麻布史』 雄山閣　1975
小倉栄一郎『湖国の地場産業』 サンブライト出版　1984
小倉栄一郎『湖東焼』 サンブライト出版　1985
小倉栄一郎『近江商人の経営』 サンブライト出版　1988
小倉栄一郎『近江商人の開発力』 中央経済社　1989
小倉栄一郎『近江商人の経営管理』 中央経済社　1991
上垣内憲一『雨森芳洲』 中央公論社　1989
木村至宏編『近江の歴史と文化』 思文閣出版　1995
木村善光『近江の連歌・俳諧』 サンブライト出版　1990
佐藤誠朗『近江商人　幕末・維新見聞録』 三省堂　1990
佐藤誠朗『幕末維新の民衆世界』 岩波書店　1994
島武史『高井作右衛門年代記』 暁印書館　1992
助野健太郎・小和田哲男『近江の城下町』 桜楓社　1971
丁吟史研究会編『変革期の商人資本』 吉川弘文館　1984

中野嘉吉編『岩城桝屋の「独慎俗話」詳話』 紀伊國屋書店　1986
根津美術館編『遠州の数奇』 根津美術館　1978
農山漁村文化協会編『江戸時代　人づくり風土記　25　滋賀』 農山漁村文化協会　1996
原田敏丸『近世村落の経済と社会』 山川出版社　1983
福島雅蔵『幕藩制の地域支配と在地構造』 柏書房　1987
藤木久志『戦国の作法―村の紛争解決―』 平凡社　1987
藤木久志『雑兵たちの戦場』 朝日新聞社　1995
藤木久志『戦国の村を行く』 朝日新聞社　1997
水本邦彦『近世の村社会と国家』 東京大学出版会　1987
水本邦彦『近世の郷村自治と行政』 東京大学出版会　1993
森蘊『小堀遠州』 創元社　1974
安岡重明・藤田貞一郎・石川健次郎編『近江商人の経営遺産』 同文館出版　1992
立命館大学人文科学研究所地域研究室編『琵琶湖地域の総合的研究』 文理閣　1994
『歴史群像　名城シリーズ⑥　彦根城』 学習研究社　1996
脇田修『織田信長』 中央公論社　1987

【近代・現代】
新井勉『大津事件の再構成』 御茶の水書房　1994
鉅鹿敏子編『県令籠手田安定』 私家版　1976
奥村直彦『W・メレル・ヴォーリズ』 近江兄弟社湖声社　1986
織田直文『琵琶湖疏水』 サンブライト出版　1987
川崎愛作『海を渡った近江の人たち』 滋賀県　1986
京都新聞社滋賀本社編『新近江史を歩く　近代編』 京都新聞社　1985
小林博『湖国―近現代の変貌―』 啓文社　1991
斎藤龍著，萬良一校注『廻瀾録』 人の森出版　1992
滋賀県議会史編さん委員会編『滋賀県議会史』10冊　滋賀県議会　1971-88
高久嶺之介『近江日本の地域社会と名望家』 柏書房　1997
武村正義編『水と人間』 第一法規出版　1980
傳田功『滋賀県の百年』 山川出版社　1984
東レ株式会社編『東レ50年史』 東レ株式会社　1977
戸上宗賢編著『ジャパニーズ・アメリカン』 ミネルヴァ書房　1986
鳥越皓之ほか編『水と人の環境史』増補版　御茶の水書房　1991
早田リツ子『野の花のように―覚書近江のおんなたち―』 かもがわ出版　1990
琵琶湖汽船株式会社編『航跡』 琵琶湖汽船株式会社　1987
琵琶湖条例の記録編集委員会編『美しい湖を次代へ』 ぎょうせい　1983
「琵琶湖」編集委員会編『琵琶湖』 サンブライト出版　1983
藤永太一郎編『琵琶湖の開発と汚染』 時事通信社　1975
松村英男編『滋賀百年』 毎日新聞社　1968

■ 図版所蔵・提供者一覧

カバー　びわ町教育委員会
見返し表　滋賀県立図書館
裏上・下　滋賀県教育委員会
口絵1上　今津町教育委員会
下　滋賀県教育委員会
2上　八日市市教育委員会
下　野洲町教育委員会
3上　滋賀県教育委員会
下　信楽町教育委員会
4上　菅浦区有，滋賀大学経済学部附属史料館保管
4・5下　葛川明王院・滋賀県立琵琶湖文化館
5上　摠見寺・滋賀県立安土城考古博物館
6　彦根城博物館
7上　彦根城博物館
下　サントリー美術館
8上　神戸商船大学海事資料館
下　大阪建設工業新聞社
p. 3　中島省三
p. 6　安曇川町役場産業課商工観光係
p. 11　滋賀県教育委員会
p. 15　滋賀県教育委員会
p. 16　能登川町教育委員会
p. 23　滋賀県教育委員会
p. 30　守山市教育委員会
p. 32　滋賀県教育委員会
p. 43　高島町歴史民俗資料館
p. 52　滋賀県教育委員会
p. 55　滋賀県教育委員会
p. 59　滋賀県教育委員会
p. 86　滋賀県教育委員会
p. 89　観音寺・滋賀県立琵琶湖文化館
p. 93　向源寺・奈良国立博物館
p. 95　尾板壽
p. 103　勝楽寺
p. 106　蓮華寺
p. 109　葛川明王院・滋賀県立琵琶湖文化館
p. 112　今堀町所有，滋賀大学経済学部附属史料館保管
p. 124　滋賀県立琵琶湖文化館
p. 133　甲良町教育委員会
p. 139　個人蔵・市立長浜城歴史博物館
p. 147　山東町教育委員会
p. 149　小谷城址保勝会・湖北町教育委員会
p. 153　大谷雅彦・滋賀県立安土城考古博物館
p. 158　滋賀県教育委員会
p. 161　野洲町教育委員会
p. 164　真光寺・大津市歴史博物館
p. 171　近江八幡市教育委員会
p. 175　浄顕寺・市立長浜城歴史博物館
p. 177　近江八幡市立図書館・平凡社『日本歴史地名大系 第25巻 滋賀県の地名』
p. 179　大阪城天守閣
p. 190　中村庫子・大津市歴史博物館
p. 196　大津市歴史博物館
p. 201　個人蔵・市立長浜城歴史博物館
p. 207　西浅井町教育委員会
p. 210　孤篷庵・市立長浜城歴史博物館
p. 230　尾板壽
p. 235　国立国会図書館
p. 243　中島省三
p. 245　小堤区・野洲町立歴史民俗資料館
p. 247　尾板壽
p. 252　滋賀県立図書館・大津市歴史博物館
p. 258　水口町立歴史民俗資料館
p. 266　芳洲会・高月町歴史民俗資料館
p. 276　中島省三
p. 281　徳永真一郎
p. 283　滋賀県立図書館
p. 295　永井久雄・大津市歴史博物館
p. 304　琵琶湖汽船(株)・大津市歴史博物館
p. 308　滋賀県立図書館
p. 314　大商同窓会 藤田博
p. 317　(財)近江兄弟社ヴォーリズ記念館
p. 326　(株)郷土出版社
p. 331　大津市歴史博物館
p. 336　『新修大津市史』現代，第6巻

敬称は略させていただきました。

紙面構成の都合で個々に記載せず，巻末に一括しました。万一，記載洩れなどがありましたら，お手数でも編集部までお申し出下さい。